高等职业技术教育"十三五"规划教材——动车组检修技术

高速铁路动车组网络技术

主　编　徐传波　于文涛　程　迪
副主编　蒋益平　李应杰
主　审　张中央

西南交通大学出版社
·成都·

内容简介

本书在介绍计算机网络与数据通信的基础上介绍了高速铁路动车组网络的相关协议和 CRH 系列动车组的网络构成，最后以 CRH2 系列动车组为例介绍了动车组网络的应用与检修情况。

针对高等职业院校技能型人才培养的特点，本书以动车组运用检修的各项任务、项目过程为导向，培养学生面向工作岗位的实际能力。全书分为 8 个项目，分别为：列车网络的发展现状与特点、计算机网络基础、数据通信基础、TCN 网络标准、其他列车网络标准、无线网络标准、CRH 系列动车组网络系统、动车组网络的应用与检修。

本书既有一定的基础理论知识，又重点突出实践操作技能，内容丰富、实用性强，可作为铁路高职院校高速铁道技术专业的专业教材，也可作为其他高等院校相关专业教材和铁路职工岗位培训教材，还可作为相关工程技术人员的学习参考书。

图书在版编目（CIP）数据

高速铁路动车组网络技术 / 徐传波，于文涛，程迪主编. —成都：西南交通大学出版社，2018.8（2024.7 重印）
ISBN 978-7-5643-6357-4

Ⅰ. ①高… Ⅱ. ①徐… ②于… ③程… Ⅲ. ①高速动车–网络系统–高等职业教育–教材 Ⅳ. ①U266

中国版本图书馆 CIP 数据核字（2018）第 190008 号

高速铁路动车组网络技术

主　编	徐传波　于文涛　程　迪
责任编辑	王　旻
特邀编辑	王玉珂
封面设计	何东琳设计工作室
出版发行	西南交通大学出版社 （四川省成都市二环路北一段 111 号 西南交通大学创新大厦 21 楼）
邮政编码	610031
发行部电话	028-87600564　028-87600533
官网	http://www.xnjdcbs.com
印刷	成都中永印务有限责任公司
成品尺寸	185 mm × 260 mm
印张	20.25
字数	506 千
版次	2018 年 8 月第 1 版
印次	2024 年 7 月第 5 次
定价	48.80 元
书号	ISBN 978-7-5643-6357-4

课件咨询电话：028-81435775
图书如有印装质量问题　本社负责退换
版权所有　盗版必究　举报电话：028-87600562

前　言

2017年6月26日，命名为"复兴号"的中国标准动车组正式开行，标志着我国动车组已经由国产化进入自主化的研究和创新阶段，截至2017年年底，我国铁路营业里程达到12.7万千米，其中高速线2.5万千米，占世界高铁总里程的66.3%，动车组2 935标准组、23 480辆，到2025年，中国铁路里程将达到17.5万千米，其中高速线3.8万千米，中国将从高铁大国迈入高铁强国。

为保证动车组运行安全可靠，延长动车组的使用寿命，必须对动车组进行日常维护和定期检修，这就需要大量的动车组地勤机械师和随车机械师。而现有各铁路局动车段、动车所所需技术维修人员，基本来自大中专毕业生和在岗职工的转岗培训，为了认真贯彻落实高速铁路主要行车工种岗位准入制度的相关要求，确保为高铁运营安全持续稳定提供坚实可靠的人才保障，快速提升企业在职人员和职业院校学生的实际运用和检修专业水平，特编写此教材。

本教材根据高速铁道技术专业人才的培养目标并结合教学改革的要求编写。采用"项目导向、任务驱动"的职业教育理念，通过岗位职业能力分析，提出每个项目的学习目标，使学生在学习之前能够清楚岗位的职业要求。在教材的编写过程中，教师与企业职教专家共同参与研讨教材内容，将教学过程和企业的生产过程紧密结合。全书从动车组网络的基础知识入手，按照网络基础、网络协议、动车组网络构成、动车组网络应用的顺序介绍了各部分的结构组成、工作原理，对网络应用、故障判断与检修也进行了讲解，是动车组新技术、新知识学习的必备用书。

全书由郑州铁路职业技术学院徐传波、于文涛、程迪主编，张中央主审。具体编写分工是：郑州铁路职业技术学院徐传波编写项目一、项目七和项目八的任务一、任务二；程迪编写项目二中的任务五到任务九，项目六的任务二和任务三；于文涛编写项目三和项目八中的任务三、任务四；张春景编写项目二中的任务一到任务四、项目六中的任务一。华东交通大学的蒋益平编写项目四和项目五。中国铁路郑州局集团有限公司郑州车辆段李应杰编写项目八中的任务五和任务六。

本书在编写过程中得到了郑州铁路职业技术学院和中国铁路郑州局集团有限公司相关部门的大力支持，也得到了西南交通大学牵引动力国家重点实验室的教授、博士的帮助和指导，书中具体的技术参数介绍和结构示意图引用了相关教材和论文的内容，在此一并表示感谢。

由于编写水平所限，加之编写时间仓促，难免有疏漏和不当之处，恳请读者批评指正。

编　者

2018年6月

目录

项目一 列车网络技术的发展现状与特点 1
  - 任务一 动车组网络技术的发展现状 1
  - 任务二 动车组网络技术的特点与发展趋势 8

项目二 计算机网络基础 13
  - 任务一 计算机网络的产生与发展 13
  - 任务二 计算机网络的概念、功能特点与分类 18
  - 任务三 网络的拓扑结构 22
  - 任务四 网络的传输介质 27
  - 任务五 局域网 33
  - 任务六 网络的体系结构概述 38
  - 任务七 开放系统互联参考模型 42
  - 任务八 网络互联基础 51
  - 任务九 网络安全基础 57

项目三 数据通信基础 67
  - 任务一 通信系统简介 67
  - 任务二 数据编码技术 75
  - 任务三 数据的传输方式 80
  - 任务四 多路复用 85
  - 任务五 介质访问控制方法 93
  - 任务六 差错控制技术 97

项目四 TCN 网络标准 105
  - 任务一 TCN 总述 105
  - 任务二 多功能车辆总线 MVB 111
  - 任务三 绞式列车总线 WTB 120
  - 任务四 WTB 初运行 127

项目五 其他列车网络标准 135
  - 任务一 ARCNET 网络协议 135
  - 任务二 CAN 总线 143

任务三　HDLC 数据链路层控制规程 ………………………………………… 153
　　　任务四　串行通信接口技术 ……………………………………………………… 162

项目六　无线网络标准 ………………………………………………………………… 174
　　　任务一　GSM ………………………………………………………………………… 174
　　　任务二　GSM-R …………………………………………………………………… 182
　　　任务三　CRH380AL 列车无线信息传输装置 WTD ………………………… 194

项目七　CRH 系列动车组网络系统 ………………………………………………… 203
　　　任务一　CRH1 动车组网络系统 …………………………………………………… 203
　　　任务二　CRH3C、CRH380B（L）型动车组网络系统 …………………… 222
　　　任务三　CRH5A 列车控制管理系统（TCMS） ………………………………… 229

项目八　动车组网络的应用与检修 ………………………………………………… 237
　　　任务一　CRH2、CRH380A（L）系列动车组　网络系统结构 ………… 237
　　　任务二　CRH2 网络硬件设备与配置 ……………………………………………… 246
　　　任务三　CRH2 动车组网络系统信息显示与操作 ……………………………… 261
　　　任务四　CRH2 安全监控与维修信息的传输 …………………………………… 292
　　　任务五　CRH2 故障信息及应急处理 …………………………………………… 300
　　　任务六　CRH380AL 网络硬件的检修与保养 ………………………………… 304

参考文献 ………………………………………………………………………………… 316

项目一　列车网络技术的发展现状与特点

【项目描述】

本项目是对动车组网络系统发展现状和特点的整体认识。在了解国内外动车组网络系统发展现状的基础上，了解动车组网络技术的特点，掌握动车组网络技术的发展方向，为学习动车组网络技术和进行网络系统的操作与维护打下基础。

学习过程中要求学生查阅相关资料，培养学生自主学习的能力。

【知识目标】

（1）了解国外动车组的发展过程与现状。
（2）了解我国动车组网络技术发展与不同网络技术的应用。
（3）掌握动车组网络系统的构成特点。
（4）了解动车组网络系统的发展方向。

【能力目标】

（1）知道网络系统的应用目的。
（2）掌握网络系统的整体结构。
（3）能够分析网络技术的发展。

任务一　动车组网络技术的发展现状

一、引　言

随着计算机技术的迅速发展，计算机在机车车辆上的应用日益增多，如牵引供电系统、制动系统，以及主动控制系统等都广泛应用了计算机技术，导致车载计算机设备不断增加。如何实现这些大量的信息安全、快速、准确地在整个列车上传输，以及整列车所有车辆计算机设备之间的信息交换和共享，从而实现列车安全运行、远程故障诊断和维护，成为目前机车车辆学科的一个重要研究方向。列车控制的特点也促进了列车通信网络的发展。由于列车设备具有分散的特点，各个设备是分散在各个编组的机车车辆中，要使分布于列车中各车辆的设备协调工作，就必须借助于一个分布式的计算机控制系统，即列车通信网络来实现。如：在动力分散的列车中，如何保证在牵引过程中各动车上的牵引电机协调工作或柴油机的重联控制；在列车制动时如何协调各车辆间的制动力分配；摆式列车进入曲线时的车体倾摆等。

随着人们生活水平的不断提高，旅客对乘坐舒适性以及对旅行中的娱乐和资讯的需求也越来越大。因此，在世界高速铁路列车运行速度达到 300 km/h 之后，发展列车主动控制与网络信息技术、改善旅客乘坐的软环境成为各个国家机车车辆发展的另一重要技术方向。随着计算机技术、通信技术、机电和自动控制技术、加工技术及新材料等技术的发展，列车的网络技术也飞速发展，成为机车车辆特别是动车组重要的组成部分。

列车通信网络是一种面向控制、连接车载设备的数据通信系统，是分布式列车控制系统的核心，其集列车控制系统、故障检测与诊断系统，以及旅客信息服务系统于一体，以车载微机为主要技术手段，通过网络实现列车各个系统之间的信息交换，最终达到对车载设备的集散式监视、控制和管理目的，实现列车控制系统的智能化、网络化与信息化。网络控制是列车的中枢神经和指挥中心，是列车正常运行的基本保证。

二、动车组及网络技术的发展

1．动车组的发展

高速、舒适是世界铁路发展的主要目标和方向。

1964 年 10 月 1 日，世界上第一条高速铁路——日本东海道新干线通车，最高运行速度达 210 km/h，拉开了世界高速铁路的序幕。高速铁路的主干作用带动了铁路自身技术的进步，使有"夕阳产业"之称的铁路运输逐步转变为"朝阳产业"。其后，法国（1981 年始）、德国（1991 年始）、意大利（1992 年始）、西班牙（1992 年始）和英国、瑞典、韩国等国家都取得了高速铁路建设的成功经验。现在，许多国家和地区也已建成或正在筹建高速铁路。2007 年 4 月 3 日，法国 ALSTOM 公司的 V150 高速动车组试验速度已达到 574.8 km/h。

动车组外观如图 1-1-1 所示。

图 1-1-1　动车组外观

2007 年 4 月 18 日，我国铁路进行第六次大提速，开行了 200 km/h 的高速动车组，部分线路区段运行速度达到了 250 km/h。2008 年 8 月 8 日，京津客运专线开行了 300 km/h 的动车组，最高速度达 350 km/h。2009 年 12 月，武广线重联列车达到 394 km/h 的试验速度。2010 年 12 月 3 日，在京沪高铁枣庄至蚌埠间的先导段联调联试和综合试验中，国产新一代高速动车组"和谐号" CRH380A 最高运营实验速度达到 486.1 km/h。2018 年 6 月 26 日，"复兴号"动车组的正式运营标志着我国高速动车组技术全面实现自主化、标准化和系列化。中国引领了世界最新的一次高速铁路建设的浪潮,截至 2017 年年底,我国铁路营业里程达到 12.7 万千米,其中高铁 2.5 万千米,占世界高铁总里程的 66.3%,有动车组 2 935 标准组、23 480 辆。

2．动车组网络技术的发展阶段

1）初期阶段

计算机在轨道交通工具上的应用随着 20 世纪 70 年代后期微处理器技术的普及而迅速发展。开始阶段微处理器主要应用于机车车辆单个设备的控制,如西门子、BBC 于 80 年代初把 8086 微处理器应用于机车或动车的传动控制。

2）发展阶段

随着微处理器控制、服务对象的增多,引入了铁路控制系统层次划分的思想,产生了基于串行通信的用于较为独立的控制设备或层次间信息交换的总线与企业标准,如 BBC 的连接机车控制层与传动控制层的串行控制器总线,该总线后来发展成为用于连接机车内部所有智能设备的 MICAS 车辆总线,简称 MVB。

3）成熟阶段

20 世纪 90 年代初,产生了以满足机车和动车组重联控制需要的列车总线,如西门子的 DIN43322 列车总线。至此,一些大的铁路公司以牵引控制系统为基础、列车通信系统为纽带、新器件和新工艺为载体,相继推出了广泛覆盖牵引、制动、辅助系统、旅客舒适设备控制、显示和诊断等功能的列车通信与控制系统,在欧洲一般简称为 TCC。在北美,类似的系统被称为基于通信的列车控制系统,简称 CBTC。

三、国外动车组网络技术的发展

随着微机技术和通信技术的发展,列车通信网络在初期的串行通信总线的基础上应运而生,并从原来不同公司的企业标准发展为国际标准,逐步形成了列车通信与控制系统的标准化、模块化的硬件系列和全方位的开发、调试、维护、管理软件工具。

1．德国西门子公司网络技术的发展

1979 年德国西门子公司首次开发了车载微机控制装置;1981 年德国西门子公司采用 8086CPU 开发了 SIBAS 系统,20 世纪 80 年代末改用 80186 作为 CPU;1992 年在 SIBAS16 的基础上推出了以 80386 为 CPU 的 SIBAS32 系统,已具备网络控制功能(符合 TCN 标准)。

2．Adtranz 公司网络技术的发展

德国/瑞典 Adtranz 公司(ABB 与戴姆勒-克莱斯勒的合资公司,1999 年后为戴姆勒独资)是一家生产铁路车辆的公司,网络技术发展 MICAS-S 牵引控制系统创建于 20 世纪 80 年代初,其 CPU 采用 80186;1992 年 MICAS-S2 系统开始大批量应用,引入了列车通信网络,在其基础上推出以 MotololaMC68EN360 为 CPU 的 MITRAC 分布式列车控制与通信系统符合 TCN 标准;2001 年 ADtranz 公司被加拿大 Banbadier 公司收购。

3．法国 ALSTOM 公司网络技术的发展

ALSTOM 公司于 20 世纪 80 年代开始在机车车辆上进行车载微机的控制研究。它将

WorldFIP 作为标准通信协议应用于其开发的 AGATE 列车控制系统，并成功应用于 TGV 高速列车。

4．北美网络技术的发展

在北美，由一家美国公司 Echelon 于 20 世纪 90 年代初开发的主要用于建筑自动化和工业控制的现场总线 LonWorks 被部件供应商和铁路公司所接受，紧跟在 IEC61375 之后正式成为国际标准。IEEE 于 1999 年制订了 IEEE1473 列车通信协议，该协议包含 IEC61375 规定的 TCN（14732T）和 78 Kbps 数据速率的 LonWorks（14732L）。

5．日本网络技术的发展

日本的铁路运输业也十分发达，但由于日本地形十分封闭的特点其列车控制网络技术模式不同于欧洲，而采用了一种适用主义的技术路线：列车总线采用实时的 ARCNET 令牌环形或梯形网络，而车辆总线则采用基于 HDLC 的 RS485 总线，同样满足了包括新干线高速列车在内的各种列车的控制需求，且具有较高的性价比。

6．列车网络技术发展的 3 种主流模式

高速动车组采用的列车网络控制系统从应用范围来看也可以分为 3 种模式：欧洲模式、北美模式和日本模式。欧洲模式传输速率较高，实用性较强，具有代表性的就是西门子、Firema、ABB、AEG 等供应商联合开发的 TCN 标准，广泛应用于各种机车、客车、动车组、城轨交通车辆；北美模式可以分为有线和无线列车通信网络，有线网络基于 LonWorks 现场总线，传输速率不高，主要用于重载货车和地铁列车，供应商有 Wabtec、NYAB、Bombardier、川崎公司，无线车载网络供应商主要是 GE 公司，主要用于重载货车；日本模式主要采用 ARCNET 网络，供应商为三菱和日立等公司，主要应用于动力分散的电动车组。

目前广泛使用的列车通信网络有：符合 IEC 标准的 TCN 网络（IEC61375）；符合 IEEE 标准的列车通信网络（IEEE1473，包括 TCN 网络和 LonWorks 网络）；其他工业控制网络，如应用于法国 TGV 高速列车 AGATE 控制系统的 WorldFIP 网络、应用于日本新干线高速列车的 ARCNET 网络等。

1988 年，受国际电工委员会（IEC）第九技术委员会（TC9）的委托，来自 20 多个国家以及 UIC（国际铁路联盟）的代表组成的第 22 工作组（WG22），共同为铁路设备的数据通信制订一项标准。1999 年 6 月，经过长达 11 年的工作，工作组在 ABB 公司的 MICAS 基础上，结合西门子（Siemens）公司的 DIN43322 和意大利的 CD450 等的运行经验制订的列车通信网络（TCN）标准——IEC61375 正式成为国际标准。我国于 2002 年颁布的铁道部标准 TB/T3025—2002 也将其正式确认为列车通信网络标准。

四、我国列车信息控制网络的现状与发展

我国对列车网络的应用始于机车微机控制系统的应用。我国铁路列车的微机控制系统是从机车的牵引控制开始的。

我国于 1987 年开始国产电力机车车载微机控制系统研究。在引进的 6K、8K 微机控制电力机车和与美国 GE 公司合作研制的内燃机车微机控制系统的基础上，开发研制了两种用于牵引控制的微机系统。一种是国产化的 MICAS-S 微机系统，用于 SS_{4B} 和 SS_8 等电力机车；

另一种是基于美国 GE 公司 20 世纪 80 年代的 C39-8 机车的微机控制系统，用于 DF_{11} 和 DF_{8B} 等内燃机车。这两种系统都采用 80186 为 CPU，单机结构，但 MICAS-S 系统允许有多个处理器。与此同时，机车上的其他一些小系统也采用了微机，主要是单片机（51 系列或 96 系列），例如列车的速度监控装置。目前在各型机车上都已经安装使用 LKJ-93、LKJ-2000 型速度监控装置。

1989 年我国引进瑞士 ABB 公司 MICAS-S 系统机车模拟控制装置；1991 年，株洲电力机车研究所在购买 ABB 公司的牵引控制系统开发工具特别是软件开发工具的基础上，联合路内高校开发出了我国第一套电力机车微机控制装置，安装于 SS40038 电力机车上。在该装置中，系统被明确划分为人机界面显示级、机车控制级和传动控制级三级。级与级之间通过串行总线连接，形成了二级总线的雏形。其中连接司机台显示器与机车控制级之间的显示总线在"春城"号动力分散电动车组上扩展为贯穿全列车连接各动力车的机车控制级与司机台显示器的列车显示总线。连接机车控制级与传动控制级的近程控制器总线在"先锋"号动力分散交流传动电动车组上扩展为连接动力车节点与传动控制单元和 ATP 的中程控制器总线。

20 世纪 90 年代中期，随着动车组在我国升温，对列车通信网络特别是机车的重联控制通信的需求十分迫切。1995 年铁道部开始立项研制自主知识产权的 ARCNET 列车通信网络，由株洲电力机车研究所联合铁路相关单位进行研究，它是一种令牌总线网络，通信速率达 2.5 Mbps，可降到 1 Mbps 使用。该系统虽然已制造出了网关等设备，但最后未能完成。在这一时期路内外许多单位也先后自发地开展了自我开发、联合开发或技术引进工作。这些工作主要在局域网、现场总线、TCN、通信介质、基于 RS485 的通信协议等领域展开。如：同济大学与株洲电力机车研究所合作开发的基于 ARCNET 的列车总线和基于 HDLC 的车辆总线的列车通信网络系统的研究；同济大学用 CAN 作为连接司机台和列车控制单元的局部总线的研究；国防科技大学用 CAN 作为磁悬浮列车的列车总线的研究；西南交通大学用 RS485 协议作为摆式列车倾摆控制总线的研究；北京交通大学对通信介质及其转换的研究；大同机车厂对列车通信网结构及其协议的研究和对 BITBUS 的研究；株洲电力机车研究所的基于 FSK 的列车通信的研究，基于 RS485 协议的局部总线的研究，基于 LonWorks 的列车总线和局部总线的研究，CAN 总线用于列车监控装置和摆式列车局部控制总线的研究，基于 ModBus 的 ISO 局部总线的研究，MVB、WTB 的研究以及国产化的 MVB 产品与其他公司的 MVB 产品的兼容性试验；四方机车车辆研究所、铁道科学研究院、西南交通大学、武进市剑湖铁路客车配件厂、武汉正远公司等对 LonWorks、MVB、WTB 进行了研究，购买了或准备购买 LonWorks、MVB、WTB 的开发工具。

近年来，国内机车车辆工业发展迅速，相继开发成功了动车组、200 km/h 的高速车等产品，以及目前尚处于开发研制阶段的摆式列车、轻轨车等产品。这些产品需要对列车的运行状况和故障做出快速准确的判断和处理，而传统的机车车辆控制技术已不能满足这方面的要求。同时，随着电子技术的飞速发展，应用于车辆上的智能设备也越来越多，如集中轴报、电动塞拉门、电子防滑器、电控制动、信息显示等系统都装在 K 型车上。这些系统配备大量的控制线路，且有的系统自成一个小型网络，使一个车辆有多种网络存在，各系统之间数据不能共享，信号重复检测。为解决上述问题，引入列车信息网络技术将全列车的智能用电设备连接起来，达到数据共享是非常重要的。国内各铁路工厂为满足新型机车车辆、动车组，以及城市轨道交通车辆的需要，纷纷采用了各种类型的计算机通信网络：从简单的 RS485 高速总线到符合 TCN 标准的 WTB 系统和 MVB 系统。

"新曙光"号是首列采用 LonWorks 列车总线技术的内燃动车组。在该项目中，LonWorks 列车总线网卡插在成熟的内燃机车微机控制装置 EXP 机箱中。首尾动力车的重联通信通过 LonWorks 列车总线以显式报文方式实现，而 EXP 机箱内的主 CPU 通过机箱背部的并行 FE 总线访问网卡上的双口 RAM 实现信息交换。"神州"号的 LonWorks 列车重联通信与此类似，但采用了二路，即设置了一路 LonWorks 冗余通道。

"先锋"号是首列采用了株洲电力机车研究所的 TEC 列车通信与控制系统的动力分散交流传动电动车组。在该项目中，每节动车或拖车上都有一个列车总线节点，列车总线贯穿全列车连接各个节点。在每节动车或拖车内，各智能控制设备通过 MVB 或控制器总线与节点交换信息。在司机台显示器上可以选择查看全列车各个设备的状态。我国列车通信网络在动车组上的应用情况如表 1-1-1 所示。

表 1-1-1 我国列车通信网络在动车组上的应用情况

车型	编组	列车总线	车辆总线	子系统总线	总线供应商	出厂日期
TM1 出口伊朗 EMU	2M10T	FSK 动车重联	MVB 连接显示和牵引控制	RS485 连接机车级和传动级	ADtranz、株洲所	1997
NZJ 型"庐山"号	2M2T	RS485			西门子	1998
KDZ1A 型"春城"号	3M3T	远程 RS485 连接 MMI 和 3 个动车		RS485 连接机车级和传动级	株洲所	1998
NYJ1	2M4T	高速 RS485			日本新潟铁工所	1999
NZJ1 型"新曙光"号	2M9T	Lonworks 动车重联			株洲所	1999
DDJ1 型"大白鲨"号	1M6T	FSK 连接动车和控制车	MVB 连接显示和牵引控制	RS485 连接机车级和传动级	ADtranz、株洲所	1999
DJJ1 型"蓝箭"号	1M6T	WTB 连接全列车所有车辆	MVB 连接动车和拖车内所有智能设备		ADtranz	2000
NZJ2 型"神州"号	2M10T	Lonworks 动车重联	—	—	株洲所	2000
NZJ2 型"神州"号	2M10T	CAN 动车重联	—	—	武汉正远	2000
DJF2 型"先锋"号	4M2T	FSK 连接全列车所有车辆	MVB 连接制动系统、辅助系统、车辆设备、显示器	远程 RS485 连接牵引控制、ATP	株洲所	2001
哈尔滨局液力传动 DMU	2M5T	RS485 动车重联	—	—	长春客车厂	2001
DJF1 型"中原之星"号	4M2T	FSK 连接 2 个各由 2M1T 三节车组成的车组单元	MVB 连接一个车组单元内所有智能设备	—	株洲所	2001
NYJ1 集通	2M6T	Lonworks 动车重联	—	—	株洲所	2001

续表

车型	编组	列车总线	车辆总线	子系统总线	总线供应商	出厂日期
DJJ2型"中华之星"	2M8T	WTB 连接全列车所有车辆	MVB 连接制动、辅助系统、车辆设备、显示器	—	ADtranz、株洲所	2003
CRH1 动车组	5M3T	WTB/MITRAC 系统	MVB		Bombardier	2007
CRH2 动车组	4M4T	ARCNET	点对点串行传输，20 mA 电流环		日本日立	2007
CRH3 动车组	4M4T	WTB/SIBAS32 系统	MVB	CAN、RS485	Siemens	2008
CRH5 动车组	5M3T	WTB	MVB	CAN	ALSTOM	2007
CRH380A CRH380AL	6M2T 14M2T	ARCNET	光纤以太网 20 mA 电流环			2010
CRH380B CRH380BL	4M4T 8M8T	WTB	MVB	CAN、RS485	Siemens	2010
CRH380CL	8M8T	ATI 列车硬线	RS485		永济公司 日立	2012

我国列车通信网络在列车上的应用情况如表 1-1-2 所示。

表 1-1-2 我国列车通信网络在机车上的应用情况

车型	编组	列车总线	车辆总线	子系统总线	总线供应商	出厂日期
"奥星"号交流传动	机车	—	MVB 连接机车内所有智能设备	—	株洲所	2001
HX_D1 机车 HX_D1B 机车 HX_D1C 机车	电力机车	WTB/ SIBAS32 系统	MVB		Siemens	2007
HX_D2 机车 HX_D2B 机车	电力机车	WorldFIP/AGATE			ALSTOM	2007
HX_D3 机车	电力机车	Ethernet/以太网	RS485		日本东芝	2006
HX_D3B 机车	电力机车	WTB/MITRAC 系统	MVB		Bombardier	2008
HX_N3 机车	内燃机车		EM2000 系统	Ethernet/CAN	EMD	2008
HX_N5 机车	内燃机车	Ethernet/以太网	ARCNET		GE	2008

"中原之星"号是第二列采用 TEC 技术的动力分散交流传动电动车组。该项目与"先锋"号项目的主要区别是采用了 MVB 光缆连接一个车组单元内三节车的所有智能控制设备（大部分布置在车辆的地板底下），而整列车仅设置了 2 个列车总线节点，即每个车组单元只设置 1 个列车总线节点。从而从列车总线往下看，好像整个列车是由 2 个基本运转单元构成的，简化了控制信号在列车总线上的传递。另外，"中原之星"号的车辆总线、列车总线、列车控制单元、某些重要设备控制用的数字输入/输出通道（如继电器）等采取了冗余措施。

"新曙光"号、"神州"号列车重联通信的成功,特别是"先锋"号、"中原之星"号的较为完备的列车通信与控制系统的成功,标志着我国列车通信与控制系统的发展已经进入实用化的新阶段。

2004年我国开始引进"和谐号"动车组采用的网络系统基本都是国外的网络系统,列车网络技术、牵引传动、制动技术是高速列车的三大最关键的核心技术,是动车组的灵魂,在高速动车组的网络技术上中国是落后于日、法、德等高铁强国的。2014年11月25日,装载"中国创造"牵引电传动系统和网络控制系统的中国北车CRH5A型动车组进入"5 000 km正线实验"的最后阶段。这是我国国内首列实现牵引电传动系统和网络控制系统完全自主创新的高速动车组,标志着中国高铁列车核心技术正实现由"国产化"向"自主化"的转变,实现了由"中国制造"向"中国创造"的跨越。2017年"复兴号"动车组的正式开通,具有划时代的意义,列车采用国产的网络系统,标志着我国在高速动车组网络技术方面真正掌握了核心技术,我国动车组的发展进入了新的阶段。

任务二 动车组网络技术的特点与发展趋势

一、列车通信网络的结构组成与功能特点

目前典型的列车网络控制系统基本上采用列车总线、车辆总线和设备总线的三级分层网络结构,如图1-1-2所示。

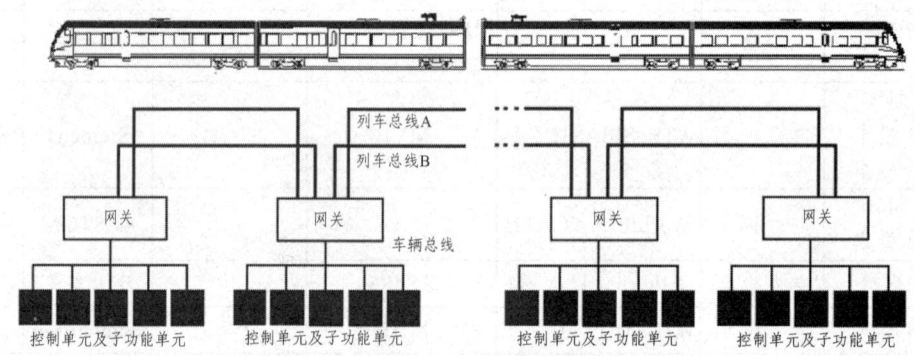

图1-2-1 列车通信网络

列车总线用于连接列车各个车辆单元(一节车辆或车辆组)的节点(网关);车辆总线用以连接列车总线节点(网关)和该车辆总线下挂的设备;设备内部的总线称为设备总线,各设备制造厂商可自由选择设备总线。

列车总线与车辆总线之间通过路由器或网关通信。路由器实现车辆单元内的控制节点接入列车总线的路由,用于网络隔离,为不同节点的网络报文选择路径,无控制功能;总线控制器实现对车辆单元内设备的直接管理和控制,既管理车辆总线,也可以直接参与控制。设备是车辆总线上用于实现功能的节点。在列车总线上设有主节点(又称强节点),用于实现列车网络的监控、管理、维护和功能调度,一个列车网络内可设多个主节点作为冗余,但任何时刻只能有一个主节点实施主控。

常见的网络拓扑有总线型、星形、环形和树形等。由于列车的特殊性，列车级网络拓扑基本上都采用总线型或者环形；车辆级网络拓扑既可以是总线型，也可以是星形或环形等其他结构。

列车网络控制系统的主要任务有：

（1）通过贯穿列车的总线来传送信息，简化连线，减轻列车的重量，降低安装和连线的费用。

（2）实现各动力车的重联控制，实现整列车同步、协调、可靠的牵引与制动运行控制功能。

（3）实现整列车的状态监测、故障诊断、故障决策、安全防护以及旅客信息管理等功能，及时将信息显示在司机室的信息显示器上，使乘务员及时了解列车的运行状态，为旅客提供信息服务。

（4）提供更多的信息流，实现全列车（动车和拖车）由计算机控制部件联网通信和资源共享。将分布于列车上不同位置具有不同功能的控制节点以一定的规则用通信介质连接起来，形成信息通道，在一定的计算机软、硬件的支持下，为连接于其上的节点提供稳定、可靠的通信服务。

（5）实现全列车自动门控制和空调控制等功能。

（6）车上试验功能：使常规试验自动化，减轻操作保养工作。

（7）集中管理列车及车载设备运行的相关数据，提高列车的保养能力和降低维护强度。

列车网络控制系统的研究为铁路车载设备的数据通信制订了标准：① 有利于车载装置的智能化和增强车载设备的功能；② 方便制造厂完成部件装配和预测试；③ 方便设备供应商与不同的装配商接口，减少开发费用；④ 简化子系统的装配、调试；⑤ 减少运用部门的备件，方便维护保养和简化零部件替换。

列车网络控制系统涉及网络、控制和计算机等技术领域，由于它在实时性、安全性、可靠性和运行环境等方面的特殊要求，原则上无法照搬某种成熟的网络体系。

列车通信网络的选择必须综合考虑如下多种因素：

（1）要求实时性高及传送时间确定，短帧信息传送。

（2）协议简单性。

（4）信息交换的频繁性、网络负载的稳定性，传输速率及传输距离满足要求。

（5）较高的安全性、容错能力，较低的成本。

（6）具有列车初运行功能，满足非固定编组列车和列车重联的需求。

（7）在我国标准动车组的设计中还要考虑不同系列、不同网络标准的动车组互联互通问题。

二、动车组网络的发展趋势

1．TCN 网络标准的最新动态

IEC 国际标准化组织制订 TCN 标准的初衷是为了从根本上解决列车以及车载控制设备之间的互操作性的问题，从而最大限度地降低列车控制系统的研发、生产、运用和维护成本，保证用户的最大利益。尽管理论上根据 IEC 标准用户可以完成 TCN 网络技术的开发，但是，近年来由于总线控制芯片（MVBC）等核心技术均由 Bombardier、Siemens 等公司所垄断，市场上很难以合理的价格自由购买，同时还没有一个真正的非营利的有影响的用户组织来负责 TCN 网络的技术培训、一致性测试等技术支持工作，使得 TCN 网络产品开发的技术门槛很高，从而限制了它的应用范围。随着其他现场总线技术的发展和在铁路领域应用的不断深入，特别是铁路用户对控制网络技术在开放性、性价比、应用的多样性和灵活性等方面要求的提高以及一些新的应用需求的出现，在铁路用户、业内专家和各现场总线用户组织的共同推动下，IEC 于 2003 年开始成立列车通信网络临时工作组 TAHG（Train Communication Network AD Hoc Group）专门负责 TCN 网络在开放性、互操作性改进以及未来发展等方面的研究工作。TAHG 近期的主要工作是根据新的用户需求和专家建议，对新的候选总线进行评估，并建立各种车辆总线与 WTB 列车总线的互联模型。

目前，TAHG 已决定采用模块化形式来重构 TCN 标准文献，新文献主要将补充原标准文献所缺少的网关、过程数据排列（PDM）以及 UIC556 的通信和应用规范，并引入了诸如 WorldFIP、CANopen、LonWorks、TIMN 等车辆总线规范。推荐的新标准文献结构及主要内容如表 1-2-1 所示。

表 1-2-1 新标准文献结构与内容

序号	标 题	主要内容
61375-1	TCN 体系结构	1 结构概述；2 列车网络；3 车辆网络；4 主要接口；5 网络使用实例；6 实现举例
61375-2	列车网络	
61375-2-1	绞线式列车	1 概述；2 物理层；3 数据链路层、总线 WTB；4 实时协议；5 应用层；6 网络管理，附录 A WTB 指南，附录 B 一致性测试指南
61375-2-2	WTB 一致性测试	现行 IEC61375—2 标准中 WTB 规范部分
61375-2-3	UIC 通信规范	UIC556 中通信规范部分
61375-2-4	UIC 应用规范	UIC556 中应用规范部分
61375-2-5	基于以太网的列车网络	基于 IEEE802.3 以太网和 TCP/IP 列车网络协议的 ISOOSI1-4 层
61375-3	车辆网络	
61375-3-1	MVB	1 概述；2 物理层；3 数据链路层
61375-3-2	MVB 一致性测试	现行 IEC61375—2 标准中 MVB 规范部分
61375-3-3	CANopen	引用的相关标准，与 WTB 的连接模型和适应性陈述
61375-3-4	T-Ethernet	引用的相关标准，与 WTB 的连接模型和适应性陈述
61375-3-5	WorldFIP	引用的相关标准，与 WTB 的连接模型和适应性陈述
61375-3-6	LonWorks	引用的相关标准，与 WTB 的连接模型和适应性陈述
61375-3-7	TIMN（列车信息管理网络）	1 概述；2 物理层；3 数据链路层，与 WTB 的连接模型和适应性陈述

2．列车控制网络的发展趋势

目前，网络技术方兴未艾，随着控制网络的应用范围不断扩大，用户对网络的开放性、性价比、开发和应用的多样性和灵活性等方面都提出了更高的要求。由于各种控制网络都有其优缺点，目前还没有一种控制网络能很好地满足铁路用户的所有应用需求。因此，列车网络技术标准和 IEC61158 工业现场总线标准一样，将不再是仅包含一种技术的标准，而是多种网络技术的融合。列车控制网络技术今后的发展将呈以下趋势：

（1）相互竞争，多种网络技术并存。

基于 WTB 和 MVB 的 IECTCN 网络技术是专为铁路应用而开发的，具有强的实时性、高的可靠性等特点，能满足铁路行业的特殊需求，因而在今后相当长的时间内，仍将作为列车控制网络技术的主流，在互操作性要求高的高速机车/动车组、地铁车辆等高端市场应用；而其他通用网络技术，如 LonWorks、CANopen 等，由于其具有良好的开放性、高的性价比以及开发的灵活性和便利性，将在通信数据量不太大或实时性要求不太高的应用场合，如客车、货车、轻轨、内燃机车以及控制子系统等领域得到广泛使用。

（2）相互兼容，多种网络共存于同一个系统中。

由于用户需求的多样性，WorldFIP、CANopen、TIMN、LonWorks 等通用网络技术在今后一段时间内将和原有 TCN 网络共同发展、取长补短并相互融合，比如：列车总线可能仍然采用 WTB，而车辆总线除 MVB 外还可采用 WorldFIP、CANopen、LonWorks、TIMN 等中的一种；或者，车辆总线仍然采用 MVB，而 I/O 和控制子系统则采用上述通用网络中的一种。另外不同型号和系列的列车之间的重联需要不同网络之间的兼容，如中国的标准动车组就可以实现不同型号之间的重联。

（3）异军突起，工业以太网的引入将成为新的热点。

近年来，工业以太网技术正在工业自动化和过程控制市场上迅速发展。以太网技术已渗透到工业控制中，出现了现场总线型网络技术与以太网/因特网开放型网络技术的自然结合。随着基于网络的远程诊断与维护、旅客信息与舒适性支持等新的用户需求的提出，以太网不仅可以成为列车网络中的高层信息网络，也极有可能上下贯通，直接与下层车载控制设备相连，从而形成车辆控制与信息服务的新型宽带网络系统，实现控制网络与信息网络的有机融合。

（4）由于电子技术的迅速发展，高速列车的控制、检测和诊断系统正在向智能化方向发展。

对控制系统方面，为改善控制性和确保其可靠性，在中央装置和各终端装置上已分别采用 32 位 CPU 代替早期的 8 位 CPU；提高无线传送质量和位置检测精度；以安全控制为中心的列车运行检测不断提高其可靠性和响应速度。采用光纤通信提高系统的抗干扰性，实现标准化和无维修化等。

（5）列车网络互通互联。

列车网络的互联互通难度大、周期长、涉及面广，是一项复杂的系统工程，需要行业主管部门、运营管理部门以及系统供应商共同参与并协调推进。我国的标准动车组之间的互联互通就是列车网络互联互通的典范。

与国外相比，目前我国列车控制网络技术的开发和应用起步较晚，开发出能真正满足用户需求的"先进、成熟、经济、实用、可靠"的列车控制网络标准技术和系列产品，从而为客户带来最大的使用价值和效益，是广大的控制网络部件开发商、系统集成商、铁路用户以及行业主管部门共同的责任和使命。通过引进、消化、吸收、再创新，我国的列车网络技术发展迅速，2014年CRH5A动车组国产网络总线系统的装车标志着国产高速动车组列车网络总线技术的成熟，我国最新的"复兴号"动车组的开通，标志着我国自主研发的列车网络系统开始大面积、系列化地在我国动车组上使用。

【项目自检】

1. 动车组网络的发展分为哪几个阶段？
2. 列车网络控制系统的主要任务有哪些？
3. 列车通信网络的选择需要综合考虑哪几方面的因素？
4. 列车控制网络技术今后的发展趋势有哪些？

项目二　计算机网络基础

【项目描述】

本项目是对计算机网络进行整体介绍。在介绍计算机网络发展特点的基础上介绍了计算机网络的拓扑结构、传输介质和体系结构；对局域网技术和互联设备也进行了相关介绍；动车组网络的安全也是计算机网络的重要内容。

学习过程中要求学生重点掌握与动车组网络相关的一些内容，为学习动车组网络打下基础。

【知识目标】

（1）了解计算机网络的发展过程与现状。
（2）掌握计算机网络的体系结构及介质、拓扑。
（3）掌握计算机网络重要的互联设备。
（4）了解计算机网络的安全技术。

【能力目标】

（1）理解计算机网络的相关知识理论。
（2）能够在理解动车组网络的基础上正确利用计算机网络的知识。
（3）能够对网络系统进行一定的分析。

任务一　计算机网络的产生与发展

计算机网络，是指将地理位置不同的具有独立功能的多台计算机及其外部设备通过通信线路连接起来，在网络操作系统、网络管理软件及网络通信协议的管理和协调下，实现资源共享和信息传递的计算机系统。

计算机网络是计算机技术和通信技术紧密结合的产物，它涉及通信与计算机两个领域。

计算机网络的诞生使计算机体系结构发生了巨大变化，在当今社会经济中起着非常重要的作用，它对人类社会的进步做出了巨大贡献。从某种意义上讲，计算机网络的发展水平不仅反映了一个国家的计算机科学和通信技术水平，而且已经成为衡量其国力及现代化程度的重要标志之一。

一、计算机及计算机网络的产生

1946年2月14日，世界上第一台电子数字计算机ENIAC（中文名：埃尼阿克）问世，重达30 t，这台计算机每秒能运行5千次加法运算。

到2017年止，我国的"神威·太湖之光"是世界上计算速度最快的超级计算机，采用国产处理器，整体的峰值速度可达12.5亿亿次/秒，持续性能为9.3亿亿次/秒。

1946年世界上第一台数字电子计算机问世的时候，计算机和通信并没有联系，1954年，人们用终端将穿孔卡片上的数据从电话线路上发送到远地的计算机，此后又有了电传打字机，计算机与通信的结合就这样开始了。

最早的Internet是在1969年由美国国防部高级研究计划局（ARPA，Advanced Research Projects Agency）建立的，当时的目的是为了对付来自苏联的核攻击威胁，因为当时传统的电路交换的电信网虽然已经四通八达，但战争期间，一旦正在通信的电路有一个交换机或链路被炸，则整个通信电路就会中断，如要立即改用其他迂回电路，还必须重新拨号建立连接，这将要延误一些时间。现代计算机网络的许多概念和方法，如分组交换技术都来自ARPAnet。ARPAnet不仅进行了租用线互联的分组交换技术研究，而且做了无线、卫星网的分组交换技术研究，其结果导致了TCP/IP问世。

1977—1979年，ARPAnet推出了目前形式的TCP/IP体系结构和协议。1980年前后，ARPAnet上的所有计算机开始了TCP/IP协议的转换工作，并以ARPAnet为主干网建立了初期的Internet。1983年，ARPAnet的全部计算机完成了向TCP/IP的转换，并在UNIX(BSD4.1)上实现了TCP/IP。ARPAnet在技术上最大的贡献就是TCP/IP协议的开发和应用。两个著名的科学教育网CSNET和BITNET先后建立。1984年，美国国家科学基金会NSF规划建立了13个国家超级计算中心及国家教育科技网，随后替代了ARPAnet的骨干地位。1988年Internet开始对外开放。1991年6月，在连通Internet的计算机中，商业用户首次超过了学术界用户，这是Internet发展史上的一个里程碑，从此Internet成长速度一发不可收拾。

二、计算机网络的发展阶段

在近50年的时间里，计算机网络的演变过程大致可概括为4个阶段：面向终端的远程联机系统；共享资源的计算机网络；标准化网络；互联网与高速网络。

1．面向终端的远程联机系统（诞生阶段，20世纪50—60年代）

面向终端的计算机网络是以单个计算机为中心的远程联机系统，实现了地理位置的大量终端与主机之间的连接和通信，早期的计算机价格昂贵，只有计算中心才可能拥有，但它具有的分时处理能力却可以为多个用户提供服务，因此为了方便用户的使用和提高主机的利用率，将地理位置分散的多个终端通过通信线路与主机连接起来形成网络。在这里终端本身没有处理能力，人们在终端上传输指令和数据，指令和数据通过通信线路传递给主机；主机执行指令进行数据处理，将处理结果传递给终端，在终端上显示结果或将结果打印出来。这种远程联机系统就是"面向终端的计算机网络"。该系统又称终端-计算机网络，是早期计算机网络的主要形式，它是用一台中央主计算机连接大量的地理上处于分散位置的终端。典型代表就是美国军方在1954年推出的半自动地面防空系统（SAGE），它就是将远程雷达和其他测量设施获得的信息通过通信线路与基地的一台IBM计算机连接，进行集中的防空信息处理与控制，从而首次实现了计算机技术与通信技术的结合。在该计算机网络中，因为终端无独立处理数据的功能，只能共享主机的资源，因此从严格意义上说，该阶段的计算机网络还不是真正的计算机网络。

为减轻主机的负担，可在通信线路和计算机之间设置一个前端处理机（FEP），FEP 专门负责与终端之间的通信控制，而让主机进行数据处理；为提高通信效率，减少通信费用，在远程终端比较密集的地方增加一个集中器，集中器的作用是把若干个终端经低速通信线路集中起来，连接到高速线路上。然后，经高速线路与前端处理机连接。前端处理机和集中器当时一般由小型计算机担当，因此，这种结构也称为具有通信功能的多机系统。20 世纪 60 年代初的美国航空订票系统 SABRE-1 就是这种计算机通信网络的典型应用。

图 2-1-1 为单机系统的典型结构示意图；图 2-1-2 为具有通信功能的多机系统示意图。

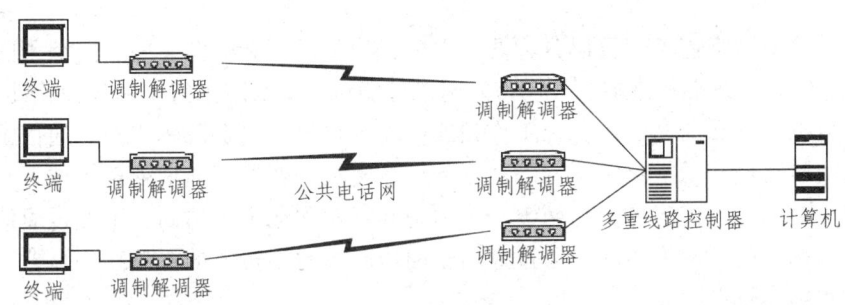

图 2-1-1　单机系统的典型结构示意图

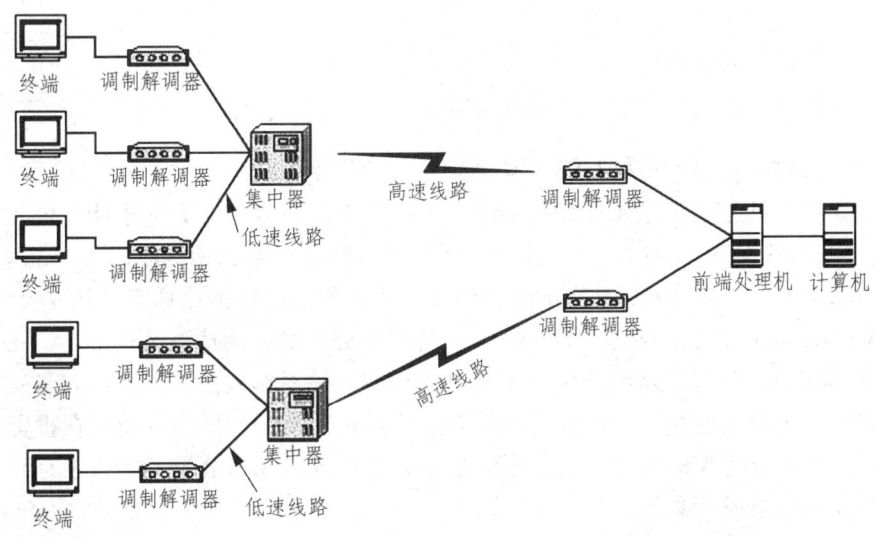

图 2-1-2　具有通信功能的多机系统示意图

第一代计算机网络主要有以下缺点：
（1）以主机为中心，联机系统上的终端没有独立处理数据的能力。
（2）主机既要负责数据处理，又要管理与终端的通信，因此主机的负担很重。
（3）由于一个终端单独使用一根通信线路，造成通信线路利用率低。
（4）每增加一个终端，线路控制器的软硬件都需要做出很大的改动。
（5）采用集中控制方式，可靠性比较低。

2．共享资源的计算机网络（形成阶段，20 世纪 60—70 年代）

20 世纪 60 年代中期至 70 年代的第二代计算机网络是以多个主机通过通信线路互联起来，为用户提供服务，兴起于 60 年代后期，典型代表是美国国防部高级研究计划局协助开发的 ARPAnet。主机之间不是直接用线路相连，而是由接口报文处理机（IMP）转接后互联的。IMP 和它们之间互联的通信线路一起负责主机间的通信任务，构成了通信子网。通信子网互联的主机负责运行程序，提供资源共享，组成资源子网。这个时期，网络概念为"以能够相互共享资源为目的互联起来的具有独立功能的计算机之集合体"，形成了计算机网络的基本概念。

第二代计算机网络逻辑上可以分为两大部分：通信子网和资源子网。资源子网由网络中的所有主机、终端、终端控制器、外设（如网络打印机、磁盘阵列等）和各种软件资源组成，负责全网的数据处理和向网络用户（工作站或终端）提供网络资源和服务。通信子网由各种通信设备和线路组成，承担资源子网的数据传输、转接和变换等通信处理工作。

网络用户对网络的访问可分为两类。本地访问：对本地主机访问，不经过通信子网，只在资源子网内部进行。网络访问：通过通信子网访问远地主机上的资源。

第二代网络的特点有：
（1）实现了分布式的资源共享。
（2）具有分组交换的数据交换方式。
（3）采用专门的通信控制处理机。
（4）使用分层的网络协议。

以上几点也是计算机网络的一般特征。

3．标准化网络（互联互通阶段，20 世纪 70—80 年代）

以共享资源为目的的第二代计算机网络，大多是由研究部门、大学或计算机公司自行开发研制的，如 IBM 公司于 1974 年率先提出的计算机网络体系结构 SNA（Systems Network Architecture），DEC 公司 1975 年提出的面向分布式网络的数字网络体系结构 DNA（Digital Network Architecture），Univac 公司于 1976 年公布的分布式控制体系结构 DCA（Distributed Cumputer Architecture）等。这些网络技术标准使得同一体系结构的网络产品容易互联，不同体系结构的产品很难实现互联，这种局面妨碍了计算机网络的发展，令用户在投资方面无所适从，而且可能造成重大的投资损失，同时也不利于厂商之间的公平竞争，于是制订统一的计算机网络技术标准成为必然。

计算机网络发展的第三阶段是加速体系结构与协议国际标准化的研究与应用。20 世纪 70 年代末，国际标准化组织 ISO 的计算机与信息处理标准化技术委员会成立了一个专门机构，负责研究和制定网络通信标准，以实现网络体系结构的国际标准化。1984 年 ISO 正式颁布了一个称为"开放系统互联基本参考模型"的国际标准 ISO 7498,简称 OSI RM(Open System Interconnection Reference Model)，即著名的 OSI 7 层模型。OSI 推动了网络的标准化进程，使人类进入了第三代计算机网络时代。遵循国际标准化协议的计算机网络具有统一的网络体系结构，厂商需按照共同认可的国际标准开发自己的网络产品，从而可保证不同厂商的产品可以在同一个网络中进行通信，这就是"开放"的含义。

目前存在着两种占主导地位的网络体系结构：一种是国际标准化组织 ISO 提出的 OSI RM

（开放式系统互联参考模型）；另一种是 Internet 所使用的事实上的工业标准 TCP/IP RM（TCP/IP 参考模型）。

4．互联网与高速网络（Internet 时代，20 世纪 90 年代—）

从 20 世纪 90 年代开始，计算机网络技术进入新的发展阶段，其特点是：互联、高速和智能化，表现在：

（1）发展了以 Internet 为代表的互联网。

（2）发展高速网络。1993 年美国政府公布了"国家信息基础设施"行动计划，即信息高速公路计划。这里的"信息高速公路"是指数字化大容量光纤通信网络，用以把政府机构、企业、大学、科研机构和家庭的计算机联网。美国政府又分别于 1996 年和 1997 年开始研究发展更加快速可靠的互联网 2（Internet 2）和下一代互联网（Next Generation Internet）。可以说，网络互联和高速计算机网络正成为新一代计算机网络的发展方向。

（3）研究智能网络。随着网络规模的增大与网络服务功能的增多，各国正在开展智能网络 IN（Intelligent Network）的研究，以提高通信网络开发业务的能力，并更加合理地进行网络各种业务的管理，真正以分布和开放的形式向用户提供服务。智能网的概念是美国于 1984 年提出的，智能网的定义中并没有人们通常理解的"智能"含义，它仅仅是一种"业务网"，目的是提高通信网络开发业务的能力。

第四代计算机网络的特点有：

（1）广泛的资源共享。

（2）高速的数据传输。

（3）综合的业务服务。

5．计算机网络的发展趋势

计算机网络技术的进步，促进了网络应用的普及，而网络需求的不断扩大，又推动了计算机网络的进一步发展。

下一代网络（Next Generation Network）又称为次世代网络，主要思想是在一个统一的网络平台上以统一的管理方式提供多媒体业务，在整合现有的市内固定电话、移动电话的基础上（统称 FMC），增加多媒体数据服务及其他增值型服务。其中语音的交换将采用软交换技术，而平台的主要实现方式为 IP 技术，逐步实现统一通信，其中 voip 将是下一代网络中的一个重点。

NGN 是一个分组网络，它提供包括电信业务在内的多种业务，能够利用多种带宽和具有 QoS 能力的传送技术，实现业务功能与底层传送技术的分离；它允许用户对不同业务提供商网络的自由接入，并支持通用移动性，实现用户对业务使用的一致性和统一性。它是以软交换为核心的，能够提供包括语音、数据、视频和多媒体业务的基于分组技术的综合开放的网络架构，代表了通信网络发展的方向。NGN 具有分组传送、控制功能从承载、呼叫/会话、应用/业务中分离、业务提供与网络分离、提供开放接口、利用各基本的业务组成模块、提供广泛的业务和应用、端到端 QoS 和透明的传输能力、通过开放的接口规范与传统网络实现互通、通用移动性、允许用户自由地接入不同业务提供商、支持多样标志体系、融合固定与移动业务等特征。

NGN 的 9 大支撑技术：① IPv6；② 光纤高速传输；③ 光交换与智能光网；④ 宽带接入；

⑤城域网；⑥软交换；⑦高速移动通信系统；⑧IP终端；⑨网络安全。

国际电信联盟远程通信标准化组织（ITU-T）下一代网络标准化小组提出：下一代网络应该是公共交换电话网（PSTN），移动通信网和分组网（ATM/IP）的融合，未来的网络应该在统一分组网上支持各种业务，是一个真正实现宽带窄带一体化、有源无源一体化、传输接入一体化的综合业务网络。分组化的、开放的、分层的网络架构体系是下一代网络的显著特征。下一代网络基本上按业务层、控制层、传输层和接入层划分，这4层之间通过标准的开放接口互联。

业务层是由一系列的业务应用服务器组成，提供各种各样的业务控制逻辑，完成增值业务处理，同时提供开放的第三方接口，易于引入新型业务。

控制层主要指网络为完成端到端的数据传输进行的路由判决和数据转发功能，它是网络的交换核心，目的是在传输层的基础上构建端到端的通信过程。

传送层面向用户端，支持透明的TDM线路的接入，在网络核心提供大带宽的数据传输能力，并替代传统的配线架，构建灵活的长途传输网络，一般为基于密集波分复用DWDM技术的全光网。

下一代网络除了能向用户提供语音、高速数据传输、视频业务之外，还能向用户方便地提供视频会议、电话会议功能，而且能像广播网络一样，向有此项要求的用户提供统一的消息、时事新闻等。

任务二　计算机网络的概念、功能特点与分类

一、计算机网络的定义与功能

计算机网络是根据应用的需要发展而来的，因此从本质上说，它应以资源共享为其主要目的，以发挥分散的、各不相连的计算机之间的协同功能。

关于计算机网络的定义，业界没有统一的标准，这里给出一种普遍认可的定义：将分布在不同的地理位置上的具有独立工作能力的计算机、终端及其附属设备用通信设备和通信线路连接起来，再配以网络软件以实现计算机资源共享的系统，称为计算机网络。

计算机网络的功能主要表现在硬件资源共享、软件资源共享和用户间信息交换3个方面。

1．硬件资源共享

可以在全网范围内提供对处理资源、存储资源、输入输出资源等昂贵设备的共享，如具有特殊功能的处理部件、高分辨率的激光打印机、大型绘图仪、巨型计算机以及大容量的外部存储器等，从而使用户节省投资，也便于集中管理和均衡分担负荷。

2．软件资源共享

互联网上的用户可以远程访问各类大型数据库，可以通过网络下载某些软件到本地机上使用，可以在网络环境下访问一些安装在服务器上的公用网络软件，可以通过网络登录到远程计算机使用该计算机上的软件。这样可以避免软件研制上的重复劳动以及数据资源的重复存储，也便于集中管理。

3．用户间信息交换

计算机网络为分布在各地的用户提供了强有力的通信手段。用户可以通过计算机网络传送电子邮件、发布新闻消息和进行电子商务活动。

二、计算机网络的特点

1．可靠性

在一个网络系统中，当一台计算机出现故障时，可立即由系统中的另一台计算机来代替其完成所承担的任务。同样，当网络的一条链路出现故障时可选择其他的通信链路进行连接。

2．高效性

计算机网络系统摆脱了中心计算机控制结构数据传输的局限性，并且信息传递迅速，系统实时性强。网络系统中各相连的计算机能够相互传送数据信息，使相距很远的用户之间能够即时、快速、高效、直接地交换数据。

3．独立性

网络系统中各相连的计算机是相对独立的，它们之间的关系是既相互联系，又相互独立。

4．扩充性

在计算机网络系统中，人们能够很方便、灵活地接入新的计算机，从而达到扩充网络系统功能的目的。当然，网络系统病毒也会大量地扩散，病毒扩散后将会在网络中蔓延，目的是让其他计算机也感染上病毒从而套取资料或者个人隐私。

5．廉价性

计算机网络使微机用户也能够分享到大型机的功能特性，充分体现了网络系统的"群体"优势，能节省投资和降低成本。

6．分布性

计算机网络能将分布在不同地理位置的计算机进行互联，可将大型、复杂的综合性问题实行分布式处理。

7．易操作性

对计算机网络用户而言，掌握网络使用技术比掌握大型机使用技术简单，实用性也更强。

三、计算机网络的组成与分类

计算机网络由计算机系统、通信链路与通信设备、网络协议、网络软件组成。计算机网络根据不同的特点可以有多种分类方法。

1．按覆盖范围分类

1）广域网 WAN（Wide Area Network）

广域网也称远程网，它的联网设备分布范围广，一般从数千米到数百至数千千米。因此网络所涉及的范围可以是市、地区、省、国家，乃至世界范围。由于它的这一特点使得单独建造一个广域网是极其昂贵和不现实的，所以，常常借用传统的公共传输（电报、电话）网来实现。此外，由于传输距离远，又依靠传统的公共传输网，所以错误率较高。

2）局域网 LAN（Local Area Network）

局域网是将小区域内的各种通信设备互联在一起的网络，其分布范围局限在一个办公室、一幢大楼或一个校园内，用于连接个人计算机、工作站和各类外围设备以实现资源共享和信息交换。它的特点是分布距离近（通常为 1 000 ~ 2 000 m），传输速度高（一般为 10 ~ 100 Mbps），连接费用低，数据传输可靠，误码率低等。

在应用上，局域网强调的是资源共享；而广域网则着重数据传输。对于局域网，人们更多关注的是如何根据应用需求来规划、建立和应用；对于广域网，侧重的是网络能够提供什么样的数据传输业务，以及用户如何接入网络。

3）城域网 MAN（Metropolitan Area Network）

城域网的分布范围介于局域网和广域网之间，其目的是在一个较大的地理区域内提供数据、声音和图像的传输。

2．按通信介质分类

网络根据传输媒介可以分为有线网络和无线网络，其中有线网络使用的介质常见的有双绞线、光纤和同轴电缆，无线网络主要使用不同频率的电磁波。

3．按通信方式分类

按照网络的通信方式，可以将计算机网络分为两类：广播式网络和点对点网络。点对点网络也可以分为单播和多播（不同于单点对所有点的广播）。

1）单　播

网络节点之间的通信就好像是人们之间的对话一样，如果一个人对另外一个人说话，那么用网络技术的术语来描述就是"单播"，也称为"点对点通信"。单播在网络中得到了广泛的应用，网络上绝大部分的数据都是以单播的形式传输的，只是一般网络用户不知道而已。例如，在收发电子邮件、浏览网页时，必须与邮件服务器、Web 服务器建立连接，此时使用的就是单播数据传输方式。但是通常使用"点对点"通信代替"单播"，因为"单播"一般与"多播"和"广播"相对应使用。单播如图 2-2-1 所示。

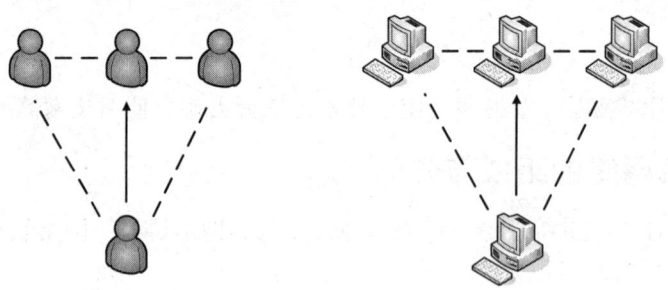

图 2-2-1　单播（一对一）

2）多　播

"多播"可以理解为一个人向多个人（但不是在场的所有人）说话，这样能够提高通话的效率。如果要通知特定的某些人同一件事情，但是又不想让其他人知道，使用电话一个一个通知就非常麻烦，而使用日常生活中的大喇叭进行广播通知，就达不到只通知个别人的目的了，此时使用"多播"来实现就会非常方便，但是现实生活中多播设备非常少。

"多播"也可以称为"组播"，在网络技术的应用中并不是很多，网上视频会议、网上视频点播特别适合采用多播方式。因为如果采用单播方式，每个节点传输，有多少个目标节点，就会有多少次传送过程，这种方式显然效率很低，是不可取的，如果采用不区分目标、全部发送的广播方式，虽然一次可以传送完数据，但是达不到区分特定数据接收对象的目的。采用多播方式，既可以实现一次传送所有目标节点的数据，又可以达到只对特定对象传送数据的目的。多播如图 2-2-2 所示。

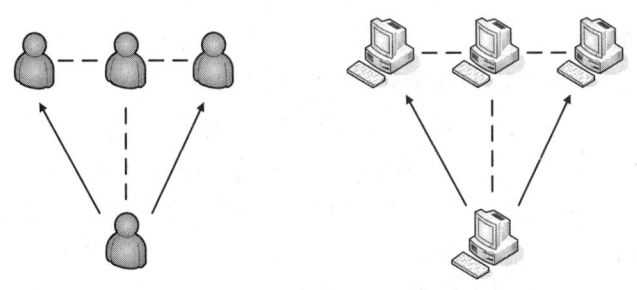

图 2-2-2　多播（一对多）

3）广　播

"广播"可以理解为通过广播喇叭对在场的全体说话，这样做的好处是通话效率高，信息一下子就可以传送到全体，如图 2-2-3 所示。在广播帧中，帧头中的目标 MAC 地址是"FF.FF.FF.FF.FF.FF"，代表网络上所有的主机。每台主机上的网卡收到广播帧后就认为是发送给自己的帧，就进行处理。但是同单播和多播相比，广播几乎占用了子网内网络的所有带宽。就像我们开大会，在会场上只能有一个人发言，想象一下，如果所有的人都用麦克风发言，那会场上就会乱成一片。

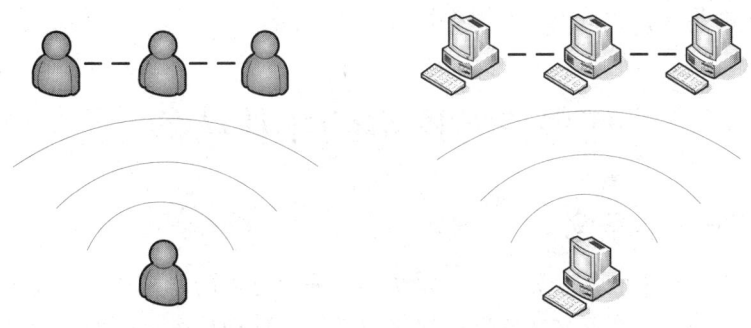

图 2-2-3　广播（一对全体）

在网络中，即使没有用户人为地发送广播帧，网络上也会出现一定数量的广播帧，因为即使没有人工干预，连在网络上的网络设备也会发送广播帧，因为设备之间也需要相互通信。在不了解对方地址的情况下，只有发送广播帧才能与其他设备进行通信。

在网络中不能很长时间出现广播帧，否则就会出现所谓的"广播风暴"。"广播风暴"就是网络长时间被大量的广播数据包所占用，使点对点通信无法正常进行，外在表现为网络速度奇慢无比。出现广播风暴的原因有很多，一块有故障的网卡就可能长时间向网络上发送广播包而导致广播风暴。

"广播风暴"不能完全杜绝，但是只能在同一子网内传播，就好像喇叭的声音只能在同一会场里传播一样。因此，在有几百台甚至上千台计算机构成的大中型局域网中，一般应进行子网划分，就像将一个大厅用墙壁隔离成许多小厅一样，以达到隔离广播风暴的目的。另外，使用路由器或三层交换机也能达到隔离广播的作用。当路由器或三层交换机收到广播帧时它并不转发这个帧，而仅仅是抛弃这个帧，也就是不处理广播帧。本来广播帧可以扩散至整个网络中，但是，当遇到路由器时，广播帧就无法再传递至路由器其他端口连接的网络，从而达到隔离"广播风暴"的作用。

4．按使用范围分类

计算机网络按应用范围和管理性质分可以分为公用网和专用网。

（1）公用网。一般是国家的电信部门建造的网络，"公用"的意思就是从所有愿意按电信部门规定交纳费用的人都可以使用。因此，公用网也可以称为公众网，例如 CHINANET、CERNET 等。

（2）专用网。"专用网"是某个部门为本单位的特殊工作的需要而建立的网络，这种网络不向本单位以外的人提供服务。例如，军队、铁路、电力等系统均有本系统的专用网。目前专用网络发展很迅速，它们也提供对外租用服务，形成与公网竞争的局面。

5．按拓扑结构分类

按照拓扑结构的不同，计算机网络可以分为以下几种：星形网络、树形网络、总线网络、环形网络、网状结构网络等。

6．按其他方式分类

按照数据交换方式不同，计算机网络还可以分为电路交换网、报文交换网、分组交换网、帧中继交换网、ATM 交换网和混合交换网；按照网络内信息的传输速度的快慢不同，可以分为低速网、中速网、高速网；按照数据的组织方式不同可分为分布式数据网和集中式数据网；按照网络内信息的共享方式可以分为对等网和非对等网。

任务三　网络的拓扑结构

一、网络拓扑的概念

拓扑学最初是几何学的一个分支，它是由图论演变过来的。拓扑学首先把实体抽象成与其大小、形状无关的点，将连续实体的线路抽象成线，进而研究点线面之间的关系。

在网络中，将不同设备根据不同的工作方式进行连接称之为拓扑（topology）。各种不同计算机网络系统的拓扑结构是不同的，同时不同拓扑结构的网络的功能、可靠性、组网成本等方面是不同的。

局域网的拓扑结构是指连接网络设备的传输媒体的铺设形式。

二、局域网拓扑结构的类型

构成局域网的网络拓扑结构主要有：星形结构、总线结构、环形结构、树形结构、网状结构等。

1．星形结构

星形拓扑结构是用一个节点作为中心节点，其他节点直接与中心节点相连构成的网络。中心节点可以是文件服务器，也可以是连接设备。常见的中心节点为集线器。星形拓扑结构的网络属于集中控制型网络，整个网络由中心节点执行集中式通行控制管理，各节点间的通信都要通过中心节点。每一个要发送数据的节点都将要发送的数据发送到中心节点，再由中心节点负责将数据送到目的节点。因此，中心节点相当复杂，而各个节点的通信处理负担都很小，只需要满足链路的简单通信要求。

优点：① 控制简单。任何一站点只和中央节点相连接，因而介质访问控制方法简单，致使访问协议也十分简单。易于网络监控和管理。② 故障诊断和隔离容易。中央节点对连接线路可以逐一隔离进行故障检测和定位，单个连接点的故障只影响一个设备，不会影响全网。③ 方便服务。中央节点可以方便地对各个站点提供服务和网络重新配置。

缺点：① 需要耗费大量的电缆，安装、维护的工作量也骤增。② 中央节点负担重，形成"瓶颈"，一旦发生故障，则全网受影响。③ 各站点的分布处理能力较低。

总的来说星形拓扑结构相对简单，便于管理，建网容易，是目前局域网普遍采用的一种拓扑结构。采用星形拓扑结构的局域网，一般使用双绞线或光纤作为传输介质，符合综合布线标准，能够满足多种宽带需求。尽管物理星形拓扑的实施费用高于物理总线拓扑，然而星形拓扑的优势却使其物超所值。每台设备通过各自的线缆连接到中心设备，因此某根电缆出现问题时只会影响到那一台设备，而网络的其他组件依然可正常运行。这个优点极其重要，这也正是所有新设计的以太网都采用物理星形拓扑的原因所在。

扩展星形拓扑结构如图 2-3-1 所示。如果星形网络扩展到包含与主网络设备相连的其他网络设备，这种拓扑就称为扩展星形拓扑。纯扩展星形拓扑的问题是：如果中心点出现故障，网络的大部分组件就会被断开。

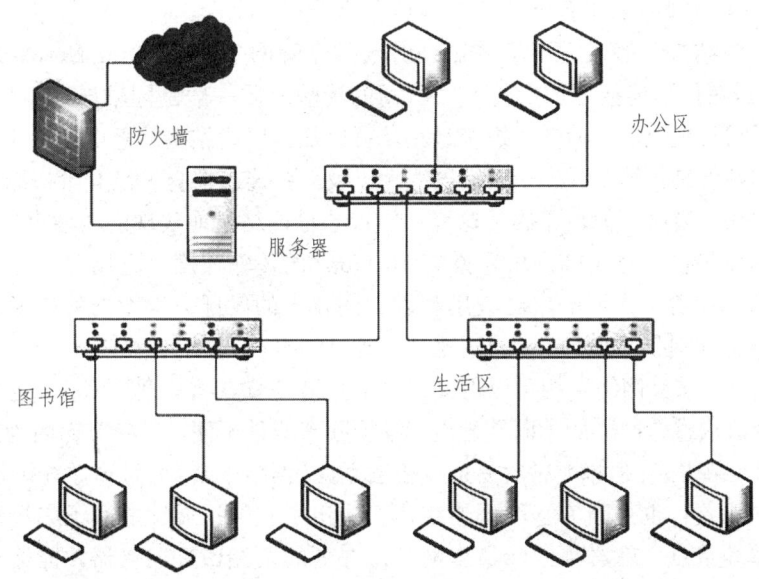

图 2-3-1　扩展星形拓扑结构

2．环形结构

环形结构由网络中若干节点通过点到点的链路首尾相连形成一个闭合的环,这种结构使公共传输电缆组成环形连接,数据在环路中沿着一个方向在各个节点间传输,信息从一个节点传到另一个节点,如图 2-3-2 所示。这种结构的网络形式主要应用于令牌网中,在这种网络结构中各设备是直接通过电缆来串接的,最后形成一个闭环,整个网络发送的信息就是在这个环中传递,通常把这类网络称之为"令牌环网"。

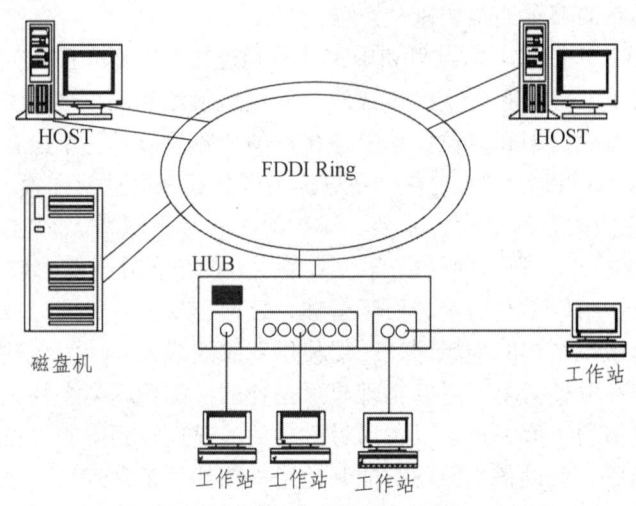

图 2-3-2　环形拓扑结构

实际上大多数情况下这种拓扑结构的网络不会是所有计算机真的要连接成物理上的环形,一般情况下,环的两端是通过一个阻抗匹配器来实现环的封闭的,因为在实际组网过程中因地理位置的限制难以真正做到环的两端物理连接。

这种拓扑结构的网络主要有以下几个特点:

(1)这种网络结构一般仅适用于 IEEE 802.5 的令牌网(Token Ring Network),在这种网络中,"令牌"是在环形连接中依次传递,所用的传输介质一般是同轴电缆。

(2)这种网络实现也非常简单,投资最小。可以从其网络结构示意图中看出,组成这个网络的除了各工作站就是传输介质——同轴电缆,以及一些连接器材,没有价格昂贵的节点集中设备,如集线器和交换机。但也正因为这样,所以这种网络所能实现的功能也比较简单。

(3)传输速度较快:在令牌网中允许有 16 Mbps 的传输速度,它比普通的 10 Mbps 以太网要快许多。当然随着以太网的广泛应用和以太网技术的发展,以太网的速度也得到了极大提高,目前普遍都能提供 100 Mbps 的网速,远比 16 Mbps 要高。

(4)维护困难:从其网络结构可以看到,整个网络各节点间是直接串联,这样任何一个节点出了故障都会造成整个网络的中断、瘫痪,维护起来非常不便。另一方面因为同轴电缆所采用的是插针式的接触方式,所以非常容易造成接触不良,网络中断,而且这样查找起来非常困难。

(5)扩展性能差:也是因为它的环形结构,决定了它的扩展性能远不如星形结构好,如果要新添加或移动节点,就必须中断整个网络,在环的两端做好连接器才能连接。

环形结构具有如下特点:信息流在网中是沿着固定方向流动的,两个节点仅有一条道路,故简化了路径选择的控制;环路上各节点都是自主控制,故控制软件简单;由于信息源在环路中是串行地穿过各个节点,当环路中节点过多时,势必影响信息传输速率,使网络的响应时间延长;环路是封闭的,不便于扩充;可靠性低,一个节点故障,将会造成全网瘫痪;维护困难,对分支节点故障定位较难。

3．总线结构

这种网络拓扑结构中所有设备都是直接与总线相连,它所采用的介质一般也是同轴电缆(包括粗缆和细缆),不过现在也有采用光缆作为总线传输介质的,如后面我们将要讲的 ATM 网、Cable Modem 所采用的网络等都属于总线网络结构,如图 2-3-3 所示。

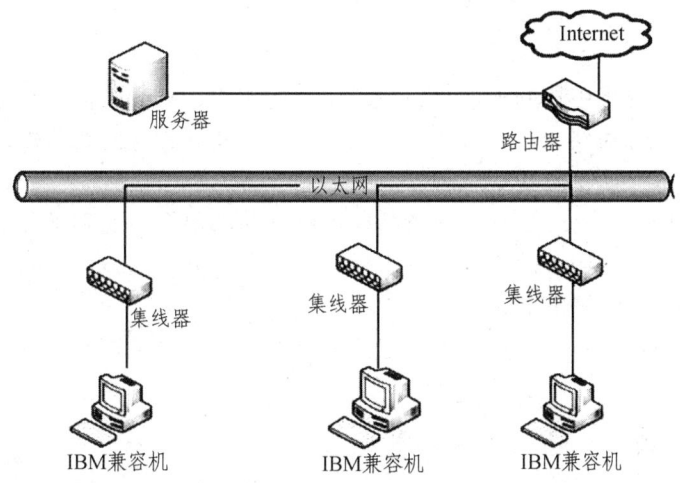

图 2-3-3 总线拓扑结构

总线结构是指各工作站和服务器均挂在一条总线上,各工作站地位平等,无中心节点控制,公用总线上的信息多以基带形式串行传递,其传递方向总是从发送信息的节点开始向两端扩散,如同广播电台发射的信息一样,因此又称广播式计算机网络。各节点在接收信息时都要进行地址检查,看是否与自己的工作站地址相符,相符则接收网上的信息。

总线结构的网络特点:结构简单,可扩充性好。当需要增加节点时,只需要在总线上增加一个分支接口便可与分支节点相连,当总线负载不允许时,还可以扩充总线;使用的电缆少,且安装容易;使用的设备相对简单,可靠性高;维护困难,分支节点故障查找较难。

这种结构主要有以下几个特点:

(1)组网费用低:从示意图可以看出,这样的结构根本不需要另外的互联设备,是直接通过一条总线进行连接,所以组网费用较低。

(2)这种网络因为各节点是共用总线带宽的,所以在传输速度上会随着接入网络的用户的增多而下降。

(3)网络用户扩展较灵活:需要扩展用户时,只需要添加一个接线器即可,但所能连接的用户数量有限。

(4)维护较容易:单个节点失效不影响整个网络的正常通信。但是如果总线一断,则整个网络或者相应主干网段就断了。

(5)这种网络拓扑结构的缺点是一次仅能向一个端用户发送数据,其他端用户必须等到获得发送权才行。在 EAI 中和星形结构相对。

4．分布式结构

分布式结构的网络是将分布在不同地点的计算机通过线路互联起来的一种网络形式，分布式结构的网络具有如下特点：由于采用分散控制，即使整个网络中的某个局部出现故障，也不会影响全网的操作，因而具有很高的可靠性；网络中的路径选择最短路径算法，故网上延迟时间少，传输速率高，但控制复杂；各个节点间均可以直接建立数据链路，信息流程最短；便于全网范围内的资源共享。缺点为：连接线路用电缆长，造价高；网络管理软件复杂；报文分组交换、路径选择、流向控制复杂。因此在一般局域网中不采用这种结构。

5．树形结构

树形结构是分级的集中控制式网络，与星形结构相比，它的通信线路总长度短，成本较低，节点易于扩充，寻找路径比较方便，但除了叶节点及其相连的线路外，任意一个节点或其相连的线路故障都会使系统受到影响。

（1）树形结构优点：易于扩充。树形结构可以延伸出很多分支和子分支，这些新节点和新分支都能容易地加入网内。故障隔离较容易。如果某一分支的节点或线路发生故障，很容易将故障分支与整个系统隔离开来。

（2）树形结构缺点：各个节点对根节点的依赖性太大。如果根发生故障，则全网不能正常工作。

6．网状拓扑结构

在网状拓扑结构中，网络的每台设备之间均有点到点的链路连接，这种连接不经济，只有每个站点都要频繁发送信息时才使用这种方法。它的安装虽然复杂，但系统可靠性高，容错能力强。有时也称为分布式结构。

（1）网状拓扑的优点：

① 网络可靠性高，一般通信子网中任意两个节点交换机之间，存在着两条或两条以上的通信路径，这样，当一条路径发生故障时，还可以通过另一条路径把信息送至节点交换机。

② 网络可组建成各种形状，采用多种通信信道、多种传输速率。

③ 网内节点共享资源容易。

④ 可改善线路的信息流量分配。

⑤ 可选择最佳路径，传输延迟小。

（2）网状拓扑的缺点：

① 控制复杂，软件复杂。

② 线路费用高，不易扩充。

7．蜂窝拓扑结构

蜂窝拓扑结构是无线局域网中常用的结构。它以无线传输介质（微波、卫星、红外线、无线发射台等）点到点和点到多点传输为特征，是一种无线网，适用于城市网、校园网、企业网，更适合于移动通信。

任务四　网络的传输介质

一、传输介质简介

数据传输介质是指传送信息的载体，是通信网络中发送方和接收方之间的物理通路。因此，传输介质也称传输媒体、传输媒介或传输线路。用于局域网的传输技术主要分有线传输和无线传输两类。有线传输使用的媒体包括双绞线、同轴电缆和光缆；无线传输媒体为大气层，使用技术主要包括微波、红外线和激光。传输介质的分类如图 2-4-1 所示。

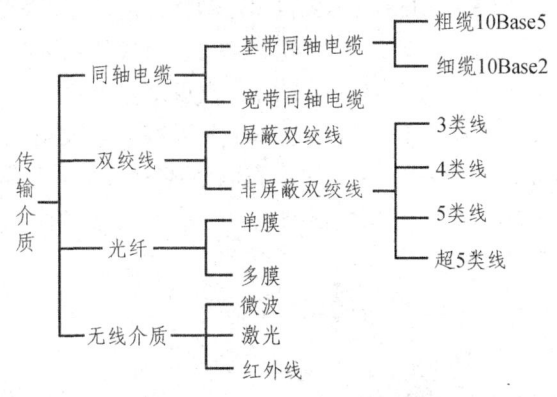

图 2-4-1　传输介质的分类

不同的传输介质，其特性也各不相同。它们不同的特性对网络中数据通信质量和通信速度有较大影响。这些特性是：

（1）物理特性，说明传播介质的特征。
（2）传输特性，包括信号形式、调制技术、传输速度及频带宽度等内容。
（3）连通性，采用点到点连接还是多点连接。
（4）地域范围，网上各点间的最大距离。
（5）抗干扰性，防止噪声、电磁干扰对数据传输影响的能力。
（6）相对价格，以元件、安装和维护的价格为基础。

二、有线传输介质

有线传输介质是指在两个通信设备之间实现的物理连接部分，它能将信号从一方传输到另一方。目前常用的有线传输介质主要有双绞线、同轴电缆和光纤。

1．双绞线

双绞线（Twisted Pair）是由两条相互绝缘的导线按照一定的规格互相缠绕（一般以逆时针缠绕）在一起而制成的一种通用配线，属于信息通信网络传输介质。双绞线过去主要是用来传输模拟信号的，但现在同样适用于数字信号的传输。双绞线是综合布线工程中最常用的一种传输介质。

双绞线是由一对相互绝缘的金属导线绞合而成。采用这种方式，不仅可以抵御一部分来自外界的电磁波干扰，而且可以降低自身信号的对外干扰。把两根绝缘的铜导线按一定密度互相绞在一起,一根导线在传输中辐射的电波会被另一根线上发出的电波抵消。"双绞线"的名字也是由此而来。

双绞线一般由两根 22～26 号绝缘铜导线相互缠绕而成,实际使用时,双绞线是由多对双绞线一起包在一个绝缘电缆套管里的。典型的双绞线有 4 对的,也有更多对双绞线放在一个电缆套管里的,这些我们称之为双绞线电缆。在双绞线电缆(也称双扭线电缆)内,不同线对具有不同的扭绞长度,一般地说,扭绞长度在 3.81～14 cm 内,按逆时针方向扭绞。相邻线对的扭绞长度在 1.27 cm 以上,一般是扭线越密其抗干扰能力就越强,与其他传输介质相比,双绞线在传输距离、信道宽度和数据传输速率等方面均受到一定限制,但价格较为低廉。

双绞线分为屏蔽双绞线(Shielded Twisted Pair, STP)与非屏蔽双绞线(Unshielded Twisted Pair, UTP),如图 2-4-2、图 2-4-3 所示。屏蔽双绞线在双绞线与外层绝缘封套之间有一个金属屏蔽层。屏蔽层可减少辐射,防止信息被窃听,也可阻止外部电磁干扰的进入,使屏蔽双绞线比同类的非屏蔽双绞线具有更高的传输速率。非屏蔽双绞线是一种数据传输线,由 4 对不同颜色的传输线所组成,广泛用于以太网路和电话线中。非屏蔽双绞线电缆最早在 1881 年被用于贝尔发明的电话系统中。双绞线根据电气性能不同有多种不同的质量级别,最常用的是 3、5、6 类线,如表 2-4-1 所示。

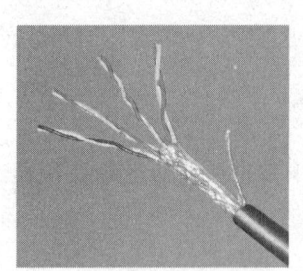

图 2-4-2　屏蔽双绞线

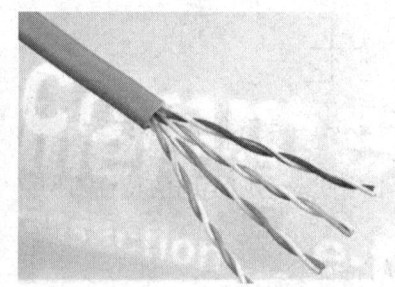

图 2-4-3　非屏蔽双绞线

表 2-4-1　双绞线的类别

类别	带宽	速率	应用
1 类	750 kHz		20 世纪 80 年代之前的电话线缆,用于报警系统,或只适用于语音传输
2 类	1 MHz	4 Mbps	应用于 4 Mbps 规范令牌传递协议的旧的令牌网,语音传输和最高传输速率为 4 Mbps 的数据传输
3 类	16 MHz	10 Mbps	主要应用于语音、10 Mbps 以太网和 4 Mbps 令牌环,采用 RJ 形式的连接器,目前已淡出市场
4 类	20 MHz		用于语音传输和最高传输速率为 16 Mbps(令牌环)的数据传输,用于基于令牌的局域网
5 类	100 MHz	100 Mbps	用于语音传输和最高传输速率为 100 Mbps 的数据传输,采用 RJ 形式的连接器。这是最常用的以太网介质
超 5 类			衰减小,串扰少,时延误差更小,主要用于千兆位以太网(1 000 Mbps)
6 类	1～250 MHz		最适用于传输速率高于 1 Gbps 的应用
超 6 类	500 MHz		
7 类	600 MHz		可能用于今后的 10 Gbps 以太网

双绞线的特性如下：

（1）物理特性：由螺旋排列的2对或者4对绝缘线组成。双绞线芯一般是铜质的，能提供良好的传导率。

（2）传输特性：可用于传输模拟信号，也可用于传输数字信号。如在电话线上传输的ADSL数据信号传输速率就可达到8 Mbps，而在专门的局域网双绞线中，目前最高的传输速率可达1 000 Mbps。

（3）连通性：双绞线普遍用于点到点的连接，也可以用于多点的连接。

（4）地域范围：最大可达15 km。在10 Mbps和100 Mbps传输速率的局域网中与集线器的距离均不超过100 m。

（5）抗干扰性：在低频传输时，双绞线的抗干扰性相当于同轴电缆，但在超过10～100 kHz时，同轴电缆就明显比双绞线优越。

（6）相对价格：价格低廉。

2．同轴电缆

同轴电缆从用途上分可分为基带同轴电缆和宽带同轴电缆（即网络同轴电缆和视频同轴电缆）。基带电缆又分细同轴电缆和粗同轴电缆。基带同轴电缆仅仅用于数字传输，数据传输率可达10 Mbps。

同轴电缆的优点是可以在相对长的无中继器的线路上支持高带宽通信，而其缺点也是显而易见的：一是体积大，细缆的直径就有3/8英寸[①]粗，要占用电缆管道的大量空间；二是不能承受缠结、压力和严重的弯曲，这些都会损坏电缆结构，阻止信号的传输；最后就是成本高，而所有这些缺点正是双绞线能克服的，因此在现在的局域网环境中，基本已被基于双绞线的以太网物理层规范所取代。

同轴电缆由里到外分为4层：中心铜线（单股的实心线或多股绞合线），塑料绝缘体，网状导电层和电线外皮。中心铜线和网状导电层形成电流回路。因为中心铜线和网状导电层为同轴关系而得名，如图2-4-4所示。

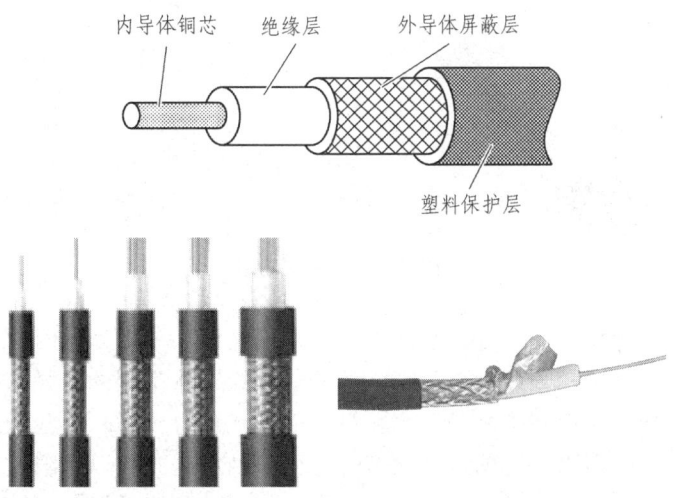

图2-4-4 同轴电缆

---

① 1英寸（ft）= 0.025 4米（m）。

同轴电缆的特性
（1）物理特性：由同心导体和绝缘层、保护层组成。
（2）传输特性：可以达到较高的速度，信号衰减小于双绞线。
（3）连通性：支持点点连接、也可多点连接。
（4）地域范围：基带同轴电缆在几千米，宽带可达几十千米。
（5）抗干扰性：抗干扰能力较强。
（6）相对价格：价格高于双绞线。

3．光　纤

光纤是光导纤维的简写，是一种利用光在玻璃或塑料制成的纤维中的全反射原理而达成的光传导工具。香港中文大学前校长高锟和 George A. Hockham 首先提出光纤可以用于通信传输的设想，高锟因此获得 2009 年诺贝尔物理学奖。

微细的光纤封装在塑料护套中，使得它能够弯曲而不至于断裂。通常，光纤的一端的发射装置使用发光二极管（Light Emitting Diode，LED）或一束激光将光脉冲传送至光纤，光纤的另一端的接收装置使用光敏元件检测脉冲。在日常生活中，由于光在光导纤维的传导损耗比电在电线传导的损耗低得多，光纤被用作长距离的信息传递。

通常光纤与光缆两个名词会被混淆。多数光纤在使用前必须由几层保护结构包覆，包覆后的缆线即被称为光缆。光纤外层的保护结构可防止周遭环境对光纤的伤害，如：水、火、电击等。光缆分为：光纤，缓冲层及披覆。光纤和同轴电缆相似，只是没有网状屏蔽层。中心是光传播的玻璃芯。在多模光纤中，芯的直径是 15～50 μm，大致与人的头发的粗细相当。而单模光纤芯的直径为 8～10 μm。芯外面包围着一层折射率比芯低的玻璃封套，以使光纤保持在芯内，再外面的是一层薄的塑料外套，用来保护封套，光纤通常被扎成束，外面有外壳保护。光纤光缆如图 2-4-5 所示。纤芯通常是由石英玻璃制成的横截面面积很小的双层同心圆柱体，它质地脆，易断裂，因此需要加上外保护层。

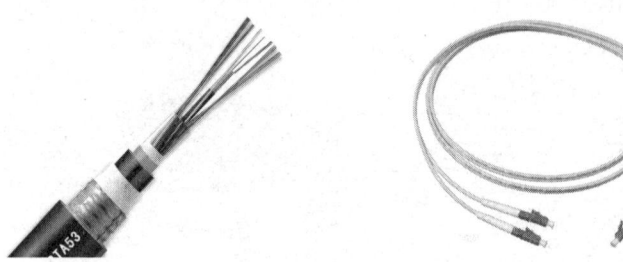

图 2-4-5　光纤光缆

按光在光纤中的传输模式划分，光纤可分为多模光纤和单模光纤两种。理论上讲，当光的传输媒体，即纤芯直径较大或远大于光波波长时，光将从不同的位置，以各种不同的角度进入媒体，光在光纤中会以几十种乃至几百种传播模式进行传播。有些光线基本上沿着媒体的中线传播，有些光线则以不同的角度撞击边界面，结果是光将以有限的角度在边界面之间来回反弹沿着传输媒体向前传播。每一个角度都定义了一条路径或一种模式，以这种方式传输光波的光纤称为多模光纤（Multi Mode Fiber），如图 2-4-6 所示。

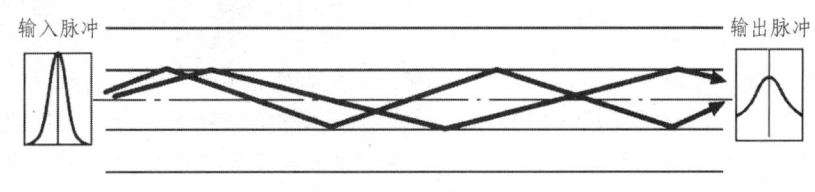

图 2-4-6 多模光纤

多模光纤的中心玻璃芯较粗，可传导多种模式的光。但其模间色散较大，这就限制了传输数字信号的频率，而且随距离的增加会更加严重，因此，多模光纤传输的距离就比较近，一般只有几千米。在多模光纤中，光波以有限的模式向前传播，模式的具体数目是由纤芯所用媒体的直径和光的波长决定的。减少纤芯的直径可以降低光线撞击边界面的角度数目，即模式数目减少了。

当光纤的直径小到与光波长在同一数量级，这时光以平行于光纤中的轴线的形式直线传播，这样的光纤称为单模光纤（Single Mode Fiber），如图 2-4-7 所示。

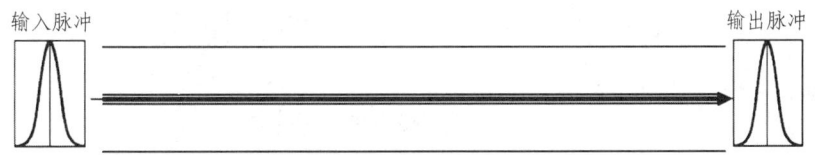

图 2-4-7 单模光纤

目前我国大部分地方都实现了光纤入户，光纤入户已经成为城市家庭的标配。到 2017 年为止，全国光缆线路总长已达 3 747 万千米。

光纤的特性如下：

（1）物理特性：由能传导光波的介质组成。

（2）传输特性：可见光的频率达 100 000 GHz，尽管由于光纤对不同频率的光有不同的损耗，使频带宽度受到影响，但在最低损耗区的频带宽度也可达 30 000 GHz。目前单个光源的带宽只占了其中很小的一部分（多模光纤的频带约几百 MHz，目前单模光纤可达 20 GHz 以上），采用先进的相干光通信可以在 30 000 GHz 范围内安排 2 000 个光载波，进行波分复用，可以容纳上百万个频道。

（3）连通性：支持点点连接，试验中有多点连接。

（4）地域范围：6～8 km 内不需中继器。

（5）抗干扰性：抗干扰能力强，误码率极低。

（6）相对价格：目前随着技术的发展和大范围的应用，价格不断降低。

三、无线传输

无线传输是指通过电磁波在自由空间的传播进行通信，常用于电（光）缆铺设不便的特殊地理环境，或者作为地面通信系统的备份和补充。

1．无线电波

波长大于 1 mm、频率小于 300 GHz 的电磁波是无线电波。无线电波是一种能量的传播形式，电场和磁场在空间中是相互垂直的，并都垂直于传播方向，在真空中的传播速度等于光速（300 000 km/s）。

无线电波是指在自由空间（包括空气和真空）传播的射频频段的电磁波。无线电技术是通过无线电波传播声音或其他信号的技术。无线电技术的原理在于，导体中电流强弱的改变会产生无线电波。利用这一现象，通过调制可将信息加载于无线电波之上。当电波通过空间传播到达收信端，电波引起的电磁场变化又会在导体中产生电流。通过解调将信息从电流变化中提取出来，就达到了信息传递的目的。无线电波的传播途径如图2-4-8所示。

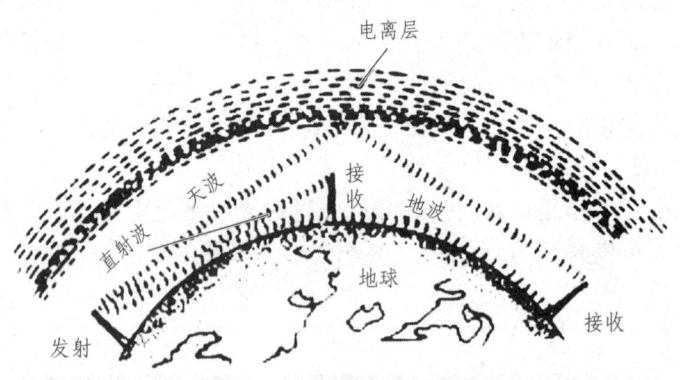

图 2-4-8　无线电波的传播途径

长波（包括超长波）是指频率在 300 kHz 以下的无线电波。中波是指频率为 300 kHz ~ 3 MHz 的无线电波。短波是指频率为 3 ~ 30 MHz 的无线电波。超短波是指波长为 1 ~ 10 m（频率为 30 ~ 300 MHz）的无线电波。微波是指频率为 300 MHz ~ 300 GHz 的电磁波，是无线电波中一个有限频带的简称，即波长在 1 m（不含 1 m）到 1 mm 之间的电磁波，是分米波、厘米波、毫米波和亚毫米波的统称。微波频率比一般的无线电波频率高，通常也称为"超高频电磁波"。一般来说短波以天波形式传播最为合适，中波和中短波夜间也可以天波形式传播，长波适合地面传输，微波一般以直射波传输。微波作为一种电磁波也具有波粒二象性。微波的基本性质通常呈现为穿透、反射、吸收3个特性。对于玻璃、塑料和瓷器，微波几乎是穿越而不被吸收。对于水和食物等就会吸收微波而使自身发热。而对金属类物体，则会反射微波。卫星通信（Satellite Communication）是典型的微波技术应用。利用同步卫星，可以进行更远距离的传输。收发双方都必须安装卫星接收及发射设备，且收发双方的天线都必须对准卫星，否则不能收发信息。蓝牙和 Wifi 都属于微波范围。卫星通信如图 2-4-9 所示。

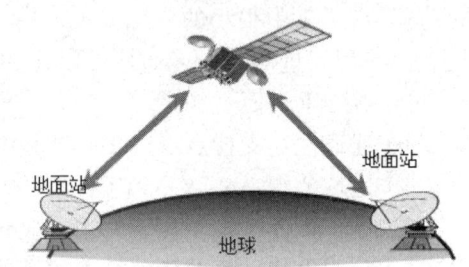

图 2-4-9　卫星通信

2. 红外线

红外线（Infrared）是波长介乎微波与可见光之间的电磁波，其波长在 760 nm ~ 1 mm，是波长比红光长的非可见光。所有高于绝对零度（-273.15 ℃）的物质都可以产生红外线，现代物理学称之为热射线。

优点：制造工艺简单，价格便宜。

缺点：传输距离有限，一般只限于室内通信，而且不能穿透坚实的物体（如砖墙等）。

如果在室内发射红外电波,室外就收不到,这可避免各个房间的红外电波的相互干扰。并可有效地进行数据的安全性保密控制。

红外线被广泛用于室内短距离通信传输。家家户户使用的电视机及音响设备的遥控器就是利用红外线技术遥控的。蓝牙使用无线电波传输数据,红外线是使用光波传输数据;蓝牙基本没有方向性,红外线有方向性;蓝牙可以穿透多数非金属物体,红外线基本不能穿透非透明物体;蓝牙可以同时连接多种设备,红外线每个接收器同时只能连接一个设备。

3. 激 光

除光纤是可以用光进行信息的传输外,激光(Laser)束也可以用于在空中传输数据。与微波通信一样至少要有两个激光站,每个站点都拥有发送信息和接收信息的能力。激光设备通常是安装在固定位置上,通常安装在高山上的铁塔上,并且天线相互对应。由于激光束能在很长的距离上得以聚焦,因此激光的传输距离很远,能传输几十千米,与微波一样,激光束也是沿直线传播的,激光束不能穿过建筑物和山脉,但可以穿透云层。激光示意图如图 2-4-10 所示。

图 2-4-10　激光

任务五　局域网

一、局域网简介

局域网(Local Area Network,LAN)是在一个局部的地理范围内(如一个学校、工厂和机关内),一般是方圆几千米以内,将各种计算机、外部设备和数据库等互相连接起来组成的计算机通信网。局域网可以实现文件管理、应用软件共享、打印机共享、工作组内的日程安排、电子邮件和传真通信服务等功能。局域网是封闭型的,可以由办公室内的两台计算机组成,也可以由一个公司内的上千台计算机组成。决定局域网的主要技术要素为:网络拓扑,传输介质与介质访问控制方法。

为了完整地给出 LAN 的定义,必须使用两种方式:一种是功能性定义,另一种是技术性定义。前一种将 LAN 定义为一组台式计算机和其他设备,在物理地址上彼此相隔不远,以允许用户相互通信和共享诸如打印机和存储设备之类的计算资源的方式互连在一起的系统。这种定义适用于办公环境下的 LAN、工厂和研究机构中使用的 LAN。就 LAN 的技术性定义而言，它定义为由特定类型的传输媒体（如电缆、光缆和无线媒体）和网络适配器（亦称为网卡）互联在一起的计算机，并受网络操作系统监控的网络系统。功能性和技术性定义之间的差别是很明显的，功能性定义强调的是外界行为和服务；技术性定义强调的则是构成 LAN 所需的物质基础和构成的方法。

局域网（LAN）的名字本身就隐含了这种网络地理范围的局域性。由于较小的地理范围的局限性，LAN 通常要比广域网（WAN）具有高得多的传输速率。例如，LAN 的传输速率为 10 Mbps，FDDI 的传输速率为 100 Mbps，而 WAN 的主干线速率国内仅为 64 Kbps 或 2.048 Mbps，最终用户的上线速率通常为 14.4 Kbps。LAN 的拓扑结构常用的是总线和环形，这是由于有限地理范围决定的，这两种结构很少在广域网环境下使用。LAN 还有诸如高可靠性、易扩缩和易于管理及安全等多种特性。

局域网产生于 20 世纪 60 年代末 70 年代初，70 年代中后期是局域网的一个重要发展阶段，80 年代局域网走向了大发展的时期，90 年代以后，随着信息高速公路的崛起，局域网进一步朝着高速、宽带、多媒体等高性能方向发展。

二、局域网体系结构与 IEEE802 标准

IEEE 是英文 Institute of Electrical and Electronics Engineers 的简称，其中文译名是电气和电子工程师协会。IEEE 802 规范定义了网卡如何访问传输介质（如光缆、双绞线、无线等），以及如何在传输介质上传输数据的方法，还定义了传输信息的网络设备之间连接建立、维护和拆除的途径。遵循 IEEE 802 标准的产品包括网卡、桥接器、路由器，以及其他一些用来建立局域网络的组件。

为了规范 LAN 的设计，IEEE 802 委员会针对各种局域网的特点，并且参照 ISO/OSI 参考模型，制订了有关局域网的标准（称为 IEEE 802 系列标准）。有关 LAN 的标准化主要集中在 OSI 体系结构的低二层，已制订了一系列的标准，具体包括：

（1）IEEE802.1 标准，包括局域网体系结构、网络互联以及网络管理。
（2）IEEE802.2 标准，逻辑链路控制 LLC。
（3）IEEE802.3，定义 CSMA/CD 总线介质访问控制方法与物理层规范。
（4）IEEE802.4，定义令牌总线（Token Bus）介质访问控制方法与物理层规范。
（5）IEEE802.5，定义令牌环（Token Ring）介质访问控制方法与物理层规范。
（6）IEEE802.6，定义城域网介质访问控制方法与物理层规范。
（7）IEEE802.7，定义了宽带技术。
（8）IEEE802.8，定义了光纤技术。
（9）IEEE802.9，定义了语音与数据综合局域网技术。
（10）IEEE802.10，定义了局域网的安全机制。
（11）IEEE802.11，定义了无线局域网技术。
（12）IEEE802.12，定义了按需优先的介质访问方法，用于快速以太网。

IEEE 802 系列标准间的关系如图 2-5-1 所示。

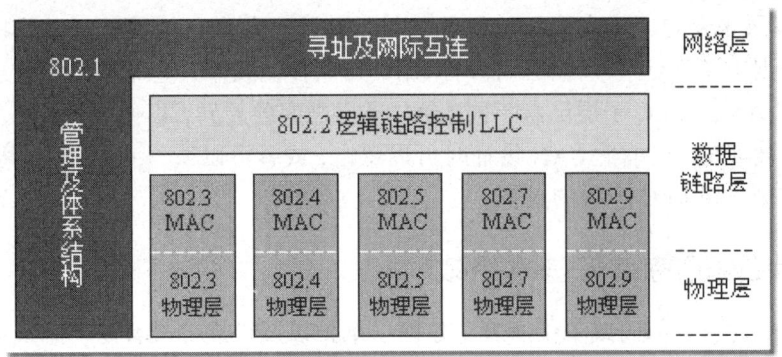

图 2-5-1 IEEE 802 系列标准间的关系

IEEE802 标准定义了 ISO/OSI 的物理层和数据链路层，如图 2-5-2 所示。

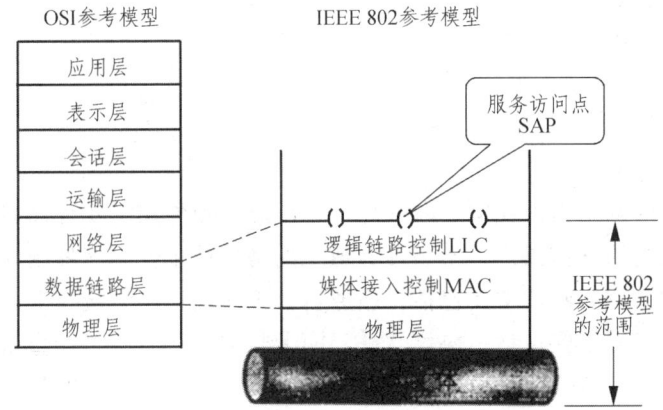

图 2-5-2 IEEE 802 局域网参考模型

1）物理层

物理层包括物理介质、物理介质连接设备（PMA）、连接单元（AUI）和物理收发信号格式（PS）。物理层主要功能：实现比特流的传输和接收；为进行同步用的前同步码的产生和删除；信号的编码与译码；规定了拓扑结构和传输速率。

2）数据链路层

从图 2-5-2 中可以看出，LAN 的数据链路层实际上被划分为两个子层：逻辑链路控制子层（LLC）和媒体接入控制子层（MAC）。并且，LAN 之间的差别主要体现在物理层和 MAC 子层。

逻辑链路控制 LLC 子层：该层集中了与媒体接入无关的功能。具体讲，LLC 子层的主要功能是：建立和释放数据链路层的逻辑连接；提供与上层的接口（即服务访问点）；给 LLC 帧加上序号；差错控制。

媒体访问控制 MAC 子层负责解决与媒体接入有关的问题和在物理层的基础上进行无差错的通信。MAC 子层的主要功能是：发送时将上层交下来的数据封装成帧进行发送，接收时对帧进行拆卸，将数据交给上层；实现和维护 MAC 协议；进行比特差错检查与寻址。

LAN 物理层主要定义节点和传输媒体的接口特性，包括机械特性、电气特性等；LAN 的 MAC 子层则定义节点共享传输媒体时采用的访问控制技术，包括借助于物理层的无差错传输技术等；LAN 的 LLC 子层屏蔽不同 MAC 子层之间的差异，以便提供统一的接口；LAN 的网络层功能被简化，在单个 LAN 设计时可以忽略，或者可以认为 OSI/RM 的更高层通过虚拟的网络层直接引用 LLC 子层的服务。

三、局域网的特点与基本组成

局域网一般为一个部门或单位所有，建网、维护以及扩展等较容易，系统灵活性高。其主要特点有：

（1）高数据传输率（10～1 000 Mbps）。
（2）低出错率（10^{-8}～10^{-11}）。
（3）对象是微型计算机。
（4）传输距离和网络覆盖范围小（0.1～10 km）。
（5）无路由选择。
（6）共享方便。
（7）建立、扩展方便。

简单地说局域网由网络软件和网络硬件两部分组成。硬件用于实现局域网的物理连接，为局域网中计算机之间的通信提供一条物理通道。网络软件主要用于控制并具体实现信息传送和网络资源的分配共享。硬件主要包括：服务器、工作站、网络接口卡、网络设备、传输介质、外围设备等。软件主要包括：协议软件、网卡驱动程序、网络操作系统。

局域网的类型很多，若按网络使用的传输介质分类，可分为有线网和无线网；若按网络拓扑结构分类，可分为总线结构、星形结构、环形结构、树形结构、混合结构等；若按传输介质所使用的访问控制方法分类，又可分为以太网、令牌环网、FDDI 网和无线局域网等。其中，以太网是当前应用最普遍的局域网技术。

1．无线局域网

无线局域网 WLAN（Wireless Local Area Network）是把分布在数千米范围内的不同物理位置的计算机设备连在一起，在网络软件的支持下可以相互通信和资源共享的网络系统。通常计算机组网的传输媒介主要依赖铜缆或光缆，构成有线局域网。但有线网络在某些场合要受到布线的限制：布线、改线工程量大；线路容易损坏；网中的各节点不可移动。特别是当要把相离较远的节点联结起来时，敷设专用通信线路布线施工难度之大，费用、耗时之多，实是令人生畏。这些问题都对正在迅速扩大的联网需求造成了困难。

WLAN 就是解决有线网络以上问题而出现的。WLAN 利用电磁波在空气中发送和接收数据，而无须线缆介质。WLAN 的数据传输速率最高可达 1 000 Mbps，传输距离可达 20 km 以上。无线联网方式是对有线联网方式的一种补充和扩展，使网上的计算机具有可移动性。无线局域网现在已经广泛地应用在商务区、大学、机场及其他公共区域。无线局域网最通用的标准是 IEEE 定义的 802.11 系列标准。WLAN 具有很多优点：

（1）安装便捷。一般在网络建设当中，施工周期最长、对周边环境影响最大的就是网络布线的施工。在施工过程时，往往需要破墙掘地、穿线架管。而 WLAN 最大的优势就是免去或减少了这部分繁杂的网络布线的工作量，一般只要安放一个或多个接入点（Access Point）设备就可建立覆盖整个建筑或地区的局域网络。

（2）使用灵活。在有线网络中，网络设备的安放位置受网络信息点位置的限制。而一旦 WLAN 建成后，在无线网的信号覆盖区域内任何一个位置都可以接入网络，进行通信。

（3）经济节约。由于有线网络缺少灵活性，这就要求网络的规划者尽可能地考虑未来的发展的需要，这就往往导致需要预设大量利用率较低的信息点。而一旦网络的发展超出了设计规划时的预期，又要花费较多费用进行网络改造。而 WLAN 可以避免或减少以上情况的发生。

（4）易于扩展。WLAN 有多种配置方式，能够根据实际需要灵活选择。这样，WLAN 能够胜任从只有几个用户的小型局域网到上千用户的大型网络，并且能够提供像"漫游（Roaming）"等有线网络无法提供的特性。

蓝牙和 Wifi 都属于无线通信网络标准。它们的相同点都是工作在 ISM2.4 GHz 公共频段。随着技术发展，5.8 GHz 的频段也投入使用。它们不同点是：蓝牙使用的是 FHSS（跳频扩谱）方式，一般每秒钟跳变 1 600 次，将 83.5 MHz 的频带划分为 79 个频带信道，每个时刻只占 1 MHz 的带宽。调制方式是 GFSK（高斯频移键控），可以同时进行数据和语音的无线通信。现在各种数码产品中基本上都集成了蓝牙功能，比如，手机，耳机，打印机，键鼠，相机等等，使用范围极其广泛。而 Wifi 所使用的协议是 IEEE802.11 系列局域网协议，使用 DSSS（直序列扩频）、OFDM 等扩频方式，主要提供的是无线上网业务，因此经常可以在需要无线移动上网的设备中看到它的身影，比如笔记本，PDA，智能手机等。蓝牙属于 WPAN 无线个域网，一般为点对点。而 Wifi 属于 WLAN 无线局域网，多个终端同时传输的网路模式。由于两者在同一频段工作，它们之间的互干扰问题一直是讨论的焦点。

2．广域网

广域网（WAN），就是我们通常所说的 Internet，它是一个遍及全世界的网络。局域网（LAN）相对于广域网（WAN）而言，主要是指在小范围内的计算机互联网络。这个"小范围"可以是一个家庭，一所学校，一家公司，或者是一个政府部门。BT 中常常提到的公网、外网，即广域网（WAN）；BT 中常常提到私网、内网，即局域网（LAN）。

广域网上的每一台电脑（或其他网络设备）都有一个或多个广域网 IP 地址（或者说公网、外网 IP 地址），广域网 IP 地址一般要到 ISP 处交费之后才能申请到，广域网 IP 地址不能重复；局域网（LAN）上的每一台电脑（或其设备）都有一个或多个局域网 IP 地址（或者说私网、内网 IP 地址），局域网 IP 地址是局域网内部分配的，不同局域网的 IP 地址可以重复，不会相互影响。

广域网（WAN、公网、外网）与局域网（LAN、私网、内网）电脑交换数据要通过路由器或网关的 NAT（网络地址转换）进行。一般说来，局域网（LAN、私网、内网）内电脑发起的对外连接请求，路由器或网关都不会加以阻拦，但来自广域网对局域网内电脑连接的请求，路由器或网关在绝大多数情况下都会进行拦截。

3. 城域网

城域网（Metropolitan Area Network，MAN）是在一个城市范围内所建立的计算机通信网。城域网属宽带局域网。由于采用有源交换元件的局域网技术，网络传输时延较小，它的传输媒介主要采用光缆，传输速率在 100 Mbps 以上。MAN 的一个重要用途是用作骨干网，通过它将位于同一城市内不同地点的主机、数据库，以及 LAN 等互相连接起来，这与 WAN 的作用有相似之处，但两者在实现方法与性能上有很大差别。

任务六　网络的体系结构概述

一、概　述

要想让两台计算机进行通信，必须使它们采用相同的信息交换规则。我们把在计算机网络中用于规定信息的格式以及如何发送和接收信息的一套规则称为网络协议或通信协议。

为了减少网络协议设计的复杂性，网络设计者并不是设计一个单一、巨大的协议来为所有形式的通信规定完整的细节，而是采用把通信问题划分为许多个小问题，然后为每个小问题设计一个单独的协议的方法。这样做使得每个协议的设计、分析、编码和测试都比较容易。分层模型是一种用于开发网络协议的设计方法。

网络的体系结构就是为了完成计算机间的通信，把计算机互联的功能层次化，并明确规定同层实体通信的协议及相邻层之间的接口服务。因此网络的体系结构就是计算机网络分层、各层协议和功能、层间接口的集合。

要了解网络的体系结构就必须了解网络的协议和分层设计原则。

二、协　议

在日常生活中，为了实现人与人之间的交流，通信规则是无处不在的。例如，在使用邮政系统发送信件时，信封必须按照一定的格式书写（如收信人和发信人的地址不能颠倒），否则，信件就不能到达目的地；同时，信件的内容也必须遵守一定的规则（如：使用何种语言书写），否则，收信人可能无法理解信件的内容。网络协议是指为了保证计算机网络中计算机之间正确地、有条不紊地收发数据所制定的一系列的通信协议。

网络协议的定义：为计算机网络中进行数据交换而建立的规则、标准或约定的集合。例如，网络中一个微机用户和一个大型主机的操作员进行通信，由于这两个数据终端所用字符集不同，因此操作员所输入的命令彼此不熟悉。为了能进行通信，规定每个终端都要将各自字符集中的字符先变换为标准字符集的字符后，才进入网络传送，到达目的终端之后，再变换为该终端字符集的字符。当然，对于不相容终端，除了需变换字符集字符外，其他特性如显示格式、行长、行数、屏幕滚动方式等也需作相应的变换。

协议是用来描述进程之间信息交换数据时的规则术语。在计算机网络中，两个相互通信的实体处在不同的地理位置，其间的两个进程相互通信，需要通过交换信息来协调它们的动作达到同步，而信息的交换必须按照预先共同约定好的过程进行。

网络协议是由 3 个要素组成：

（1）语义。语义是解释控制信息每个部分的意义。它规定了需要发出何种控制信息，以及完成的动作与做出什么样的响应。

（2）语法。语法是用户数据与控制信息的结构与格式，以及数据出现的顺序。网络协议语法结构示意图如图2-6-1所示。

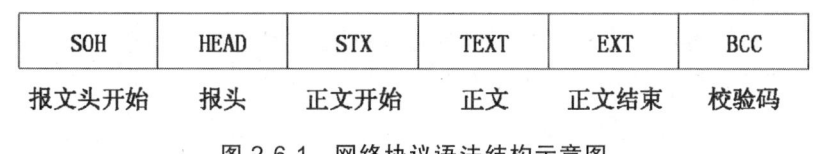

图2-6-1　网络协议语法结构示意图

（3）时序。时序是对事件发生顺序的详细说明（也可称为"同步"）。例如两个人的电话通信过程。首先是拨电话号码，电话号码包含区号和座机号，格式是区号在前，座机号在后，这就是语法。拨号后，用户将等待对方电话的响应（响应有接通、正忙或不存在等），根据对方电话的响应做出相应动作，如接通，则可以与对方通话，对方电话的响应就是语义。在进行通话时需要遵循的先后次序即为时序。对于电话通信，必须按照【拨号】→【等待接通信号指示】→【开始通话】→【通话完毕】→【挂断电话】的次序进行，事件的次序不能颠倒，否则通话将会失败。

人们形象地把这3个要素描述为：语义表示要做什么，语法表示要怎么做，时序表示做的顺序。

三、网络的分层原则

计算机网络系统是一个十分复杂的系统，将一个复杂系统分解为若干个容易处理的子系统，然后"分而治之"，这种结构化设计方法是工程设计中常见的手段。层次结构提供了一种按层次来观察网络的方法，它描述了网络中任意两个节点间的逻辑连接和信息传输。

在计算机网络协议所示的一般分层结构中，N层是$N-1$层的用户，又是$N+1$层的服务提供者，$N+1$层虽然只直接使用了N层提供的服务，实际上它通过N层还间接地使用了$N-1$层以及以下所有各层的服务，如图2-6-2所示。

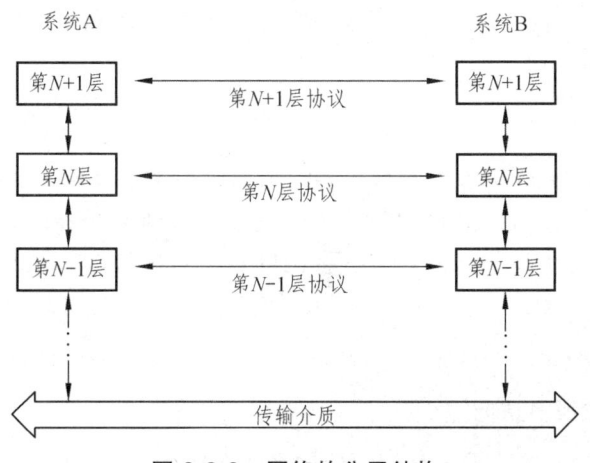

图2-6-2　网络的分层结构

计算机网络体系结构的概念及内容比较抽象，为便于理解，先以两个公司之间进行通信的工作过程为例进行说明。有甲、乙两个公司的两位总经理进行通信；一般大公司都会有一位经理助理，负责起草公函、与贸易伙伴进行沟通的事务性工作；由于公司较大，业务繁忙，经理助理下边又有秘书负责打字、传真、接听电话等一般性工作。这样，每个公司就基本形成了3个层次的机构。

甲方经理要与乙方经理进行通信，于是他让自己的经理助理起草一份文件，这位经理助理根据总经理的意图，按照业界的惯例写了一份正式公函，然后把它交给秘书让其发送出去。秘书拿到公函，按照公司通信录查到乙公司的传真号码，整理好后发给了乙公司。乙公司的秘书接到传真后将有用的公函部分呈交给本公司的经理助理，而经理助理经过分析后，将关键内容汇报给经理，乙公司经理阅读信函的内容。当然乙公司经理只关心甲公司经理发来的信函的内容，而对信函的公文格式以及最初收到的信函是通过传真、电子邮件还是邮寄来的并不关心。这里，甲乙公司可以看作是网络节点，而经理、经理助理和秘书是一个个通信的实体。处于相同层次的不同节点的实体叫作对等实体，而协议实际上是对等实体之间的通信规则的约定。比如两个公司的秘书之间就有收发传真和普通信函的协议，经理助理之间都遵照标准公函的协议，经理之间必须采用双方都理解的语言、文体和格式，这样在对方收到信函后才能看懂内容。

层次化结构的优点：独立性强、适应性强、易于实现和维护。

层次化结构的通用原则：层次不能过多，真正需要时候才划分；层次不能过少，要在逻辑上将功能区分开来；每层定义明确，类似功能放在同一层；每一层功能尽量局部化，便于层次内部独立设计，但不影响相邻层次和接口服务关系；每层与上下层用接口名规定相应的业务，子层接口也适用这一原则；层次的划分有利于标准化工作。

四、相关概念

1．实体与系统

系统中的各层次都存在一些实体，每层的具体功能够由该层的实体完成。每一层中的活动元素通常称为实体（Entity）。实体可以是软件实体（如一个进程），也可以是硬件实体（如某种芯片）。不同系统上同一层的实体称为对等实体（Peer Entity）。层次间的关系，也可看成是层次实体间的关系。

2．协议栈

协议栈（Protocol Stack）是指网络中各层协议的总和，其形象地反映了一个网络中文件传输的过程：由上层协议到底层协议，再由底层协议到上层协议。使用最广泛的是因特网协议栈，由上到下的协议分别是：应用层（HTTP、FTP、TFTP、TELNET、DNS、EMAIL等），运输层（TCP、UDP），网络层（IP），链路层（WI-FI、以太网、令牌环、FDDI、MAC等），物理层。

3．接口、服务和服务访问点

接口是相邻两层之间的边界，是相邻两层之间交换信息的连接点。低层通过接口为上层服务，上层通过接口使用低层提供的功能。只要接口不变，低层的功能的具体实现方法与技术的变化不会影响整个系统的工作。服务就是网络中各层向其相邻上层提供的一组功能集合。服务的使用者和提供者通过服务访问点直接联系。服务访问点（Service Access Porint，SAP），实际就是逻辑接口，是一个层次系统的上下层之间进行通信的接口，N 层的 SAP 就是 $N+1$ 层可以访问 N 层服务的地方。

协议和服务的关系：协议的实现保证了能够向上一层提供服务，本层的服务用户只能看见服务而无法看见下面的协议，下面的协议对上面的服务用户是透明的。协议是"水平的"，即协议是控制对等实体之间通信的规则。而服务是"垂直的"，即服务是由下层向上层通过层间接口提供的。并非在一个层内完成的全部功能都称为服务，只有那些能够被高一层看得见的功能才能称之为服务。上层使用下层所提供的服务必须通过与下层交换一些命令，这些命令在 OSI 中称为服务原语。

4．面向连接的服务

面向连接的服务就是通信双方在通信时，要事先建立一条通信线路，其过程有建立连接、使用连接和释放连接 3 个过程。TCP 协议就是一种面向连接服务的协议，电话系统是一个面向连接的模式。

面向连接服务和电话系统的工作模式相类似。其特点是：数据传输过程前必须经过建立连接、维护连接和释放连接的 3 个过程；在数据传输过程中，各分组不需要携带目的节点的地址。面向连接服务的传输连接类似于一个通信管道，发送者在一端放入数据，接收者从另一端取出数据。面向连接数据传输的收发数据顺序不变，因此传输的可靠性好，但需通信开始前的链接开销，协议复杂，通信效率不高。

5．无连接的服务

无连接的服务不要求发送方和接收方之间的会话连接。发送方只是简单地开始向目的地发送数据分组（称为数据报）。这与现在流行的手机短信非常相似：在发短信的时候，只需要输入对方手机号就行了。此业务不如面向连接的方法可靠，但对于周期性的突发传输很有用。系统不必为它们发送传输到其中和从其中接收传输的系统保留状态信息。无连接网络提供最小的服务，仅仅是连接。无连接服务的优点是通信比较迅速，使用灵活方便，连接开销小；但可靠性低，不能防止报文的丢失、重复或失序，适合于传送少量零星的报文。UDP（用户数据报协议）就是无连接网络协议。

6．服务原语

用户和协议实体间的接口，实际上是一段程序代码，但其具有不可分割性。通过服务原语能实现服务用户和服务提供者间的交流，与协议不同的是，服务原语用于服务提供者与服务用户，而协议是用于服务用户之间的通信。

在同一开放系统中，$N+1$ 实体向 N 实体请求服务时，服务用户和服务提供者之间要进行交互，交互信息称为服务原语。服务原语由服务动作和原语类型两部分组成。

服务原语只有 4 种类型：

（1）请求（Request）。用户实体要求服务做某项工作源 $N+1$ 实体→源 N 实体。

（2）指示（Indication）。用户实体被告知某事件发生目的 N 实体→目的 $N+1$ 实体。

（3）响应（Response）。用户实体表示对某事件的响应目的 $N+1$ 实体→目的 N 实体。

（4）确认（Confirm）。用户实体收到关于它的请求的答复源 N 实体→源 $N+1$ 实体。

服务原语的交换时序称为服务证实方式，不同的证实方式需要的原语类型有区别，但是都在以上 4 种当中。

7. 协议数据单元

协议数据单元 PDU（Protocol Data Unit）是指对等层次之间传递的数据单位。协议数据单元（Protocol Data Unit）物理层的 PDU 是数据位（bit），数据链路层的 PDU 是数据帧（frame），网络层的 PDU 是数据包（packet），传输层的 PDU 是数据段（segment），其他更高层次的 PDU 是数据（data）。

任务七　开放系统互联参考模型

一、OSI 参考模型的概念

在 20 世纪 70 年代，计算机网络发展很快，相继出现了十多种网络体系结构，而这些网络体系结构所构成的网络之间无法实现互联。为了在更大范围内共享网络资源和相互通信，人们迫切需要一个共同的可以参考的标准，使得不同厂家的软硬件资源和设备都能够互联。

国际标准化组织 ISO 是一个全球性的非政府组织，是国际标准化领域中一个十分重要的组织。ISO 成立于 1946 年，当时来自 25 个国家的代表在伦敦召开会议，决定成立一个新的国际组织，以促进国际间的合作和工业标准的统一。于是，ISO 这一新组织于 1947 年 2 月 23 日正式成立，总部设在瑞士的日内瓦。国际标准化组织 ISO 于 1977 年成立了信息技术委员会，专门进行网络体系结构标准化的工作。1979 年 ISO 公布了 OSI/RM。OSI（Open System Interconnection，开放系统互联）7 层网络模型称为开放式系统互联参考模型，是一个逻辑上的定义、一个规范，它把网络从逻辑上分为了 7 层。OSI 7 层模型是一种框架性的设计方法，建立 7 层模型的主要目的是解决异种网络互联时所遇到的兼容性问题，其最主要的功能就是帮助不同类型的主机实现数据传输。

所谓的开放系统是指遵从国际标准化的、能够通过互联而相互作用的系统。显然系统之间的相互作用只涉及系统的外部行为，而与系统的内部结构和功能无关，因此关于互联系统的任何标准都只是关于系统外部特性的规定。

开放式系统互联参考模型将网络通信过程划分为 7 个相互独立的功能组（层次），并为每个层次制订一个标准框架。上面 3 层（应用层、表示层、会话层）与应用问题有关，而下面 4 层（传输层、网络层、数据链路层、物理层）则主要处理网络控制和数据传输/接收问题。OSI 参考模型如图 2-7-1 所示。

开放系统互联参考模型有以下特点：

（1）每层的对应实体之间都通过各自的协议进行通信。

（2）各个计算机系统都有相同的层次结构。

（3）不同系统的相应层次具有相同的功能。

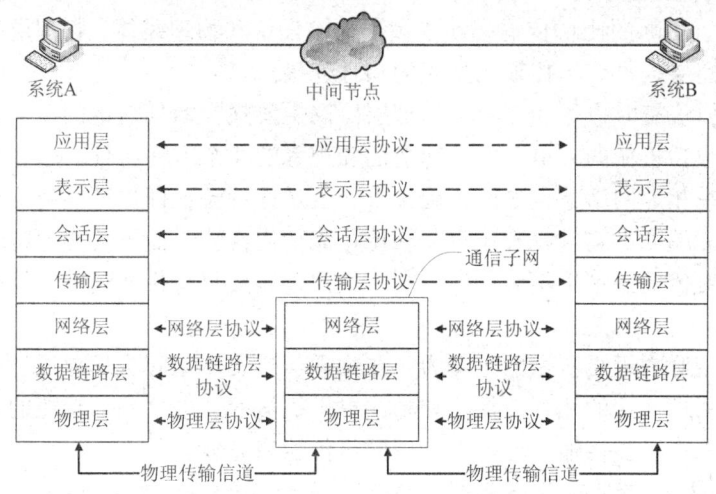

图 2-7-1　OSI 参考模型

（4）同一系统的各层次之间通过接口联系。
（5）相邻的两层之间，下层为上层提供服务，上层使用下层提供的服务。

开放系统互联模型的优点：减轻问题的复杂程度，一旦网络发生故障，可迅速定位故障所处层次，便于查找和纠错；在各层分别定义标准接口，使具备相同对等层的不同网络设备能实现互操作，各层之间则相对独立，一种高层协议可放在多种低层协议上运行；能有效刺激网络技术革新，因为每次更新都可以在小范围内进行，不需对整个网络动大手术；便于研究和教学。

二、OSI 网络参考模型各层的主要功能

1．物理层

物理层是 OSI 参考模型的最低层，也是最基础的一层，它并不是指连接计算机的具体的物理设备或具体的传输媒体，它向下是物理设备之间的接口，直接与传输介质相连接，使二进制数据流通过该接口从一台设备传给相邻的另一台设备，向上为数据链路层提供数据流传输服务。

物理层主要考虑的是怎样才能在连接各种计算机的传输媒体上传输数据的比特流。由于传输媒体又可以叫作物理媒体，因此容易使人误以为传输媒体就是物理层的东西。但实际上具体的传输媒体不在物理层内，而是在它的下面，如双绞线、同轴电缆、光缆等，不属于物理层，物理层直接面向实际承担数据传输任务的物理媒体。为什么物理层不包括具体的连接计算机的物理设备和传输媒体呢？这是因为现有计算机网络中的物理设备和传输媒体的种类非常繁多，而通信手段也有许多不同方式，物理层的作用正是要尽可能地屏蔽掉这些差异，使物理层上面的数据链路层感觉不到这些差异，这样就可使数据链路层只需要考虑如何完成本层的协议和服务，而不需要考虑具体的传输媒体是什么。

大家知道，计算机网络传输是由"0"和"1"构成的二进制数据，但是在实际的电路中，铜缆（指双绞线等铜质电缆）网线中传递的是脉冲电流，这就是物理层传输的东西。通俗地讲，这一层主要负责实际的信号传输。物理层的数据传输单位为比特（bit），即一个二进制

位("0"或"1")。实际的比特传输必须依赖于传输设备和物理媒体,物理层是在物理媒体之上的、为数据链路层提供一个传输比特流的物理连接。

物理层上的协议有时也称为接口。物理层协议主要规定物理信道的建立、保持及释放的特性,这些特性包括机械的、电气的、功能的和规程的4个方面特性。这些特性保证物理层能通过物理信道在相邻网络节点之间正确接收、发送比特流,即保证能将比特流送上物理信道,并且能在另一端取下它。物理层只关心比特流如何传输,而不关心比特流中各比特具有什么含义,而且对传输差错也不做任何控制,就像投递员只管投递信件,但并不关心信件中是什么内容一样。

OSI 参考模型对物理层所做的定义为:在物理信道实体之间合理地通过中间系统,为比特流传输所需的物理连接的建立、保持和释放提供机械的、电气的、功能的和规程的手段。比特流传输可以采用异步传输,也可以采用同步传输来完成。

在这里引入两个物理层设备名词:DTE(Data Terminal Equipment)和 DCE(Data Circuit-terminating Equipment)。DTE 叫作数据终端设备,是具有一定的数据处理能力以及发送和接收数据能力的设备,是数据的源或目的。DTE 具有根据协议控制数据通信的功能,但大多数的数据处理设备的数据传输能力是很有限的。直接将相隔很远的两个数据处理设备连接起来是不现实的,必须在数据处理设备和传输线路之间加上一个中间设备,这个中间设备就是数据终接设备。DCE 的作用就是在 DTE 和传输线路之间提供信号变换和编码功能,并且负责建立、保持和释放物理信道的连接。DTE 与 DCE 之间的接口如图 2-7-2 所示。

DTE 可以是一台计算机或一个终端,而典型的 DCE 就是一个与模拟线路相连的调制解调器。DTE 与 DCE 之间的接口一般都有许多条并行线,包括多种信号线和控制线。DCE 将 DTE 传过来的数据,按比特流顺序逐个发往传输线路,或反过来从传输线路接收串行的数据比特流,然后再交给 DTE。所以这就需要高度协调的工作,就必须对 DTE 和 DCE 的接口进行标准化,这种接口标准就是物理层协议。网络中经常使用的集线器(HUB)和已经不使用的中继器(Repeater)就是典型的物理层设备。对于物理层设备来讲,它只认识电流,至于 MAC 地址、IP 地址,它什么也不知道。

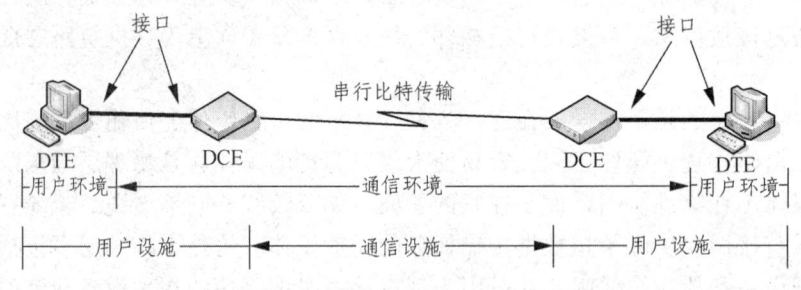

图 2-7-2 DTE 与 DCE 之间的接口

2. 数据链路层

数据链路层是 OSI 参考模型的第二层,它把物理层传来的"0"和"1"信号组成帧的格式,即把物理层传来的原始数据打包成帧,并负责帧在计算机之间进行无差错的传输。数据链路层的作用就是负责数据链路信息从源点传输到目的点的数据传输与控制,如连接的建立、维护和拆除,异常情况处理,差错控制与恢复等,检测和校正物理层可能出现的差错,使两个系统之间构成一条无差错的链路,在不太可靠的物理链路上,通过数据链路层协议实现可靠的数据传输。数据链路层传输的基本单位是帧。

1) 帧的概念

人说话时震动空气,形成声波,这些声波被其他人的耳朵感知后,人们就可以进行交谈。交谈开始时,声波组合成一个个的单词,后来这些单词又组合成一个个的句子。网络上数据传输的原理与人们进行交谈的过程颇为相似。在以太网中,网络设备将"位"组成一个个的字节,然后将这些字节"封装"成"帧",而交换机交换的就是这些"帧"。帧只对能够识别它的设备才有意义,就像汉字只对认识汉字的人来说才有意义。对于集线器来说,帧是没有意义的,因为它属于物理层设备,只认识脉冲电流。帧是数据链路层传输的基本单位,而交换机正是第二层设备,所以它能够识别帧。有许多人对帧所存在的层次不清楚,所以不能很好地理解交换机与集线器的区别。关于这里提到的集线器和交换机,现在不必过于深究,在以后的相关章节中会有比较详细的叙述。当一台主机发送的帧传至交换机后,交换机识别其中的地址信息,然后将帧转发给帧的目的地。对于交换机而言,虽然它也能(也必须)感知到电流,但是它的作用在于能够将电流组成帧,并识别帧头的信息。

2) 帧的产生

帧是当计算机发送数据时由发送数据的计算机产生的。具体来说,是由计算机上安装的网卡产生的。网卡把对用户有意义的信息(如文字)分割成网络上可以传输的大小,然后封装到帧里面,再按照一定的次序发送出去。为什么要把数据封装成帧呢?因为用户数据一般都比较大,比如 Word 文件可以达到十几兆字节,一下发送出去十分困难,于是就需要分成许多份,依次发送。就像邮寄大的包裹,没有合适的包装怎么办,把东西分成小份,分别装进一定规格的包裹中,并做上标记,这样问题就解决了。

3) 帧的内容

如果把脉冲电流看成是轨道,那么帧就是运行在轨道上的火车。火车有车头和车尾,帧也有一个起点,称之为"帧头",也有一个终点,称之为"帧尾"。帧头和帧尾之间的部分是这个帧负载的数据,相当于火车车头和车尾之间的车厢,但并不是有效数据。因为帧里面还有其他的各种信息,就像车厢本身也有重量一样。帧中还有其他各种复杂的信息,这里就不再一一叙述了。

以太网帧的大小总是在一定的范围内浮动,最大的帧大小是 1 518 字节,最小的帧大小是 64 字节。在实际应用中,帧大小是由设备的 MTU(最大传输单位)即设备每次能够传输的最大字节数自动来确定的。

4) 帧的传输方式

帧在网络中传输的时候,具有 3 种传输方式:单播、多播和广播,这 3 个术语都是用来描述网络节点之间通信方式的术语,理解它们对掌握网络技术具有非常重要的意义。

5) 数据链路层的主要功能

链路管理:链路管理就是进行数据链路的建立、维护和拆除。在链路两端的节点进行通信前,必须首先确认对方已处于就绪状态,并交换一些必要的信息以对帧序列进行初始化,然后再建立链路连接。在传输过程中,还要能维持这种连接,传输完毕后要拆除该连接。

(1) 帧同步:为了使传输中发生差错后只将有错的有限数据进行重发,数据链路层将比特流封装成帧进行传送。每个帧除了要传送的数据外,还包括校验码以使接收方能发现传输中的差错。帧的组织结构必须设计成使接收方能够明确地从物理层收到的比特流中对其进行识别，即能从比特流中区分出一个帧的开始和结束在什么地方。

（2）流量控制：为防止双方速度不匹配或接收方没有足够的接收缓存而导致数据拥塞或溢出，数据链路层必须采取一定的措施使通信网络中的链路或节点上的信息流量不超过某一限制值，即发送端发送的数据要能使接收端来得及接收。当接收方来不及接收时，必须及时控制发送方发送数据的速率，同时使帧的接收顺序与发送顺序一致。

（3）差错控制：为了保证数据传输的正确性，在计算机通信中，通常采用的是检错反馈重发方式，即接收方每收到一帧便检查帧中是否有错，一旦有错，就让发送方重发该帧，直至接收方正确接收为止。

（4）透明传输：当所传输的数据中的比特组合恰巧与某一个控制信息完全一样时，必须采取适当的措施，使收方不会将这样的数据误认为是某种控制信息。

在这其中，差错控制和流量控制是数据链路层的两个重要功能。数据链路层常用于差错控制和流量控制的协议有停止等待协议（自动请求重传协议）、连续ARQ协议和选择重传ARQ协议等。

6）数据链路层协议

数据链路层的协议主要分为两类：面向字符型和面向比特型。面向字符型是指在链路上所传送的数据及控制信息必须是由规定的字符集中的字符所组成。面向字符型型的数据链路控制协议传输效率比较低。随着通信量的增加及计算机网络应用范围的不断扩大，面向字符的链路控制协议使用率越来越低，在20世纪60年代末人们提出了面向比特型的数据链路控制协议，它具有更大的灵活性和更高的效率，逐渐成为数据链路层的主要协议。

3．网络层

数据链路层协议是两个直接连接节点间的通信协议，它不能解决数据经过通信子网中多个转接节点的通信问题。设置网络层的主要目的就是要为报文分组以最佳路径通过通信子网到达目的主机提供服务，而网络用户不必关心网络的拓扑结构与所使用的通信介质。

1）网络层的主要功能

网络层是OSI参考模型中的第三层，介于传输层和数据链路层之间。网络层也许是OSI参考模型中最复杂的一层，部分原因在于现有的各种通信子网事实上并不遵循OSI网络层服务定义。同时，网络互联问题也为网络层协议的制定增加了难度。

通信子网的最高层就是网络层，因此网络层的主要作用是控制通信子网正常运行以及解决通信子网中的路由选择问题，它为整个网络中的计算机进行编址，并自动根据地址找出两台计算机之间进行数据传输的通路，也称为路由选择。网络层所传输信息的基本单位是分组或包。

OSI参考模型规定网络层的功能主要有以下几点。

（1）建立、维护和拆除网络连接：两个终端用户之间的通路是由一个或多个通信子网的多条链路串接而成，在网络层的一种称为虚电路的服务中，涉及这种虚电路连接的建立、维护和拆除过程。

（2）组包/拆包：在网络层，数据的传输单位是分组（或包）。在网络发送方系统中，数据从高层向低层流动到达网络层时，传输层的报文要分为多个数据块，在这些数据块的头/尾部加上一些相关控制信息（即分组头/尾）后，就构成了分组，即组成了包。在接收方系统中，数据从低层向高层流动到达网络层时，要将各分组原来加上的分组头/尾等控制信息拆掉

（即拆包），组合成报文，传送给传输层。

（3）路由选择：路由选择也叫路径选择，它是根据一定的原则和路由选择算法在多节点的通信子网中选择一条从源节点到目的节点的最佳路径。当然，最佳路径是相对于几条路径中较好的路径而言的，一般是选择时延小、路径短、中间节点少的路径作为最佳路径。通过路由选择，可使网络中的信息流量合理分配，减轻拥挤，提高传输效率。

（4）拥塞控制：数据链路层的流量控制是针对相邻两个节点之间的数据链路进行的，而网络层的拥塞控制是对整个通信子网内的流量进行控制的，是对进入分组交换网的流量进行控制的。

2）网络层协议

网络层协议规定了网络节点和虚电路的一种标准接口，完成虚电路的建立、维护和拆除。网络层有代表性的协议有 ITU-T（国际电信联盟电信标准化部）的 X.25 协议、3X（X.28，X.3，X.29）协议和 X.75 协议（网络互联协议）等。X.25 协议适用于包交换（分组交换）通信，3X 协议适用于非分组终端入网及组包拆包器（PAD）。典型的网络层协议是 ITU-T 的 X.25 协议中的分组级协议。X.25 协议是 ITU-T 于 1976 年公布的国际标准，它是在公用数据网络上以分组形式进行操作的 DTE 与 ECE 之间的接口协议，以此协议构成的网络被称为 X.25 网或公用报文分组交换网。

4．传输层

传输层是用户资源子网与通信子网的界面和桥梁，它是 OSI 参考模型 7 层中比较特殊的一层，同时也是整个网络体系结构中十分关键的一层。设置传输层的主要目的是在源主机和目的主机进程之间提供可靠的端-端通信。

在 OSI 参考模型的讨论中，人们经常将七层分为高层和低层。如果从面向通信与面向信息处理角度进行分类，传输层一般划在低层；如果从网络功能与用户功能角度进行分类，传输层又被划在高层，如图 2-7-3 所示，这种差异正好反映出传输层在 OSI 参考模型中的特殊地位。

1）传输层的主要功能

传输层是为了可靠地把信息传送给对方而进行的搬运、输送，通常被解释成"补充各种通信子网的质量差异，保证在相互通信的两处终端进程之间进行透明数据传输的层"，是OSI 的整个协议层次的核心。传输层在 7 层模型中起到了对高层屏蔽低层，对低层屏蔽高层的作用，其主要功能如下：

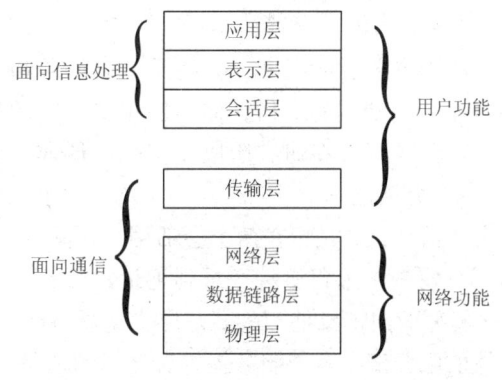

图 2-7-3　传输层在 OSI 模型中的地位

（1）连接管理：负责传输连接的建立、维护与释放。传输连接的建立过程称为"握手"。

（2）流量控制：传输层在发送本层数据分组时，还要确保数据的完整性，流量控制是完成这项任务的方法之一。流量控制避免了接收主机缓冲溢出的问题，溢出会造成数据丢失，这里的流量控制是指端到端的流量控制，即在一个主机没有收到确认之前最多能够向另一个主机发送多少信息量。在数据链路层也讨论过这个问题，只是数据链路层执行的是点到点的流量控制（两个节点之间），而传输层进行的是端到端的流量控制（两个用户主机之间），可用于网络拥塞的控制。

（3）差错检测与恢复：这个功能似乎与低层的功能重复，但这是必需的。有些错误能逃避较低层的差错检测，虽然分组的传输可以由数据链路层的 CRC 校验保证，但是无法确保中间节点（如路由器）处理分组时不出错。另外，如果一个中间节点在收完分组并确认后，在转发之前却将它丢失了，这时也只有通过端到端的差错检测来控制。

（4）提供用户要求的服务质量：一个用户在通信时会要求特定的网络服务质量，例如，高吞吐量、低延迟、低费用和高可靠性服务等。传输层可根据需要提供相应的网络服务。

（5）提供端到端的可靠通信：面向连接的传输协议能够提供用户间的可靠通信，这对于用户来说是重要的功能。

2）传输控制协议

传输控制协议是实现端到端计算机之间的通信、网络系统资源共享所必不可少的协议。虽然物理层和数据链路层协议具有把数据从一台计算机系统送到另一台计算机系统的功能，但它们所实现的数据通信是不可靠的数据通信。对不同的计算机系统、不同的局域网络来说，物理层和数据链路层协议所具有的通信功能远远达不到通信的实际要求。

传输控制协议所实现的功能不仅仅是弥补物理层和数据链路层协议的通信功能的缺陷，保证相同计算机系统之间、相同计算机网络系统之间的信息的可靠传输，还可实现不同计算机系统之间、不同计算机网络系统之间信息的可靠传输。目前传输控制协议的种类很多，如国际标准化组织提出的 ISO 8073 协议、Internet 的 TCP、UDP 协议等，但最典型的传输控制协议是 TCP 协议。这部分内容将在后面章节详细介绍。

5. OSI 模型中的高三层

在 OSI 7 层模型中，会话层、表示层和应用层属于高层，它们与低层不同，低层涉及提供可靠的端到端的通信，而高层主要考虑的是面向用户的服务，高层协议中所涉及的许多内容，目前还正处在研究阶段，将来会形成一套完整的标准。

1）会话层

所谓会话，是指在两个会话用户之间为交换信息而按照某种规则建立的一次暂时联系。会话可以使一个远程终端登录到远地的计算机，进行文件传输或进行其他的应用。会话层位于 OSI 模型面向信息处理的高三层中的最下层，它利用传输层提供的端到端数据传输服务，实施具体的服务请求者与服务提供者之间的通信，属于进程间通信的范畴。会话层还为会话活动提供组织和同步所必需的手段，为数据传输提供控制和管理。会话层的功能主要包括以下几个方面：

（1）提供远程会话地址。会话地址是为用户或用户程序使用的。要传送信息，必须把会话地址转换为相应的传送地址，以实现正确的传输连接。会话地址到传送地址的变换工作是由会话层完成的。

（2）会话建立后的管理。通常，建立一次会话需要有一个过程。首先，会话的双方都必须经过批准，以保证双方都有权参加会话；其次，会话双方要确定通信方式，即单工、半双工或全双工等。一旦建立连接，会话层的任务就是管理会话了。

（3）提供把报文分组重新组成报文的功能。只有当报文分组全部到达后，才能把整个报文传送给远方的用户。当传输层不对报文进行编号时，会话层应完成报文编号和排序任务，当子网发生硬件或软件故障时，会话层应保证正常的事务处理不会中途失效。

2）表示层

表示层为应用层提供服务，该服务层处理的是通信双方之间的数据表示问题。网络中，对通信双方的计算机来说，一般有其自己的内部数据表示方法，其数据形式常具有复杂的数据结构，它们可能采用不同的代码、不同的文件格式。为使通信的双方能相互理解所传送信息的含义，表示层就需要把发送方具有的内部格式编码为适于传输的位流，接收方再将其解码为所需要的表示形式。

数据传送包括语义和语法两个方面的问题。语义即与数据内容、意义有关的方面；语法则是与数据表示形式有关的方面，如文字、声音、图形的表示，数据格式的转换、数据的压缩、数据的加密等。在 OSI 参考模型中，有关语义的处理由应用层负责，表示层仅完成语法的处理。表示层的功能主要包括以下几个方面：

（1）语法转换。当用户要传送数据从发送方到接收方时，应用层实体就需将数据按一定的表示形式交给其表示层实体，这一定的表示形式为抽象语法。语法变换就是实现抽象语法与传送语法间的转换，如代码转换、字符集的转换及数据格式的转换等。

（2）传送语法的选择。应用层中存在多种应用协议，这样，表示层中就可能存在多种传送语法，即使是一种应用协议，也可能有多种传送语法与其对应。所以表示层需对传送语法进行选择，并提供选择和修改的手段。

（3）常规功能。指表示层内对等实体间的建立连接、传送、释放等。

3）应用层

应用层是 OSI 参考模型的最高层，它为用户的应用进程访问 OSI 环境提供服务。OSI 关心的主要是进程之间的通信行为，因而对应用进程所进行的抽象只保留了应用进程与应用进程间交互行为的有关部分，这种现象实际上是对应用进程某种程度上的简化。经过抽象后的应用进程就是应用实体（Application Entity，AE）。对等应用实体间的通信使用应用协议，应用协议的复杂性相关很大，有的仅涉及两个实体，有的涉及多个实体，而有的则涉及两个或多个系统。与其他 6 层不同，所有的应用协议都使用了一个或多个信息模型来描述信息结构的组织。低层协议实际上没有信息模型，因为低层没有涉及表示数据结构的数据流。应用层要提供许多低层不支持的功能，这就使得应用层变成 OSI 参考模型中最复杂的层次之一。

应用层是 OSI/RM 的最高层，它是计算机网络与最终用户间的接口，它包含了系统管理员管理网络服务所涉及的所有问题和基本功能。

常用的网络服务包括文件服务（FTP）、电子邮件（E-mail）服务、集成通信服务、目录服务、网络管理服务、安全服务、多协议路由与路由互联服务、分布式数据库服务以及虚拟终端服务等。

三、TCP/IP 参考模型

TCP/IP 参考模型是 ARPANET 和其后继的因特网使用的参考模型。ARPANET 是由美国国防部赞助的研究网络。它通过租用的电话线逐渐地联结了数百所大学和政府部门。

当无线网络和卫星出现以后，现有的协议在和它们相连的时候出现了问题，所以需要一种新的参考体系结构。这个体系结构在它的两个主要协议出现以后，被称为 TCP/IP 参考模型（TCP/IP Reference Model）。TCP/IP 是一组用于实现网络互联的通信协议。Internet 网络体系结构以 TCP/IP 为核心。基于 TCP/IP 的参考模型将协议分成 4 个层次，它们分别是：网络接入层、网际互联层、传输层（主机到主机）和应用层。

1．应用层

应用层对应于 OSI 参考模型的高层，为用户提供所需要的各种服务，例如：FTP、Telnet、DNS、SMTP 等。

2．传输层

传输层对应于 OSI 参考模型的传输层，为应用层实体提供端到端的通信功能，保证了数据包的顺序传送及数据的完整性。该层定义了两个主要的协议：传输控制协议（TCP）和用户数据报协议（UDP）。TCP 协议提供的是一种可靠的、面向连接的数据传输服务；而 UDP 协议提供的则是不可靠的、无连接的数据传输服务。

TCP 协议和 UDP 协议的区别：TCP 协议面向连接，UDP 协议面向非连接；TCP 协议传输速度慢，UDP 协议传输速度快；TCP 协议保证数据顺序，UDP 协议不保证；TCP 协议保证数据正确性，UDP 协议可能丢包；TCP 协议对系统资源要求多，UDP 协议要求少。

3．网际互联层

网际互联层对应于 OSI 参考模型的网络层，主要解决主机到主机的通信问题。它所包含的协议涉及数据包在整个网络上的逻辑传输，注重重新赋予主机一个 IP 地址来完成对主机的寻址，它还负责数据包在多种网络中的路由。该层有 4 个主要协议：网际协议（IP）、地址解析协议（ARP）、互联网组管理协议（IGMP）和互联网控制报文协议（ICMP）。IP 协议是网际互联层最重要的协议，它提供的是一个不可靠、无连接的数据报传递服务。

4．网络接入层（主机-网络层）

网络接入层与 OSI 参考模型中的物理层和数据链路层相对应。它负责监视数据在主机和网络之间的交换。事实上，TCP/IP 本身并未定义该层的协议，而由参与互联的各网络使用自己的物理层和数据链路层协议，然后与 TCP/IP 的网络接入层进行连接。

四、OSI 参考模型和 TCP/IP 参考模型的比较

1．共同点

（1）都采用了层次结构的概念。
（2）都能够提供面向连接和无连接两种通信服务机制。

2．不同点

（1）前者是 7 层模型，后者是 4 层结构。

（2）对可靠性要求不同（后者更高）。

（3）OSI 模型是在协议开发前设计的，具有通用性；TCP/IP 是先有协议集然后再建立模型，不适用于非 TCP/IP 网络。

（4）实际市场应用不同（OSI 模型只是理论上的模型，并没有成熟的产品，而 TCP/IP 已经成为"实际上的国际标准"）。OSI 与 TCP/IP 模型的比较如图 2-7-4 所示。

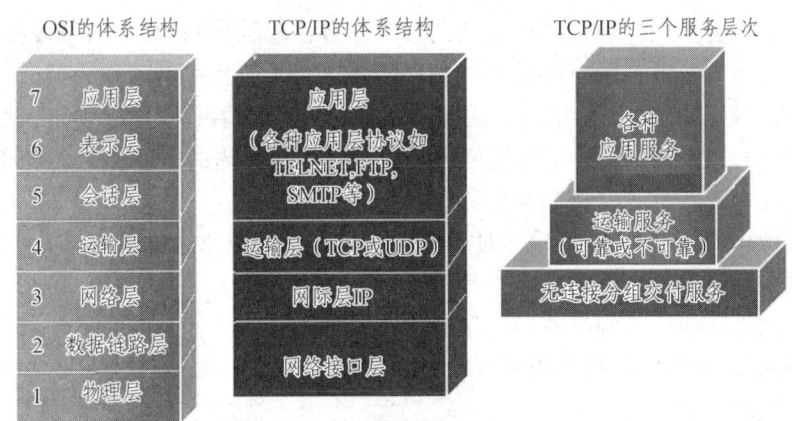

图 2-7-4　OSI 与 TCP/IP 模型的比较

3．模型的评价

OSI 会话层很少用到，表示层几乎为空。模型复杂，实现困难。系统受通信的思想影响更多，不适合计算机与软件的工作方式，效率较低。而 TCP/IP 模型在服务、接口与协议上区别不清，物理层和数据链路层没有区分开来。

任务八　网络互联基础

一、网络互联概述

为实现更广泛资源的共享和信息交流，需要将两个或多个计算机网络互联在一起。网络互联的核心是网络之间的硬件连接和网间互联协议。网络的物理连接是使用网络互联设备通过传输线路实现的，旨在为网络之间提供一条用于传输数据的物理链路，网络互联设备直接影响着互联网的性能。

网络互联的主要目的就是扩大网络的覆盖范围，使更多的网络用户之间可以共享资源和数据通信，由此提高网络应用和管理效率。

网络互联分为：局域网与局域网互联；局域网与广域网互联；广域网与广域网互联；无线网络互联。这些网络的互联与互联设备有直接的关系。

网络互联时，必须解决如下问题：在物理上如何把两种网络连接起来；一种网络如何与另一种网络实现互访与通信；如何解决它们之间协议方面的差别；如何处理速率与带宽的差别。解决这些问题，协调、转换机制的部件就是中继器、网桥、路由器、网卡和网关等。

二、物理层互联设备

1. 调制解调器

调制解调器（Modem），是通过普通电话线，连接网络的小型设备，这是一种最便宜的网络之间的互联设备。它所连接的网络传输速度通常较慢、性能极低。调制解调器通常被用来连接局域网和它的远程工作站。

为了利用电话交换网实现计算机之间的数字信号传输，必须将数字信号转换成模拟信号。为此，需要在发送端选取音频范围的某一频率的正（余）弦模拟信号作为载波，用它运载所要传输的数字信号，通过电话信道将其送至另一端；在接收端再将数字信号从载波上取出来，恢复为原来的信号波形。这种利用模拟信道实现数字信号传输的方法称为"频带传输"。完成调制和解调功能的设备称为"调制解调器"（Modem）。

Modem 的种类很多，型号各异。对于个人用户来说，在选择 Modem 时，主要涉及两方面的问题：款式和速率。

（1）局域网之间使用调制解调器连接时的主要优点：
① 使用普通电话线，硬件等投资和维护费用低。
② 易于安装和维护。
③ 成熟的标准和众多的厂商。

（2）局域网之间使用调制解调器连接时的主要缺点：
① 传输数据的速度慢。
② 性能低。

调制解调器应用示意图如图 2-8-1 所示。

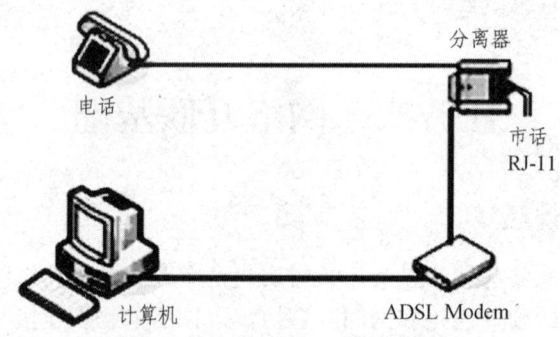

图 2-8-1 调制解调器应用示意图

2. 中继器与集线器

中继器与集线器是 OSI 模型中物理层的设备，它可以将局域网的一个网段和另一个网段连接起来，主要用于局域网-局域网的互联，起到信号放大和延长信号传输距离的作用。

信号在网络传输介质中进行传输时有衰减并且会受到噪声的干扰，使得有用的信号随着传输距离的增加会变得越来越弱，在这种情况下，可使用中继器来增加信号传输的有效距离。中继器是用来放大模拟或数字信号的网络连接设备，它将接收的信号进行放大保持与原来的数据相同并且转发经过放大的信号，但中继器在放大信号的同时也将噪声放大了，中继器没有信号纠错的功能。中继器仅作用于物理层，只具有简单的放大，再生物理信号的功能。所以它只能连接完全相同的局域网,目的是延长网络的长度。中继器可以连接相同传输介质的同类局域网,也可以连接不同传输介质的同类局域网。中继器在物理层实现互联,它支持数据链路层及以上的各层的任何协议。

集线器(hub)是一种特殊的中继器,是一种多端口中继器,用于连接双绞线介质或光纤介质以太网系统,是组成 10Base-T、100Base-T、10Base-F、100Base-F 以太网的核心设备。

中继器应用示意图如图 2-8-2 所示。

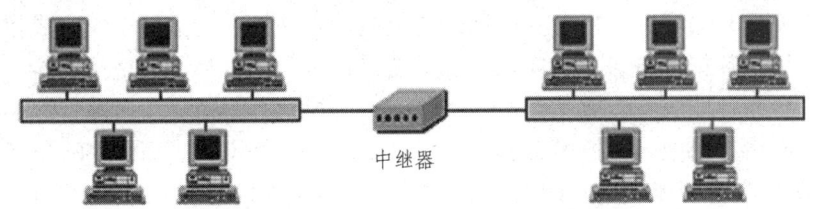

图 2-8-2　中继器应用示意图

三、数据链路层互联设备

1. 网　桥

网桥(bridge)又称桥接器,是一种存储转发设备,在网络互联中它起到数据接收、地址过滤与数据转发的作用,用来实现多个网络系统之间的数据交换。网桥主要用于局域网-局域网互联,它工作在 OSI 模型中数据链路层 MAC 子层的连接设备。网桥的每个端口连接一个局域网网段,常用于将共享带宽的计算机节点数较多的局域网分为两个局域网网段,以便减少计算机在网络中传输数据时可能发生的冲突。网桥可以将两个独立的物理网络连接在一起,构成一个单个的逻辑局域网。

网桥的工作原理:网桥接收一个整帧,然后分析进入的帧,并基于包含在帧中的信息,根据帧的目的地址(MAC 地址)段,来决定是删除这个帧还是转发这个帧。如果目的站点和发送站点在同一个局域网,网桥则将帧删除,如果不在同一个局域网,网桥则进行路径选择,并按着指定的路径将帧转发给目的局域网。

网桥的基本特征:网桥在数据链路层上实现局域网互联;网桥能够互联两个采用不同数据链路层协议、不同传输介质与不同传输速率的网络;网桥以接收、存储、地址过滤与转发的方式实现互联的网络之间的通信;网桥需要互联的网络在数据链路层以上采用相同的协议;网桥可以分隔两个网络之间的通信量,有利于改善互联网络的性能与安全性。

网桥应用示意图如图 2-8-3 所示。

如图 2-8-3 中的节点 A 要与 B 通信,网桥可以接收到发送帧,但网桥进行地址过滤后认为不需要转发则丢弃这个帧。如 A 要与 D 通信,节点 A 发送的帧被网桥进行地址过滤后识别出该帧应发送到局域网 2 中,网桥将通过与局域网 2 的网络接口转发该帧,这时局域网 2 中的 D 节点将能接收到这个帧。

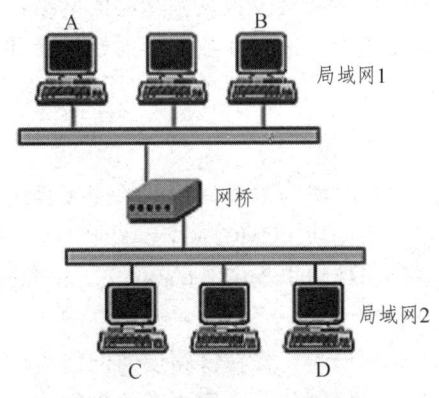

图 2-8-3　网桥应用示意图

2. 交换机

交换机（英文：Switch，意为"开关"）是一种用于电信号转发的网络设备。它可以为接入交换机的任意两个网络节点提供独享的电信号通路。最常见的交换机是以太网交换机。其他常见的还有电话语音交换机、光纤交换机等。

交换（Switching）是按照通信两端传输信息的需要，用人工或设备自动完成的方法，把要传输的信息送到符合要求的相应路由上的技术的统称。交换机根据工作位置的不同，可以分为广域网交换机和局域网交换机。广域的交换机就是一种在通信系统中完成信息交换功能的设备，它应用在数据链路层。交换机有多个端口，每个端口都具有桥接功能，可以连接一个局域网或一台高性能服务器或工作站。实际上，交换机有时被称为多端口网桥。

在计算机网络系统中，交换概念的提出改进了共享工作模式。而 HUB 集线器就是一种共享设备，HUB 本身不能识别目的地址，当同一局域网内的 A 主机给 B 主机传输数据时，数据包在以 HUB 为架构的网络上是以广播方式传输的，由每一台终端通过验证数据包的地址信息来确定是否接收。也就是说，在这种工作方式下，同一时刻网络上只能传输一组数据帧的通信，如果发生冲突还得重试。这种方式就是共享网络带宽。通俗地说，普通交换机是不带管理功能的，一根进线，其他接口接到电脑上就可以了。

交换机工作在数据链路层，交换机拥有一条很高带宽的背部总线和内部交换矩阵。交换机的所有的端口都挂接在这条背部总线上，控制电路收到数据包以后，处理端口会查找内存中的地址对照表以确定目的 MAC（网卡的硬件地址）的 NIC（网卡）挂接在哪个端口上，通过内部交换矩阵迅速将数据包传送到目的端口，目的 MAC 若不存在，广播到所有的端口，接收端口回应后交换机会"学习"新的 MAC 地址，并把它添加入内部 MAC 地址表中。使用交换机也可以把网络"分段"，通过对照 IP 地址表，交换机只允许必要的网络流量通过交换机。通过交换机的过滤和转发，可以有效地减少冲突域，但它不能划分网络层广播，即广播域。交换机在同一时刻可进行多个端口对之间的数据传输。每一端口都可视为独立的物理网段（注：非 IP 网段），连接在其上的网络设备独自享有全部的带宽，无须同其他设备竞争使用。当节点 A 向节点 D 发送数据时，节点 B 可同时向节点 C 发送数据，而且这两个传输都享有网络的全部带宽，都有着自己的虚拟连接。假使这里使用的是 10 Mbps 的以太网交换机，那么该交换机这时的总流通量就等于 2×10 Mbps = 20 Mbps，而使用 10 Mbps 的共享式 HUB 时，一个 HUB 的总流通量也不会超出 10 Mbps。总之，交换机是一种基于 MAC 地址识别，能完成封装转发数据帧功能的网络设备。交换机可以"学习" MAC 地址，并把其存放在内部地址表中，通过在数据帧的始发者和目标接收者之间建立临时的交换路径，使数据帧直接由源地址到达目的地址。

3. 网卡

计算机与外界局域网的连接是通过主机箱内插入一块网络接口板（或者是在笔记本电脑中插入一块 PCMCIA 卡）。网络接口板又称为通信适配器、网络适配器（Network Adapter）或网络接口卡 NIC（Network Interface Card），但是现在更多的人愿意使用更为简单的名称："网卡"。

网卡是工作在链路层的网络组件，是局域网中连接计算机和传输介质的接口，不仅能实现与局域网传输介质之间的物理连接和电信号匹配，还涉及帧的发送与接收、帧的封装与拆封、介质访问控制、数据的编码与解码以及数据缓存的功能等。

无线网卡是终端无线网络的设备，是无线局域网的无线覆盖下通过无线连接网络进行上网使用的无线终端设备，具体来说无线网卡就是使计算机可以利用无线来上网的一个装置，但是有了无线网卡也还需要一个可以连接的无线网络，如果计算机所在地有无线路由器或者无线 AP（AccessPoint，无线接入点）的覆盖，就可以通过无线网卡以无线的方式连接无线网络上网。

无线网卡的工作原理是微波射频技术，笔记本可通过 WIFI、GPRS、CDMA 等几种无线数据传输模式来上网，后两者由中国移动和中国电信来实现，前者电信或网通有所参与，但大多主要是自己拥有接入互联网的 WIFI 基站（即 WIFI 路由器等）和笔记本用的 WIFI 网卡。无线上网遵循 802.11 标准，通过无线传输，由无线接入点发出信号，用无线网卡接收和发送数据。

按照 IEEE802.11 协议，无线局域网卡分为媒体访问控制（MAC）层和物理（PHY）层。在两者之间，还定义了一个媒体访问控制-物理（MAC-PHY）子层（Sublayers）。MAC 层提供主机与物理层之间的接口，并管理外部存储器，它与无线网卡硬件的 NIC 单元相对应。

物理层具体实现无线电信号的接收与发射，它与无线网卡硬件中的扩频通信机相对应。物理层提供空闲信道估计 CCA 信息给 MAC 层，以便决定是否可以发送信号，通过 MAC 层的控制来实现无线网络的 CCSMA/CA 协议，而 MAC-PHY 子层主要实现数据的打包与拆包，把必要的控制信息放在数据包的前面。

IEEE802.11 协议指出，物理层必须有至少一种提供空闲信道估计 CCA 信号的方法。无线网卡的工作原理如下：当物理层接收到信号并确认无错后提交给 MAC-PHY 子层，经过拆包后把数据上交 MAC 层，然后判断是否是发给本网卡的数据，若是则上交，否则丢弃。

如果物理层接收到的发给本网卡的信号有错，则需要通知发送端重发此包信息。当网卡有数据需要发送时，首先要判断信道是否空闲。若空，随机退避一段时间后发送，否则暂不发送。由于网卡为半双工工作，所以，发送时不能接收，接收时不能发送。

无线网卡标准：

IEEE802.11a：使用 5 GHz 频段，传输速度 54 Mbps，与 802.11b 不兼容；

IEEE802.11b：使用 2.4 GHz 频段，传输速度 11 Mbps；

IEEE802.11g：使用 2.4 GHz 频段，传输速度 54 Mbps，可向下兼容 802.11b；

IEEE802.11n（Draft 2.0）：用于 Intel 笔记本和高端路由上，可向下兼容，传输速度 300 Mbps。

四、网络层互联设备

1．路由器

路由器是局域网与广域网互联的设备。路由器工作在 OSI 模型的第三层（网络层）。由于它比网桥工作在更高一层，因此，路由器的功能比网桥更强。它除了具有网桥的全部功能外，还具有路径选择功能。

当要求通信的工作站分别处于两个以上的局域网，且两个工作站之间存在多条通路时，路由器可根据当时网络上的信息拥挤程度而自动地选择传输效率比较高的路径。因此，如果某条通信通路不能工作时，路由器可以自行选择其他可用通道传递信息。

2. 路由器的工作原理

路由器在网络层实现网络互联，主要完成网络层的功能。路由器负责将数据分组从源端主机经最佳路径传送到目的端主机。为此，路由器具有路由选择和数据转发的功能。

路由选择也称为路径选择。当两台连接在不同子网上的计算机需要通信时，必须经过路由器的转发，由路由器将信息分组通过互联网沿着一条路径从源端传送到目的端。路由器通过确定到达目的端下一跳路由器的地址，来确定通过互联网到达目的端的最佳路径。

实现的方法是通过路由选择算法建立并维护一个路由表。在路由表中包含着目的地址和下一跳路由器地址的多种路由信息。路由表中的路由信息通知每一台路由器应该将数据包转发给谁，它的下一跳路由器地址是什么。路由器根据路由表提供的下一跳路由器地址，将数据包转发给下一跳路由器。能够一级一级地将包转发到下一跳路由器，最终将数据包传送到目的地。当路由器接收一个进来的数据包时，它首先检查目的地址，并根据路由表提供的下一跳路由器地址或子网地址，将该数据包转发给下一跳路由器或子网。

数据转发又称为数据交换。当互联网上的一台主机（源端）要向另一台主机（目的主机）发送数据包时，是通过指定的默认路由（与主机在同一个子网的路由器端口的 IP 地址为默认路由地址）的方法，这时，源端计算机通常是知道一个路由器的物理地址（MAC 地址）。

源端主机将带着目的主机的网络层协议地址（IP 地址）的数据包发送给已知路由器。路由器在接收了数据包之后，检查包的目的地址。通过路由表确定下一跳路由器的地址。路由器将根据这个目的地址将原有的物理地址变成为下一跳路由器的地址所对应的目的物理地址，并将包传送到下一跳路由器。

当数据包通过互联网传送时，它的物理地址是变化的，但它的网络地址是不变的，网络地址一直保持着原来的内容直到目的端。路由器转发数据包时，使用的是网络层地址。但在数据链路层完成传送时需要进行地址转换并改变目的物理地址。

路由器的应用示意图如图 2-8-4 所示。

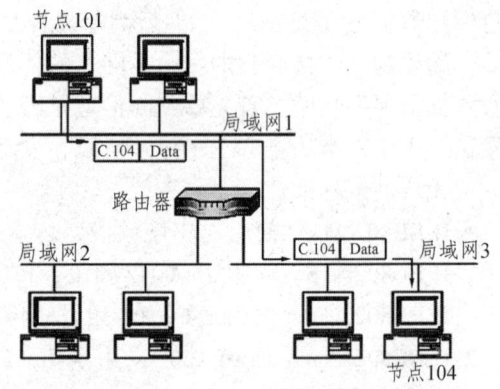

图 2-8-4　路由器的应用示意图

五、应用层互联设备

网关一般是指用以连接异构网（通常指异种网络操作系统）的软件，而不是指它的物理设备。一般 PC 机、工作站或小型机都可以作为网关的硬件平台。

中继器、网桥、路由器都是属于通信子网的网间互联设备，与应用系统无关。而在实际的网络应用中并不是像人们所希望的那样，现在的应用系统并不都是基于同一个协议 TCP/IP，而有许多很好的应用系统是基于专用网络系统协议的。当在使用不同协议的系统之间进行通信时，如 SMTP 协议的电子邮件和 X.400 协议的电子邮件应用系统之间传送邮件时，就必须进行协议转换，网关可以解决这个问题。

当两个完全不同的网络（即不仅硬件不同，整体结构、数据类型和通信协议也可以完全不同）连接时，通常使用网关。

网关的基本工作原理：

网关工作在 OSI 7 层模型的高三层，即会话层、表示层和应用层；或者说，网关使用了 OSI 模型的所有层，但它主要应用在会话层、表示层和应用层。

用中继器、网桥、交换机或者路由器连接网络时，对连接双方的高层协议都有所规定，相同时才能连接，而网关则容许使用不同的高层协议，它为互联网络双方的高层提供了协议的转换功能，所以网关又称为"协议转换器"，其作用像一个"翻译"。它作用于 OSI 参考模型的层，即传输层到应用层，它是实现应用系统级网络互联的设备，可以用于广域网-广域网、局域网-广域网、局域网主机互联。

任务九　网络安全基础

一、网络安全概述

快速发展的计算机网络给人们的生活、工作带来了巨大的方便，但同时也带来了一些不容忽视的问题，网络安全就是其中之一。

1．定　义

网络安全是指网络系统的硬件、软件及其系统中的数据受到保护，不因偶然的或者恶意的原因而遭受到破坏、更改、泄露，系统连续可靠正常地运行，网络服务不中断。

网络安全从其本质上来讲就是网络上的信息安全。从广义来说，凡是涉及网络上信息的保密性、完整性、可用性、真实性和可控性的相关技术和理论都是网络安全的研究领域。网络安全是一门涉及计算机科学、网络技术、通信技术、密码技术、信息安全技术、应用数学、数论、信息论等多种学科的综合性学科。

从广义来说，凡是涉及计算机网络上信息的保密性、完整性、可用性、可控性和可审查性的相关技术和理论都是计算机网络安全的研究领域。所以，广义的计算机网络安全还包括信息设备的物理安全性，诸如场地环境保护、防火措施、防水措施、静电防护、电源保护、空调设备、计算机辐射和计算机病毒等。

2．计算机网络安全包括的内容

（1）保护系统和网络的资源免遭自然或人为的破坏。
（2）明确网络系统的脆弱性和最容易受到影响或破坏的地方。
（3）对计算机系统和网络的各种威胁有充分的估计。
（4）要开发并实施有效的安全策略，尽可能减少可能面临的各种风险。
（5）准备适当的应急计划，使网络系统在遭到破坏或攻击后能够尽快恢复正常工作。
（6）定期检查各种安全管理措施的实施情况与有效性。

3. 网络安全的特征

（1）保密性。信息不泄露给非授权用户、实体或过程，亦不供其利用的特性。数据保密性就是保证授权用户可以访问数据，而限制其他人对数据的访问。数据保密性分为网络传输保密性和数据存储保密性。

（2）完整性：数据未经授权不能进行改变的特性。即信息在存储或传输过程中保持不被修改、不被破坏和丢失的特性。数据的完整性的目的就是保证计算机系统上的数据和信息处于一种完整和未受损害的状态，这就是说，数据不会因有意或无意的事件而被改变或丢失。数据完整性的丧失直接影响到数据的可用性。

（3）可用性：可被授权实体访问并按需求使用的特性。即当需要时能否存取所需的信息。例如网络环境下拒绝服务、破坏网络和有关系统的正常运行等都属于对可用性的攻击；

（4）可控性：对信息的传播及内容具有控制能力。

（5）可审查性：出现安全问题时提供依据与手段。

4. 信息与网络安全的目标

信息与网络安全的目标简单来说就是：进不来、拿不走、看不懂、改不了、跑不了，如图 2-9-1 所示。

图 2-9-1　网络安全的目标

二、网络不安全因素的产生

网络的开放性和黑客的攻击是造成网络不安全的重要因素。影响计算机网络安全的因素很多，有些因素可能是有意的，也可能是无意的；可能是天灾，也可能是人为的。计算机网络安全威胁的来源主要有 3 个：天灾、人为因素和系统本身。

目前面临的威胁主要表现为以下几种形式：物理威胁、系统漏洞造成的威胁、身份鉴别威胁、线缆连接威胁、有害程序威胁和管理上的威胁。

1. 物理威胁

（1）偷窃。网络安全中的偷窃包括偷窃设备、偷窃信息和偷窃服务等内容。如果偷窃者想偷的信息在计算机里，那他们一方面可以将整台计算机偷走，另一方面可以读取、复制计算机中的信息。

（2）恶劣的运行环境。恶劣的运行环境是指计算机网络系统的运行环境不符合标准，如防火、防水、防雷击、防静电、电源保护、环境温度、环境湿度和抗电磁干扰等方面不符合安全技术要求。恶劣的运行环境可能加速设备的老化，造成设备的损坏、信息的错误或丢失。

（3）废物搜寻。废物搜寻是指在废物（如打印出来的材料或废弃的软盘、光盘）中搜寻所需要的信息。

（4）间谍行为。间谍行为是一种以获取有价值的机密信息为目的，采用不道德的、不合法的行为盗取信息的过程。

（5）身份识别错误。身份识别错误是指非法建立文件或记录，企图把它们作为有效的、正式生产的文件或记录。如对具有身份鉴别特征物品（如加密的安全卡、护照、执照等）进行伪造就属于身份识别发生错误的范畴。

网络不安全因素示意图如图 2-9-2 所示。

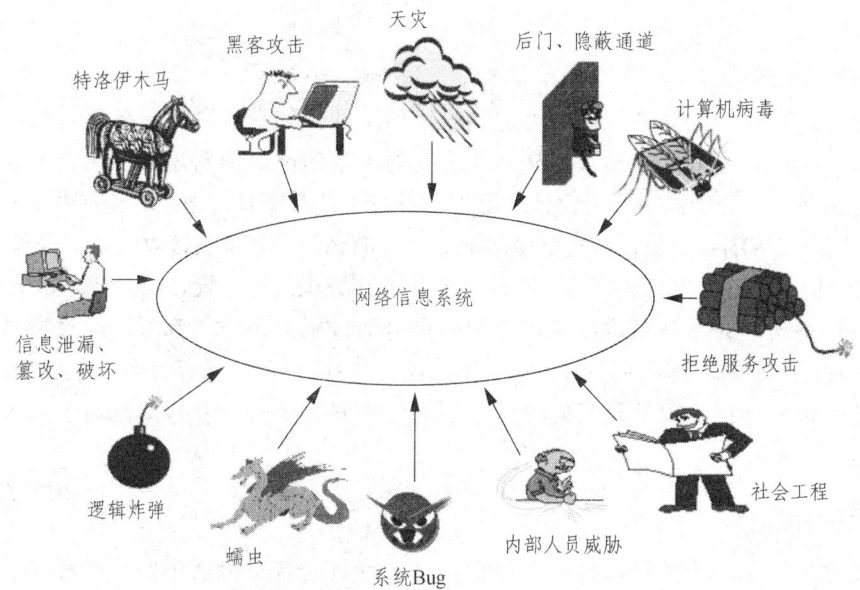

图 2-9-2 网络的不安全因素示意图

2．系统漏洞造成的威胁

（1）乘虚而入。例如，用户 A 停止了与某个系统的通信，但由于某种原因仍使该系统上的一个端口处于激活状态，这时，用户 B 通过这个端口开始与这个系统通信，这样就不必通过任何申请使用端口的安全检查了。

（2）不安全服务。操作系统的一些服务程序有时可以绕过机器的安全系统，成为不安全服务。比如，互联网蠕虫就是利用了一些操作系统中的可绕过机器进行攻击的。

（3）配置和初始化。当关掉一台服务器以维修它的某个系统时，在重新启动服务器后，可能会有一些用户说他们的文件丢失了或被篡改了，这就有可能是在系统重新初始化时，安全系统没有被正确地初始化，从而留下了安全漏洞让人利用。

3．身份鉴别错误

（1）口令圈套。口令圈套是网络安全的一种诡计，与冒名顶替有关。常用的口令圈套通过一个编译代码模块实现，它运行起来和登录屏幕一模一样，被插入到正常登录过程之前，最终用户看到的只是先后两个登录屏幕，第一次登录失败了，所以用户被要求再输入用户名和口令，实际上，第一次登录并没有失败，它将记录数据，如用户名和口令写入到这个数据文件中，留待使用。

（2）算法考虑不周全。一般来说，口令输入过程必须在满足一定条件下才能正常地工作，这个过程通过某些算法来实现。在一些入侵案例中，入侵者采用超长的字符串破坏了口令算法，成功地进入了系统。

（3）口令破解。口令破解这种威胁主要是由于用户口令设置比较简单造成的。破解口令就像是猜测密码锁的数字组合一样，在该领域中已形成许多能提高成功率的技巧。

（4）编辑口令。编辑口令一般需要依靠内部漏洞，如某单位内部的人建立了一个虚设的账户或修改了一个隐含账户的口令，这样，任何知道那个账户的用户名和口令的人便可以访问该机器了。

4．线缆连接威胁

（1）窃听。对通信过程进行窃听可达到收集信息的目的，这种电子窃听可以将窃听设备安装在通信线缆上，也可以通过检测从连线上发射出来的电磁辐射来拾取所要的信号。

（2）电磁泄漏。电磁泄漏是指信息系统的设备在工作时能经过地线、电源线、信号线、寄生电磁信号或谐波等辐射出去，产生电磁泄漏。这些电磁信号如果被接收下来，经过提取处理，就可恢复出原信息，造成信息失密。具有保密要求的计算机信息系统必须注意防止电磁泄漏。

（3）拨号进入。拥有一个调制解调器和一个电话号码，每个人都可以通过拨号远程访问网络，但当别有用心的人拥有所期望攻击的网络的用户账户时，就会对网络造成很大的威胁。

（4）冒名顶替。冒名顶替是指通过使用别人的密码和账号，获得对网络及其数据、程序的使用能力。

5．有害程序威胁

（1）计算机病毒。计算机病毒是一种把自己的拷贝附着于机器中的另一程序上的一段代码。通过这种方式，病毒可以进行自我复制，并随着它所附着的程序在机器之间传播。

（2）代码炸弹。代码炸弹是一种具有杀伤力的代码，其原理是在到达设定的时间，通过网络向被攻击者发送特定代码或在机器中发生了某种操作时，代码炸弹就被触发并开始产生破坏性操作。代码炸弹不像病毒那样四处传播，一般是程序员有意或无意造成的软件安全漏洞。

（3）特洛伊木马。特洛伊木马程序一旦被安装到机器上，便可按编制者的意图行事。特洛伊木马有的伪装成系统上已有的程序，有的创建新的用户名和口令，有的窃取用户信息，甚至破坏数据。

（4）更新或下载。有些网络系统允许通过网络进行固件和操作系统更新，于是非法闯入者便可以通过这种更新方法，对系统进行非法更新。

6．管理上的威胁

管理上的威胁主要来自单位的内部，但对网络安全的威胁非常大，这方面的威胁单靠计算机和网络技术是无法解决的。

（1）规章制度不健全。规章制度不健全会造成人为泄密事故。如网络方面的规章制度不严，出现网络安全问题不能及时响应、及时处理，对机密文件管理不善，文件存放混乱和违章操作等。

（2）网络管理员自身问题。网络管理员自身问题包括保密观念不强，不懂保密规则，不遵守规章制度，随便泄密；业务不熟练，不能及时发现并修补网络上的安全漏洞；操作失误造成信息出错、误发；素质不高，缺乏责任心，没有良好的工作态度，明知故犯甚至有意破坏网络系统和设备等。

三、常见的网络安全技术

1．加密技术

密码技术是信息安全的核心和关键技术，通过数据加密技术，可以在一定程度上提高数据传输的安全性，保证传输数据的完整性。密码技术在古代就已经得到应用，但仅限于外交和军事等重要领域。随着现代计算机技术的飞速发展，密码技术正在不断向更多其他领域渗透。它是集数学、计算机科学、电子与通信等诸多学科于一身的交叉学科。

加密与解密的操作过程都是在一组密钥的控制下进行的，这个密钥可以作为加密算法中可变参数，它的改变可以改变明文与密文之间的数学函数关系。密钥的位数越多密码破解就越困难。

对称密钥工作原理：对称密钥技术即是指加密技术的加密密钥与解密密钥是相同的，或者是有些不同，但从其中一个可以很容易地推导出另一个。

非对称密钥工作原理：不可能从任何一个密钥推导出另一个密钥。同时加密密钥为公钥是可以公开的，而解密密钥为私钥是保密的。在此，非对称密钥技术也被称为公钥加密技术。公钥加密技术是现代密码学最重要的发明之一，是一个具有里程碑意义的重要事件。

如果加密密钥是公开的，这用于客户给私钥所有者上传加密的数据，被称为公开密钥加密（狭义）。例如，网络银行的客户发给银行网站的账户操作的加密数据。如果解密密钥是公开的，用私钥加密的信息可以用公钥对其解密，用于客户验证持有私钥一方发布的数据或文件是完整准确的，接收者由此可知这条信息确实来自拥有私钥的某人，这被称作数字签名，公钥的形式就是数字证书。例如，从网上下载的安装程序，一般都带有程序制作者的数字签名，可以证明该程序的确是该作者（公司）发布的而不是第三方伪造的且未被篡改过（身份认证/验证）。密钥加密原理如图 2-9-3 所示。

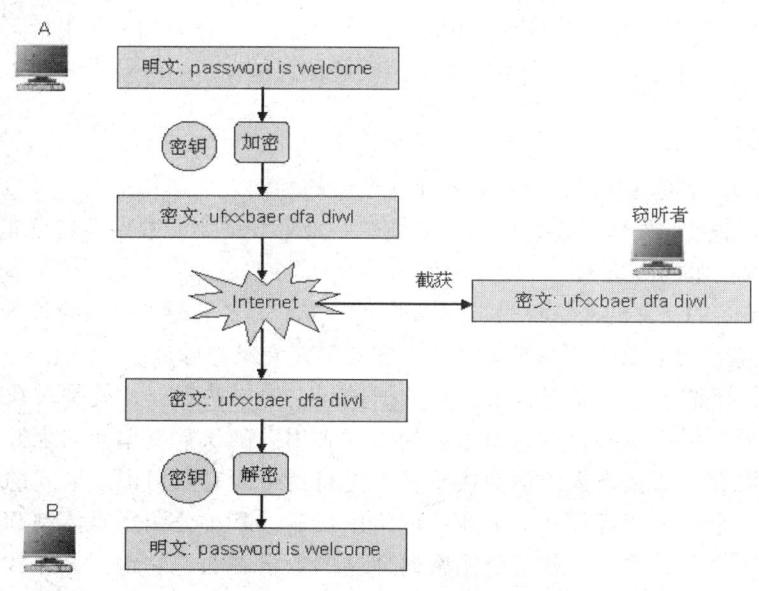

图 2-9-3　密钥加密原理

常见的公钥加密算法有：RSA、ElGamal、背包算法、Rabin（RSA 的特例）、迪菲－赫尔曼密钥交换协议中的公钥加密算法、椭圆曲线加密算法（Elliptic Curve Cryptography，ECC）。使用最广泛的是 RSA 算法（由发明者 Rivest、Shmir 和 Adleman 姓氏首字母缩写而来），它是著名的公开金钥加密算法，ElGamal 是另一种常用的非对称加密算法。非对称密钥原理如图 2-9-4 所示。

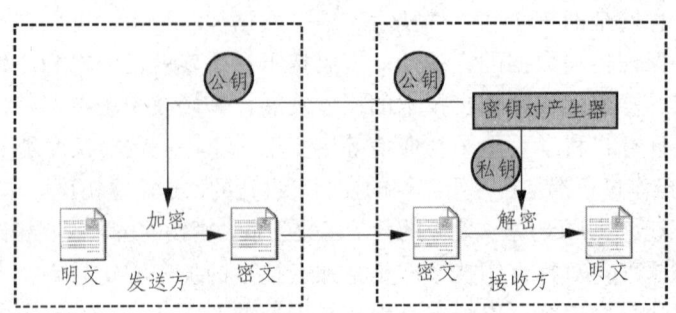

图 2-9-4　非对称密钥原理

2．压缩技术

数据压缩是指在不丢失信息的前提下，缩减数据量以减少存储空间，提高其传输、存储和处理效率的一种技术方法。或按照一定的算法对数据进行重新组织，减少数据的冗余和存储的空间。数据压缩包括有损压缩和无损压缩。

事实上，多媒体信息存在许多数据冗余。例如，一幅图像中的静止建筑背景、蓝天和绿地，其中许多像素是相同的，如果逐点存储，就会浪费许多空间，这称为空间冗余。又如，在电视和动画的相邻序列中，只有运动物体有少许变化，仅存储差异部分即可，这称为时间冗余。此外还有结构冗余、视觉冗余等，这就为数据压缩提供了条件。

总之，压缩的理论基础是信息论。从信息的角度来看，压缩就是去除掉信息中的冗余，即去除掉确定的或可推知的信息，而保留不确定的信息，也就是用一种更接近信息本质的描述来代替原有的冗余的描述，这个本质的东西就是信息量。

3．数字签名

数字签名，就是指只有信息的发送者才能产生的、别人无法伪造的一段数字串，这段数字串同时也是对信息的发送者发送信息真实性的一个有效证明。数字签名是非对称密钥加密技术与数字摘要技术的应用。

经过数字签名的文件的完整性是很容易验证的（不需要骑缝章、骑缝签名，也不需要笔迹专家），而且数字签名具有不可抵赖性（不需要笔迹专家来验证）。

简单地说，所谓数字签名就是附加在数据单元上的一些数据，或是对数据单元所做的密码变换。这种数据或变换允许数据单元的接收者用以确认数据单元的来源和数据单元的完整性并保护数据，防止被人（例如接收者）进行伪造。它是对电子形式的消息进行签名的一种方法，一个签名消息能在一个通信网络中传输。基于公钥密码体制和私钥密码体制都可以获得数字签名，主要是基于公钥密码体制的数字签名，它包括普通数字签名和特殊数字签名。普通数字签名算法有 RSA、ElGamal、Fiat-Shamir、Guillou- Quisquarter、Schnorr、

Ong-Schnorr-Shamir 数字签名算法、DES/DSA、椭圆曲线数字签名算法和有限自动机数字签名算法等。特殊数字签名有盲签名、代理签名、群签名、不可否认签名、公平盲签名、门限签名、具有消息恢复功能的签名等，它与具体应用环境密切相关。显然数字签名的应用涉及法律问题，美国联邦政府基于有限域上的离散对数问题制订了自己的数字签名标准（DSS）。

4．数字证书

数字证书是一种权威性的电子文档，由权威公正的第三方机构，即 CA 中心签发的证书。它以数字证书为核心的加密技术可以对网络上传输的信息进行加密和解密、数字签名和签名验证，确保网上传递信息的机密性、完整性。使用了数字证书，即使发送的信息在网上被他人截获，甚至丢失了个人的账户、密码等信息，仍可以保证账户、资金安全。

5．防火墙技术

防火墙可用于"安全隔离"，其实质就是限制什么数据可以"通过"防火墙进入另一个网络。防火墙使用硬件平台和软件平台来决定什么请求可以从外部网络进入内部网络或者从内部到外部，其中包括的信息有电子邮件消息、文件传输、登录到系统以及类似的操作等。

防火墙的优点：允许网络管理员在网络中定义一个控制点，将内部网络与外部网络隔开；审查和记录 Internet 使用情况的最佳点；设置网络地址翻译器（NAT）的最佳位置；作为向客户或其他外部伙伴发送信息的中心联系点。

防火墙的局限性：不能防范不经过防火墙产生的攻击；不能防范由于内部用户不注意所造成的威胁；不能防止受到病毒感染的软件或文件在网络上传输；很难防止数据驱动式攻击。

防火墙的基本准则："拒绝一切未被允许的东西"；"允许一切未被特别拒绝的东西"。

机构的安全策略必须以安全分析、风险评估和商业需要分析为基础；防火墙的费用取决于它的复杂程度以及要保护的系统规模。防火墙应用示意图如图 2-9-5 所示。

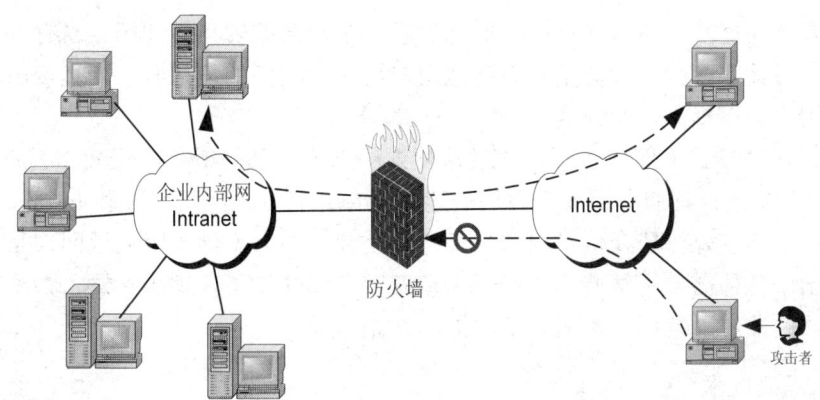

图 2-9-5　防火墙应用示意图

6. 入侵检测技术

入侵检测技术是为保证计算机系统的安全而设计与配置的一种能够及时发现并报告系统中未授权或异常现象的技术，是一种用于检测计算机网络中违反安全策略行为的技术。进行入侵检测的软件与硬件的组合便是入侵检测系统（Intrusion Detection System，IDS）。

入侵检测系统可以被定义为对计算机和网络资源的恶意使用行为进行识别和相应处理的系统，包括系统外部的入侵和内部用户的非授权行为，是为保证计算机系统的安全而设计与配置的一种能够及时发现并报告系统中未授权或异常现象的技术，是一种用于检测计算机网络中违反安全策略行为的技术。

入侵检测的方法有很多，如基于专家系统入侵检测方法、基于神经网络的入侵检测方法等。目前一些入侵检测系统在应用层入侵检测中已有实现。

入侵检测通过执行以下任务来实现：监视、分析用户及系统活动；系统构造和弱点的审计；识别反映已知进攻的活动模式并向相关人士报警；异常行为模式的统计分析；评估重要系统和数据文件的完整性；操作系统的审计跟踪管理，并识别用户违反安全策略的行为。

7. 代理服务器

代理服务器功能就是代理网络用户去取得网络信息。形象地说它是网络信息的中转站。代理服务器就好像一个大的高速缓冲存储器，这样就能显著提高浏览速度和效率。更重要的是代理服务器是 Internet 链路级网关所提供的一种重要的安全功能，它的工作主要在开放系统互联（OSI）模型的会话层。代理服务器主要的功能有：

（1）突破自身 IP 访问限制，访问国外站点。教育网、过去的 169 网等网络用户可以通过代理访问国外网站。

（2）访问一些单位或团体内部资源，如某大学 FTP（前提是该代理地址在该资源的允许访问范围之内），使用教育网内地址段免费代理服务器，就可以用于对教育网开放的各类 FTP 下载上传，以及各类资料查询共享等服务。

（3）突破中国电信的 IP 封锁：中国电信用户有很多网站是被限制访问的，这种限制是人为的，不同 Server 对地址的封锁是不同的。所以不能访问时可以换一个国外的代理服务器试试。

（4）提高访问速度：通常代理服务器都设置一个较大的硬盘缓冲区，当有外界的信息通过时，同时也将其保存到缓冲区中，当其他用户再访问相同的信息时，则直接由缓冲区中取出信息传给用户，以提高访问速度。

（5）隐藏真实 IP：上网者也可以通过这种方法隐藏自己的 IP，免受攻击。

鉴于上述原因，代理服务器大多被用来连接 Internet（国际互联网）和 Intranet（局域网）。在国内，所谓中国多媒体公众信息网和教育网都是独立的大型国家级局域网，是与国际互联网隔绝的。出于各种需要，某些集团或个人在两网之间开设了代理服务器，如果我们知道这些代理服务器的地址，就可以利用它访问国外网站。

8. 网络隔离技术

面对新型网络攻击手段的出现和高安全度网络对安全的特殊需求，全新安全防护防范理念的网络安全技术——"网络隔离技术"应运而生。网络隔离技术的目标是确保隔离有害的攻击,在可信网络之外和保证可信网络内部信息不外泄的前提下,完成网间数据的安全交换。网络隔离技术是在原有安全技术的基础上发展起来的,它弥补了原有安全技术的不足,突出了自己的优势。

网络隔离,英文名为 Network Isolation,主要是指把两个或两个以上可路由的网络(如:TCP/IP)通过不可路由的协议(如:IPX/SPX、NetBEUI 等)进行数据交换而达到隔离目的。由于其原理主要是采用了不同的协议,所以通常也叫协议隔离(Protocol Isolation)。

网络隔离技术的核心是物理隔离,并通过专用硬件和安全协议来确保两个链路层断开的网络能够实现数据信息在可信网络环境中进行交互、共享。一般情况下,网络隔离技术主要包括内网处理单元、外网处理单元和专用隔离交换单元三部分内容,其中,内网处理单元和外网处理单元都具备一个独立的网络接口和网络地址来分别对应连接内网和外网,而专用隔离交换单元则是通过硬件电路控制高速切换连接内网或外网。网络隔离技术的基本原理通过专用物理硬件和安全协议在内网和外网之间架构起安全隔离网墙,使两个系统在空间上物理隔离,同时又能过滤数据交换过程中的病毒、恶意代码等信息,以保证数据信息在可信的网络环境中进行交换、共享,同时还要通过严格的身份认证机制来确保用户获取所需数据信息。

网络隔离技术的关键点是如何有效控制网络通信中的数据信息,即通过专用硬件和安全协议来完成内外网间的数据交换,以及利用访问控制、身份认证、加密签名等安全机制来实现交换数据的机密性、完整性、可用性、可控性,所以如何尽量提高不同网络间数据交换速度,以及能够透明支持交互数据的安全性将是未来网络隔离技术发展的趋势。

9.采用量子通信

量子通信是指利用量子纠缠效应进行信息传递的一种新型的通信方式,使用量子隐形传态(传输)的方式实现信息传递,具有"绝对"的安全性。量子通信是近 20 年发展起来的新型交叉学科,是量子论和信息论相结合的新的研究领域。量子通信主要涉及:量子密码通信、量子远程传态和量子密集编码等。经典通信与光量子通信相比,其安全性和高效性都无法与之相提并论。安全性是指量子通信绝不会"泄密",其一,体现在量子加密的密钥是随机的,即使被窃取者截获,也无法得到正确的密钥,因此无法破解信息;其二,分别在通信双方手中具有纠缠态的 2 个粒子,其中一个粒子的量子态发生变化,另外一方的量子态就会随之立刻变化,并且根据量子理论,宏观的任何观察和干扰,都会立刻改变量子态,引起其坍塌,因此窃取者由于干扰而得到的信息已经破坏,并非原有信息。我国在量子通信的研究领域处于世界领先地位,关键技术已经进入产业化阶段。

四、数据备份与恢复

数据备份是指为防止系统出现操作失误或系统故障导致数据丢失,而将全部或部分数据集合从应用主机的硬盘或阵列复制到其他存储介质的过程。当存储介质出现损伤或由于人员误操作、操作系统本身故障所造成的数据看不见、无法读取、丢失等情况时,工程师通过特殊的手段读取在正常状态下不可见、不可读、无法读的数据,我们称为数据恢复。

数据存储及恢复的基本原理:现实中很多人不知道删除、格式化等硬盘操作丢失的数据可以恢复,以为删除、格式化以后数据就不存在了。事实上,经过上述简单操作后数据仍然存在于硬盘中,如果懂得数据恢复原理知识就很容易将消失的数据找回来。

我们向硬盘里存放文件时,系统首先会在文件分配表内写上文件名称、大小,并根据数据区的空闲空间在文件分配表上继续写上文件内容在数据区的起始位置,然后开始向数据区写上文件的真实内容,一个文件存放操作才算完毕。删除操作却简单得很,当我们需要删除一个文件时,系统只是在文件分配表内在该文件前面写一个删除标志,表示该文件已被删除,它所占用的空间已被"释放",其他文件可以使用它占用的空间。所以,当我们删除文件后又想找回(数据恢复)时,只需用工具将删除标志去掉,数据就被恢复回来了。当然,前提是没有新的文件写入,该文件所占用的空间没有被新内容覆盖。数据恢复工程师常说:"只要数据没有被覆盖,数据就有可能恢复回来。"因为磁盘的存储特性,当我们不需要硬盘上的数据时,数据并没有被拿走。删除时系统只是在文件上写一个删除标志,格式化和低级格式化也是在磁盘上重新写一遍以数字 0 为内容的数据,这就是覆盖。

【项目自检】

1. 常用的计算机网络拓扑结构有哪几种?有什么特点?
2. 常用的计算传输介质有哪几种?有什么优缺点?
3. OSI 参考模型分为哪几层?每层的主要功能是什么?
4. 常见的网络互联设备有哪些?工作在 OSI 分层模型的哪一层?
5. 计算机网络的安全威胁有哪些?

项目三 数据通信基础

【项目描述】

本项目是对通信系统进行的整体介绍。在介绍基本概念与组成的基础上介绍了数据的编码方法与传输方式、多路复用与数据交换技术、差错控制和介质访问控制方法,此外还介绍了 HDLC 高级数据链路层控制规程和串行通信接口的相关技术,其中的很多技术都在动车组网络中得到了具体应用。

学习过程中要求学生重点掌握与动车组网络相关的一些内容,为学习动车组网络打下基础。

【知识目标】

(1)了解通信系统的基本组成及基本概念。
(2)了解常用的数据编码方法。
(3)了解多路复用及数据交换的原理。
(4)掌握介质访问的控制方法。
(5)熟悉 RS485 及电流环接口技术。

【能力目标】

(1)理解通信系统的相关知识理论。
(2)能够在理解动车组网络的时候正确利用数据通信的知识。
(3)能够对通信系统进行一定的分析。

任务一 通信系统简介

数据通信是通信技术和计算机技术相结合产生的一种新的通信方式。要在两地间传输信息必须有传输信道,根据传输媒体的不同,有有线数据通信和无线数据通信之分。但它们都是通过传输信道将数据终端与计算机联结起来,而使不同地点的数据终端实现软、硬件和信息资源的共享。

一、数据通信的概念与性能指标

数据通信:指通过通信系统将数据以某种信号的方式从一处安全、可靠地传输到另一处,包括数据的传输及传输前后的处理。

通信的目的是通过某种信号传递数据中所包含的信息。

信息（Information）是对客观事物特征和运动状态的描述。信息的形式多样，可以是数字、文字、声音、图形、图像等。信息是通信系统传输和处理的对象，泛指人类社会传播的一切内容。人类通过获得、识别自然界和社会的不同信息来区别不同事物，得以认识和改造世界。在一切通信和控制系统中，信息是一种普遍联系的形式。1948年，数学家香农在题为《通信的数学理论》的论文中指出："信息是用来消除随机不定性的东西"。美国数学家、控制论的奠基人诺伯特·维纳在他的《控制论——动物和机器中的通信与控制问题》中认为，信息是"我们在适应外部世界，控制外部世界的过程中同外部世界交换的内容的名称"。英国学者阿希贝认为，信息的本性在于事物本身具有变异度。

数据（Data）是传输信息的实体。通信的目的是为了传送信息，信息传送之前必须先将信息用数据表示出来。例如，话音、文字、音乐、数据表、图片或活动图像等都是数据。数据可以分为模拟数据和数字数据。

信号（Signal）是为了传送消息，而对消息进行变换后在通信系统中传输的某种物理量。由不同载体承载的同一信息，相互称为信号。如：光信号、电信号、电磁波信号、声音信号。

码元（Symbol）是对数字信号中每一位的统称。例如二进制中数字1010011是由7个码元组成的序列，通常称为"码字"。在这7位的ASCII码中，这个码字就是字符S。

二、通信系统的一般模型

在我们的生活中，当人们提到通信时，自然会想到传递消息最常用、最方便和最快捷的是电话、E-mail、手机等通信方式。在这些通信方式中，是用电信号来传递消息，因而称之为电信。这些产生、传输电信号和在接收端把它恢复为原来的消息的设备的总体，就构成了一个通信系统。

通信的目的是传输信息。通信系统的作用就是将信息从信源发送到一个或多个目的地。对于电通信来说，首先要把消息转变成电信号，然后经过发送设备，将信号送入信道，在接收端利用接收设备对接收信号做相应的处理后，送给信宿再转换为原来的消息。这一过程可用图3-1-1所示的通信系统的基本模型来概括。

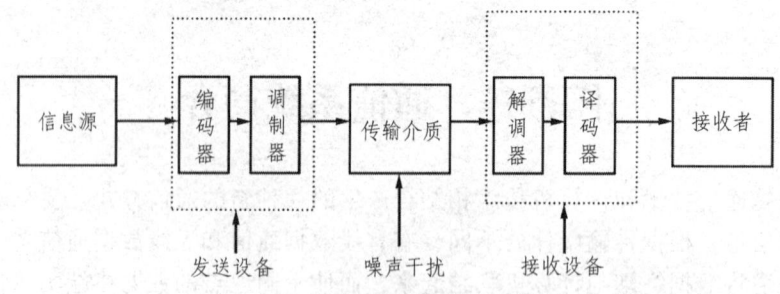

图 3-1-1　通信系统的基本模型

（1）信息源（简称信源）。信源的作用是把各种消息转换成原始电信号。信号由信源产生。根据消息的种类不同，信源可分为模拟信源和数字信源。

电话线上传送的按照声音的强弱幅度连续变化的电信号称为模拟信号（Analog Signal）；计算机所产生的电信号是用两种不同的电平去表示0、1比特序列的电压脉冲信号，这种电信号称为数字信号（Digital Signal）。模拟信源输出连续的模拟信号，如话筒（声音——音频信号）、摄像机（图像——视频信号）；数字信源则输出离散的数字信号，如电传机（键盘字符——数字信号）、计算机等各种数字终端。

（2）发送设备。发送设备的作用是产生适合于在信道中传输的信号，具有足够的功率以满足远距离传输的需要。因此，发送设备涵盖的内容包含变换、放大、滤波、编码、调制等过程。对于多路传输系统，发送设备中还包括多路复用器。

（3）信道。信道是一种物理媒质，用来将来自发送设备的信号传送到接收端。信道是用来表示向某一个方向传送信息的媒体。信道传送的信号有基带信号、频带信号和宽带信号之分。

基带信号就是将数字信号"1"或"0"直接用两种不同的电压表示。

频带信号是将基带信号进行调制后形成的模拟信号。

宽带传输是将多路基带信号、音频信号和视频信号的频谱分别移到一条电缆的不同频段进行传输。

（4）接收设备。接收设备的功能是将信号放大和反变换（如译码、解调等），其目的是从受到减损的接收信号中正确恢复出原始电信号。

（5）信宿。受信者（简称信宿）是传送消息的目的地，其功能与信源相反，即把原始电信号还原成相应的消息，如扬声器等。

（6）噪声。一个通信系统在客观上是不可避免存在着噪声干扰，噪声源是信道中的噪声以及分散在通信系统其他各处噪声的表示。信号在传输过程中受到的干扰称为噪声，干扰可能来自外部，也可能来自信号传输过程本身。

三、模拟通信与数据通信

在实际的通信中，由于通信业务的多样性，消息的来源也是多种多样的，但基本可以分为两大类：连续的和离散的。连续的消息如话音，声波振动的幅度是随时间连续变化的。若把它转换为随时间连续变化的电压信号，信号幅度是时间的连续函数，这样的信号称作模拟信号。离散消息与连续的消息不同，如打字机产生的消息，输出的消息符号个数是有限的，如信号的参数与离散消息对应而离散取值，这就是数字信号。所以根据信号方式的不同，通信可分为模拟通信和数字通信。

模拟通信系统是利用连续的模拟信号来传递信息的通信系统；数字通信系统是利用离散的数字信号来传递信息的通信系统，如图 3-1-2 所示。

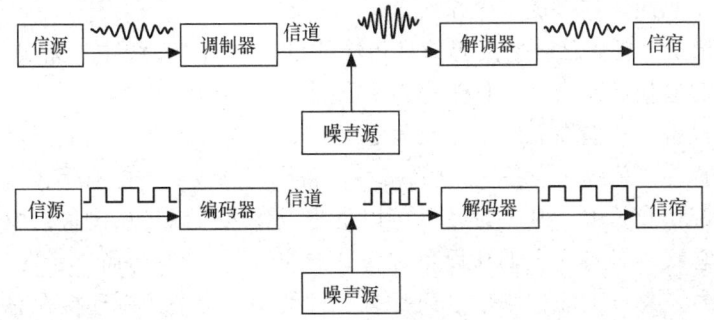

图 3-1-2　模拟通信系统与数字通信系统

数字通信与模拟通信相比，具有明显的优点：

首先是抗干扰、抗噪声能力强。模拟信号在传输过程中和叠加的噪声很难分离，噪声会随着信号被传输、放大，严重影响通信质量。比如说"1"用高电平来表示，"0"用低电平来表示。一个模拟信号如果信号衰减20%的话，那就严重失真了。而一个高电平的信号衰减20%时，它还是代表1。因为数字通信是采用再生中继方式，能够消除噪音，再生的数字信号和原来的数字信号一样，可继续传输下去，这样通信质量便不受距离的影响，可高质量地进行远距离通信。再有数字通信中的信息是包含在脉冲的有无之中，只要噪声绝对值不超过某一门限值，接收端便可判别脉冲的有无，以保证通信的可靠性。其次，数字信号易于加密，信息传输比较安全。数字信号的特殊形式，使得信息加密变得十分容易。例如把信息比特率按一定的长度分组，用相同长度的一个比特率（称为密钥）与这些分组进行模二加，便完成了信息的加密。在接收端，用相同的密钥与接收到的序列模二加，就恢复为原来的信息序列。数字移动通信GSM系统就是采用这方法对信息加密的。模拟信号虽然也可以加密，但操作起来要复杂得多。此外，数字通信设备的产品重复性好，有利于生产以及通信的发展和普及。即使这样，与数字通信系统相比，模拟通信系统也有自己比较好的一面，设计较简单，电路的功率消耗一般比较低。

因此数字通信与模拟通信的区别具体说就是调制方式不同而已。模拟通信的技术很成熟，就是将模拟信号与载波进行调制，使其带有一定载波特性，又不失模拟信号的独特性，接收端通过低通滤波器，还原初始模拟信号。而数字信号，首先进行采样，对于采样幅值进行编码（0，1编码），然后进行调制、相移键控等，接收端还原即可，信号传输率高。相对而言，数字通信优于模拟通信。模拟通信用模拟信号，就是连续起伏的波形来传递信号。数字通信用的是与计算机一样的数字信号，由"1"与"0"组成信号。模拟信号可以平滑地实现，数字信号就算再怎么接近平滑都是阶梯状的。

从宏观看，世界通信方式仍以电话为主，在电话通信中，则以程控交换和移动电话发展最快。目前模拟通信系统还在使用，但由于人们对各种通信业务的需求迅速增加，数字通信正向着小型化、智能化、高速大容量的方向迅速发展，最终必将取代模拟通信。

四、总线的基本术语

（1）总线与总线段。从广义来说，总线就是传递信号或信息的公共路径，是遵循统一技术规范的连接与操作方式。一组设备通过总线连接在一起称为"总线段"，其可以通过总线段相互连接，把多个总线段连接成一个系统。

（2）总线主设备。能在总线上发起信息传输的设备称为"总线主设备"。也就是说主设备具备在总线上发起通信的能力，又称为命令者。

（3）总线从设备。不能在总线上主动发起通信，只能挂接在总线上，对总线信息进行接收的查询的设备称为"总线从设备"，也称基本设备。在总线上可能有多个主设备，这些主设备都可以主动发起信息传输。某一设备既可以是主设备也可以是从设备，但不能既是主设备又是从设备。被总线主设备连上的从设备称为"响应者"，它参与命令者发起的数据传送。

（4）控制信号。总线上的控制信号通常有3种类型。一类控制连接在总线上的设备，让它进行所规定的操作，如设备清零、初始化、启动和停止等；另一类是用于改变总线操作的方式，如改变数据流的方向、选择数据字段的宽度和字节等；还有一些控制信号表明地址和数据的含义，如对于地址，可用于指定某一地址空间，或表示出现了广播操作；对于数据，可用于指定它能否转译成辅助地址或命令。

（5）总线协议。管理主、从设备使用总线的一套规则称为"总线协议"。这是一套事先规定的、必须共同遵守的规定。

五、总线操作的基本内容

1．总线操作

总线上的命令者与响应者之间的连接——传输数据至脱开，这一操作序列称为一次总线交易，或者叫作一次总线操作。脱开是指完成数据传送操作以后，命令者断开与响应者的连接。命令者可以在做完一次或多次总线操作后放弃总线占有权。

微机系统各部件之间的信息交换是通过总线操作周期完成的，一个总线周期通常分为以下4个阶段：①总线请求和仲裁阶段：当有多个模块提出总线请求时，必须由仲裁机构仲裁，确定将总线的使用权分配给哪个模块。②寻址阶段：取得总线使用权的模块，经总线发出本次要访问的存储器或I/O端口的地址和有关命令。③传送数据阶段：主模块（指取得总线控制权的模块）与其他模块之间进行数据的传送。④结束阶段：主模块将有关信息从总线上撤除，主模块交出对总线的控制权。

2．总线传送

一旦命令者与一个或多个响应者连接上以后，就可以开始数据的读写操作。读数据的操作是读来自响应者的数据，写数据的操作是向响应者写数据。读写操作都需要在命令者和响应者之间传递数据。为了提高数据传送操作的速度，有些总线系统采用了块传送和管线方式，加快了长距离传送数据的速度。

3．通信请求

通信请求是由总线上某一设备向另一设备发出的请求信号，要求后者给予注意并进行某种服务。它们有可能要求传送数据，也有可能要求完成某种操作。

4．寻　址

寻址过程是命令者与一个或多个从设备建立起联系的一种总线操作。通常有以下3种寻址方式。

（1）物理寻址。用于选择某一总线段上某一特定位置的从设备作为响应者。由于大多数从设备都包含多个寄存器，因此物理寻址常常有辅助寻址，以选择响应者的特定寄存器或某一功能。

逻辑寻址：用于指定存储单元的某一通用区，而并不顾及这些存储单位在设备中的物理分布。某一设备检测到总线上的地址信号，看其是否与分配给它的逻辑地址相符，如果相符，它就成为响应者。物理寻址与逻辑寻址的区别在于前者是选择与位置有关的设备，而后者是选择与位置无关的设备。

（2）广播寻址。广播寻址用于选择多个响应者，命令者把地址信息放在总线上，从设备将总线上的地址信息与其内部的有效地址进行比较，如果相符，则表明该从设备已被连上。

能使多个从设备连上的地址称为广播地址。命令者为了确保所选的全部设备都能响应，系统需要有适应这种操作的定时机构。

每一种寻址方法都有其优点和使用范围。逻辑寻址一般用于系统总线，而现场总线则较多地采用物理寻址和广播寻址。不过，现行的一些系统总线常常具备上述两种甚至三种寻址方式。

5．总线仲裁

总线在传送信息的操作过程中可能会发生"冲突"。为解决这种冲突，就需进行总线占有权的仲裁。总线仲裁是用于确定下一个占有总线的设备。某一时刻只允许某一主设备占有总线，等到它完成总线操作，释放总线占有权后才允许其他总线主设备使用总线。当前的总线主设备叫作"命令者"。总线主设备为获得总线占有权而等待仲裁的时间叫作"访问等待时间"，而命令占有总线的时间叫作"总线占有期"。命令者发起的数据传送操作，可以在听者和说者的设备之间进行，而更常见的是在命令者和一个或多个从设备之间进行。

系统中多个设备或模块同时申请对总线的使用权时，为避免产生总线冲突，需由总线仲裁机构合理地控制和管理系统中需要占用总线的申请者，在多个申请者同时提出总线请求时，以一定的优先算法仲裁哪个应获得对总线的使用权。总线判优控制按照仲裁控制机构的设置可分为集中控制和分散控制两种。集中式总线仲裁的控制逻辑基本集中在一处，需要中央仲裁器决定总线的使用权。分布式仲裁不需要中央仲裁器，每个潜在的主方功能模块都有自己的仲裁号和仲裁器。当它们有总线请求时，把它们唯一的仲裁号发送到共享的仲裁总线上，每个仲裁器将仲裁总线上得到的号与自己的号进行比较。如果仲裁总线上的号大，则它的总线请求不予响应，并撤销它的仲裁号。最后，获胜者的仲裁号保留在仲裁总线上。显然，分布式仲裁是以优先级仲裁策略为基础的。

6．总线定时

总线操作用"定时"信号同步。定时信号用于指明总线上的数据和地址在什么时候是有效的。大多数总线标准都规定命令者可置起"控制"信号，用来指定操作的类型，还规定响应者要回送从设备状态响应信号。主设备获得总线控制权以后，就进入总线操作，即进行命令者和响应者之间的信息交换。这种信息可以是地址和数据。定时信号就是用于指明这些信息何时有效，它有同步和异步两种。

7．出错检测

在总线上传送信息时会因噪声和串扰而出错，因此在高性能的总线中一般设有出错码产生和校验机构，以实现传送过程的出错检测。传送地址时奇偶出错会使要连接的设备连接不上；传送数据时如果有奇偶出错，通常会再发一次。也有一些总线由于出错率很低而不设检错机构。

8．容　错

设备在总线上传送信息出错时，如何减少故障对系统的影响，提高系统的重配置能力是十分重要的，故障对分布式仲裁的影响就比菊花链式仲裁小。后者在设备出故障时，会直接影响它后面设备的工作。总线系统应能支持软件利用一些新技术，如动态重新分配地址，把故障隔离开来，关闭或更换故障单元。

有几种新的总线在其标准中规定了串行总线出故障时如何利用备用路径来代替的条款。这种备用总线在主串行总线正常工作时，可用于传递通信请求信号，并监测主串行总线的工作状态，在主串行总线出现故障时就代替它。

9．多段总线操作

在一些总线标准中，允许多个段互联，组成段互联总线系统。在这种系统中能实现多段并行操作，提高系统的性能。利用这种段总线互联技术，可以组成网络式复杂系统。

六、数据通信的主要性能指标

通信系统的任务是快速、准确地传递信息，因而信息传输的有效性和可靠性是通信系统最主要的性能指标。有效性指通信系统传输消息的"速率"问题，即快慢问题。可靠性指通信系统传输消息的"质量"问题，即好坏问题。

数字通信系统的有效性可用传输速率来衡量。可靠性可用差错率来衡量。

1．有效性指标

1）数据的传输速率

码元传输速率 R_B 简称"传码率"，又称符号速率等。它表示单位时间内传输码元的数目，单位是波特（Baud），记为 B。例如，若 1 秒内传输 2 400 个码元，则传码率为 2 400 B。数字信号有多进制和二进制之分，但码元速率与进制数无关，只与传输的码元长度 T 有关。

信息传输速率 R_b 简称"传信率"，又称比特率等。它表示单位时间内传递的平均信息量或比特数，单位是比特/秒，可记为 bit/s，或 b/s，bps。

在讨论信道特性，特别是传输频带宽度时通常采用波特率；在涉及系统实际的数据传送能力时，则使用比特率。

每个码元或符号通常都含有一定 bit 数的信息量，因此码元速率和信息速率有确定的关系，只是表示了两个不同的概念而已，是通信时候两个不同的特征。码元的速度并不可以表示信息的传输速度；二进制的码元传信率和传码率在数值上相等的；而四进制的码元有 4 个电平，一个四进制码元的信息量可以抵二进制码元两个的信息量；同样一个八进制的码元含有的信息量可以抵 3 个二进制码元的信息量。

$$传信率 = 传码率 \times 每个码元的信息量$$

2）频带利用率

频带利用率 η 是指单位频带内的传输速度。比较不同通信系统的有效性时，单看它们的传输速率是不够的，还应看在这样的传输速率下所占的信道的频带宽度。所以，真正衡量数字通信系统传输效率的应当是单位频带内的码元传输速率。数字信号的传输带宽 B 取决于码元速率 R_B，而码元速率和信息速率 R_b 有着确定的关系。为了比较不同系统的传输效率，可定义频带利用率为

$$\eta = \frac{R_b}{B}$$

3）协议效率

协议效率是衡量通信系统软件有效性的指标之一。协议效率是指所传输的数据包中有效数据占整个数据包长度的比值。

4）通信效率

通信效率是数据帧的传输时间同用于发送报文的所有时间（包括等待令牌竞用总线的时间）之比。

2．可靠性指标

衡量数字通信系统可靠性的指标是差错率，常用误码率和误信率表示。在二进制中两者是相等的。误码率（码元差错率）p_e是指发生差错的码元数在传输总码元数中所占的比例，更确切地说，误码率是码元在传输系统中被传错的概率，即

$$p_e = \frac{错误码元数}{传输总码元数}$$

计算机通信的误码率要小于10^{-6}。

【例】 已知某八进制数字通信系统的信息速率为 3 000 bps，在接收端 10 min 内共测得 18 个错误码元，试求该系统的误码率。

解：依题意

$$R_b = 3\ 000\ \text{bps}$$

则

$$R_{B8} = \frac{R_b}{\log_2 8} = 1\ 000\ \text{Baud}$$

系统的误码率 $p_e = \dfrac{错误码元数}{传输总码元数} = \dfrac{18}{1000 \times 60 \times 10} = 3 \times 10^{-5}$

1）信息通道（信道）的频率特性、带宽

信道是信息传输的通道，即信息进行传输时所经过的一条通路，由传输介质及相应的附属信号设备组成。一条传输介质上可以有多条信道（多路复用）。与信号分类相对应，信道可以分为用来传输数字信号的数字信道和用来传输模拟数据的模拟信道。数字信号经过数模转换后可以在模拟信道上传输；模拟信号经过模数转换后可以在数字信道上传输。

信道的频率特性是描述通信信道在不同频率的信号通过以后，波形发生变化的特性。

信号的带宽是指该信号所包含的各种不同频率成分所占据的频率范围。

带宽是指信号所占据的频带宽度，即信道所传送信号的最高频率与最低频率之差。在被用来描述信道时，带宽是指能够有效通过该信道的信号的最大频带宽度。对于模拟信号而言，带宽又称为频宽，以赫兹（Hz）为单位。例如模拟语音电话的信号带宽为 3 400 Hz，一个 PAL-D 电视频道的带宽为 8 MHz（含保护带宽），人类的听觉系统带宽 19 980 Hz（20～20 000 Hz）。对于数字信号而言，带宽是指单位时间内链路能够通过的数据量。带宽在一定程度上体现了信道的传输性能，是衡量通信系统的一个重要指标。按信道频率范围不同，通常可以将信道分为 3 类：窄带信道（带宽小于 300 Hz），音频信道（带宽为 300～3 400 Hz），宽带信道（带宽为 3 400 Hz 以上）。

2）信道容量

信道容量是指在特定约束下，信道从规定的源发送消息的能力的度量。通常是在采用适

当的代码,且差错率在可接受范围的条件下,以所能达到的最大比特率来表示。

3)信噪比对信道容量的影响

信噪比是信道的信号功率 S 与信道内高斯分布的噪声的功率 N 之比,单位是分贝。信噪比就是网络传输时受干扰的程度。$C = B*\log_2(1+S/N)$ 是计算信道容量的公式,其中 B 为介质的带宽。信噪比的大小会影响传输速率。最大速率可以这样计算:$C = 2B*\log_2 N$,即在最理想的无噪声状态。

任务二 数据编码技术

一、数据通信的标准代码

系统在传送数据的时候,不能直接传送数据的十进制数值、字符或控制字符,应将这些数据或字符信息用适合传输的代码来传输。通过编码把一种组合与一种确定的内容联系起来。

如:2 位二进制的 4 种不同组合 00、01、10、11 可以分别表示断开、闭合、出错、不可用等 4 种不同的状态。

常见的代码有 BCD 码和 ASCII 码:

BCD 码(Binary-Coded Decimal)亦称二进码十进数或二-十进制代码。用 4 位二进制数来表示 1 位十进制数中的 0~9 这 10 个数码,是一种二进制的数字编码形式,用二进制编码的十进制代码。

字母和各种字符必须按照特定的规则用二进制编码才能在计算机中表示。编码方式可以有很多种,目前计算机中用得最广泛的字符集及其编码,是由美国国家标准局(ANSI)制定的 ASCII 码(American Standard Code for Information Interchange,美国标准信息交换码),它已被国际标准化组织(ISO)定为国际标准,称为 ISO 646 标准。ASCII 码使用指定的 7 位或 8 位二进制数组合来表示 128 或 256 种可能的字符。标准 ASCII 码也叫基础 ASCII 码,使用 7 位二进制数来表示所有的大写和小写字母,数字 0 到 9、标点符号,以及在美式英语中使用的特殊控制字符。

ASCII 码用来在计算机中表示各种字符和字母,而 BCD 码则用来方便地表示十进制数。

二、数据编码的分类

数据编码分为两大类:模拟数据编码和数字数据编码。模拟数据和数字数据都可以编码成模拟信号或数字信号,编码方案取决于具体的要求和所用的传输媒体及通信设备。根据承载数据时的信号不同,分为 4 种具体的编码方式,如图 3-2-1 所示。

(1)模拟数据的模拟信号调制。
(2)数字数据的数字信号编码。
(3)数字数据的模拟信号编码。
(4)模拟数据的数字信号编码。

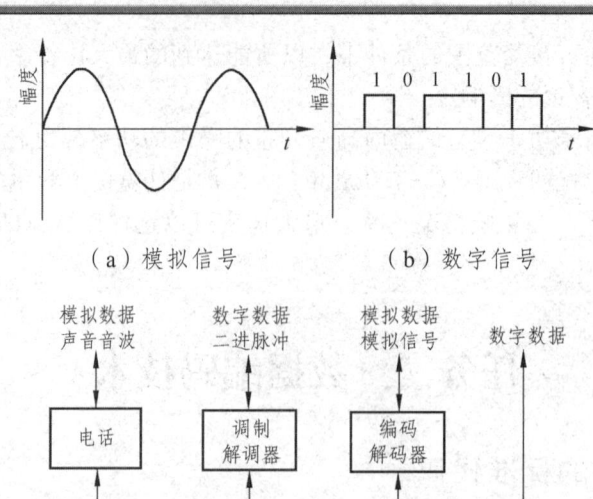

图 3-2-1 信号形式与编码方式

1. 模拟数据的模拟信号编码

在电话机和本地局交换机之间所传输的信号采用的就是这种编码方式。模拟声音数据是加载到模拟的载波信号中传输的。无线语音广播是模拟信号传递模拟数据的另一个例子。有效的传输需要比较高的频率。采用信号进行模拟调制，高频可以获得更高的传输效率，可使用"频分复用技术"。

调制方式可以从振幅、频率、相位 3 个方面调制，如图 3-2-2 所示。

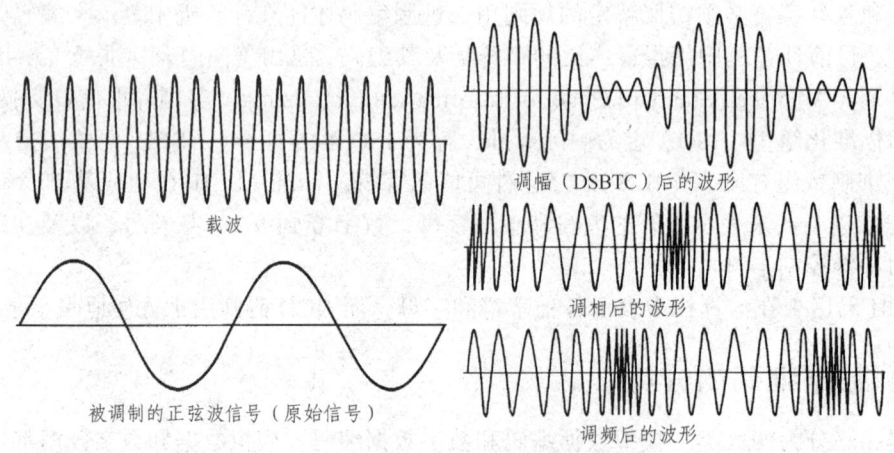

图 3-2-2 模拟信号调制

2. 数字数据的数字信号编码

计算机网络中使用最普遍的还是数字数据的数字传输（即基带传输），在传输时，必须将数字数据进行线路编码再进行传输，到了接收端再解码，还原原有的数据。

数字信号是离散的矩形脉冲序列，每一个脉冲代表一个信号单元，称为码元。对数字数据进行编码，就是用不同电压极性或电平值代表数字信号的"0"和"1"，即用不同的码元形式表示数字信号的"0"和"1"，这样就产生了下面几种基本的数字数据的数字信号脉冲编码方法：单极性和双极性码；归零码和不归零码；差分码和平衡与不平衡码；曼彻斯特码等。

1）单极性和双极性码

单极性码是单极性的，逻辑"1"用高电平表示，逻辑"0"用低电平表示，0.5 为判决门限，0.5 以下判为"0"码，0.5 以上判为"1"码。

双极性码是双极性的，逻辑"1"用正电平表示，逻辑"0"用负电平表示，0 为判决门限，0 以上判为"1"码，0 以下判为"0"码。

2）归零码和不归零码

在每一位二进制代码传输之后都返回零电平的编码称为归零码，否则为不归零码（在整个码元时间内都维持有效电平的编码）。单、双极性的归零码和非归零码如图 3-2-3 所示。

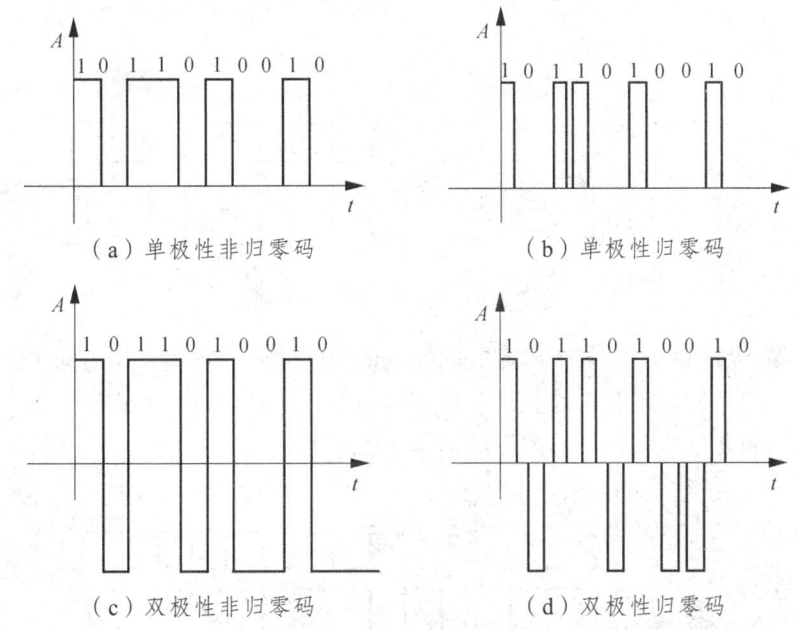

图 3-2-3　单、双极性的归零码和非归零码

3）差分码和平衡与不平衡码

用电平是否变化来表示逻辑"1"和"0"的编码称为差分码。如用信号变化代表"1"，不变化代表"0"，按此规定的编码就称为信号差分码。根据初始状态的不同，差分码有两种相反的波形。差分码不能归零。

平衡传输是指不管是"1"还是"0"都被传输，而在非平衡传输中，只有"1"被传输，"0"则在指定的时刻没有脉冲表示。

4）曼彻斯特码和差分曼彻斯特码

曼彻斯特码（Manchester Code）是一种用电平跳变来表示"1"或"0"的编码，其变化规则很简单，即每个码元均用两个不同相位的电平信号表示，也就是一个周期的方波，但"0"码和"1"码的相位正好相反。每个码元的时间间隔的中间时刻都有跳变，由高电位向低电位跳变代表"1"，由低电位向高电位跳变代表"0"，如图 3-2-4 所示。

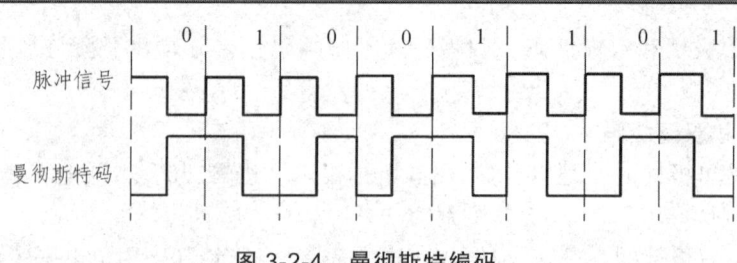

图 3-2-4 曼彻斯特编码

在曼彻斯特码中,跳变既可区分信号的取值,又可以提取同步时钟,故称自同步编码,是目前使用最为广泛的编码方法之一。

差分曼彻斯特码在每个码元的时间间隔的中间时刻都有跳变,在每个码元的时间间隔的开始时刻有跳变表示"0",在每个码元的时间间隔的开始时刻无跳变表示"1",如图 3-2-5 所示。

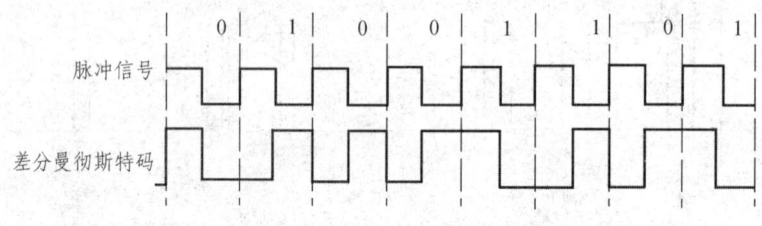

图 3-2-5 差分曼彻斯特编码

在差分曼彻斯特码中,以每个码元时间间隔的中间时刻的跳变来作为同步时钟,而以每个码元时间间隔的开始时刻有无跳变来区分信号的取值。这种编码方式应用于令牌环网中。

曼彻斯特码和差分曼彻斯特码的比较如图 3-2-6 所示。

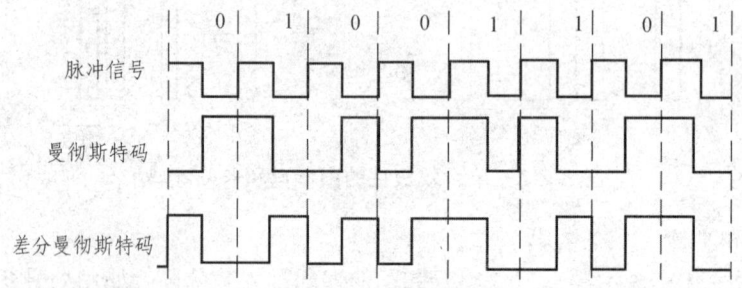

图 3-2-6 曼彻斯特编码与差分曼彻斯特编码的比较

3. 数字数据的模拟信号编码

模拟数据编码是采用模拟信号来表达数据的"0"和"1"状态。振幅、频率和相位是描述模拟信号的参数,可以通过调整这 3 个参数来实现模拟数据编码。振幅键控、频移键控、相移键控是模拟数据的 3 种编码方法。

振幅键控 ASK(Amplitude Shift Keying)是载波的振幅随着数字基带信号而变化的数字调制。比较简单,但是抗干扰弱。

频移键控 FSK(Frequency Shift Keying)是利用两个不同频率 F1 和 F2 的振荡源来代表信号"1"和"0"。用数字信号的"1"和"0"去控制两个独立的振荡源交替输出。所以二进制频移键控的信号带宽比较大，频带利用率小。

相移键控 PSK（Phase Shift Keying）是一种用载波相位表示输入信号信息的调制技术。移相键控分为绝对移相和相对移相两种。以载波的不同相位直接去表达相应二进制数字信号的调制方式，称为绝对相移调制，以二进制调相为例，取码元为"1"时，调制后载波与未调载波同相；取码元为"0"时，调制后载波与未调载波反相；"1"和"0"时调制后载波相位差180°。利用前后相邻码元的载波相对相位变化传递二进制数字信号的调制方式，称为相对相移调制。它们都是利用载波的相位变化来传递数字信号的调制方式，不同的是绝对相移是以未调制的载波的相位作为参考基准的，而相对相移是以相邻码元的载波相位为参考基准的。

3 种模拟数据编码调制后的信号波形如图 3-2-7 所示。

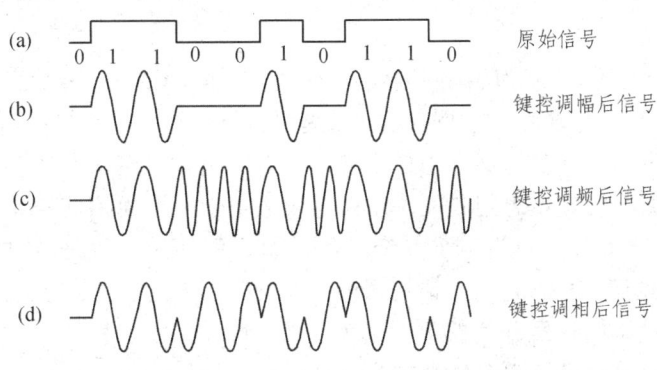

图 3-2-7　3 种模拟数据编码调制后的信号波形

4．模拟数据的数字信号编码

模拟数据的数字信号编码就是要把连续信号分割成若干个离散信号，再将这些离散信号定量化，用数字信号表示。

模拟数据数字化的编码方法有：脉冲编码调制 PCM；增量调制 ΔM。

1）脉冲调制

脉冲编码调制就是把一个时间连续、取值连续的模拟信号变换成时间离散、取值离散的数字信号后在信道中传输。脉码调制是以采样定理为基础，对连续变化的模拟信号进行周期性采样，将模拟信号数字化，其步骤为：采样、量化、编码。

（1）采样。就是对模拟信号进行周期性扫描，把时间上连续的信号变成时间上离散的信号。该模拟信号经过抽样后还应当包含原信号中所有信息，也就是说能无失真的恢复原模拟信号。它的抽样速率的下限是由抽样定理确定的。

（2）量化。就是把经过抽样得到的瞬时值将其幅度离散，即用一组规定的电平，把瞬时抽样值用最接近的电平值来表示。一个模拟信号经过抽样量化后，得到已量化的脉冲幅度调制信号，它仅为有限个数值。

（3）编码。就是用一组二进制码组来表示每一个有固定电平的量化值。然而，实际上量化是在编码过程中同时完成的，故编码过程也称为模/数变换，可记作 A/D。

模拟数据的脉冲调制如图 3-2-8 所示。

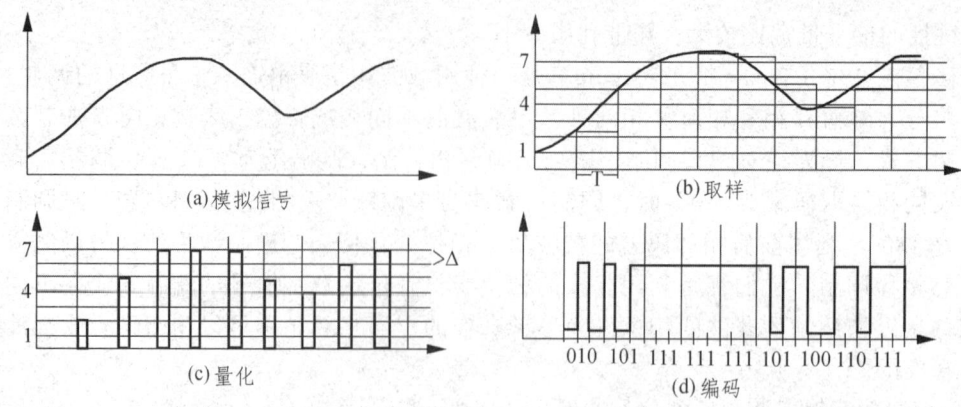

图 3-2-8 模拟数据的脉冲调制

2）增量调制 ΔM

增量调制简称 ΔM 或增量脉码调制方式（DM），是继 PCM 后出现的又一种模拟信号数字化的方法。1946 年由法国工程师 De Loraine 提出，目的在于简化模拟信号的数字化方法。增量调制主要在军事通信和卫星通信中广泛使用，有时也作为高速大规模集成电路中的 A/D 转换器使用。增量调制的基本思想是用一个阶梯波去逼近一个模拟信号。

增量调制与 PCM 相比，具有以下 3 个特点：① 电路简单，脉码调制编码器需要较多逻辑电路；② 数据率低于 40 Kbps 时，话音质量比脉码调制好，增量调制一般采用的数据率为 32 Kbps 或 16 Kbps；③ 抗信道误码性能好，能工作于误码率为 10^{-3} 的信道，而脉码调制要求信道误码率低于 $10^{-6} \sim 10^{-5}$。因此，增量调制适用于军事通信、散射通信和农村电话网等中等质量的通信系统。增量调制技术还可应用于图像信号的数字化处理。增量调制原理图如图 3-2-9 所示。

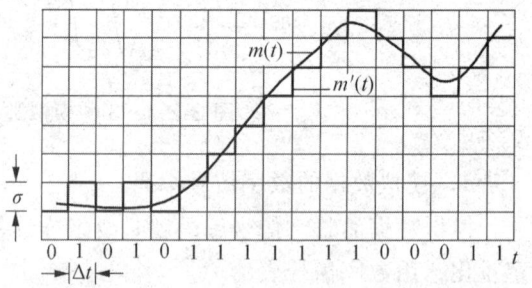

图 3-2-9 增量调制原理图

任务三 数据的传输方式

数据的传输方式根据不同的分类标准可以做不同的分类。

一、并行传输与串行传输

在数字通信中，按每次传送的数据位数，传输方式可分为并行传输和串行传输两种。

1．并行传输

并行传输是在传输中有多个数据位同时在设备之间进行的传输。一个编了码的字符通常是由若干位二进制数表示，如用 ASCII 码编码的符号是由 8 位二进制数表示的，则并行传输

ASCII 编码符号就需要 8 个传输信道，使表示一个符号的所有数据位能同时沿着各自的信道并排地传输。并行传输时，一次可以传一个字符，收发双方不存在同步的问题。而且速度快、控制方式简单。但是，并行传输需要多个物理通道。从原理上看似乎适合于短距离、要求传输速度快的场合使用，但是传输时，发送器是同时将 8 位信号电平加在信号线上，电信号虽然是以光速传输的，但仍有延迟，因此 8 位信号不是严格同时到达接收端，速率小时，由于每一字节在信号线上的持续时间较长，这种到达时间上的不同步并不严重，随着传输速率的增加，与 8 位信号到达时间的差异相比，每一字节的持续时间显得越来越短，最终导致前一字节的某几位与后一字节的几位同时到达接收端，这就造成了传输失败，而且随着信号线的加长这种现象还会越发严重，直至无法使用，这是并口传输的致命缺点。

2．串行传输

串行传输是指数据的二进制代码在一条物理信道上以位为单位按时间顺序逐位传输的方式。串行传输时，发送端逐位发送，接收端逐位接收，同时，还要对所接收的字符进行确认，所以收发双方要采取同步措施。

在早期的计算机中，串行传输相对并行传输而言，传输速度慢，但只需一条物理信道，线路投资小，易于实现，特别适合远距离传输。随着技术的发展，目前，串口通信的优势强于并口通信。计算机上的串口也越来越多，USB 接口就是典型的串口。

并行传输与串行传输示意图如图 3-3-1 所示。

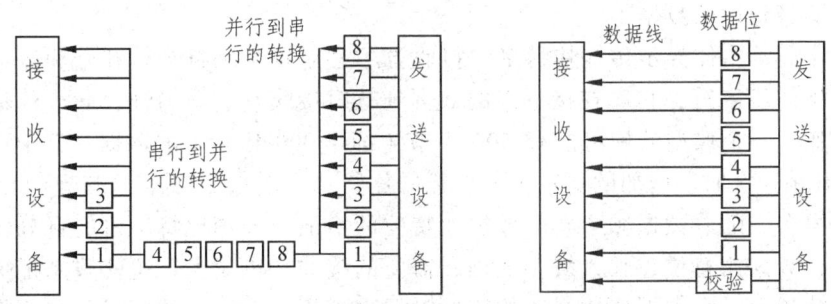

图 3-3-1　并行传输与串行传输示意图

二、异步传输与同步传输

1．异步传输（Asynchronous Transmission）

异步传输将比特分成小组进行传送，小组可以是 8 位的 1 个字符或更长。发送方可以在任何时刻发送这些比特组，而接收方不知道它们会在什么时候到达。一个常见的例子是计算机键盘与主机的通信。按下一个字母键、数字键或特殊字符键，就发送一个 8 比特位的 ASCII 代码。键盘可以在任何时刻发送代码，这取决于用户的输入速度，内部的硬件必须能够在任何时刻接收一个键入的字符。

异步传输存在一个潜在的问题，即接收方并不知道数据会在什么时候到达。在它检测到数据并做出响应之前，第一个比特已经过去了。这就像有人出乎意料地从后面走上来跟你说话，而你没来得及反应过来，漏掉了最前面的几个词。因此，每次异步传输的信息都以一个起始位开头，它通知接收方数据已经到达了，这就给了接收方响应、接收和缓存数据比特的时间；在传输结束时，一个停止位表示该次传输信息的终止。按照惯例，空闲（没有传送数据）的线路实际携带着一个代表二进制 1 的信号，异步传输的开始位使信号变成 0，其他的比特位使信号随传输的数据信息而变化。最后，停止位使信号重新变回 1，该信号一直保持到下一个开始位到达。例如在键盘上数字"1"，按照 8 比特位的扩展 ASCII 编码，将发送"00110001"，同时需要在 8 比特位的前面加一个起始位，后面一个停止位。

异步传输的实现比较容易，由于每个信息都加上了"同步"信息，因此计时的漂移不会产生大的积累，但却产生了较多的开销。在上面的例子，每 8 个比特要多传送两个比特，总的传输负载就增加 25%。对于数据传输量很小的低速设备来说问题不大，但对于那些数据传输量很大的高速设备来说，25% 的负载增值就相当严重了。因此，异步传输常用于低速设备。

2．同步传输（Synchronous Transmission）

同步传输的比特分组要大得多。它不是独立地发送每个字符，每个字符都有自己的开始位和停止位，而是把它们组合起来一起发送。我们将这些组合称为数据帧，或简称为帧。

数据帧的第一部分包含一组同步字符，它是一个独特的比特组合，类似于前面提到的起始位，用于通知接收方一个帧已经到达，但它同时还能确保接收方的采样速度和比特的到达速度保持一致，使收发双方进入同步。帧的最后一部分是一个帧结束标记。与同步字符一样，它也是一个独特的比特串，类似于前面提到的停止位，用于表示在下一帧开始之前没有别的即将到达的数据了。

同步传输通常要比异步传输快得多。接收方不必对每个字符进行开始和停止的操作。一旦检测到帧同步字符，它就在接下来的数据到达时接收它们。另外，同步传输的开销也比较少。例如，一个典型的帧可能有 500 字节（即 4 000 比特）的数据，其中可能只包含 100 比特的开销。这时，增加的比特位使传输的比特总数增加 2.5%，这与异步传输中 25% 的增值要小得多。随着数据帧中实际数据比特位的增加，开销比特所占的百分比将相应地减少。但是，数据比特位越长，缓存数据所需要的缓冲区也越大，这就限制了一个帧的大小。另外，帧越大，它占据传输媒体的连续时间也越长。在极端的情况下，这将导致其他用户等得太久。同步传输方式中发送方和接收方的时钟是统一的、字符与字符间的传输是同步无间隔的。异步传输方式并不要求发送方和接收方的时钟完全一样，字符与字符间的传输是异步的。

异步传输与同步传输示意图如图 3-3-2 所示。

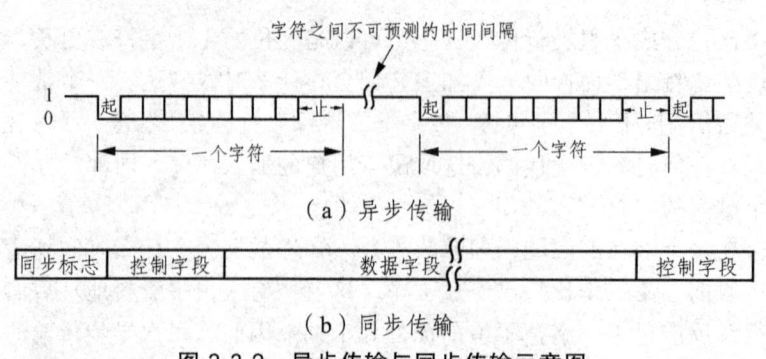

图 3-3-2　异步传输与同步传输示意图

同步与异步传输的区别：

（1）异步传输是面向字符的传输，而同步传输是面向比特的传输。

（2）异步传输的单位是字符而同步传输的单位是帧。

（3）异步传输通过字符起止的开始和停止码抓住再同步的机会，而同步传输则是从数据中抽取同步信息。

（4）异步传输对时序的要求较低，同步传输往往通过特定的时钟线路协调时序。

（5）异步传输相对于同步传输效率较低。

三、信道通信的工作方式

按照信号传送方向与时间的关系，数据通信可以分为3种类型：单工通信、半双工通信与全双工通信，如图3-3-3所示。

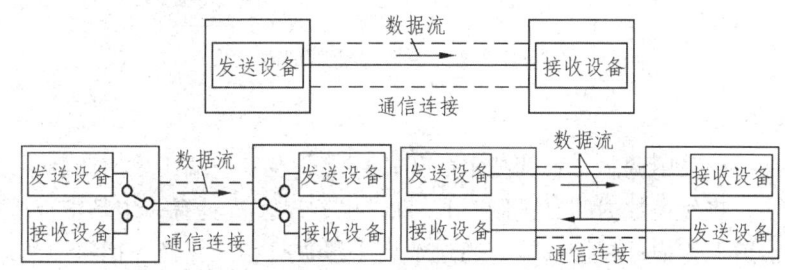

图 3-3-3　单工通信、半双工通信与全双工通信

单工通信是指消息只能单方向传输的工作方式。例如遥控、遥测，就是单工通信方式。

单工通信信道是单向信道，发送端和接收端的身份是固定的，发送端只能发送信息，不能接收信息；接收端只能接收信息，不能发送信息，数据信号仅从一端传送到另一端，即信息流是单方向的。

半双工通信可以实现双向的通信，但不能在两个方向上同时进行，必须轮流交替地进行。也就是说，通信信道的每一段都可以是发送端，也可以是接收端。但同一时刻里，信息只能有一个传输方向。如日常生活中的例子有步话机通信，对讲机等。

全双工通信允许数据在两个方向上同时传输，它在能力上相当于两个单工通信方式的结合。全双工是在微处理器与外围设备之间采用发送线和接收线各自独立的方法，可以使数据在两个方向上同时进行传送操作，即在发送数据的同时也能够接收数据，两者同步进行，这好像我们平时打电话一样，说话的同时也能够听到对方的声音。目前的网卡一般都支持全双工。

四、基带传输、频带传输与宽带传输

1．基带传输

在数据通信中，表示计算机二进制的比特序列的数字数据信号是典型的矩形脉冲信号；矩形脉冲信号的固有频带称作基本频带，简称为基带，矩形脉冲信号就叫作基带信号；在数字通信信道上，直接传送基带信号的方法称为基带传输；在发送端，基带传输的数据经过编码器变换变为直接传输的基带信号，例如曼彻斯特编码或差分曼彻斯特编码信号；

在接收端由解码器恢复成与发送端相同的矩形脉冲信号;基带传输是一种最基本的数据传输方式。

基带传输是按照数字信号原有的波形(以脉冲形式)在信道上直接传输,它要求信道具有较宽的通频带。基带传输不需要调制、解调,设备花费少,适用于较小范围的数据传输。基带传输时,通常对数字信号进行一定的编码,数据编码常用 3 种方法:非归零码 NRZ、曼彻斯特编码和差动曼彻斯特编码。后两种编码不含直流分量,包含时钟脉冲,便于双方自同步,因此,得到了广泛的应用。

基带传输原理如图 3-3-4 所示。

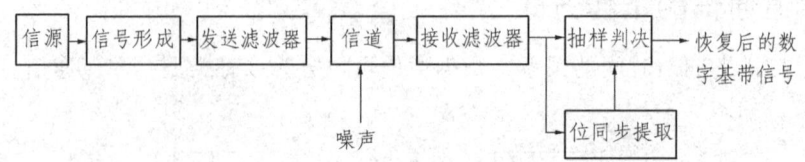

图 3-3-4　基带传输原理图

2．频带传输

频带传输是一种采用调制、解调技术的传输形式。在发送端,采用调制手段,对数字信号进行某种变换,将代表数据的二进制"1"和"0",变换成具有一定频带范围的模拟信号,以适应在模拟信道上传输;在接收端,通过解调手段进行相反变换,把模拟的调制信号复原为"1"或"0"。常用的调制方法有:频率调制、振幅调制和相位调制。具有调制、解调功能的装置称为调制解调器,即 Modem。电信号也叫信号,信号的每秒钟变化的次数叫频率,单位赫兹(Hz)。信号的频率有高有低,就像声音有高有低一样,低频到高频的范围叫频带,不同的信号有不同的频带。

3．宽带传输

宽带(Broadband)传输:将信道分成多个子信道,分别传送音频、视频和数字信号,称为宽带传输。宽带是比音频带宽更宽的频带,它包括大部分电磁波频谱。使用这种宽频带传输的系统,称为宽带传输系统,其通过借助频带传输,可以将链路容量分解成两个或更多的信道,每个信道可以携带不同的信号,这就是宽带传输。宽带是传输模拟信号,数据传输速率范围为 0～400 Mbps,而通常使用的传输速率为 5～10 Mbps。它可以容纳全部广播,并可进行高速数据传输。宽带传输系统多是模拟信号传输系统。

一般说,宽带传输与基带传输相比有以下优点:能在一个信道中传输声音、图像和数据信息,使系统具有多种用途;一条宽带信道能划分为多条逻辑基带信道,实现多路复用,因此信道的容量大大增加;宽带传输的距离比基带远,因为基带传输直接传送数字信号,传输的速率越高,能够传输的距离越短。

4．ATM 异步转移模式

ATM 是一项数据传输技术,是实现 B-ISDN 的业务的核心技术之一。ATM 是以信元为基础的一种分组交换和复用技术,它是一种为了多种业务设计的通用的、面向连接的传输模式。它适用于局域网和广域网,具有高速数据传输率,并支持多种类型如声音、数据、传真、实时视频、CD 质量音频和图像的通信。

ATM 是在 LAN 或 WAN 上传送声音、视频图像和数据的宽带技术。它是一项信元中继技术，数据分组大小固定。可将信元想象成一种运输设备，能够把数据块从一个设备经过 ATM 交换设备传送到另一个设备。所有信元具有同样的大小，不像帧中继及局域网系统数据分组大小不定。使用相同大小的信元可以提供一种方法，预计和保证应用所需要的带宽。如同轿车在繁忙交叉路口必须等待长卡车转弯一样，可变长度的数据分组容易在交换设备处引起通信延迟。

ATM 用作公司主干网时，能够简化网络的管理，消除了许多由于不同的编址方案和路由选择机制的网络互连所引起的复杂问题。ATM 集线器能够提供集线器上任意两端口的连接，而与所连接的设备类型无关。这些设备的地址都被预变换，例如很容易从一个节点到另一个节点发送一个报文，而不必考虑节点所连的网络类型。ATM 管理软件使用户和他们的物理工作站移动地方非常方便。通过 ATM 技术可完成企业总部与各办事处及公司分部的局域网互联，从而实现公司内部数据传送、企业邮件服务、话音服务等，并通过上联 Internet 实现电子商务等应用。同时由于 ATM 采用统计复用技术，且接入带宽突破原有的 2 Mbps，达到 2 ~ 155 Mbps，因此适合高带宽、低延时或高数据突发等应用。

ATM 是多媒体信息传输的较佳支撑技术。其特征如下：基于信元的分组交换技术；快速交换技术；面向连接的信元交换；预约带宽。其优点有：吸取电路交换实时性好，分组交换灵活性强；采取定长分组（信元）作为传输和交换的单位；服务质量高；目前最高的速度为 10 Gbps，即将达到 40 Gbps。其缺点有：信元首部开销太大；技术复杂且价格昂贵。信元组成如图 3-3-5 所示。

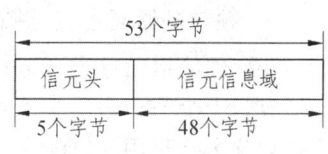

图 3-3-5　信元组成

任务四　多路复用

一、多路复用

我们在收听无线电广播、收看无线电视的时候，多个电台或电视台的信号可以在同一无线空间中传播而互不影响，这是怎么实现的呢？用到了什么技术？为什么要这样做呢？

多路复用是把多个低信道组合成一个高速信道的技术，它可以有效地提高数据链路的利用率，从而使得一条高速的主干链路同时为多条低速的接入链路提供服务，也就是使得网络干线可以同时运载大量的语音和数据传输。

为什么要采用多路复用技术？

一是通信工程中用于通信线路架设的费用相当高，需要充分利用通信线路的容量；二是网络中传输介质的传输容量都会超过单一信道传输的通信量，为了充分利用传输介质的带宽，需要在一条物理线路上建立多条通信信道。

实现多路复用的设备称为复用器，其组成结构如图 3-4-1 所示。多路复用可以分为以下几类：

（1）频分多路复用（FDM，Frequency Division Multiplexing）。

（2）时分多路复用（TDM，Time Division Multiplexing）。

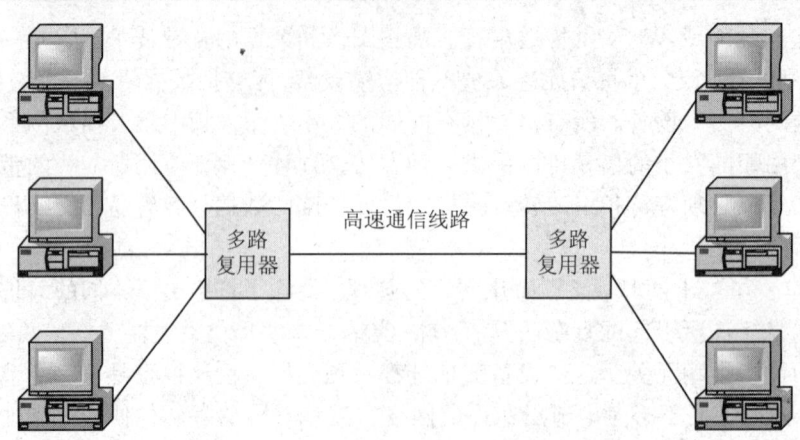

图 3-4-1　信道的多路复用

（3）波分多路复用（WDM，Wavelength Division Multiplexing）。

（4）码分多址复用（CDM，Code Division Multiple Access）。

1．频分多路复用（见图 3-4-2）

在物理信道的可用带宽超过单个原始信号所需带宽的情况下，可将该物理信道的总带宽分割成若干个与传输单个信号带宽相同（或略宽）的子信道，每个子信道传输一路信号，这就是频分多路复用（FDM）。

频分多路复用就是在一条通信线路设计多路通信信道，每路信道的信号以不同的载波频率进行调制，各个载波频率是不重叠的，一条通信线路就可以同时独立地传输多路信号。

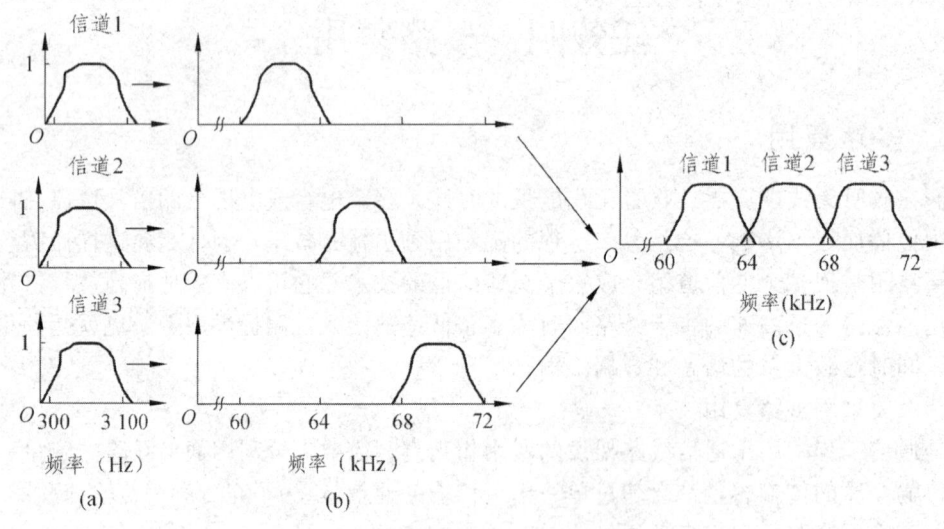

图 3-4-2　频分多路复用

2．时分多路复用（见图 3-4-3）

若传输介质能达到的位传输速率超过传输数据所需的数据传输速率，可采用时分多路复用（TDM）技术，即将一条物理信道按时间分成若干个时隙，轮流地分配给多个信号使用，每一时隙由一路信号占用。这样，利用每路信号在时间上的交叉，就可以在一条物理信道上传输多路信号。因数字信号是有限个离散值，所以 TDM 技术广泛应用于包括计算机网络在内的数字通信系统，而模拟通信系统的传输一般采用 FDM。

时分多路复用是将信道用于传输的时间划分为若干个时间片，每个用户分得一个时间片，在每个用户占有的时间片内，用户使用通信信道的全部带宽。

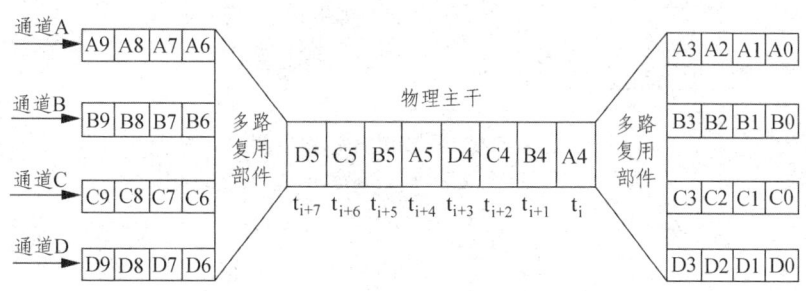

图 3-4-3　时分多路复用

（1）同步时分多路复用 STDM（见图 3-4-4）。

同步时分多路复用（STDM）是按传输信号的时间进行分割的，它使不同的信号在不同的时间内传送，将整个传输时间分为许多固定时间间隔（Slot time，TS，又称为时隙），每个时间片固定被一路信号占用。

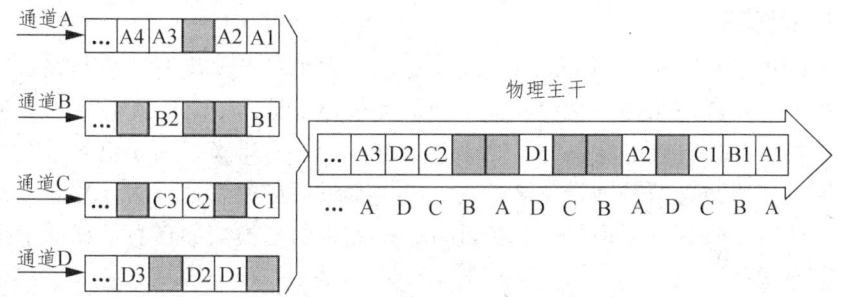

图 3-4-4　同步时分多路复用

（2）异步时分多路复用 ATDM（见图 3-4-5）。

异步时分复用（ATDM）技术又被称为统计时分复用技术（Asynchronous Time Division Multiplexing），它能动态地按需分配时隙，以避免每个时间段中出现空闲时隙，是同步时时分多路复用的改进形式。ATDM 就是只有当某一路用户有数据要发送时才把时隙分配给它；当用户暂停发送数据时，则不给它分配时隙。电路的空闲时隙可用于其他用户的数据传输。

3．波分多路复用（见图 3-4-6）

在同一根光纤中同时让两个或两个以上的光波长信号通过不同光信道各自传输信息，这种方式称为波分多路复用（Wave Division Multiplexing，WDM）。在一根光纤上复用 80 路或更多路的光载波信号称为密集波分复用 DWDM；目前单模光纤的数据传输速率最高可以达到 20 Gbps。

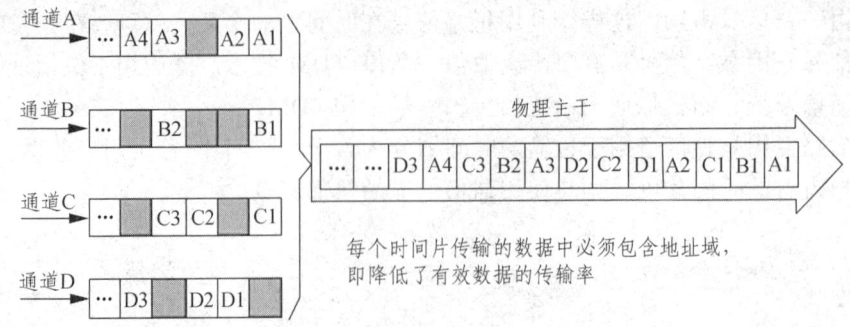

图 3-4-5 异步时分多路复用

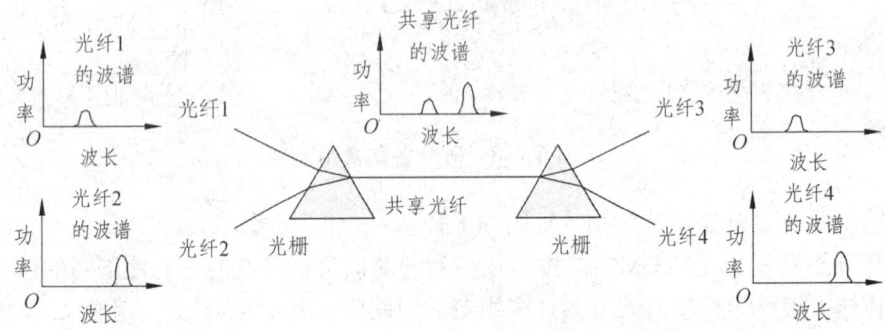

图 3-4-6 波分多路复用

4．码分多址复用

CDMA（Code Division Multiple Access）是码分多址的英文缩写，它是在数字技术的分支扩频通信技术上发展起来的一种崭新而成熟的无线通信技术。CDMA 技术的原理是基于扩频技术，即将需传送的具有一定信号带宽信息数据，用一个带宽远大于信号带宽的高速伪随机码进行调制，使原数据信号的带宽被扩展，再经载波调制并发送出去。接收端使用完全相同的伪随机码，与接收的带宽信号做相关处理，把宽带信号换成原信息数据的窄带信号即解扩，以实现信息通信。

码分多址复用也是一种共享信道的方法，每个用户可在同一时间使用同样的频带进行通信，但使用的是基于码型的分割信道的方法，即每个用户分配一个地址码，各个码型互不重叠，通信各方之间不会相互干扰，抗干扰能力强。码分多址复用技术主要用于无线通信系统，特别是移动通信系统。

二、数据交换

在数据通信系统中，当终端与计算机之间，或者计算机与计算机之间不是经过直通专线连接，而是要经过通信网的接续过程来建立连接的时候，那么两端系统之间的传输通路就是通过通信网络中若干节点转接而成的所谓"交换线路"。在一种任意拓扑的数据通信网络中，通过网络节点的某种转接方式来实现从任一端系统到另一端系统之间接通数据通路的技术，就称为数据交换技术。

数据交换技术的分类如图 2-4-7 所示。

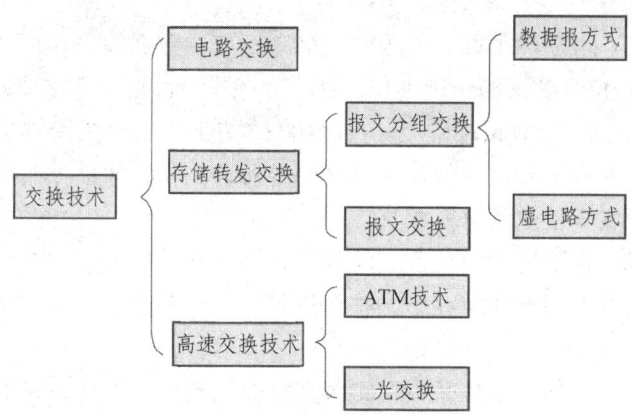

图 3-4-7　数据交换的分类

1. 电路交换

数据通信中的电路交换方式是指两台计算机或终端在相互通信之前，需预先建立起一条实际的物理链路，在通信中自始至终使用该条链路进行数据信息传输，并且不允许其他计算机或终端同时共享该链路，通信结束后再拆除这条物理链路。

采用电路交换方式，数据通信需经历3个阶段：建立电路（即建立一条实际的物理链路）；数据传输；电路拆除。

电路交换的优点：

（1）由于通信线路为通信双方用户专用，数据直达，所以传输数据的时延非常小。通信双方之间的物理通路一旦建立，双方可以随时通信，实时性强。

（2）信息的编码方法和信息格式由通信双方协调，不受网络的限制。电路交换既适用于传输模拟信号，也适用于传输数字信号。

（3）双方通信时按发送顺序传送数据，不存在失序问题。

（4）交换机对用户的数据信息不存储，分析和处理用户数据信息时不必附加许多控制信息，交换机在处理方面的开销比较小且信息传输效率比较高。

电路交换的缺点：

（1）电路交换的平均连接建立时间对计算机通信来说较长。

（2）电路交换连接建立后，物理通路被通信双方独占，即使通信线路空闲，也不能供其他用户使用，因而信道利用率低。

（3）电路交换时，数据直达，不同类型、不同规格、不同速率的终端很难相互进行通信，也难以在通信过程中进行差错控制。

电路交换适合于传输信息量较大，通信对象比较确定的用户。

2. 存储转发交换

存储和转发交换（Store And Forward Switching）是指一种交换技术，数据帧在被转发到适当的端口之前被完全处理。这个处理包括计算循环冗余码校验（CRC）和检测目的地地址。另外，帧必须暂时存储直到网络资源可用来转发这条信息。存储转发方式可以分为报文交换和报文分组交换。

存储转发的优点：可靠性很好，因为它把输入端口的数据帧先存储在交换机缓存中，然后进行 CRC 检查。若检测到该帧出现差错，则丢弃该帧，否则取出该帧的目的地地址，通过查找 MAC 地址表获得输出端口，再转发出数据帧；并且存储转发交换方式还支持不同速度的端口间的转换，方便高速端口和低速端口之间的协议工作；通信控制器有路选功能，可以提高系统效率；可以实现信道的分时共享。

存储转发的缺点：存储转发交换方式的数据处理时延时较大，主要原因是输入输出端都要经过串并转换，而且存到高速缓存中，整个过程耗时较多。

（1）报文交换。

报文交换方式的数据传输单位是报文，报文就是站点一次性要发送的数据块，其长度不限且可变，携带有目标地址、源地址等信息。在交换过程中，交换设备将接收到的报文先存储，待信道空闲时再转发给下一节点，一级一级中转，直到目的地。这种数据传输技术称为"存储-转发"。在报文交换方式中是以报文为单位接收、存储和转发信息的。为了准确地实现转发报文，一份报文应包括 3 个部分：报头或标题——包括发信站地址、终点收信地址和其他辅助控制信息等；报文正文——传输用户信息；报尾——表示报文的结束标志，若报文长度有规定，则可省去此标志。

报文交换的特点：在传送报文时，一个时刻仅占用一段通道，大大提高了线路利用率；报文交换系统可以把一个报文发送到多个目的地；可以建立报文的优先权，优先级高的报文在节点可优先转发；报文大小不一，因此存储管理较为复杂；大报文造成存储转发的延时过长，对存储容量要求较高；出错后整个报文必须全部重发；报文交换只适用于传输数字信号；不利于实时通信，适用于公众电报和电子信箱业务。

（2）报文分组交换。

分组交换方式的原理：分组交换是吸取报文交换的优点，而仍然采用"存储-转发"的方式，但不像报文交换那样以报文为单位交换，而是把报文截成若干比较短的，规格化了的"分组"（或称包）进行交换和传输。由于分组长度较短，具有统一的格式，便于在交换机中存储和处理，"分组"进入交换机后只在主存储器中停留很短的时间，进行排队和处理，一旦确定了新的路由，就很快输出到下一个交换机或用户终端。分组交换的工作原理如图 3-4-8 所示。

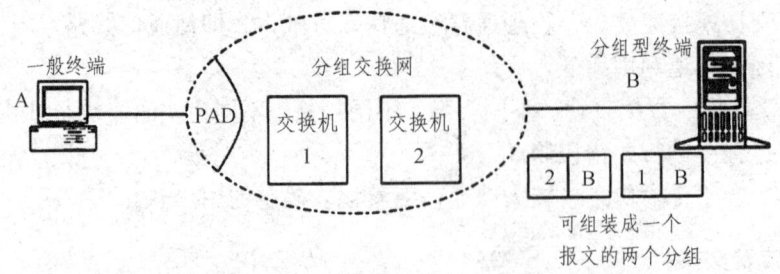

图 3-4-8　分组交换工作原理

注：非分组型终端：只能发送报文；分组型终端：可以自己将报文拆分成分组；PAD 分组拆分装置：输入报文→输出分组，输入分组→输出报文。

分组结构：分组是由分组头和其后的用户数据部分组成的。分组头包含接收地址和控制信息，其长度为 3～10 个字节（1 个字节为 8 比特）；用户数据部分长度一般是固定的，平均为 128 字节，最大不超过 256 字节。

分组交换的优点：

① 加速了数据在网络中的传输。因为分组是逐个传输，可以使后一个分组的存储操作与前一个分组的转发操作并行，这种流水线式传输方式减少了报文的传输时间。此外，传输一个分组所需的缓冲区比传输一份报文所需的缓冲区小得多，这样因缓冲区不足而等待发送的机率及等待的时间也必然少得多。

② 简化了存储管理。因为分组的长度固定，相应的缓冲区的大小也固定，在交换结点中存储器的管理通常被简化为对缓冲区的管理，相对比较容易。

③ 减少了出错机率和重发数据量。因为分组较短，其出错机率必然减少，每次重发的数据量也就大大减少，这样不仅提高了可靠性，也减少了传输时延。

④ 由于分组短小，更适用于采用优先级策略，便于及时传送一些紧急数据，因此对于计算机之间的突发式的数据通信，分组交换显然更为合适些。

分组交换的缺点：

① 尽管分组交换比报文交换的传输时延少，但仍存在存储转发时延，而且其结点交换机必须具有更强的处理能力。

② 分组交换与报文交换一样，每个分组都要加上源、目的地址和分组编号等信息，使传送的信息量大约增大 5%～10%，一定程度上降低了通信效率，增加了处理的时间，使控制复杂，时延增加。

③ 当分组交换采用数据报服务时，可能出现失序、丢失或重复分组，分组到达目的结点时，要对分组按编号进行排序等工作，增加了麻烦。若采用虚电路服务，虽无失序问题，但有呼叫建立、数据传输和虚电路释放 3 个过程。

分组交换可细分为数据报和虚电路两种。在数据报方式中，分组被独立地对待，每一个分组都包含终点地址信息，彼此之间相互独立地寻找路径，同一份报文的不同分组可能沿着不同的路径到达终点。如图 3-4-9 所示。虚电路方式就是指通信终端在收发数据之前，先在网络中建立一条逻辑连接，在通信过程中，用户数据按照顺序沿着该逻辑连接到达终点。注意虚电路指的是一条逻辑连接，而不是指一条专门的物理通路。同一条线路可能同时被多条虚电路使用。如图 3-4-10 所示。

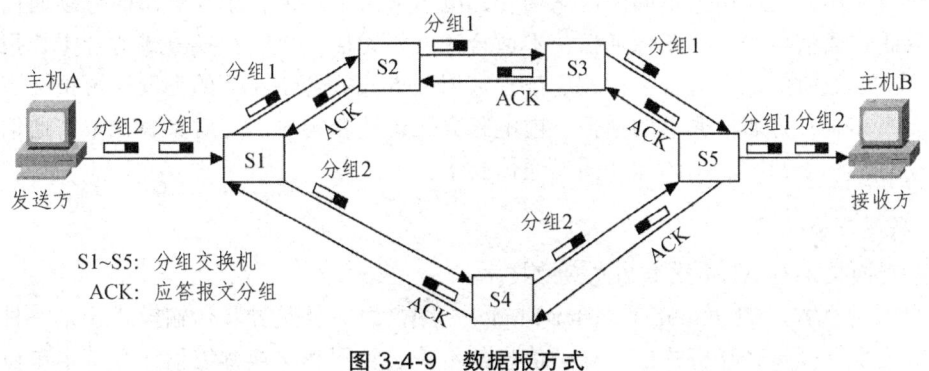

图 3-4-9　数据报方式

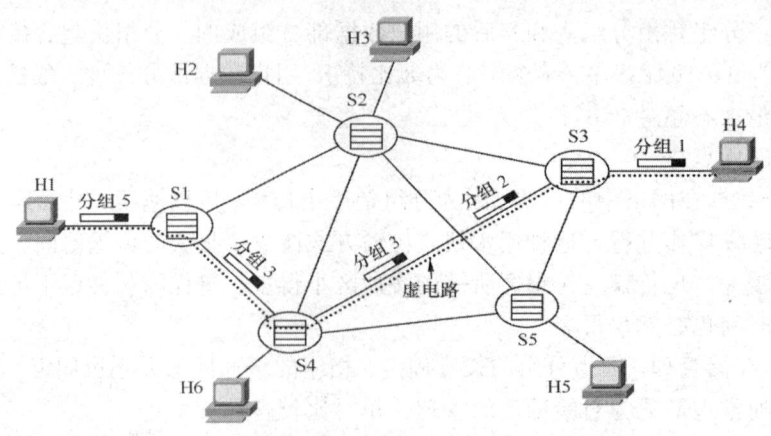

图 3-4-10 虚电路方式

3．电路交换、报文交换、报文分组交换 3 种交换方式比较

电路交换、报文交换、报文分组交换 3 种交换方式的原理比较如图 3-4-11 所示。

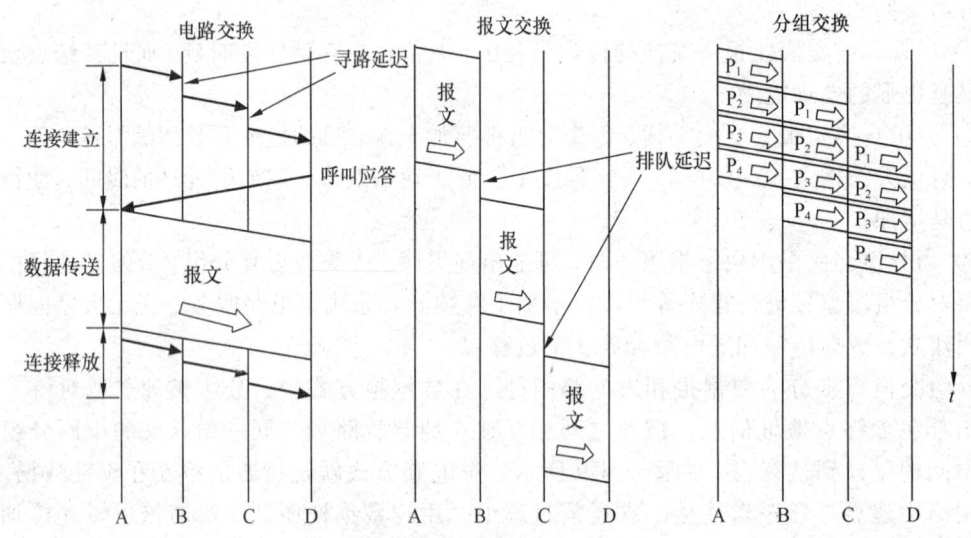

图 3-4-11 电路交换、报文交换、报文分组交换 3 种交换方式的原理

不同的交换方式适用于不同的应用场合：电路交换方式适合于高负荷的持续通信要求，尤其是会话式通信与语音、图像通信，不适合突发性通信；报文交换方式适合于长报文、无实时通信要求的通信，不适合会话式通信；数据报方式适合于灵活的突发性短报文通信，不适合会话式和有实时通信要求的通信；虚电路方式既适合定时、定对象、长报文通信，也适合会话式通信和语音、动态图像和图形通信要求。

4．高速交换技术

高速交换技术有 ATM 技术和光交换技术。

ATM 技术（Asynchronous Transfer Mode），顾名思义就是异步传输模式，是一种新的传输与交换技术。异步转移模式的特征是信息的传输、复用和交换都以信元为基本单位。

光交换也是一种光纤通信技术，是指不经过任何光/电转换，将输入端光信号直接交换到任意的光输出端。光交换是全光网络的关键技术之一。光交换技术的最终发展趋势是光控制下的全光交换，并与光传输技术完美结合，即数据从源节点到目的节点的传输过程都在光域内进行。全光网可以克服电子交换在容量上的瓶颈限制；可以大量节省建网成本；可以大大提高网络的灵活性和可靠性。光交换技术也可以分为光路交换和分组交换。由于技术上的原因，目前还主要是开发光路交换，但今后发展方向将是分组光交换。目前市场上看到的光交换，多数是基于光电和光机械的。而基于热学、液晶、声学、微光机电技术等光交换机将逐步被研发出来。其中微光机电技术（MEMS）是目前最有前途的一项技术。

任务五　介质访问控制方法

一、介质访问控制方法概述

介质访问控制方法就是传输介质的访问方法，也可谓网络的控制方法，是指网络中各节点之间的信息传输如何控制。局域网的拓扑结构对网络的控制方法有较大的影响。局部网络的访问控制方法很多，从控制方式可分为集中式控制和分布式控制两类。

集中式控制：指网络中有一个单独的集中控制器或有一个具有控制整个网络的节点，由它控制各节点的通信。

分布式控制：指网络中没有专门的集中控制器，也没有具有控制整个网络的节点，网络中所有节点都处于均等地位。因此，分布式控制中，各节点之间的通信是由各节点自身控制的。

分布式控制常用的方法有：带有冲突检测的载波侦听多路访问（CSMA/CD）法、令牌总线（Token Bus）、令牌环（Token Ring）。

分布式控制与集中式控制相比，分布式控制应用较集中式控制广泛。例如：目前在总线形和环形局域网中，基本上都采用分布式控制方法。

从占用传输介质的机会方面来看，访问控制方法可以分为确定性访问控制方法和随机访问控制方法。随机访问控制大多用于总线结构局部网络中，如 CSMA/CD 技术就属于随机访问控制法。

二、CSMA/CD

1. CSMA/CD 简介

CSMA/CD 中文含义为载波监听多路访问/冲突检测。它是网络中各节点在竞争基础上访问传输介质的随机方法，是一种分布式控制方法。控制原则是各节点抢占传输介质，即彼此之间采用竞争方法取得发送信息的权利。

载波监听意味着站点能够监测到链路是忙还是空闲；多路访问即多个站点通过一个共享媒体来发送和接收帧；冲突检测是指站点在传输帧的同时监听链路，从而能够监测到站点所传输的帧与别的站点传输的帧之间发生冲突的情形。

CSMA/CD 可以和一个现实生活中的例子进行类比：假设很多人在一个大的房间内讨论，

任何人都可以发言:载波监听表示如果别人在讲话,则先听别人讲;多路访问表示我听到的,别人也可以听到;冲突检测表示自己发言的同时发现另外一个也在讲,则停止讲话。

CSMA/CD 起源于美国 Hawaii 大学的 ALOHA 广播分组网,最初采用的"纯 ALOHA"或"无时隙 ALOHA"方法,发送数据信息完全是随机的,即不管信道是否被占用,发送端发完一个信包以后,等待接收端发回确认,在规定的时间内得不到确认就重发。接收端则根据信包地址和校验判断是否应该接收以及信包是否正确,检测无误则发出确认,如果有错误则不接收。当信道被占用,并有另一个站也发送数据时,就会发生碰撞,两个信号都被废弃,这就是纯 ALOHA 方法。纯 ALOHA 碰撞的概率最高,因两个节点碰撞浪费的最长时间可达信包传输时间的 2 倍,最大效率或吞吐率等于 1/2e=18%。后来把每次传输数据的间隔加以规定,使之等于一个信息包的传输时间,并规定每个站只能在时隙的起始时间发送,这样就只在两个站同时开始的情况下,才会产生碰撞。这种"有时隙 ALOHA"方法使传输效率提高一倍,即吞吐量等于 1/e=36%。1980 年由美国 DEC、Internet 及 Xerox 公司联合宣布的 Ethernet (以太网)网络采用了 CSMA/CD 技术,并且增加了检测碰撞的功能。并称之为 CSMA/CD。各站在发送信息以前,先监听信道是否被占用,只有在信道空闲时才发送。这种发送前监听(LBT)使碰撞减少,传输效率撞高到 80%,随后采用了"发送中监听"(LWT),即每个站随时都在监听着信道,检测到碰撞或信息受到干扰时,立即中止发送,这样,缩短了碰撞时间的延续,使传输效率进一步提高到 90%。

2. CSMA/CD 工作原理

CSMA/CD 访问方式大多作于总线结构的局域网络,其工作过程可分为两部分,即监听总线和碰撞检测。

(1) 监听总线。

在总线局部网中,连接到总线上的各个节点的地位都是均等的,整个网络系统中没有集中控制器,各个节点必须自行控制。因此,每个节点都必须设立一个"监听器"来监听总线,也就是测试总线上是否正在传输信息(也称为载波识别)。如果总线上正在传送信息,则各节点不能强占总线,以免破坏信息传输;如果测得总线是空闲的,则说明没有信息在传输,稍等一个时间片后,该节点就可以抢占总线发送信息。测得总线空闲后,之所以要稍等一个时间片,是由于信息包传输的时延所引起,如 A 节点监听到总线空闲之前有可能 F 节点已经发送信息,由于传输时延,在 A 节点测试总线时就无法识别了。所以,为了保证空闲之前发送的信息能可靠地传输到终点,必须稍等一个时间片。尽管"稍等一个时间片"可以保证空闲前发送的信息可靠传输到终点,但是,如果两个以上的节点同时监听总线空闲都要占用总线发送信息时,这种多节点同时抢占总线的现象称为冲突或碰撞。此时单靠监听总线是无法解决的,这正是 CSMA/CD 工作原理中碰撞检测部分所要处理的问题。

(2) 碰撞检测。

为了解决网络上出现的碰撞现象,各节点都要设立一个碰撞检测器,以便边发边听。即发送信息的节点,一边发送,一边通过检测器监听总线上的传输信息,由碰撞检测器判别从总线上听到的信息是否与本节点发出的信息一致。如果一致,则表明本次抢占总线成功,继续把要发送的信息发送完,如果不一致,则说明有碰撞,本次抢占总线不成功,要停止发送。

各节点检测到碰撞后,要停止发送并且各节点要延迟一个间隔时间,再去抢占总线,为了尽可能减少碰撞,各站延迟的间隔时间用"随机数"控制,只要随机数不同,各节点延迟的时间也不相同,延迟时间最小的那个节点先抢占总线,再次发送信息。其他节点按监听原则监听总线,发现总线已被占用,只好再等下次总线安静之后再去抢占总线。如果第二次又发生碰撞,则重复照此办法处理。总有一次会发送成功。这种延迟竞争法称为延迟算法(或碰撞控制算法)。

3．CSMA/CD 的工作过程

第一步：先侦听信道,如果信道空闲则发送信息。否则转到第 2 步。

第二步：如果媒体信道忙(有载波),则继续对信道进行侦听。一旦发现空闲,就进行发送。

第三步：发送信息后进行冲突检测,如发生冲突,立即停止发送,并向总线上发出一串干扰信号(连续几个字节全 1),通知总线上各站点冲突已发生,使各站点重新开始侦听与竞争。

第四步：已发出信息的各站点收到阻塞信号后,等待一段随机时间,重新进入侦听发送阶段。转到第 1 步。

CSMA/CD 操作的流程图归结为四句话：先听后发；边发边听；冲突时退避；随机延时后重发。CSMA/CD 的操作流程如图 3-5-1 所示。

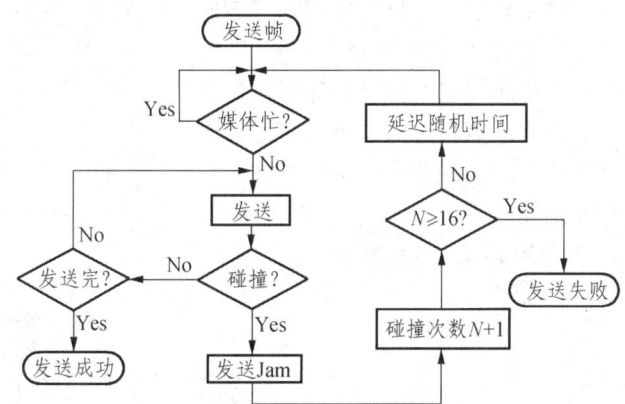

图 3-5-1　CSMA/CD 的操作流程

CSMA 的忙等待机制：

当媒体忙时,站点有 3 种坚持策略：

(1) 不坚持 CSMA：

若媒体空闲就传输；否则转到第 2 步。若媒体忙,等待一段随机的重传延迟时间,重复第 1 步。

(2) 1-坚持 CSMA 协议：

若媒体空闲就传输；否则转到第 2 步。若媒体忙则继续监听,直到检测到信道空闲然后立即传输。如果有冲突,则等待一段随机的时间后重复第 1 步。

(3) P-坚持协议：

若媒体空闲,以概率 P 传输,以概率 $(1-P)$ 延迟一个时间单位(该时间单位通常等于最大的传播延迟的两倍)。若媒体忙,继续监听直到信道空闲并重复第 1 步。若传输延迟了一个时间单位,则重复第 1 步。

P-坚持要避免的主要问题是在重负荷下的不稳定,总共有 N 个站点,如果这些站点都有帧要传输,为了避免冲突,显然应该满足 $NP<1$,即 $P<1/N$,但是这样的概率 P 在轻负荷下时会出现大部分信道时间被浪费掉的情况。

三、令牌访问控制法

令牌环控制技术最早于 1969 年在贝尔实验室研制的 Newhall 环上采用，令牌环访问控制法 Token Ring 是美国 IBM 公司 1995 年推出的局域网产品，已发展为 IEEE802.5 局域网标准。Token Ring 的网络拓扑为环形基带传输。环形网的主要特点是只有一条环路，信息单向沿环流动，无路径选择问题，令牌是隐式地（无寻址信息）传输到环上每一节点。令牌法又称许可证法。它是一种分布式控制的访问方法，既可以用于环形结构的网络，也可以用于总线结构的网络。

令牌是一种特殊的控制帧，令牌在网络中传送，只有获得令牌的节点才能启动帧的发送。点到点链路连接，构成闭合环。令牌环网络接口之间通过点到点链路连接而成。帧沿某一固定的方向绕环传递，每个站点从它的上游邻居接收帧，然后转发给下游邻居站点。

令牌环网示意图如图 3-5-2 所示。

令牌环的工作原理：

哪个站点可以发送帧，是由一个沿着环旋转的称为"令牌"（TOKEN）的特殊帧来控制的。只有持有令牌的站可以发送帧，而没有拿到令牌的站只能等待；拿到令牌的站将令牌转换成数据帧头，后面加挂上自己的数据进行发送；目的站点从环上复制该帧，帧则沿环继续往下循环；数据帧循环一周后由源站点回收，并送出一个空令牌，使其余的站点能获得帧的发送权。

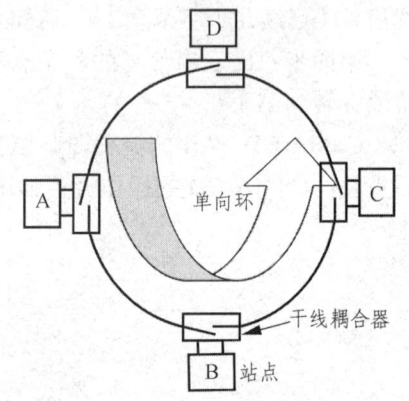

图 3-5-2 令牌环网

令牌环的工作原理示意图如图 3-5-3 所示。

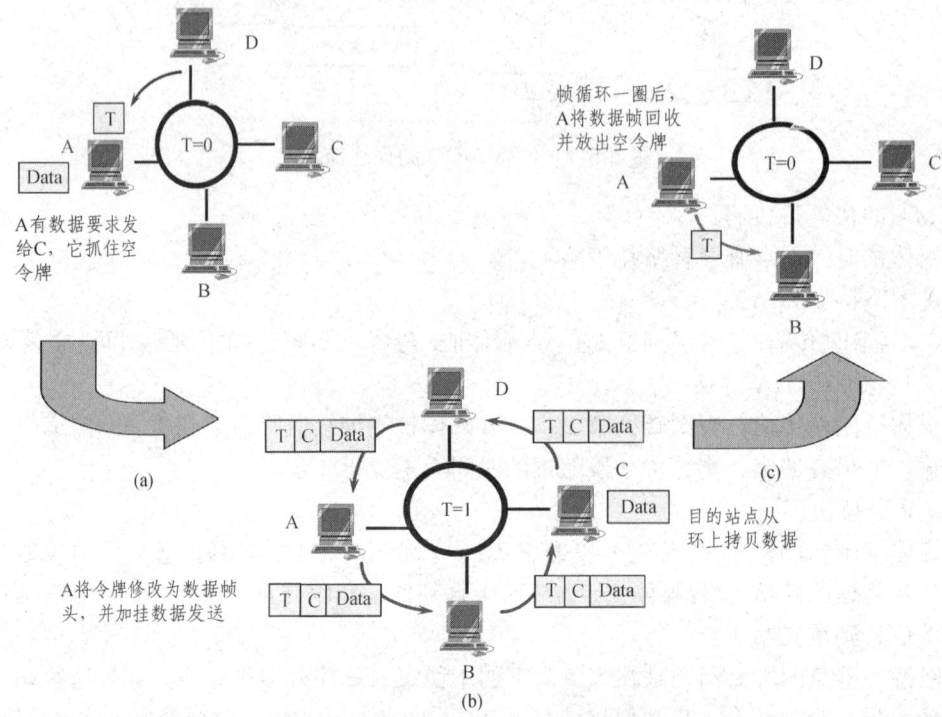

图 3-5-3 令牌环的工作原理示意图

任务六 差错控制技术

正如邮局的信件在传送过程中会产生一些错误投递一样,数据在传输过程中也会产生差错。那么为什么会产生差错？如何进行差错控制？

差错控制是在数字通信中利用编码方法对传输中产生的差错进行控制,以提高数字消息传输的准确性。

一、差错控制概述

1．产生差错的原因

信号在物理信道传输过程中,由于各种因素会引起信号的失真,使得接收的信息与发送的不一致。这种影响因素主要有内部因素和外部因素。

内部因素：信号在物理信道中传送时,由于线路本身的电气特性造成的信号衰减、延迟和波形失真,串扰等；外部因素：来自外界的干扰。

数据信号的失真如图 3-6-1 所示。

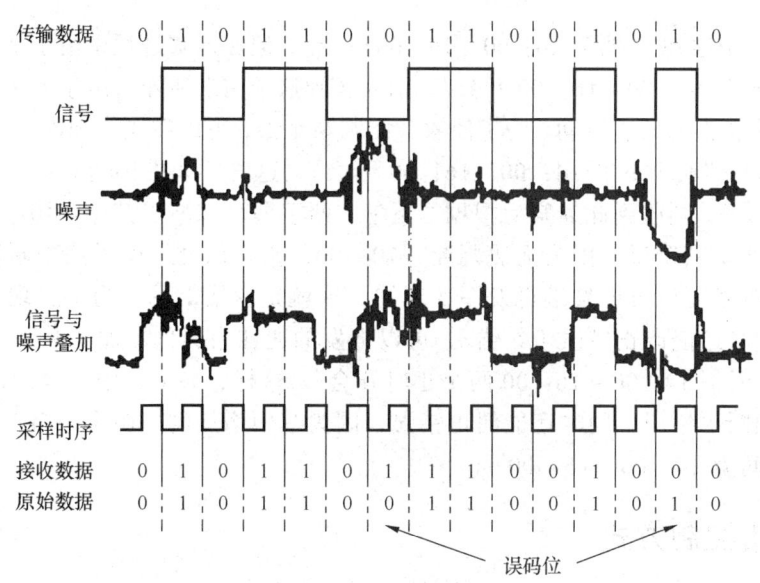

图 3-6-1 数据信号的失真

2．差错控制的思想

在数字通信中,根据不同的目的,编码可分为信源编码和信道编码。信源编码是为了提高数字通信的有效性以及使模拟信号数字化而采取的编码技术。信道编码是为了降低误码率,提高数字通信的可靠性而采取的编码。

信源编码：主要是利用信源的统计特性,解决信源的相关性,去掉信源冗余信息,从而达到压缩信源输出的信息率,提高系统有效性的目的。第三代移动通信中的信源编码包括语音压缩编码、各类图像压缩编码及多媒体数据压缩编码。

信道编码：为了保证通信系统的传输可靠性，克服信道中的噪声和干扰。它根据一定的（监督）规律在待发送的信息码元中（人为）加入一些必要的（监督）码元，在接收端利用这些监督码元与信息码元之间的监督规律，发现和纠正差错，以提高信息码元传输的可靠性。信道编码的目的是试图以最少的监督码元为代价，换取最大程度的可靠性的提高。

差错控制的核心是抗干扰编码，也就是信道编码。在发送端被传送的信息码序列的基础上，按照一定的规则加入若干"监督码元"后进行传输，这些加入的码元与原来的信息码序列之间存在着某种确定的约束关系。在接收数据时，检验信息码元与监督码元之间的既定的约束关系，如该关系遭到破坏，则在接收端可以发现传输中的错误，乃至纠正错误。

3．差错控制编码分类

差错控制编码可分为检错码和纠错码两类。

（1）检错码。检错码是能够自动发现错误的编码，如奇偶校验码、循环冗余校验码。

（2）纠错码。纠错码是能够发现错误且又能自动纠正错误的编码，如海明码、卷积码。

检错码比较简单，但是不能自动纠正错误，实时性不强；纠错码实时性强，但是比较复杂。

如果发出一个通知："明天 14：00～16：00 开会"，但在通知过程中由于某种原因产生了错误，变成"明天 10：00～16：00 开会"。别人收到这个错误通知后由于无法判断其正确与否，就会按这个错误时间去行动。为了使收者能判断正误，可以在发通知内容中增加"下午"两个字，即改为："明天下午 14：00～16：00 开会"，这时，如果仍错为："明天下午 10：00～16：00 开会"，则收到此通知后根据"下午"两字即可判断出其中"10：00"发生了错误。但仍不能纠正其错误，因为无法判断"10：00"错在何处，即无法判断原来到底是几点钟。这时，收者可以告诉发端再发一次通知，这就是检错重发。为了实现不但能判断正误（检错），同时还能改正错误（纠错），可以把发的通知内容再增加"两个小时"4 个字，即改为："明天下午 14：00～16：00 两个小时开会"。这样，如果其中"14：00"错为"10：00"，不但能判断出错误，同时还能纠正错误，因为其中增加的"两个小时"4 个字可以判断出正确的时间为 14：00～16：00"。

二、差错控制方式

利用差错控制编码来控制传输系统传输差错的方法称为差错控制。按照差错编码结构的不同和利用差错编码控制差错的方法不同形成了不同的差错控制方式。

常用的差错控制方式有：自动请求重发 ARQ（Automatic Repeat Request）；前向纠错 FEC（Forward Error Correction）；混合纠错 HEC（Hybrid Error Correction）；信息反馈 IRQ（Information Repeat request）。

1．自动请求重发 ARQ

发方将检错码与数据一起发送，收方依据检错码进行差错检测，有错则重发，直到收方正确接收到信息为止。这种体制称为 ARQ（Automatic Repeat Request），这种方式使收方能发现出了错，但不知错在何处。ARQ 的工作过程如图 3-6-2 所示。

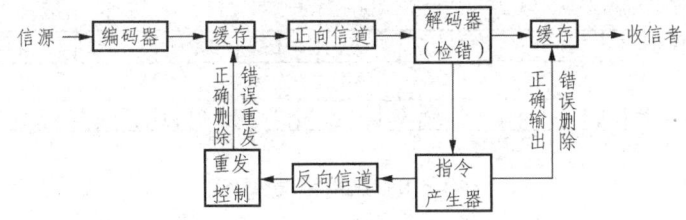

图 3-6-2　ARQ 的工作过程

ARQ 的主要优点：监督码元较少即能使误码率降到很低，即码率较高；检错的计算复杂度较低；检错用的编码方法和加性干扰的统计特性基本无关，能适应不同特性的信道。

ARQ 的主要缺点：需要双向信道来重发，不能用于单向信道；不能用于一点到多点的通信系统，因为重发而使 ARQ 系统的传输效率降低；在信道干扰严重时，可能发生因不断反复重发而造成事实上的通信中断；在要求实时通信的场合，例如电话通信，往往不允许使用 ARQ 法。

ARQ 又可以分为停等 ARQ、连续 ARQ、选择重发 ARQ。

（1）停等 ARQ。

数据按分组发送。每发送一组数据后发送端等待接收端的确认（ACK）答复，然后再发送下一组数据。图 3-6-3 中的第 3 组接收数据有误，接收端发回一个否认（NAK）答复。这时，发送端将重发第 3 组数据。系统是工作在半双工状态，时间没有得到充分利用，传输效率较低。

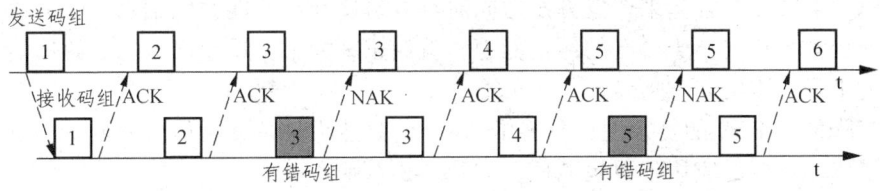

图 3-6-3　停等 ARQ

（2）连续 ARQ。

发送端连续发送数据组，接收端对于每个接收到的数据组都发回确认（ACK）或否认（NAK）答复。例如，图 3-6-4 中第 5 组接收数据有误，则在发送端收到第 5 组接收的否认答复后，从第 5 组开始重发数据组。在这种系统中需要对发送的数据组和答复进行编号，以便识别。显然，这种系统需要双工信道。

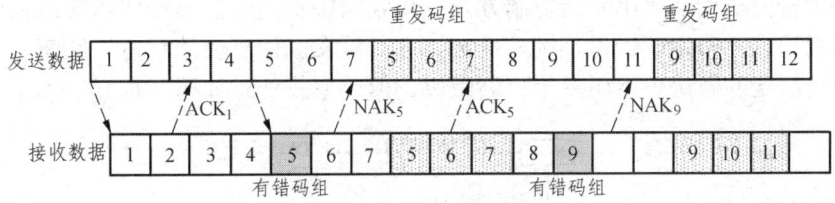

图 3-6-4　连续 ARQ

（3）选择重发 ARQ。

选择重发 ARQ，它只重发出错的数据组，因此进一步提高了传输效率，如图 3-6-5 所示。

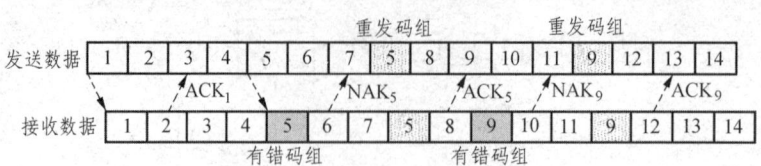

图 3-6-5　选择重发 ARQ

2．前向纠错 FEC

前向纠错：发方将纠错码随数据一起发送，收方依据纠错码检验并纠正错误。发送端将信息序列编码成能够纠正错误的码，接收端根据编码规则进行检查，如果有错自动纠正，如图 3-6-6 所示。

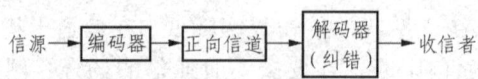

图 3-6-6　前向纠错 FEC 的工作过程

前向纠错 FEC 优点：不需要反向信道，实时性好，适用于随机信道，可用于单工和广播通信中，例如：移动蜂窝电话系统。

前向纠错 FEC 缺点：纠错码需要较大的冗余度，降低了传输效率，编码难度大；控制规程简单，译码设备复杂；纠错码应与信道特性相配合，对信道的适应性差。

3．混合纠错 HEC

将 ARQ 与 FEC 结合起来，发方发送同时具有检错和纠错能力的编码，收方收到后，检查错误情况，如果错误小于自己的纠错能力，就纠正，如果错误超出自己的纠错能力，就经反向信道要求发方重发。

特点：降低了 FEC 的复杂性；改善了 ARQ 信息连贯性差，通信效率低等特点；可以极大地降低误码率，广泛应用于卫星通信，如图 3-6-7 所示。

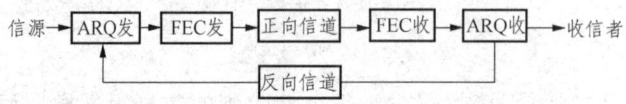

图 3-6-7　混合纠错 HEC 的工作过程

4．信息反馈 IRQ

这是一种全回执式最简单差错控制方式，接收端将收到的信码原样转发回发送端，并与原发送信码相比较，若发现错误，则发送端再进行重发。信息反馈只适于低速非实时数据通信，是一种较原始的做法。不用差错控制编码，但效率较低，如图 3-6-8 所示。

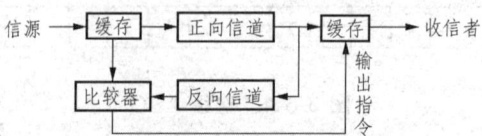

图 3-6-8　信息反馈 IRQ 的工作过程

三、常用的差错控制编码方法

1．奇偶校验码

奇偶校验码是一种最常见的检错码。在传输 ASCII 字符时，每个 ASCII 字符用 7 位表示，最后加上一个奇偶校验位，以便检测差错。在奇校验中，要在每一个字符上增加一个附加位，使得该字符中"1"的个数为奇数，接收方接收的数据中 1 的个数是奇数时，就认为传输正确，否则就认为传输错误。奇偶校验方法非常简单，但并不十分可靠，奇偶校验一般只用于通信要求较低的环境。通常偶校验用于异步传输或低速传输，奇校验用于同步传输。

水平奇偶校验，是在信息字段后加校验位使得该串信息位中 1 的总数为奇数（奇校验）或为偶数（偶校验）的方法。

信息字段　　　奇校验码　　　偶校验码
0110001　　　01100010　　　01100011

将经过奇偶校验编码的码元序列按行排成方阵，每行为一组奇校验码，但发送时则按列的顺序传输，接收端仍将码元排成发送时方阵形式，然后按行进行奇偶校验。在一列中不管出现几个误码，对应在每行都是一个误码位，可以被检测出来。但对于每行，仍只能检测出奇数个错。

【例】：数据序列　1101 1010 1110 1001…（设每 4 位码元为一组）

$$\begin{matrix} 1 & 1 & 0 & 1 & 1 \\ 1 & 0 & 1 & 0 & 0 \\ 1 & 1 & 1 & 0 & 1 \\ 1 & 0 & 0 & 1 & 0 \end{matrix}$$

发送的数据序列为：111110100110100011010…

水平奇偶校验的特点：
- 校验字段在信息字段后，仅占 1 比特。
- 可发现某一行上所有奇数个错误。
- 能检测出所有长度不大于方阵中行数的突发错误。
- 仅能测出奇数个错，但无法指出出错位。

通常在异步方式中用偶校验，同步方式中用奇校验；

编码效率 = Q/（Q+1）　　　Q：信息位数

垂直奇偶校验的校验码在每一列的最后一位，原理和水平奇偶校验码是一样的。

2．二维奇偶校验

在水平校验的基础上实施垂直校验；也可以称为方阵校验或矩阵码校验。编码效率 = PQ/(1+P)(1+Q)。

【例】：　数据序列　1100 1010 1110 1001…（设每 4 位码元为一组）

$$\begin{matrix} 1 & 1 & 0 & 0 & 0 & \text{（以偶校验为例）} \\ 1 & 0 & 1 & 0 & 0 & \\ 1 & 1 & 1 & 0 & 1 & \\ 1 & 0 & 0 & 1 & 0 & \\ 0 & 0 & 0 & 1 & 1 & \text{校验码} \\ & & & & & \text{校验码} \end{matrix}$$

发送的数据序列为（按列的顺序传输）：

11110101000110000011001010…

二维奇偶校验的检错纠错能力：可发现某行或某列上奇数个错误；能检测出所有长度不大于方阵中行数（或列数）的突发错误；能检测出偶数个错误，但若偶数个错误恰好分布在矩阵的4个顶点上时，这样的偶数个错误是检测不出来的；可以纠正一些错误，当某行某列均不满足监督关系而判定该行该列交叉位置的码元有错，从而纠正这一位上的错误。

3．循环冗余校验码

循环冗余校验码CRC（Cyclic Redundancy Check），是一种应用广泛的检错码，又称为多项式编码。在串行数据传输中，广泛采用CRC。CRC也是给信息码加上几位校验码，以增加整个编码系统的码距和查错纠错能力。

（1）CRC的相关概念。

循环冗余校验码（CRC）的基本方法：在K位信息码后再拼接R位的校验码，整个编码长度为N位，因此，这种编码又叫（N，K）码。对于一个给定的（N，K）码，可以证明存在一个最高次幂为N-K=R的多项式G(x)，根据它可以生成R位的校验码，称G(x)为CRC码的生成多项式。

（2）多项式与二进制数码。

多项式和二进制码有直接对应的关系：x的最高幂次对应二进制码的最高位，以下各位对应多项式的各幂次，有此幂次项对应1，无此幂次项对应0。可以看出：x的最高幂次为R，转换成对应的二进制数有R+1位。如生成多项式为$G(x)=x^4+x^3+x+1$，可转换为二进制数码11011。同理，信息码也可以表示为信息多项式G(x)。例如，发送信息位1111，可转换为数据多项式为$G(x)=x^3+x^2+x+1$。生成多项式是接受方和发送方事先约定好的，也是一个二进制数，在整个传输过程中，这个数始终保持不变。在发送方，利用生成多项式对信息多项式做模2除生成校验码。在接收方利用生成多项式对收到的编码多项式做模2除检测和确定错误位置。

（3）生成的多项式应满足的条件。

生成多项式的最高位和最低位必须为1。当被传送信息（CRC码）任何一位发生错误时，被生成多项式做模2除后余数必不为0。不同位发生错误时，余数必不同。对余数继续做模2除，余数应循环。常用的生成多项式如表3-6-1所示。

表3-6-1 常用的生成多项式

N	K	码距d	生成多项式G(x)	G(x)码
7	4	3	x^3+x+1	1011
7	4	3	x^3+x^2+1	1101
7	3	4	$x^4+x^3+x^2+1$	11101
7	3	4	x^4+x^2+x+1	10111
15	11	3	x^4+x+1	10011
15	7	5	$x^8+x^7+x^6+x^4+1$	111010001
31	26	3	x^5+x^2+1	100101
31	21	5	$x^{10}+x^9+x^8+x^6+x^5+x^3+1$	11101101001
63	57	3	x^6+x+1	1000011
63	51	5	$x^{12}+x^{10}+x^5+x^4+x^2+1$	1010000110101
1041	1024		$x^{16}+x^{15}+x^2+1$	11000000000000101

（4）模 2 运算。

模 2 运算简单地说就是取余数运算，二进制代码除以 2 后取余数，结果就只有 0 或 1。

模 2 加：0 + 0=0　　0 + 1=1　　1 + 0=1　　1 + 1=0（无进位和借位）相当于数字电子中的异或运算。

模 2 减：0 – 0=0　　0 – 1=1　　1 – 0=1　　1 – 1=0（无进位，借位）。

模 2 乘：模 2 乘和 10 进制一样，只是相加时用模 2 加而已。

比如，1011 × 101：

```
          1011
       ×   101
       --------
          1011
         0000
        1011
       --------
        100111
```

模 2 除：模 2 除做法与算术除法类似，但每一位除（减）的结果不影响其他位，即不向上一位借位。所以实际上就是异或。然后再移位做下一位的模 2 减。步骤如下：①用除数对被除数最高几位做模 2 减，没有借位；②除数右移一位，若余数最高位为 1，商为 1，并对余数做模 2 减。若余数最高位为 0，商为 0，除数继续右移一位；③一直做到余数的位数小于除数时，该余数就是最终余数。

（5）CRC 码的生成步骤。

将 x 的最高幂次为 R 的生成多项式 G（x）转换成对应的 R+1 位二进制数；将信息码左移 R 位；用生成多项式（二进制数）对信息码做模 2 除，得到 R 位的余数；将余数拼到信息码左移后空出的位置，得到完整的 CRC 码。

（6）CRC 校验码的检错能力。

CRC 校验码能检出：全部单个错；全部离散的二位错；全部奇数个错；全部长度小于或等于 K 位突发错；（1-2$^{-(r-1)}$）的突发长度为 r+1 的突发错；（1-2^{-r}）的突发长度大于 r+1 的突发错；CRC16 能检测出所有突发长度小于等于 16 的突发错以及 99.997% 的突发长度为 17 的突发错和 99.998% 的突发长度大于 17 的突发错。

（7）CRC 码生成举例。

【例】：假设使用的生成多项式是 G（x）=x^3+x+1。4 位的原始报文为 1010，求编码后的报文。

解：将生成多项式 G（x）=x^3+x+1 转换成对应的二进制除数 1011；

把原始报文 G（x）左移 3 位（因为生成多项式最高幂次为 3）变成 1010000；

用生成多项式对应的二进制数对左移 4 位后的原始报文进行模 2 除：

```
              1001 商
       1011/1010000 被除数           编码后的报文
            1011                   （CRC 码）：
            ----                     1010000
            1000                   +    011
            1011                   ---------
            ----                     1010011
             011 余数（校验位）
```

（8）CRC纠错。

在接收端收到了CRC码后用生成多项式为G(x)去做模2除，若得到余数为0，则码字无误。若如果有一位出错，则余数不为0，而且不同位出错，其余数也不同。可以证明，余数与出错位的对应关系只与码制及生成多项式有关，而与待测码组（信息位）无关。

表3-6-2给出了G(x)=1010的出错模式，改变G(x)（码字），只会改变表中码字内容，不改变余数与出错位的对应关系。CRC纠错举例如表3-6-2所示。

表3-6-2　CRC纠错举例

码位	收到的CRC码字							余数	出错位
	A7	A6	A5	A4	A3	A2	A1		
正确	1	0	1	0	0	1	1	000	无
错误	1	0	1	0	0	1	0	001	1
	1	0	1	0	0	0	1	010	2
	1	0	1	0	1	1	1	100	3
	1	0	1	1	0	1	1	011	4
	1	0	0	0	0	1	1	110	5
	1	1	1	0	0	1	1	111	6
	0	0	1	0	0	1	1	101	7

（9）通信与网络中常用的CRC。

在数据通信与网络中，通常传输的信息位K的值相当大，由一千甚至数千数据位构成一帧，而后采用CRC码产生r位的校验位。它只能检测出错误，而不能纠正错误。一般取r=16，标准的16位生成多项式有：

$$CRC\text{-}16 = x^{16}+x^{15}+x^2+1$$
$$CRC\text{-}CCITT = x^{16}+x^{12}+x^5+1$$

【项目自检】

1. 试说明信息、数据、信号之间的关系。
2. 通信系统由哪几部分组成？有什么作用？
3. 数据编码技术有哪些基本形式？
4. 请举出现实中的例子说明单工通信、双工通信、半双工通信的区别。
5. 同步传输和异步传输有何区别？特点是什么？
6. 多路复用有哪几种类型？各有什么特点？
7. 试说明3种数据交换技术的不同特点。
8. 已知传输数据为110101，生成多项式为$G(x)=x^4+x^3+x^2+1$，求CRC码和要发送的码字。

项目四　TCN 网络标准

【项目描述】

本项目介绍了 TCN 网络标准。TCN 网络是 CRH1、CRH3、CRH5 动车组所采用的网络标准。具体介绍了 TCN 网络标准的由来、WTB 与 MVB 的网络技术特点、WTB 的初运行等知识，为学习动车组网络的构成与工作原理打下基础。

【知识目标】

（1）了解 TCN 网络的应用情况。
（2）掌握 TCN 网络的拓扑结构。
（3）掌握 WTB 的工作与技术特点。
（4）掌握 MVB 的工作与技术特点。
（5）理解 WTB 初运行的工作过程。

【能力目标】

（1）理解 TCN 网络的工作原理。
（2）能够利用 TCN 网络的原理来分析理解动车组网络的构成及工作原理。

任务一　TCN 总述

一、TCN 应用范围

电子技术、微计算机技术快速发展的 20 世纪 70 年代，与其他行业一样，在列车上也开始了微机系统的应用尝试。70 年代末到 80 年代初，用于传动控制的车载微机雏形分别在西门子和 BBC 公司出现。随着车载微机系统的迅速发展，列车通信网络在初期的串行通信总线的基础上应运而生；列车通信网络的发展也进一步促进了列车分布式控制系统的完善。

无论是列车级还是车辆级，对数据通信网络协议的标准化都有切实的需求。

对列车级：由多个国家制造的车辆组成一个列车组（如 UIC 列车）；运行中需要不同长度的车组。因此要求列车控制、诊断和旅客信息显示等方面实现标准化通信。

对于车辆级：设备之间需要标准的接口，以实现减少研发成本，简化安装，方便维护保养以及备件的更换等。

基于上述需求，1994 年 5 月至 1995 年 9 月在实验室和列车上进行了全面的试验，1998 年国际电工委员会第九技术分会（IEC TC9）还成立了专门的工作组 WG22（WG22 的成员包括铁路运营商和 20 个国家的制造商）来完成以下任务：在可编程设备之间定义标准接口，目的是在车辆之间、车辆上不同设备之间实现接插兼容("plug-compatibility")。其结果是1999年IEC和UIC(国际铁路联盟)决定TCN为IEC列车通信网络国际标准IEC 61375-1。此外，WG38工作组完成了IEC TCN网络一致性测试标准(IEC 61375-2)的制定工作。TCN专门针对轨道车辆制定，且不申请知识产权，所以在轨道车辆应用上有明显优势，并逐渐在世界各国的各种国产车辆(包括高速列车、EMU动车组、DMU动车组、有轨电车、地铁、客车等)上普及推广，是当前国际列车通信网络技术的主流。我国铁路根据现阶段我国的具体国情，采用与国际标准接轨的方法，2002年把国际标准IEC 61375-1等效采纳为铁路行业标准(TB/T3035—2002)之一，并在铁标TB/T中推荐使用TCN网络，目前已在"中华之星""中原之星"动车组和SS_{3B}型重联电力机车上推广应用，CRH1、CRH3、CRH5等网络系统均采用TCN标准。

概括来讲，TCN是一个安装在列车上的计算机局域网络系统，它符合IEC61375标准，负责对整列车各个部分信息的采集与传递，对整列车进行控制、检测、诊断及记录，并为乘客提供信息服务。由于TCN标准是开放的，没有知识产权的限制，因此国外除一些大公司如Adtranz(已被Bombardier收购)、Siemens等有成熟的TCN网络产品和技术外，国外一些中小公司，如芬兰的EKE、意大利的Far-system、捷克的Unicontrol等也依据TCN标准的规定开发出比较完整的TCN网络通信产品。在国内，南车集团株洲电力机车研究所从EKE公司引进了较完整的TCN网关技术，并在此基础上形成了TCN网络通信系列产品。

该标准将通信网络分成用于连接各节可动态编组的车辆的列车级通信网络WTB(绞线式列车总线)和用于连接车辆内固定设备的车辆通信网络MVB(多功能车辆总线)。

由于TCN是专门为列车通信网络制定的标准，在实时性、可靠性、可管理性、介质访问控制方法、寻址方式、通信服务种类等方面有着一定的优势。其核心技术又是由西门子、ABB等公司联合开发，而且是在已经通过实践验证了的技术基础上制定的标准，因此得到了众多铁路公司和设备供应商的支持。

应用TCN标准的列车通信总线WTB能实现国际交通用的开式列车中各个车辆的协同操作。车辆内部的数据通信总线MVB作为TCN的推荐方案。在任何情况下，供应商应保证WTB与所建议的车辆总线兼容。

TCN应用于不同的领域可以使用不同的组态，TCN网络组态定义如下：

(1)开式列车：包括需要频繁编组和解编的车辆，列车总线能自动再配置(初运行)。如国际UIC列车。

(2)闭式列车：车辆在运行中不分离，列车总线由司机或工厂离线配置。如地铁、城郊列车或高速动车组。

(3)多单元列车：列车由几个闭式列车单元组成，在正常运行中，组成列车的单元数量可以改变。

二、TCN总述

TCN全称为Train Communication Network，即列车通信网络，是指在列车分布式控制系统之上发展起来的列车控制、诊断信息数据通信网络。

1．列车通信网络（TCN）的作用

列车通信网络（TCN）是一种基于网络的分布式控制系统。其主要作用是实现各车厢内大量的可编程设备的有效连接，并使这些设备所产生的各种信息（诸如状态、控制、故障诊断、旅客服务等信息）转换为统一的数字信息，实现这些信息安全、可靠、快速、准确地在网上交换。列车通信网络（TCN）的主要作用归纳起来主要体现在：

（1）机车、车厢和列车控制。

（2）远程故障诊断和维护。

（3）旅客信息服务。

2．列车通信网络（TCN）的层次结构

国内外车载网络技术的发展是随着现场总线网络技术的发展而发展起来的，先后产生了RS485、Lonworks、WorldFIP等多种总线网络形式。1999年，国际电工委员会（IEC）颁布了IEC-61375标准，该标准中将车载网络分为两级总线的层次结构，即用于连接各节可动态编组的车辆间的绞线式列车总线WTB（Wire Train Bus）和用于连接车辆（或固定编组的车辆单元）内部各种设备的多功能车辆总线MVB（Multifunction Vehicle Bus），它们之间的列车总线节点起着网关的作用，其中MVB网络由于较低的要求和其易用性高的特点，在实际中运用很广泛。如图4-1-1所示为TCN网络层次结构示意图。

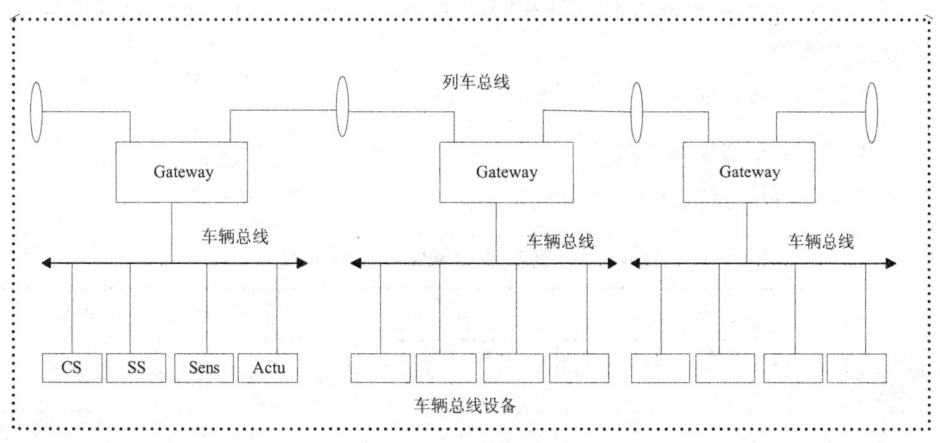

图4-1-1 列车通信网络层次结构

Gateway—列车、车辆总线网关；CS—主站；SS—从站；Sens—智能传感器；Actu—智能执行器

在图中，列车通信网络（TCN）采用两条总线组成的3层结构，列车总线和车厢总线是两个独立的通信子网，可采用不同的网络和协议，网络的3层结构为：

（1）绞线式列车总线（WTB）：连接列车各车厢，可自动配置，在双绞线上传输的速率可以达到1 Mbps。

（2）多功能车厢总线（MVB）：连接车厢内部设备，能加快响应速度，通过双绞线或光纤可以达到1.5 Mbps的速率。

（3）设备级控制网。

此外，列车总线和车厢总线之间还需要通过一个列车总线节点相连，在运用层不同的总线之间通信时由此节点充当网关（Gateway），有时也在车厢总线下设第三级总线，如连接传感器的总线或连接执行单元的控制总线，可把这些总线认为是车厢总线的一部分。

3．列车通信网络（TCN）的特点

（1）工作环境恶劣，可靠性要求高。

系统能连续运行，且能抗恶劣的现场环境，即使在出现故障或不适当操作的情况下，列车网络也能提供相关服务，不论是硬件还是软件都能满足这个要求。列车实时系统常考虑的是最坏情况，最后期限、最大运行时间、最长延迟等极端情况。在列车总线故障时，列车仍可满功率、全速运行，但列车控制会丧失部分功能，比如恒速控制；而车厢总线故障时，不会影响列车的运行，各车厢的主要电气部件具有故障自我保护或连锁保护功能，能够隔离某一部件、某一车厢、某一车组单元的故障。在列车网络发生严重故障时，整个列车控制系统倒向安全模式，一般不会导致整个列车停运。

（2）数据的多样性。

控制类（过程数据、变量）；管理类（消息数据、消息）。

（3）控制操作实时性（时间确定性）要求高。

列车控制系统是一个实时系统，具有在线实时响应特性。系统能实时响应外部事件，确保对设备运行状况进行连续监测，保证不漏采、不漏检，以便为设备工况监测和故障诊断提供准确的实时信息源。其次，它能满足用户的两个基本要求：同时性与时限，因为不同的子系统往往要求有多种输入源，且在时间上是重叠的。在同一个时间区内要对多个输入源数据做相关处理。

（4）列车组成的动态性。

4．WTB 与 MVB 的特性比较

列车通信网络特性总汇，如表 4-1-1 所示。

表 4-1-1　列车通信网络特性总汇表

特征	绞线式列车总线 WTB	多功能车厢总线 MVB
结构	结构可变，构成改变时，具有自适应性	结构及设备的地址固定不变
介质	屏蔽双绞线（860 m，32 个节点，相当于 22 个 UIC 车厢）	双绞线，RS-485（20 m 32 设备）； 变压器隔离屏蔽双绞线（200 m 32 设备）； 星形光纤网（2 000 m，2 个设备）
物理冗余	双份物理介质	双份物理介质
信号	带 16，32 位前同步码的曼彻斯特编码	带定界符的曼彻斯特编码
信号速率	1 Mbps	1.5 Mbps
地址空间	8 bit 地址	12 bit 地址
物理地址	点对点及广播	点对点及广播
有效的帧长度	在 4~132 个字节之间可变	量化的：16，32，64，128 或者 256 bits
完整性	帧 FCS-16，帧校验以及曼彻斯特编码	IEC60870 校验序列及帧尺寸校验
介质分配	由一台主设备完成	由一台主设备完成
主设备权传送	主设备，强主设备或弱主设备	总线管理器通过令牌传送成为主设备

续表

特征	绞线式列车总线 WTB	多功能车厢总线 MVB
主设备冗余	初运行后,主设备权传递给另一节点	令牌传递自动进行主设备权转换冗余校验
链路层服务	过程数据:循环、源寻址广播;消息数据:偶发、点对点或广播 监督数据:循环/偶发、管理数据	
常用传输	变数	消息
链路层服务	源寻址广播数据(过程数据)	面向目标的,无连接的数据包(消息数据)
链路控制	带刷新监督的可重写埠	不可重写的数据包队列
网络层	应用任务将数据在总线间拷贝	数据报及路由器、目录中的源地址和宿地址
传输层	—	面向连接的,端对端流控及差错恢复
会话层	—	调用/应答消息
表示层	统一数据类型	统一数据类型
应用界面	存取过程变量的程序	处理呼叫/应答和多播消息的程序

5．列车通信网络特性与参数

1）资料分类

列车通信网络将传输两类数据：① 短而紧迫的过程变量（Process_Variables）（如用于牵引控制）；② 不太紧迫，但可能较长的消息变量（如用于诊断）。

2）时　延

过程变量在整个网络中传输的最大时延被限制在一有限值内：过程变量按周期传送；列车通信网络（TCN）允许所有在车厢总线之间从应用终端到应用终端的具有最高优先级别的过程变量在 100 ms 内通过列车总线传送；TCN 允许所有在同一车厢内两个设备之间的从应用终端到应用终端的具有最高优先级别的过程变量在 50 ms 内传送。

3）拓　扑

列车通信网络（TCN）基于以下的两层结构（见图 4-1-2）：将不同车厢内的节点连接起来的列车总线和将同一车厢内的设备连接起来的车辆总线。列车总线和车辆总线通过网关节点相连。这种层次结构是概念上的：允许没有车辆总线的节点或附挂有几个车辆总线的节点。

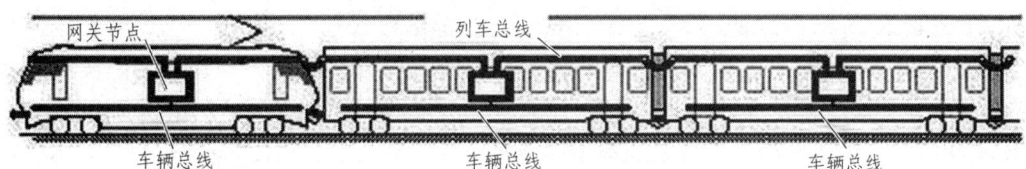

图 4-1-2　列车总线和车厢总线图

4）列车总线

列车总线用于连接各种组成的列车中的各个车厢：

（1）列车总线支持 UIC 556 规定的列车组成，总线传输距离可达 860 m（22 个车厢）。

（2）列车总线至少可以容纳 32 个节点。

（3）分配给列车总线节点一个位置地址，可识别方向（左/右、前/后）及其他节点的位置。

（4）多个车厢连挂时，列车总线自动运转。当车厢数目改变或在总线上进行添加、移除设备时，不需手动干预列车总线也能继续工作。

（5）列车总线可承受大约每小时一次的车厢连挂及解挂操作。

（6）为使总线在节点故障时仍可工作，事先把各节点编号和类型通知给所有的应用，以便证实列车组成的完整性。

（7）列车总线使用专用介质。满足 UIC 电缆或 EP 电缆（电气制动电缆）的要求。

5）车厢总线

车厢总线用于将一个车厢内或不可分的车厢组内的设备连接起来：

（1）车厢总线允许设备的安装间距在 200 m 以内。

（2）车厢总线至少支持 256 个设备。

（3）车厢总线在最差情况下的响应时间低于 16 ms。

6）有效性

一个设备上的单一故障不应影响其他无关设备的运行。有以下几种情况：

（1）偶发性崩溃或资料丢失。

（2）介质中断或短路。

（3）由损坏的发送器引起的连续发送。

（4）介质不可访问。

（5）配置错误。

（6）节点丢失或重组。

7）总线设备编址

（1）MVB 总线设备编址。

MVB 总线设备按 12 bit 编址，因此原则上可以连接 4096 个设备。

实际上总线寻址是按"端口"进行的。主设备帧与用来响应主设备帧的从设备帧之间的间隔小于 4 ms。为了使从设备能够在接到主设备帧后 4 ms 内响应，从设备帧应在发送前准备好，为此，设备将其数据放置在一个称为端口的寄存器中。每个设备都有其一定数量的端口，分别配置为源端口或流端口。

端口分为两类：物理端口和逻辑端口，通过主设备帧中的 F_code 来区分。

（2）逻辑端口（F_code 0 ~ 4）。

每个设备实现若干个逻辑端口，典型的是 256 个。在配置阶段，分别将它们设置为源端口或流端口，其尺寸规定为 16、32、64、128 或 256 bits。这些端口由 12 bit 的逻辑地址标识（F_code 0 ~ 4）。逻辑端口为过程数据提供基础通信。

（3）物理端口（F_code 8 ~ 15）。

每个设备实现 8 个物理端口，用于监督数据和消息数据。除了消息数据端口外，其他端口的尺寸都为 16 bits，消息数据端口在后面描述。物理端口通过 12-bit 设备地址和 F_code 8 ~ 15 寻址。

（4）256-bit 消息端口（F_code 12）。

仅用于 Message_Data（消息数据）。只有 Master_Frame（主设备帧）指定的设备才能作为 Message_Data（消息数据）的源。所有其他设备将监视从设备帧，若自身的设备地址在 Slave_Frame（从设备帧）的帧头中出现则接收该帧。与其他端口相反，消息端口的内容不会被改写，因为消息端口在以前内容未取走时，拒绝接受新帧。

（5）WTB 总线设备编址。

WTB 采用 HDLC 数据格式以 8-bit 目的设备地址开头，该地址也是目的节点的节点地址（或者是广播地址）并被 HDLC 控制器译码。因此理论上可以寻址 256 个节点，实际上规定可寻址节点最多为 32 个（对应最多 22 节车厢）。列车总线节点编址的规则很有讲究，它与节点相当于主设备的位置、朝向等密切相关，详细情况在初运行部分介绍。

（6）总线通信过程。

过程变量没有网络地址，因此网络层对过程变量无效。过程变量被一个应用任务传输通过总线边界。车厢和列车总线因此通过网关连接。

网关与应用相关，例如，对于每个应用，它们的配置可能不同。这种配置告诉网关哪些过程数据应该在总线之间进行传输。

过程变量从一条车厢总线中读取，并通过列车总线传输到另一条车厢总线。车厢和列车总线的周期数据帧都没有携带网络地址。因此，网关同时在车厢和列车总线上观察通信以标识这些变量。

并非所有的车厢总线变量都要被输出，因为让列车总线承担所有车厢总线的通信量意义不大。网关需要对传输的过程变量进行过滤。

网关充当与输出变量集相关联的车厢总线设备；这些输出变量由网关通过车厢总线接口接收。它把这些过程数据复制到列车总线端口，以进行发布。网关采用带有源（节点）地址的广播帧格式来构造一个包含输出变量的帧。

稍后，网关获得列车总线的访问权，并把帧广播出去，该帧将被其他车厢上的网关接收。变量也将在那里被列车总线端口接收。经网关过滤出需要的输入变量，并把它们放入到车厢总线端口，以便下次传输。

反方向的数据传输（如停止信号）也按类似的方式进行。

这种模式不需要列车总线上的事件驱动，所有的总线循环操作。

因此，过程变量网络化的智能局限在网关调度任务中，该任务由应用程序员用两个变量列表配置，包括输入和输出变量队列（"输入"是从车厢总线的角度提出的）。这两个队列可以被管理消息加载。

网关应用任务也可处理这些数据，如检查是否所有的门已经关闭，以便只向前转发车厢总线上的结果。

任务二 多功能车辆总线 MVB

一、多功能车辆总线（MVB）概述

多功能车辆总线（MVB Multifunction Vehicle Bus）是特定用于连接同一车厢或不同车厢（这些车厢在运行过程中是一个固定不变的编组）的设备到列车通信网络的总线。它既提供了可编程设备之间的互联,也提供可编程设备与其传感器和执行机构之间的互联。

MVB 支持最多 4 095 个设备,其中有 256 个是能参与消息传送的站。图 4-2-1 显示了在动力车内的 MVB 的应用,图 4-2-2 显示了在非动力车内的 MVB 的应用。

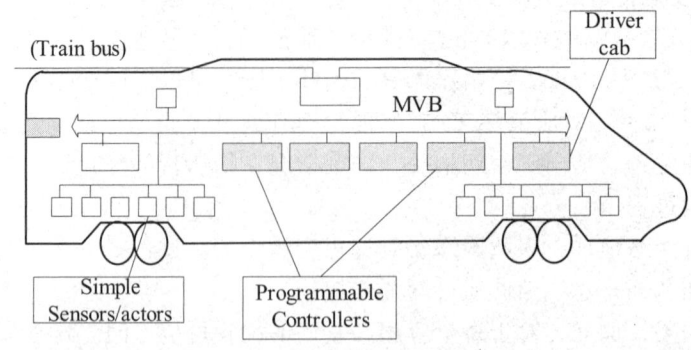

图 4-2-1　MVB 应用于动力车

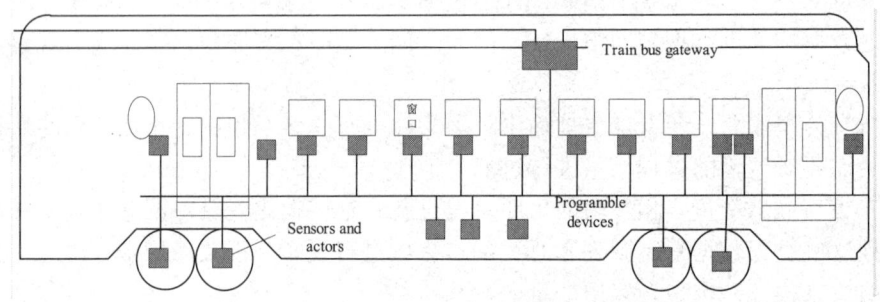

图 4-2-2　MVB 应用于非动力车

对于运行时不解挂的列车,MVB 也可作为列车总线使用。

MVB 传送三类数据:

过程数据(Process_Data):周期小于 1 ms 的源寻址数据的周期性广播;

消息数据(Message_Data):按需求、目标寻址的单播或广播;

监督数据(Supervisory_Data):传输事件分解、主设备权传送、设备状态等数据。

二、多功能车辆总线(MVB)物理层

多功能车辆总线(MVB)允许采用电短距离、电中距离和光纤 3 种不同的物理介质:

(1)电短距离介质传送距离≤20 m,使用标准的 RS-485 收发器,每段最多支持 32 个设备。这种介质基于采用 RS485 用于传送的差动收发器,在发送器和接收器之间无须电气隔离,并且具有附加的偏置电压。

(2)电中距离介质传送距离≤200 m,每段最多支持 32 个设备,屏蔽双绞线,变压器隔离。

(3)光学玻璃纤维介质,星形连接或点到点方式下最大距离为 2 000 m。

3 种介质以相同速率运行。

1．电短距离介质（见图 4-2-3）

电短距离介质基于采用 RS-485 用于传送的差动收发器，在发送器和接收器之间无须电隔离，因而它适用于封闭小室内，采用背板总线。

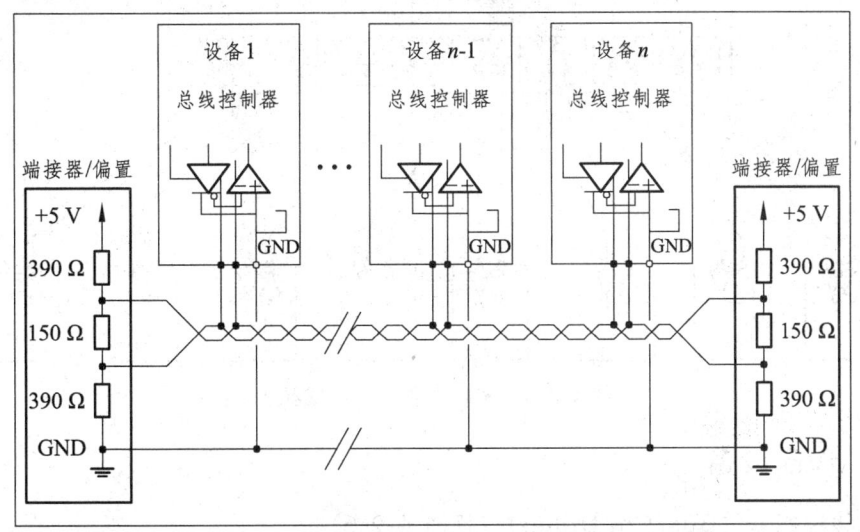

图 4-2-3　电短距离介质

2．电中距离介质 EMD

在封闭的列车系统中，MVB 可以跨越几个车厢，如图 4-2-4 所示。在这种应用中可采用电中距离介质，每段最大可以达到 200 m，相当于 4 节车辆而无须中继器。这种介质也推荐连接运行中经常连挂和解连的车。MVB 的设备地址在组态时分配，运行中它不会改变。一个车辆中可以有不同的车辆总线，各有自己的总线管理器，它们通过列车总线网关互联。

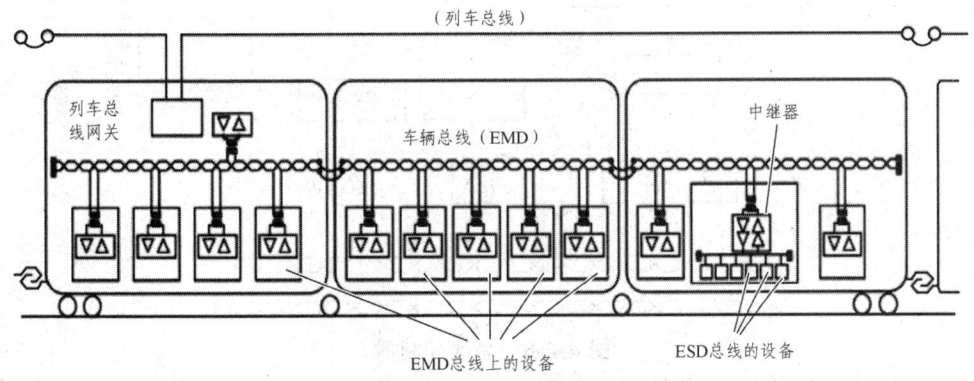

图 4-2-4　贯穿 3 个车辆的 MVB

3．光纤介质

光纤介质一般推荐用于有高电磁噪音的区域，如机车或动车组上，与电气介质有总线拓扑一样，光纤介质通常有一个以有源或无源星耦器为中心的星形拓扑，如图 4-2-5 所示。

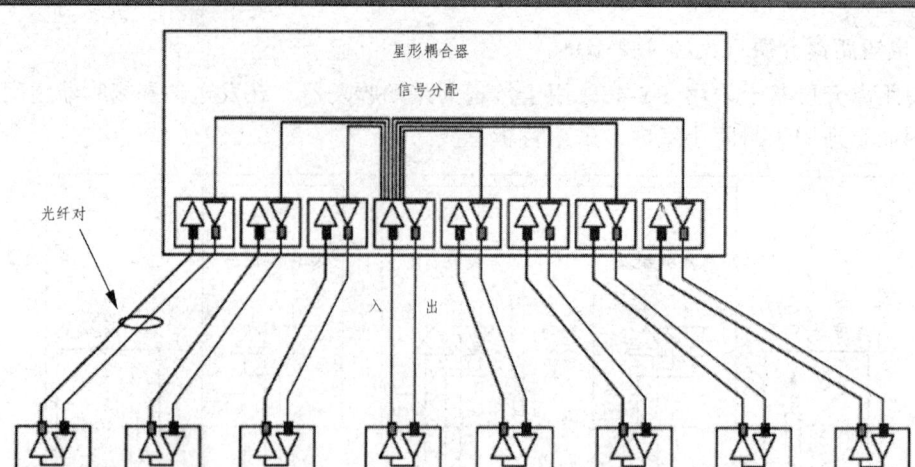

图 4-2-5 光纤介质车辆总线拓扑

三、MVB 设备

1. 总线控制器（Bus_Controller）（见图 4-2-6）

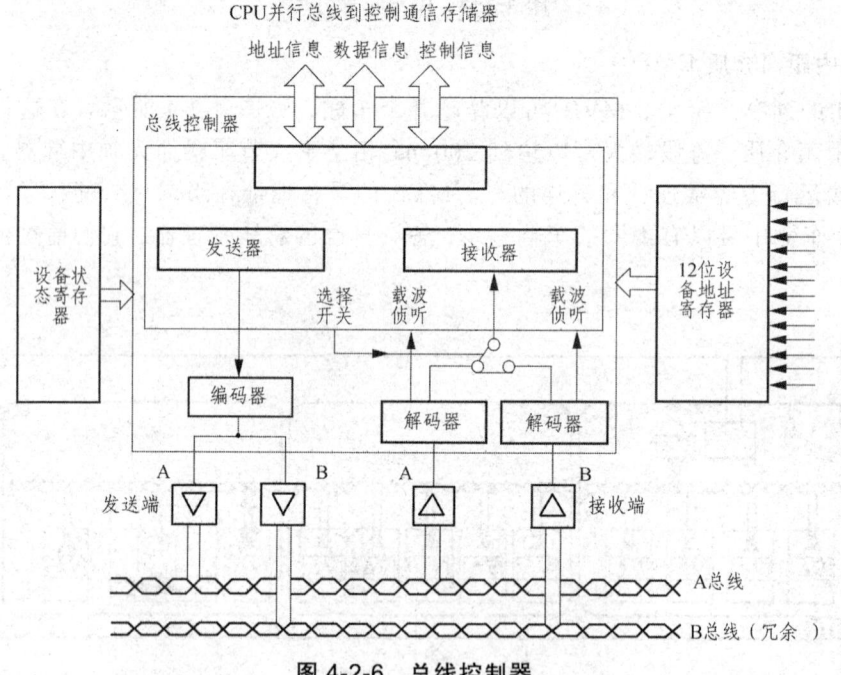

图 4-2-6 总线控制器

总线访问每个设备由专用的总线通信控制器控制。总线通信控制器通过发送器和接收器附挂到两个冗余的线路上。MVB 总线通信控制器包含编码器和译码器，以及控制通信存储器（Traffic_Store）的控制逻辑。总线通信控制器对到达的帧进行译码并寻址相应的通信存储器，也能读设备状态寄存器。

2．MVB 设备分类

MVB 总线上的识别，根据其控制与通信能力分为 5 类：

（1）0 类设备不参与通信。中继器和星形光耦合器属于这类。

（2）1 类设备连接简单的传感器或执行机构，不可远程配置，无应用处理器。不参与消息通信，它们的工作完全由其总线控制器支配。

（3）2 类设备自带应用处理器。可配置，能预处理信息，但处理程序固定。参与消息通信。

（4）3 类设备是可编程逻辑控制器 PLC 的完全站，3 类设备有许多端口，典型的是 256 个。

（5）4 类设备与 2/3 类设备相同，但提供更多服务。参与总线的管理与控制，典型 4 类设备有：

① 控制总线的总线管理器。
② 网络管理器。
③ 连接车厢总线和列车总线的网关。

四、MVB 的信号表示

MVB 速率为 1.5 Mbps。数据采用曼彻斯特编码，每一数据位码元中间都有跳变，从高到低的跳变（负跳变）表示"1"，从低到高的跳变（正跳变）则表示"0"。帧数据以 9-bit 帧源定界符开头，以 8-bit 校验序列结束。

五、MVB 帧结构

MVB 帧有两种类型帧：

① Master_Frame（主设备帧），只由主设备（Bus_Administrator（总线管理器）之一）生成。
② Slave_Frame（从设备帧），由从设备在响应 Master_Frame（主设备帧）时发送。

一个 Master_Frame（主设备帧）及相应 Slave_Frame（从设备帧）共同形成一个报文，如图 4-2-7 所示。

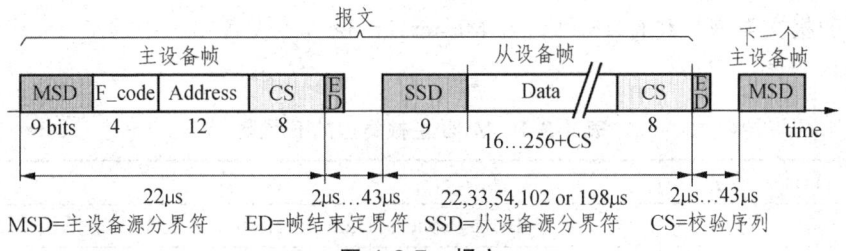

图 4-2-7 报文

Master_Start_Delimiter（主设备源分界符）和 Slave_Start_Delimiter（从设备源分界符）不同，以防止同步失败。

Master_Frame（主设备帧）有一个固定的 33 bits 长度，包括：

① 9-bit Master_Start_Delimiter（主设备源分界符）。
② 4-bit 指明期望的 Slave_Frame（从设备帧）类型和尺寸的 F_code。

③ 12-bit 域用于地址或参数。

④ 8-bit Check_Sequence（校验序列）。

所有的设备都对 Master_Frame（主设备帧）译码。被寻址源设备用其 Slave_Frame（从设备帧）回答，该从设备帧可被多个其他设备接收。

Slave_Frame（从设备帧）可以有 5 种可能的尺寸：33、49、81、153 或 297 bits，包括：

① 9-bit Slave_Start_Delimiter（从设备源分界符）。

② 16 到 256 bits 的数据。

③ 对应各 64 bits 序列的 8-bit Check_Sequence（校验序列），如图 4-2-8 所示。

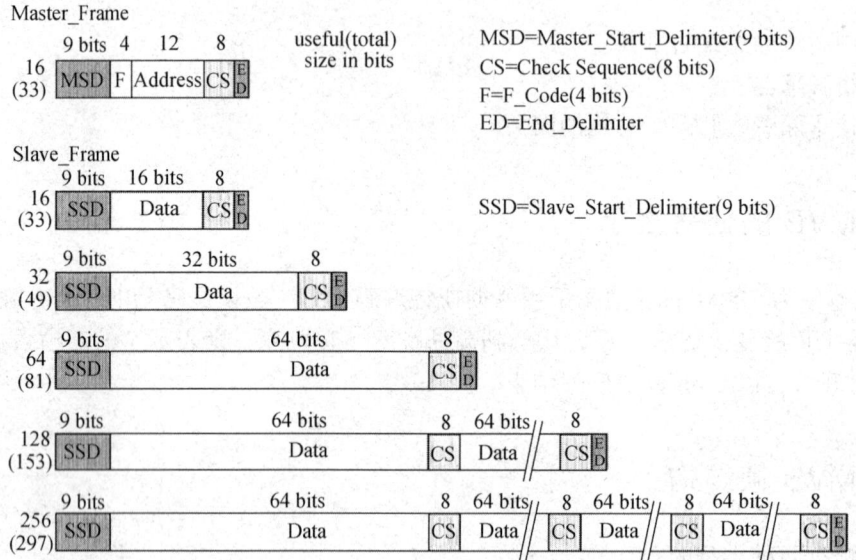

图 4-2-8 主设备帧和从设备帧格式

六、MVB 报文

1．报文类型

MVB 的报文类型一共有 16 种，由 Master_Frame（主设备帧）中的 F_code 区分，如表 4-2-1 所示。

表 4-2-1 MVB 主帧类型的 F 代码

F_code（F 功能码）	报文类型
0	16 位 Process_Data_Request（过程数据请求帧）
1	32 位 Process_Data_Request（过程数据请求帧）
2	64 位 Process_Data_Request（过程数据请求帧）
3	128 位 Process_Data_Request（过程数据请求帧）
4	256 位 Process_Data_Request（过程数据请求帧）
5	（保留）
6	（保留）

续表

F_code（F 功能码）	报文类型
7	（保留）
8	Mastership_Transfer_Request（主设备权传送请求帧）
9	General_Event_Request（常规事件请求帧）
10	（保留）
11	（保留）
12	256 位 Message_Data_Request（消息数据请求帧）
13	Group_Event_Request（组事件请求帧）
14	Single_Event_Request（单事件请求帧）
15	Device_Status_Request（设备状态请求帧）

2．Process_Data（过程数据）报文

过程数据报文是对含有 F 代码为 0~4 及逻辑地址的主帧的响应，如图 4-2-9 所示。过程数据帧由一个设备发送，由所有其他设备接收。

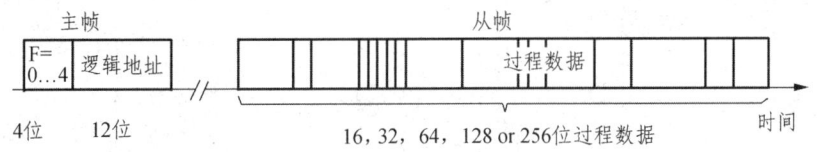

图 4-2-9　MVB 过程数据报文

3．MVB 消息数据报文（见图 4-2-10）

消息数据是对 F 代码等于 12 并含有一个设备地址的主帧的响应，报文长度固定为 256 位。消息数据包含有 12 位的目标地址，所有设备都对目标地址译码，但仅是被选择的目标设备才接收该帧。

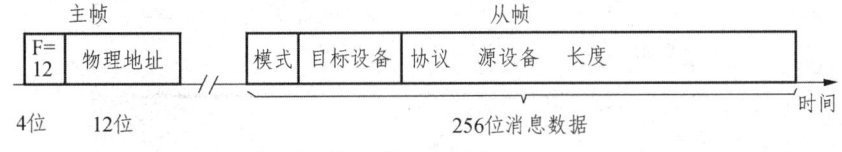

图 4-2-10　MVB 消息数据报文

4．MVB 监视数据报文（见图 4-2-11）

监视数据是对 F 代码为 8，9，13，14 和 15 的主帧的响应，它的长度为 16 位。特例：F 代码=15 为读设备状态，总线主设备可以轮询以检查各设备的状态。

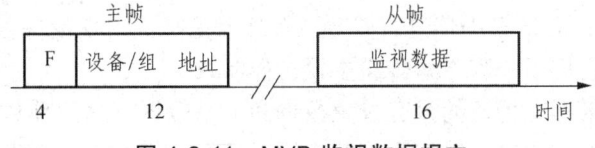

图 4-2-11　MVB 监视数据报文

七、MVB 端口

主帧与响应它的从帧间的间隔小于 4 ms，为能在这样短的时间内做出响应，设备应事先准备好从帧以备发送。为此，设备把它的数据放在称为端口的寄存器中，每个设备可有几个端口，分别为源端口和宿端口。

有两种类型的端口，物理端口和逻辑端口，它们由主帧中的 F 代码来区分。

（1）逻辑端口（F 代码为 0...4）：每个设备都有许多逻辑端口，典型的为 256 个，组态时这些逻辑端口或是作为源端口，或是作为宿端口。它们的长度可以为 16，32，64，128 或 256 位，逻辑端口为过程数据提供了基本通信。

（2）物理端口（F 代码 8...15）：每个设备都有 8 个物理端口，供监视数据和消息数据用。除了消息数据端口外其他端口的长度都固定为 16；256 位的消息端口（F 代码=12）仅用于消息数据。仅是主帧中规定的设备才发出消息数据。端口位于通信存储器中，共享存储器由应用处理器及总线控制器共同访问。

信息存储器端口如图 4-2-12 所示。

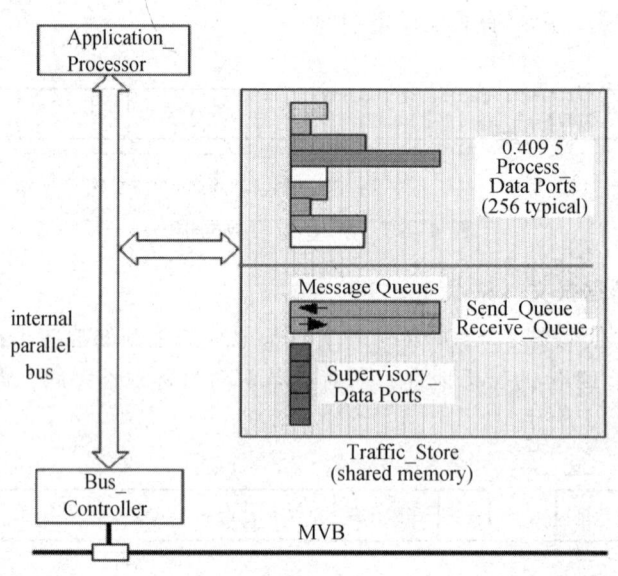

图 4-2-12　信息存储器端口

八、MVB 介质访问控制

MVB 介质访问控制采用主从方式，由唯一的主控器以定时轮询的方式发送主控帧。总线上其他设备均为从属设备，需要根据收到的主控帧来回送从属帧。它们不能同时发送信息。MVB 由专用主设备——总线管理器进行管理。管理器是唯一的主设备。为增加可用性，可能有多个总线管理器，它们以令牌方式传递主设备控制权。

在列车运行时通信网上传送的只有过程数据和消息数据，这两种数据用周期传送和非周期传送来区分。周期性和偶发性数据通信共享同一总线。但在各设备中被分别处理。周期性和偶发性数据发送由充当主节点的一个设备控制。

总线主控设备可位于总线的任何部分，它按预定的顺序周期性地轮询各个端口，如图 4-2-13 所示。

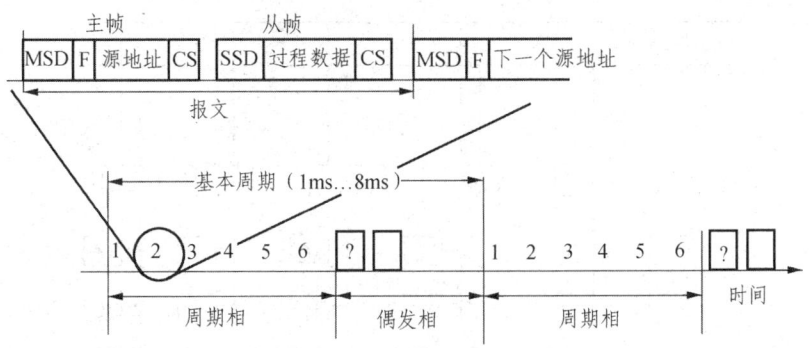

图 4-2-13　MVB 通信

在正常运行前，要建立总线主读端口的顺序，对每个端口，应用定义了特征轮询周期，它总是基本周期的 2^n 倍（$n = 1\ldots10$）。有同样特征周期的设备属于相同的周期。

周期 1 在每个基本周期中都予以轮询，周期 2 是每两个周期轮询 1 次，周期 4 是每 4 个周期才轮询 1 次，依次类推。大的周期可以分成子周期，延伸到几个周期里。周期性通信的组态如图 4-2-14 所示。

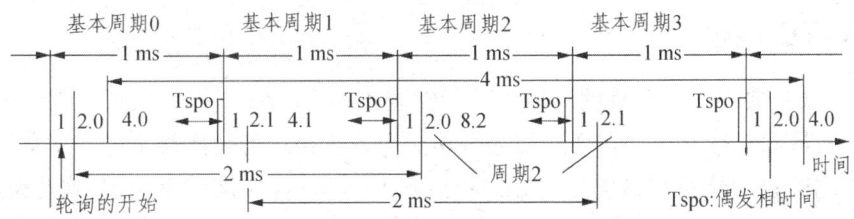

图 4-2-14　周期性通信的组态

九、MVB 的容错

MVB 的容错设计达到了以下要求：传送的完整性；故障的独立性；传送的可用性；组态能力。主要从以下几个方面来考虑：

（1）介质冗余。
（2）总线管理器冗余。
（3）令牌传递算法。

十、MVB 的实现

图 4-2-15 是一个动力分散（动车组）的列车通信网络原理框图。

该动车组的列车通信网络分为 WTB 和 MVB 两级。WTB 上的节点包括司机所在的动力车的中央控制单元 CCU、无司机动力车控制单元 MCU、拖车控制单元 VCU 共 3 类，各 2 个共 6 个节点组成。每个 WTB 节点之下采用 MVB 车厢总线连接牵引控制单元 TCU（只有动车上才有）、辅助系统控制单元 ACU、制动控制单元 BCU、轴温及车门控制单元 XDU 等计算机控制检测设备。

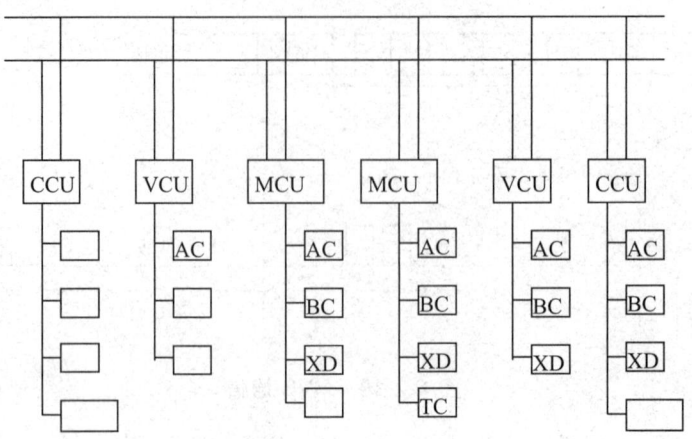

图 4-2-15　MVB 实现示例（列车通信网络原理框图）

任务三　绞式列车总线 WTB

一、WTB 概述

WTB 总线主要用于列车级的通信，其传输速率为 1 Mbps，可以实现过程数据和消息数据的传输，其最大特点就是具有列车初运行功能（列车初运行功能就是当列车车辆的配置发生变化后，能够自动地对车辆进行编址，构成新的列车拓扑结构，而不需要人为地参与）。WTB 总线特变适用于需要动态编组的列车车辆。如国际 UIC 列车。

WTB 能够周期性地传输过程数据，其传输周期为基本周期（25 ms）的整数倍，传输数据的最大长度为 128 个字节。过程数据采取广播方式，总线上一个节点可以接收到其他节点的过程数据。对于非周期性数据的传输，可以采用消息数据方式，其传输速度较慢。消息数据需要相应的实时议栈支持，用于实现网络层及以上各层协议。

WTB 是以德国 DINV3322 和意大利 CD450 高速列车的数据通信经验为基础而制订的。WTB 使用专用屏蔽双绞线电缆。电线的布置采用冗余原则，在各车辆的每一侧各有一根电缆。为适应频繁改变其组成的列车组，WTB 被设计成通过手插式跨接电缆或自动连接器来实现车辆之间的互联。考虑到严酷的环境、连接器的存在以及总线的非连接性，TCN 标准建议采用数字信号处理器对曼彻斯特信号进行译码。

作为通用的现场总线，WTB 属于总线仲裁型网络，它的链路层使用 HDLC 高级数据链路控制，数据交换采用报文传送方式，适用于列车网，并适用于经常解挂和连挂的列车。WTB 特性总结如表 4-3-1 所示。

表 4-3-1　WTB 特性总结

构形	形成总线的电缆节的链
介质	屏蔽双绞线，120
长度	长 860 m，带有 32 个节点的特定电缆； 可以有更长的长度和更多的节点（最大节点数 62 个）
物理层冗余	双电缆物理层介质
信号	带有 16 到 32 bit 前同步码的曼彻斯特编码
信号数据传输率	1.0 Mbps
寻址	单播（初运行时分配 6 bit 地址） 广播
帧尺寸	有效数据：每个 HDLC_Frame（HDLC 帧）4～132 字节
完整性	每帧 16 bit 的帧检测序列，帧尺寸监督和曼彻斯特编码
介质分配	由一个主设备决定
通信	循环（周期 25 ms）（用于过程数据） 偶发（用于消息数据和监督数据）
主设备权	每个节点可以在初运行中通过应用命令或初始化时的争论或失效时成为主设备
主设备冗余	初运行时主设备权传到其他节点。
链路层服务	Process_Data（过程数据）源寻址变量的广播 Message_Data（消息数据）报文 Supervisory（监督数据）总线监督
层管理	链路层管理接口
可选项	用于清理连接器的清除电路

二、WTB 的拓扑

WTB 采用总线拓扑，采用屏蔽双绞线，要求有较高的机械连接性能。使用该种介质可以达到 1 Mbps 通信速率，长度为 860 m，对应 22 节 26 m 长的 UIC 列车。一般可连接至多 32 个节点，更长的距离和更多的节点（最多 62 个）也可以实现。

WTB 介质是由不同车辆上的电缆节链接而成。在总线主控制下，WTB 周期性地广播牵引和列车控制使用的过程数据；它也按需发送比较长但不太紧迫的消息数据，如旅客信息、诊断和维护信息。在列车组成发生改变或节点出现故障时总线主权可以转移。当列车组成改变时，例如车辆连挂，WTB 自动重新组态，给各节点指定地址和取向、分发新的拓扑。WTB 总线拓扑如图 4-3-1 所示。

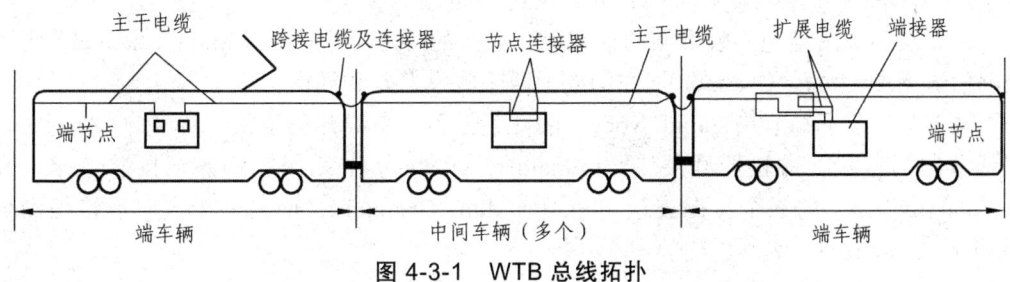

图 4-3-1　WTB 总线拓扑

三、WTB 介质

（1）WTB 介质的机械稳定性。

WTB 运行在屏蔽双绞线上，该介质提供了连接分开的车厢所需的高机械稳定性。

（2）WTB 长度。

特定的电缆允许在 860 m 的距离上以 1 Mbps 的速率传输，相当于 22 个 26 m 长的车厢的 UIC 组成，加上 50% 用于弯曲处长度。

（3）WTB 节点数。

最多 32 个节点能附挂到该类双绞线上，因为每个车厢可有不止一个节点。

（4）WTB 在车厢间的连接方式。

为了连接不同的车厢，WTB 可以使用自动耦合器接触（如对市郊列车的）或手插电缆接触。

因为车厢的朝向不可预测，配电线（如空气管道）通常在车厢端接处分开并穿过两个连接器，连接器中至少一个是已插入的，UIC 线缆就是如此。

由于开放电缆残段（如果一个连接器已插入，而另一个在摇摆）或者两条电缆并联（如果两个连接器都被插入）将引起电气中断，因此 WTB 电缆不能分开穿过两个并行的连接器。

因此，两条跳线电缆均应插入，但是每一个跳线电缆连接不同的 WTB 电缆，这自然产生了如图 4-3-2 所示的冗余线路。

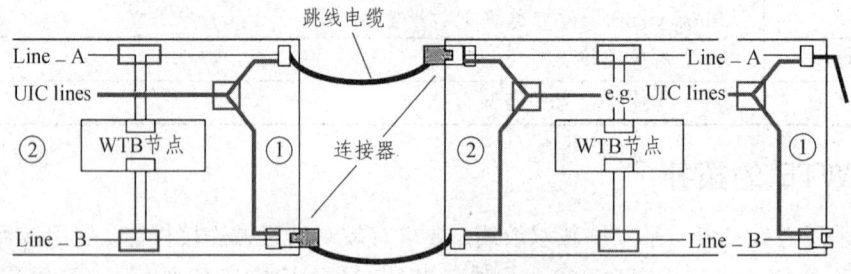

图 4-3-2　WTB 电缆安排（俯视图）

四、WTB 介质附挂单元

介质附挂单元（Medium_Attachment_Unit）有两个收发器，每个方向上各一个。收发器使用变压器实现与外部导线的电隔离，并附挂到曼彻斯特编码/译码器上。

较长的总线上，信号的动态范围对于标准的零交叉检测器来说太大，比基于统计数字信号处理器（SDSP）的曼彻斯特译码器允许的范围超过了 30 dB。

每个收发器被附挂到能收发帧的信道上，连接的可能是主信道（Main_Channel）也可能是辅助信道（Auxiliary_Channel）。在构成上两个收发器是相同的。

图 4-3-3 显示了端节点（End_Node）的开关位置。总线开关（Bus_Switch）打开时，断开总线节间的连接。端接器开关（Terminator_Switches）关闭时，插入端接器。方向开关（Direction_Switch）的一个方向连接主信道（Main_Channel），而另一个方向连接辅助信道（Auxiliary_Channel）。

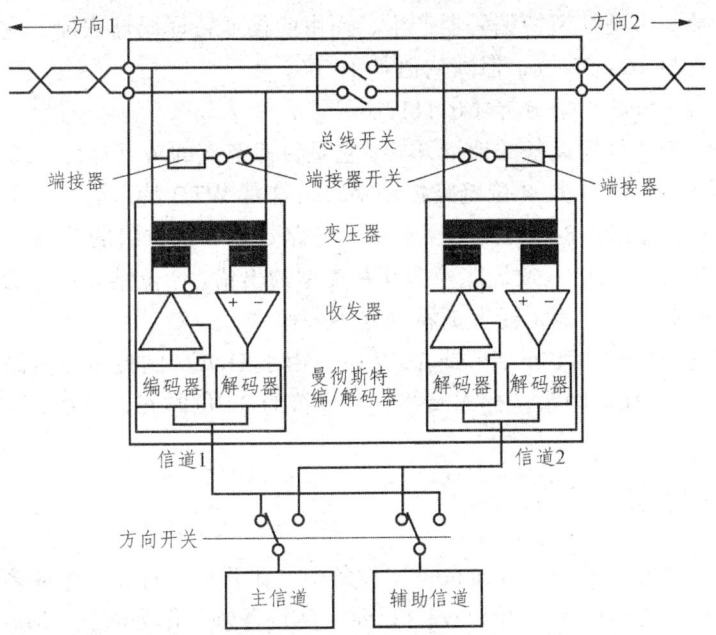

图 4-3-3　介质附挂单元（端节点）的开关显示

一个中间节点（Intermediate_Node）（列车中部）连接总线节，并去除端接器。该节点仅使用主信道（Main_Channel）而关闭了辅助信道（Auxiliary_Channel）。

为避免车厢间的连接器上的触点氧化和分叉，可选用加电清除电路。加电清除电路是利用在总线上附加一个大的脉冲直流电流，以此实现对连接器触点的清理功能。

五、WTB 的信号表示

WTB 采用曼彻斯特编码反向定义，每一数据位码元中间都有跳变，从高到低的跳变（负跳变）用"0"表示，从低到高的跳变（正跳变）则用"1"表示。为保证译码器正确同步，每帧以 16~32 位的帧头开始。

六、WTB 帧

所有的帧都具有同样的编码，遵循 HDLC（ISO/IEC 3309）规范，如图 4-3-4 所示。

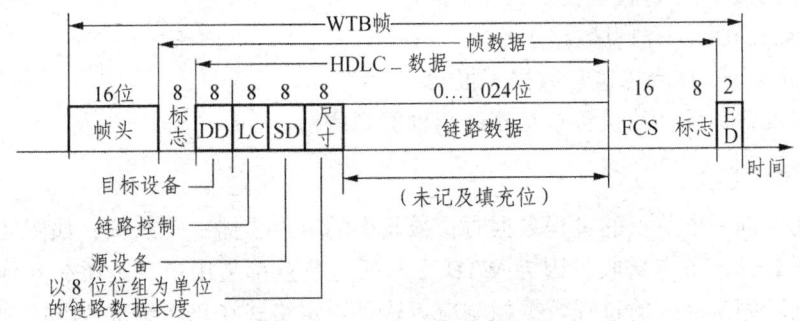

图 4-3-4　WTB 的帧的格式

每帧开始的帧头由曼彻斯特编码器产生，而由曼彻斯特译码器去掉，它不是帧数据的一个部分，它的长度为 16~32 位，但默认值是 16 位。

帧数据用两个 8 位的标志分界（01111110）。

HDLC 数据以 8 位目标设备的地址开始，它是目标节点的节点地址（或广播地址），它由 HDLC 控制器译码。接下来是 8 位链路控制字段，这是 WTB 特定的。再下来 8 位源设备是源节点的设备地址。"长度" 8 位位组指明后随的链路数据 8 位位组的总数。链路数据后接 16 位帧校验序列，它与 HDLC 一致，能检测几种类型的出错。8 位结束标志后是终止分界符，它由曼彻斯特编码器产生，而由曼彻斯特译码器去掉。

两个标志间的帧数据为 134 字节或 1072 位。由于 HDLC 的位填充机制，最坏情况下帧数据为 1289 位时间，加上帧头、标志及终止分界符的 34 位时间，总数为 1323 位时间。

七、WTB 报文

总线主设备通过发出 Master_Frame（主设备帧）在源从设备和一个或多个目的从设备之间建立通信。被选中的从设备发出 Slave_Frame（从设备帧）作为响应。Master_Frame（主设备帧）和 Slave_Frame（从设备帧）都进行广播，即被所有设备接收。

图 4-3-5 显示了报文的定时，该报文包括一个 Master_Frame（主设备帧）以及用来响应该主设备帧的 Slave_Frame（从设备帧）。

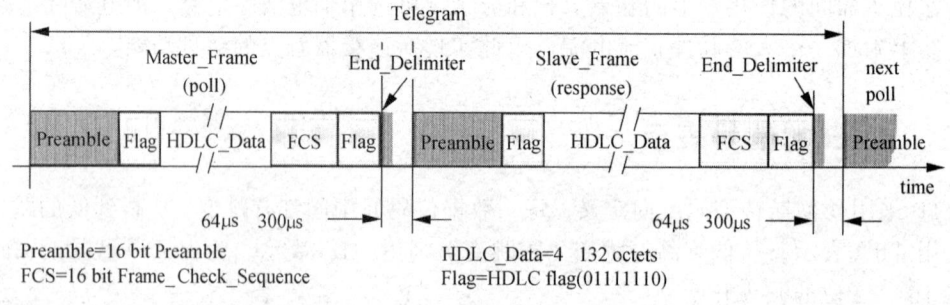

图 4-3-5 WTB 报文

WTB 存在 3 种报文：
（1）Process_Data（过程数据）报文。
（2）Message_Data（消息数据）报文。
（3）Supervisory_Data（监督数据）报文。
在收到主设备帧后，从设备总是答以同种类型的帧。

1．过程数据报文

当总线主轮询一个节点的过程数据时，被轮询的节点广播一个从帧，如图 4-3-6 所示。

该帧被所有其他节点接收，因为 WTB 上的所有节点都是用户，是所有其他节点过程数据的宿。节点以固定格式的过程数据帧响应，这种固定格式在每次组成改变时建立。为增加组成改变时的完整性，过程数据帧的开头两个 8 位位组用来标识帧的内容。

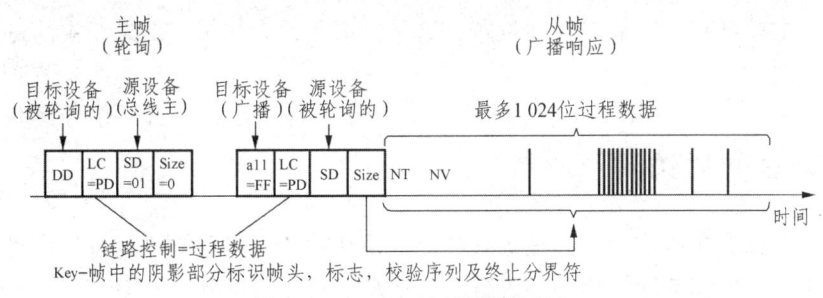

图 4-3-6 WTB 过程数据报文

当总线主自己发送过程数据时，它先发送一个轮询帧，然后按与从设备相同的定时发送一个从帧。这称为自轮询。

2．消息数据报文

当总线主轮询一个节点的消息数据时，节点用包含一个消息包的从帧来响应，这样就形成了一个消息数据报文，如图 4-3-7 所示。

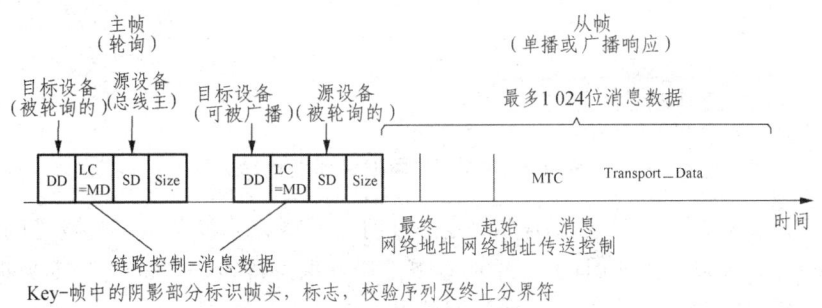

图 4-3-7 WTB 消息数据报文

消息报文帧被一个目标节点接收。开头的 4 个 8 位位组构成链路报头，它们的格式对所有 WTB 帧是相同的。消息数据的长度是可变的，它也可以是空的（长度＝0），这发生在被轮询的节点无消息数据需要发送时。

当总线主自己需要发送消息数据时，它先发送一个轮询帧，然后作为从设备按相同的定时发送从帧，这称为自轮询。

3．监督数据报文

除了过程数据帧和消息数据帧外，WTB 为初运行及组态控制还发送监督数据报文。如图 4-3-8 所示。

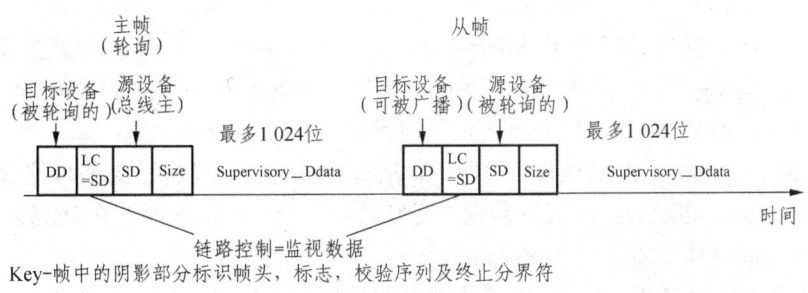

图 4-3-8 WTB 监督数据报文

一个监督主帧可有一广播的目标设备，这种情况下没有从帧，但总线主等待超时，好像在期待从帧来到。

八、WTB 介质访问

主设备节点负责介质访问，其他所有节点都是从设备，只在被主设备轮询时响应。

常规操作中，主设备的操作循环进行。它把总线动作分配到若干 Basic_Periods（基本周期）上，基本周期由一个 Periodic_Phase（周期相）和一个 Sporadic_Phase（偶发相）组成，如图 4-3-9 所示。

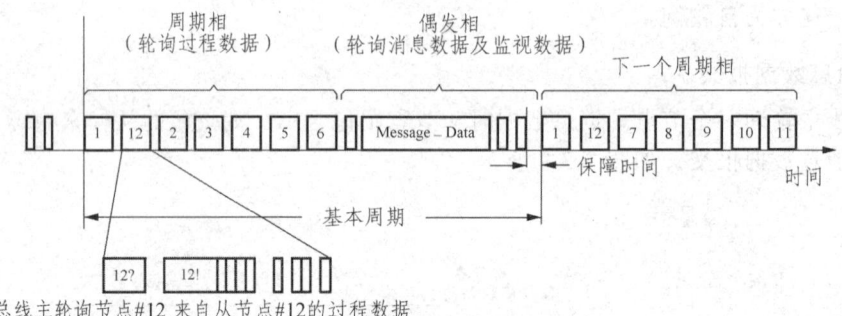

图 4-3-9　WTB 周期和偶发传输

为保证 Process_Data（过程数据）确定、及时地发送，主设备按事先定义的间隔［即节点的 Individual_Period（特征周期）］轮询各节点以获取 Periodic_Data（周期数据）。在两个周期相之间的固定时间内，主设备轮询从设备以获取偶发性数据：Message_Data（消息数据）和 Supervisory_Data（监督数据）。

组成改变时，每个节点向主设备声明自己要求在哪个周期被轮询。主设备据此为节点建立轮询策略。

Basic_Period（基本周期）固定为 25 ms，带有紧急 Process_Data（过程数据）的节点可以请求每个 Basic_Period（基本周期）被轮询一次，不带紧急 Process_Data（过程数据）的节点（如车厢）以 Individual_Period（特征周期）被轮询，特征周期是 Basic_Period（基本周期）的倍数。

车厢数量增加时，Periodic_Phase（周期相）延长而 Sporadic_Phase（偶发相）缩短，这样做可以使 Periodic_Data（周期性数据）的发送时延与车厢的数目无关，Message_Data（消息数据）则相反。

应用负责确保足够的时间用于 Sporadic_Data（偶发数据）。例如，如果主设备每 25 ms 轮询 10 个节点，轮询一个设备的时间是 1 ms，剩余的 15 ms 用于 Sporadic_Data（偶发数据）。如果节点的数量增加到 20 个，仅剩下 5ms 用于偶发数据，这可能太短。

对于 Sporadic_Data（偶发数据），主设备只能顺序轮询从设备。为缩短搜索，从设备在被轮询时发出有 Sporadic_Data（偶发数据）要发送的信号。主设备接着在 Periodic_Phase（周期相）后再次轮询该从设备，获取 Sporadic_Data（偶发数据）。

注：只要节点的数量少，WTB 轮询节点偶发数据的方法是可行的。在支持最多 4 096 个

设备的 MVB 上，这种方法被仲裁机制替代。

如果端节点本身就是主设备，主设备仍然轮询自己并响应自己让其他节点检查到它的存在。

九、常规操作 WTB 帧

图 4-3-10 显示了常规操作中所有可能的 Master_Frames（主设备帧）和 Slave_Frames（从设备帧）。

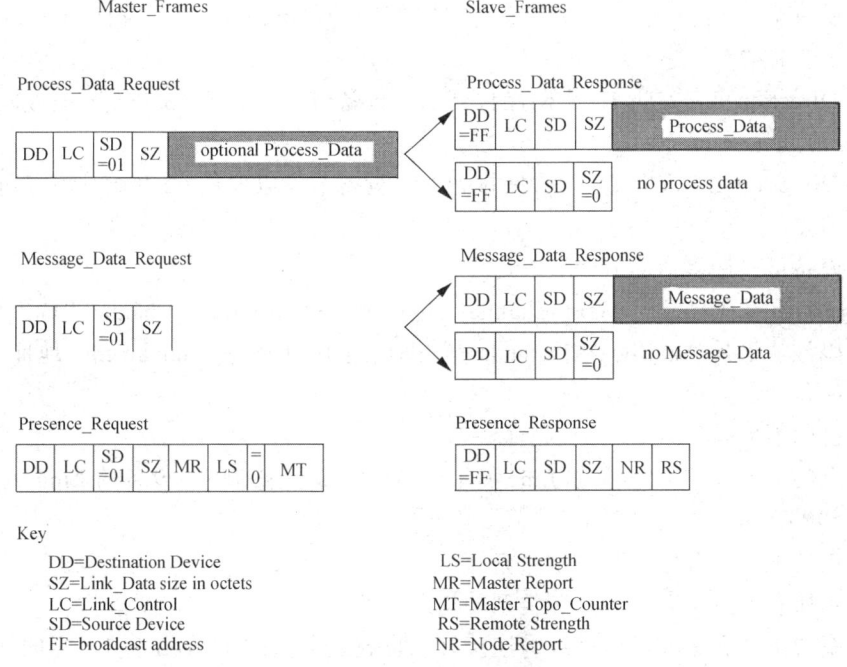

图 4-3-10 常规操作帧的总结

任务四　WTB 初运行

一、初运行目的

当列车的组成改变时，特别是车厢被连挂或解挂时，主设备重新配置总线。这个过程称为初运行。初运行中：

（1）节点连接电缆节形成一个两端带端接器的单段。

（2）每个节点接收一个标明其位置和相对于主设备的方向的唯一地址，并通知主设备它需要的 Individual_Period（特征周期）和 Node_Descriptor（节点描述符）。

（3）每个节点收到一个称为构形的描述符，该描述符显示其他节点的地址、位置和描述符。

二、节点地址分配

根据下面的惯例，初运行过程分配每个节点一个位置地址，如图 4-4-1 所示。

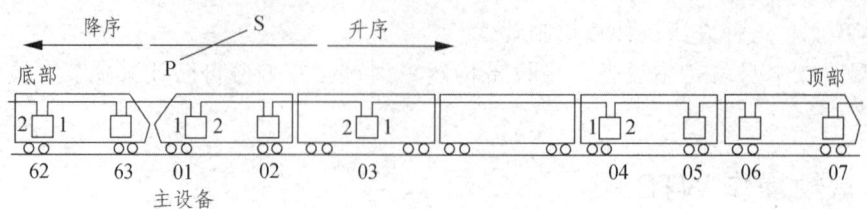

图 4-4-1 节点位置寻址方案

（1）主设备（执行初运行的主设备）收到地址 01。

（2）不管实际运行方向，主设备定义"底部"为 Direction_1（方向 1），"顶部"为 Direction_2（方向 2）。

（3）在 Direction_1（方向 1）上降序排列的主设备节点以地址 63 开始，该方向最后命名节点是底部节点。

（4）在 Direction_2（方向 2）上升序排列的主设备节点以地址 02 开始，该方向最后命名节点是顶部节点。

（5）主设备可以最多命名 62 个节点。

（6）未命名节点在自己的 Main_Channel（主信道）和 Auxiliary_Channel（辅助信道）（两种信道都可以被认为是 Auxiliary_Channels（辅助信道））上响应"unnamed"地址。

初运行使每个节点都知道：

（1）自己的地址。

（2）节点的 Line_A（线 A）和 Line_B（线 B）中哪一条对应主设备的 Line_A（线 A）。该线命名为"P"，另一条为"S"。

（3）节点的地址以升序还是降序命名。

（4）显示所有节点位置、地址和类型的构形。

这个方案要求所有车厢已经被线缆连接好，也就是节点的 Direction_1（方向 1）应指向每个车厢的 1 端。

三、强节点和弱节点

应用可以仅指定一个节点为主设备，这个节点称为 Strong_Node（强节点），如果没有其他 Strong_Node（强节点）它将控制总线。在这种组成中，不应有其他 Strong_Node（强节点）。

为了允许 WTB 没有指定的主设备也能运行，应用也可以允许多个节点成为主设备：Weak_Nodes（弱节点）。一个 Weak_Node（弱节点）在一定时间内没有诊测到总线活动后，就成为 Weak_Master（弱主设备）并开始命名其相邻的节点。

在应用的控制下，作为主设备的节点可以改变。例如，在终点站可逆向（推-拉）列车改变运行方向时：司机从司机室中取下钥匙，走到列车的另一头，把钥匙插在反方向的司机室中。

在取下钥匙时，主设备还像以前一样控制列车，但这时作为 Weak_Master（弱主设备），它仅仅通知其他的节点自己被降级，总线仍保持可运行状态，但是应用被告知强度改变，并采取行动，例如，禁止牵引。

在另一个节点插入钥匙后，这个设备便升为强节点。当 Weak_Master（弱主设备）检测到有一个节点已经升级时，它取消它所控制的所有节点的命名，并回到从设备状态。然后新的主设备重新命名所有的节点。

全部用 Weak_Nodes（弱节点）操作总线也是可能的。Weak_Node（弱节点）机制也用于避免主设备失效。

四、初运行要求

（1）在下面情况下，总线被且仅被一个主设备控制：

① 如果有多个弱节点，一个仲裁过程确保其中恰好有一个收到总线控制，而其他的弱节点成为它的从设备。

② 如果存在一个强节点，这个节点成为主设备并命名所有其他节点（从设备）。

③ 如果存在几个强节点，每个都成为总线不同段的主设备，主设备冲突被告知应用。

（2）初运行从以下条件开始：

① 以一个明确的应用命令（即使总线已经初运行过）开始。

② 当日常运行时，通过检测到增加的节点开始；然而，一个节点可以禁止取消命名或重命名它的段。

③ 通过在常规操作中将一个弱节点（从设备）提升为强节点开始，如果该弱节点还不是主设备。

⑤ 如果所有的节点都允许，那么通过节点再次插入自己启动初运行。

⑥ 一定时间内没有总线活动，则开始初运行。这可能是启动时的正常状态或者由于总线干扰（节点重入）、总线变短或主设备失效产生的异常状态。

（3）一个节点可以在任何时候作为从设备参与初运行，除非它被置于睡眠或非激活状态，因为恢复操作取决于这种状态。

（4）对于 32 个节点，初运行过程在超过 25 ms 但少于 1.0 s 的时间内完成。需要最小时间确保日常运行开始前所有节点能向它们的应用报告初运行。

（5）除了偶尔无意中进入睡眠模式外，Intermediate_Node（中间节点）的失效仅影响节点本身。

（6）帧出现丢失时初运行。如果节点对 3 个连续的请求都不响应，主设备认为节点失效。

（7）节点重复尝试成为主设备（例如一个聋节点）的现象不会阻止正常运行，但可能引起偶然干扰。

（8）不管节点是按升序还是降序命名，所有节点均将收到它们的位置编号、相对主设备的方位和构形。

（9）每次任何已命名的节点的 Node_Descriptor（节点描述符）的改变或其强度的改变都使主设备发布构形。

五、初运行中的 MAU 单元

初运行的实现与 MAU 单元相关，如图 4-4-2 所示。

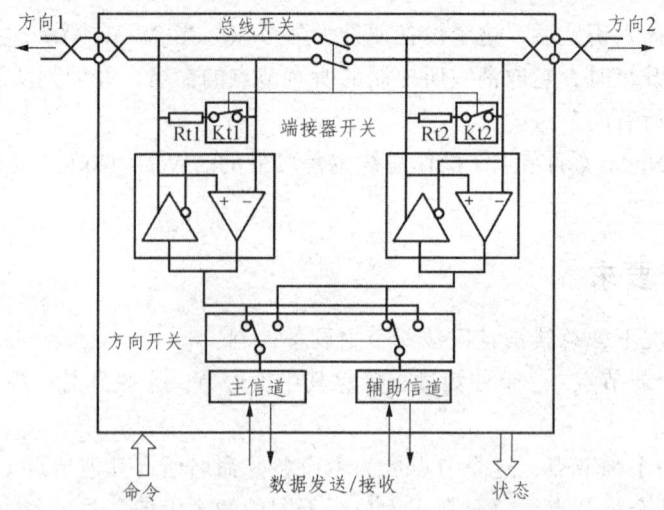

图 4-4-2 初运行时 MAU 单元（单线附挂）

每个节点采用以下两种设置方式之一：

（1）端设置。

总线开关打开，两个端接器都被插入。Main_Channel（主信道）和 Auxiliary_Channels（辅助信道）被连到相反方向。

（2）中间设置。

总线开关关闭，两个端接器都被去除。Auxiliary_Channel（辅助信道）关闭。

应用提供节点控制并接收节点状态。

六、常规运行中的已命名的组成

图 4-4-3 给出了一个典型的初运行总线：所有总线均被命名，节点 01 是主设备。主设备作为 End_Node（端节点）被画出，但是它也可以是一个 Intermediate_Node（中间节点）。

两个端节点（End_Node）处于端设置，总线开关打开，端接器被插入并且辅助信道（Auxiliary_Channels）被激活，而中间节点（Intermediate_Nodes）处于中间设置，总线开关关闭，端接器被去除，辅助信道被禁用（见图 4-4-3 中白色三角形）。

它们的 Main_Channel（主信道）（见图 4-4-3 中的黑色三角形）指向主设备。

主设备在 Main_Channel（主信道）上为 Process_Data（过程数据）和 Message_Data（消息数据）轮询节点。

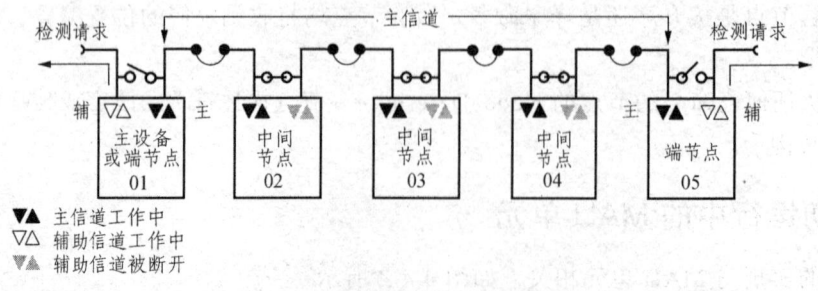

图 4-4-3 典型的已命名的组成

七、未命名节点的检测

主设备在每个 Basic_Period（基本周期）中用存在请求帧（Presence_Request（存在请求））轮询一个 End_Node（端节点），End_Node（端节点）用存在应答帧（Presence_Response（存在应答））响应。另一个 End_Node（端节点）在下一个 Basic_Period（基本周期）中被轮询。

如果主设备自身是 End_Node（端节点），仍发送 Presence_Request（存在请求）给自己，并以 Presence_Response（存在应答）响应，因此所有其他节点可以监控它的存在。

Presence_Request（存在请求）的接收引起 End_Node（端节点）在 Auxiliary_Channel（辅助信道）上发送一个 Detect_Request（检测请求）。

只要没有其他节点连接，一个 End_Node（端节点）接收不到检测应答帧（Detect_Response（检测应答））就在 Presence_Response（存在应答）中报告"none found"。

图 4-4-4 显示一个已命名的组成，对于该组成，一个附加的、未命名的节点 7F 被连接。为简化绘图，仅仅一个 Intermediate_Node（中间节点）（04）出现在已命名的组成中。当两个 End_Node（端节点）实现电连接后，通信就被建立起来。

未命名的节点 7F 收到一个来自 End_Node（端节点）05 的 Detect_Request（检测请求），它以一个 Detect_Response（检测应答）回应表示它是一个未命名节点。

End_Node（端节点）05 接收这个 Detect_Response（检测应答），然后用 Presence_Response（存在应答）发送一个表明未命名节点出现的信号给主设备。

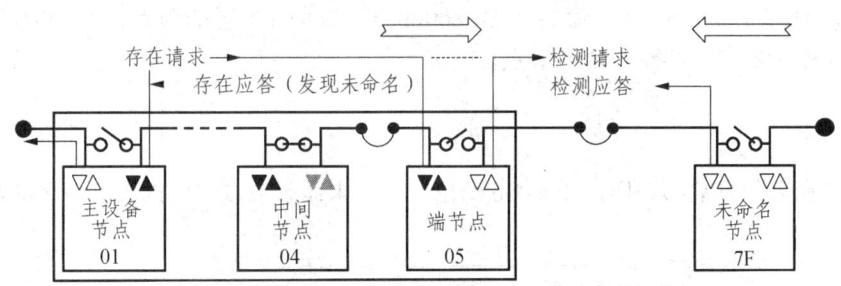

图 4-4-4　一个附加节点连接到已命名组成

八、初运行的决定

端节点对主设备报告一个附加节点时，主设备决定初运行是否可能。例如，列车速度高于 5 km/h 时，应用可能禁止初运行。为此，所有节点被轮询 Process_Data（过程数据）时声明它们的应用的决定，只要一个节点不同意，初运行就被禁止。主设备在 Presence_Request（存在请求）中重发节点的决定。如果所有节点都允许初运行，主设备将停止日常运行，执行初运行。

九、取消命名

为了使初运行能够在确定的基础上开始，主设备取消它控制的所有节点的命名，重命名这些节点和附加节点。取消命名时主设备连续 3 次对其组成中的所有其他节点广播一个 "Unname_Request（取消命名请求）"，已被"Unname_Request（取消命名请求）"明确取消命名的节点通过进入端设置在打断总线前等待一定时间，并采用更长的超时时间以防止命名期间它们作为弱主设备出现。

在端设置中，主设备设置自己为独立主设备状态。

所有节点发送取消命名信号给各自的应用。

注：日常运行时包含闲置（on-the-fly）的附加节点是危险的。

十、开　始

为命名节点，主设备在每个方向上均发出一个 Detect_Request（检测请求），未命名节点如图 4-4-5 所示。

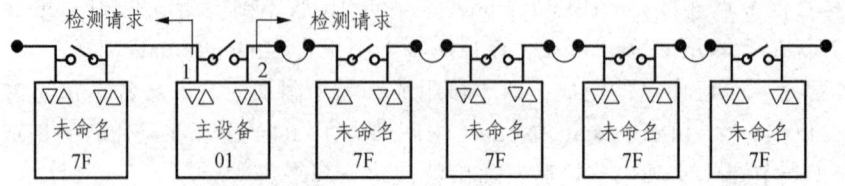

图 4-4-5　未命名节点

主设备将在 Direction_1（方向_1）和 Direction_2（方向_2）上命名节点，从首先用 Detect_Response（检测应答）响应 Detect_Response（检测请求）的方向开始。

主设备以降序（63，62 等）命名在 Direction_1（方向 1）上的节点，在 Direction_2（方向 2）上以升序（2，3，4 等）命名节点。

十一、命　名

每个节点命名的方案都一样，图 4-4-6 给出了一个未命名节点如何进入已命名的组成。

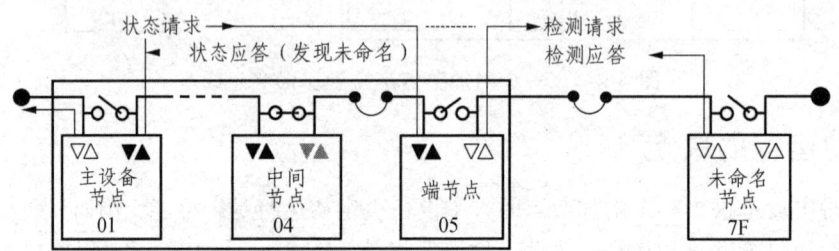

图 4-4-6　状态和检测

主设备发送一个 Status_Request（状态请求）给节点 05，使该节点发送一个 Detect_Request（检测请求），未命名节点以 Detect_Response（检测应答）响应。在 Status_Response（状态应答）中，End_Node（端节点）05 向主设备报告一个未命名节点的存在。

然后主设备用设置中间节点请求帧［SetInt_Request（设置中间节点请求）］切换节点 05 为中间节点，End_Node（端节点）05 靠一个设置中间节点应答帧［SetInt_Response（设置中间节点应答）］以及关闭总线开关回复请求帧，如图 4-4-7 所示。

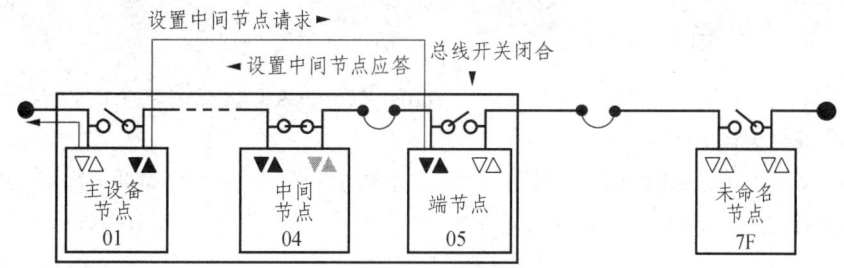

图 4-4-7　设置中间节点

主设备现在能直接访问未命名节点，并发送一个命名请求帧［Naming_Request（命名请求）］以分配地址"06"给新节点，该节点以一个命名应答帧［Naming_Response（命名应答）］确认命名，如图 4-4-8 所示。

先前未命名的节点成为组成中新的 End_Node（端节点），它关闭自己的 Auxiliary（辅助信道）并在主设备方向上接通 Main_Channel（主信道）。

在允许信道交换的时间段后，主设备发送一个状态请求帧［Status_Request（状态请求）］给节点 06，新的 End_Node（端节点）以状态应答帧［Status_Response（状态应答）］应答，该应答帧包含给出新命名节点类型和版本的 Node_Descriptor（节点描述符），Process_Data（过程数据）的帧尺寸和期望的轮询周期。

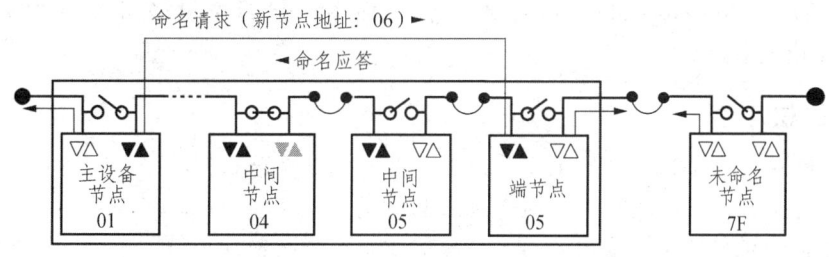

图 4-4-8　命　名

Status_Request（状态请求）也使 End_Node（端节点）发送 Detect_Request（检测请求）给开放的端以检测更多节点，如节点 05 的情况。

如果 Status_Response（状态应答）报告有额外的节点，主设备发送一个 SetInt_Request（设置中间节点请求）以设置 End_Node（端节点）06 为中间节点，并命名下一个节点为 07。

每个附加节点的加入要求 4 个报文，每个报文占用 250 μs：
（1）状态请求/状态应答。
（2）检测请求/检测应答（插在上一项报文的中间）。
（3）设置中间节点请求/设置中间节点应答。
（4）命名请求/命名应答。

从端设置到中间设置的切换要求等待 10 ms，在这期间总线不能使用。继电器关闭时间决定着命名间隔时间。

因为主设备每 25 ms 命名一个节点，因此命名 32 个节点需 800 ms。

每次在一个方向上命名一个节点后，主设备在相反方向上用状态请求帧与它命名的许多节点通信，Status_Request（状态请求）可能又报告反方向上更多的节点。

十二、拓扑发布

End_Nodes（端节点）在收到连续 3 个 Status_Requests（状态请求）时没有报告有更多的节点，主设备将关闭初运行。

主设备计算新的 Periodic_List（周期列表），并基于各节点期望的周期[Node_Period（节点周期）]和帧尺寸[Node_Frame_Size（节点帧尺寸）]计算各节点的 Individual_Period（特征周期）。

主设备建立构形，即包含所有节点、地址、节点类型和版本以及一个唯一标识初运行的 Master_Topo（主设备拓扑）的数据结构，如图 4-4-9 所示。

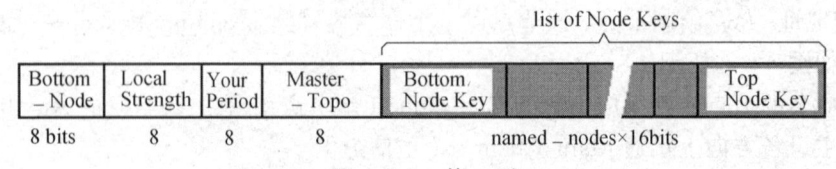

图 4-4-9　构　形

然后主设备通过构形请求帧（Topography_Request）给每个从设备发布构形，每个从设备以构形应答帧（Topograph_Response）答复请求帧。

所有从设备确认收到新构形后，主设备等待一个 Basic_Period（基本周期）以允许所有节点更新它们对 Process_Data（过程数据）的翻译，然后主设备进入日常运行开始为 Process_Data 轮询节点。

【项目自检】

1. 列车通信网络（TCN）的主要作用有哪些？特点是什么？
2. 简述列车通信网络（TCN）的两线三层结构。
3. 根据旅客列车的 3 种不同组态，简述列车通信网络的组态。
4. 多功能车辆总线（MVB）的定义是什么？
5. 多功能车辆总线的物理介质有哪几种？
6. 绞线式列车总线（WTB）的定义是什么？
7. 典型的已命名的 WTB 各节点的组成形态是怎样的？
8. 未命名的 WTB 节点的命名包括哪些过程？

项目五　其他列车网络标准

【项目描述】

本项目介绍了 ARCNET、CAN 网络标准。CRH2 动车组采用的就是 ARCNET 网络标准，在动车组的很多子系统中采用的有 CAN 总线，如 CRH5 动车组的用于次要设备诊断时就采用了 CAN 总线。ARCNET 网络标准主要介绍了令牌总线、令牌环、ARCNET 的工作原理、ARCNET 的数据传送及安全机制。CAN 总线主要介绍了 CAN 的技术特点与技术规范，为分析 CRH2 动车组网络和动车组中的 CAN 总线提供理论基础。

【知识目标】

（1）掌握 ARCNET 的工作原理。
（2）掌握 ARCNET 的性能特点与传输方法。
（3）了解非破坏性仲裁原理。

【能力目标】

（1）理解 ARCNET、CAN 网络的工作原理。
（2）能够利用 ARCNET、CAN 网络的原理来分析理解动车组网络的构成及工作原理。

任务一　ARCNET 网络协议

一、简　述

ARCNET（Attached Resource Computer NETwork）是一种网络访问规程（协议），是一种基于令牌传递协议的现场总线，于 1977 年由美国的 Datapoint 公司制定。ARCNET 是一个真正开放标准协议，1999 年成为美国国家标准 ANSI/ATA878.1。从 OSI 参考模型来看，它提供了网络的物理层和数据链路层服务，说明 ARCNET 能方便地在两个节点之间实现数据包的发送和接收。过去曾普遍用于办公室自动化，经过优化，逐渐演进成了一种嵌入式网络技术。由于其具有快速性、确定性、可扩展性和支持长距离传输等特点，非常适合过程实时控制。该技术广泛运用于工业控制领域、智能楼宇、交通运输、机器人及电子游戏等领域。在美国、欧洲特别是日本被广泛采用。

ARCNET 是典型的令牌总线网络，1999 年成为美国国家标准 ANSI / ATA-878.1。从 OSI 参考模型来看，ARCNET 定义了 ISO/OSI 七层网络体系模型中的数据链路层和物理层，其可开放底层接口，允许用户自行开发嵌入式设备。

ARCNET 具有下列特点：简单易用、价格低、可靠性高、性能好。新型的 ARCNET 控制芯片非常小巧。

二、令牌总线网

1．工作原理

IEEE 802.4 标准是令牌总线介质访问方法和协议标准。它规定了令牌总线介质访问控制（MAC）子层、物理层的服务规范、帧结构形式、控制方式的功能及其形式描述。

令牌总线网的原理是使用一个称为令牌的特殊比特组合，作为控制介质访问权力的唯一标志。当总线上所有的站点都处于空闲时，令牌沿着总线各个节点顺序传递。当某一站点想发送数据时必须等待，直至检测到该站点接收到令牌为止。这时，该站点可以用改变令牌中特定位的值的方式将令牌抓住，并将令牌转变成数据帧的一部分，同时，该站点将自己要发送的数据附带上发送。由于网上只有一个令牌，因此一次只能有一个站点发送数据。

令牌总线网的物理拓扑为总线拓扑，如图 5-1-1 所示。

令牌总线的基本原理是：用令牌控制对介质的访问，持令牌的站暂时控制了介质，并可以发送数据；令牌按一定的规则在网上的各站之间循环地传递，从而形成了一个逻辑环。图 5-1-1 中的逻辑环为 A→C→D→B→E→A。除总线拓扑网络外，树形网、星形网等其他拓扑的网也可组成逻辑环路。实际上，网络中令牌的传送按虚线逻辑环路进行，而数据帧的传送仍在两站点间直接进行，这种结构叫作逻辑环网。一个站点要发送数据，必须持有令牌，持有令牌的站发完数据帧或发送的数据帧到达规定的个数，必须将发送控制权传送给逻辑环的下游站。这样，网上各站都有平等的发送数据帧的机会，网上允许只有一个令牌，避免发送时的竞争现象。

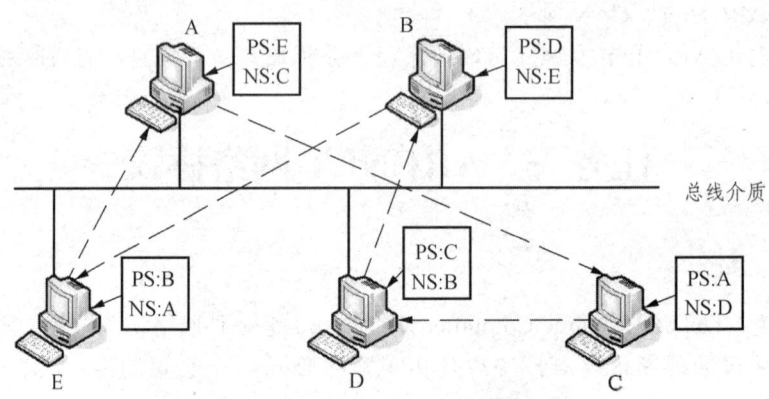

图 5-1-1　令牌总线物理和逻辑结构

逻辑环网与物理环网（IEEE802.5 标准）相比，由于物理环网传送数据必须按环路进行，而逻辑环网传送数据有直接通路，所以逻辑环网延迟时间短。逻辑环网与一般争用总线网相比，在网络通信量增加的情况下，争用总线网冲突增加，系统开销随之增大，系统效率迅速下降，而逻辑环网传送令牌的时间为常数。不用解决冲突问题，效率依然很高；另外争用总线网在访问竞争中各站平等，访问和响应具有随机性，属于概率性网，不具备时间确定性，不符合实时要求，而逻辑环网可实现有优先级的数据传送，且访问和响应时间有确定值，符合实时应用要求。因此在列车通信网络中可以采用 ARCNET 这类令牌总线网络。

2. 令牌总线 MAC 帧格式

IEEE 802.4 令牌总线 MAC 帧格式如图 5-1-2 所示。

1	1	1	2或6	2或6	0~任意	4	1
PA	SD	FC	DA	SA	DAT-AUNIT	FCS	ED
前导码	帧开始	帧控制	目标地址	源地址	数据	帧校验序列	帧结束定界符

图 5-1-2　MAC 帧格式

PA：前导码，它在每帧前面发送，调制解调器根据前导码位模式得到电平信号，目的是使物理收发信号电路在接收时能达到稳态同步。前导码的最小持续时间为 2 μs，同时要求发送的位必须是 8 位组的倍数。

SD：帧开始定界符，它表示一个有效帧的开始，长度为一个字节。

FC：帧控制字段，FC 决定了本次发送的帧是 MAC 帧还是数据帧。帧控制字段的格式为：FFMMMPPP。其中：FF 是帧类型，如果 FF = 00，该帧为 MAC 帧；如果 FF = 01，该帧为 LLC 数据帧；如果 FF = 10，该帧为站管理数据帧；如果 FF = 11，该帧为特殊用途的数据帧。MMM 是 MAC 动作，如果 MMM = 000，表示无响应请求。PPP 是优先级，如果 PPP = 000 优先级最低，PPP = 111 优先级最高。

DA：目标地址。

SA：源地址。SA 和 DA 必须等长。

DATA-UNIT：MAC 数据单元字段（LLCPDU），依据 FC 定义的 3 种数据帧，数据单元可以是用于 LLC 实体间交换的 LLCPDU、用于 MAC 管理实体间交换 MAC 管理信息的 MAC 管理数据和专门用于 MAC 控制帧的数据。

FCS：帧校验序列，它是基于 PA、SD、ED 和 FCS 以外的所有字段的一个 32 位环冗系校验（CRC）码。

ED：帧结束定界符，ED 出现就结束该帧，并决定了 FCS 的位置。

由 SD、ED 联合组成异常终止序列，一个站发送终止序列可以停止已经开始帧的发送。

三、令牌环（token-ring）网络简介

环形网络的所有节点通过环接口设备（又称环中继转发器 RPU）接入环路，整个环路由一系列的环段（传输介质，也称链路）和 RPU 组成。

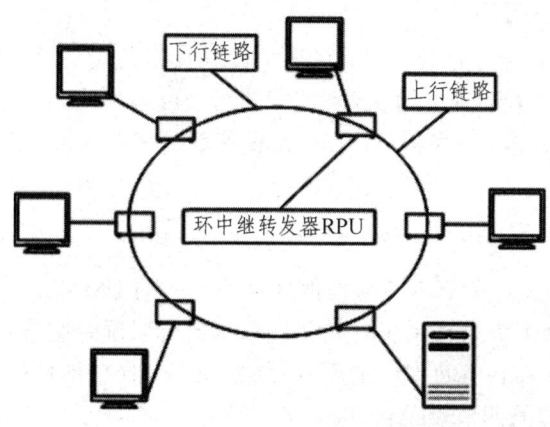

图 5-1-3　环形局域网一般结构示意图

1．令牌环网工作原理

（1）具有特定格式的令牌帧绕环行驶，将访问介质的权力从一个节点传递到物理连接的另外一个节点（从一个 RPU 传递到物理链路另一端的 RPU）。

（2）希望发送信息的节点将数据组成 MAC 帧，并仅在获得令牌之后，才可进行发送动作。

（3）每个节点均执行环内数据的再生和转发。

（4）只有接收节点（帧中的目的地址为本节点地址）进行数据帧的复制和接收。

（5）发送数据的节点在收到绕环一周的帧后，撤出该帧并释放令牌。

2．令牌环网的特点

（1）同一时刻，环上只有一个数据帧在传输（一个节点在传输数据）。

（2）网上所有节点共享网络带宽。

（3）有最小的传输延迟时间（令牌传输需要时间）。

（4）数据从一个节点传到另一个节点的时间是可计算的，可用于实时控制。

（5）标准：IEEE 802.5。

四、ARCNET 工作原理

ARCNET 局域网采用了优化的令牌总线协议（IEEE802.4），除了具有令牌总线网的一般特点外，还具有如下特点：网络中每个节点保存有下一个节点的逻辑地址，可以生成一个网络活动节点地址表。为了避免目的节点没有空闲缓冲区而引起信息的丢失，设置了空闲缓冲区查询帧，通过查询可以减少不必要的数据重传，提高了网络运行效率。

1．ARCNET 的节点及地址

每个 ARCNET 物理节点包括一个数据链路层的通信控制器芯片和一个物理层的收发器芯片。每个节点有一个网络地址，令牌以递增的节点地址序号，从一个节点传递到另一个节点，形成逻辑环路。节点使用唯一的 MAC 地址来标识自己，单个 ARCNET 子网最多可有 255 个节点，ARCNET 支持点对点的定向消息和单点对多点的广播消息。在数据链路层，采用令牌环机制，各节点通过传递令牌来协调网络使用权。

2．ARCNET 的物理层

在物理层，ARCNET 支持总线结构、星形结构以及分布式星形拓扑结构。ARCNET 速率为 2.5 Mbps，传输的介质有同轴电缆、双绞线、光纤，可满足绝大多数自动控制应用对速度、抗干扰性和物理介质的要求。新型的 ARCnet plus 速率已从原来的 2.5 Mbps 增加到 100 Mbps（使用光纤时）。

3．逻辑环的建立

在 ARCNET 网络中，每个节点的物理地址都是唯一的（MAC），取值范围为 0 ~ 255，其中 0 为网络广播地址。每个节点在系统初始化或重构的时候确定它在逻辑环中的下一个节点，并将下一个节点的 ID 保存在各自专门的寄存器中，并按 MAC 地址的大小顺序构成一个逻辑环。图 5-1-4 所示是典型的四节点逻辑环。

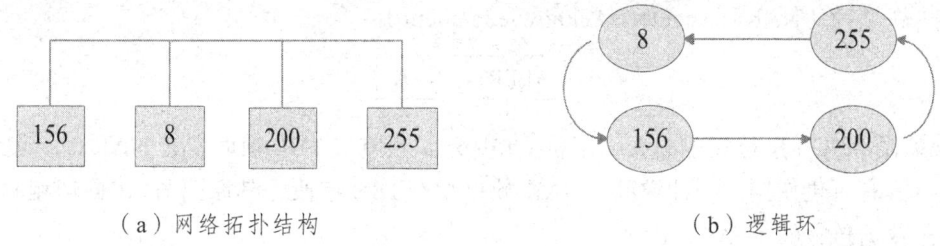

(a)网络拓扑结构　　　　　　　　(b)逻辑环

图 5-1-4　逻辑环的建立

4．节点的增加与减少

当一个新节点加电或 840 ms（2.5 Mbps 速率下）没有收到令牌时，它即发出一个重构脉冲，使总线终止一切活动，造成令牌丢失，从而引发系统重构，重构时间的多少取决于网上节点的多少和数据传输速率的大小，通常为 20~30 ms。

当一个节点由于故障或断电而退出网络时不需进行整个逻辑环的重构，因为当逻辑环的上一个节点（存有退网节点的 ID 值）向它发送令牌时，不能收到它的响应，因而令牌发送者将它的 NID 值加 1 重发令牌，直到收到响应，即找到逻辑环中新的下一个节点为止（实际上新的下一个节点就是故障节点在原逻辑环的下一个节点），节点的退网也就完成。

5．ARCNET 帧类型

虽然 ARCNET 遵从 IEEE802.4 的协议，但是在具体帧结构上还是存在差异。ARCNET 有令牌帧、空闲缓冲区询问帧、确认帧、否认帧及数据传输帧等多种信息帧，各帧结构和含义如下：

（1）令牌帧（ITT，Invitation to Transmit）：

ALERT	EOT	DID	DID

EOT 是 ASCII 码中的传输结束控制符（04hex）。后跟的两个字节都是 DID（终点标识符），即后继工作站的地址。重复使用 DID 的目的是增加可靠性。

（2）空闲缓冲区询问帧（FBE，Free Buffer Enquiry）：

ALERT	ENQ	DID	DID

ENQ 是 ASCII 字符集中的询问字符（05hex）。它后跟的两个字节 DID 是想通过询问，了解空闲缓冲器状态的工作站标识。DID 重复使用也是为提高寻找终点工作站的可靠性。

（3）确认帧（ACK，Acknowledgement）：

ALERT	ACK

ACK 是 ASCII 字符集中的确认字符（06hex）。当响应 FBE 帧而发送 ACK 时，表示接收工作站具有可供使用的缓冲器空间。ACK 帧之所以没有 DID 字段，是因为这种帧是作为广播方式发送的。

（4）否认帧（NAK，Negative Acknowledgement）：

| ALERT | NAK |

NAK 是 ASCII 字符集中的否认字符（15hex）。当响应 FBE 帧而发送 NAK 时，表示接收工作站不具有可供使用的缓冲空间。NAK 帧也没有 DID 字段，其原因与 ACK 帧相同。

（5）数据传输帧（PAC，Packet）：

| ALERT | SOH | SID | DID | DID | CP | DATA | CRC | CRC |

SOH（标题开始）是 ASCII 字符集中的标题开始字符（01hex）。SID（源点 ID）和（终点 ID）表示源点和终点工作站的地址。CP（连续指针）字段指示工作站在存储器中找到的传输数据的起点。数据字段 DATA 具有可变长度，处于 1 字节和 508 字节之间，用以携带用户数据。2 字节的 CRC 字段由发送站添加，用来保护 Data 字段。

6．数据的接收和发送

在启动时，首先要构成逻辑次序，即逻辑环，每个站都不断跟踪保持其前驱工作站和后继工作站的站标识。每个工作站将其自身的后继者（NID）设置为自身站地址（ID）加 1，并按下述公式设置超时值（TimeOut）：

$$TimeOut = 146 \times (255\text{-}ID)\ \mu s$$

具有最大地址值的工作站首先超时，于是它创建 ITT 帧，并将该令牌帧发送给它的后继站。如果在 74 μs 后没有响应，最大地址值的工作站便认为具有后继 NID 地址的站不存在，随后便将 NID 值增加 1，再次发送 DID 为新值的 ITT。这种过程重复直至该最大地址值的工作站找到自己的后继者为止。被找到的后继工作站像前驱工作站一样，重复此过程。

一旦找到所有活动工作站，正常的令牌传递操作便可开始。配置时间在 24～61 μs，取决于活动站的数目和工作站地址的值。为使 TimeOut 初始值为 0 和将配置时间减至最小，建议将 ARCNET 一个工作站地址设置为 255。

在数据传送的过程中，一旦源节点 CPU 将待发的用户数据写入协议控制器的内部 RAM，在该节点持有令牌时，相当于接收到令牌帧（ITT），首先向目的节点发送一个空闲缓存区查询帧（FBE），查询目的节点是否有足够的接收缓存，目的节点如有，则回答一个确认帧（ACK），否则回答一个否认帧（NAK）。源节点只有收到来自目的节点的 ACK 帧后才向其发送一个含有用户数据的数据传输帧（PAC）。如果目的节点收到了数据，且通过 CRC 校验，则回送一个 ACK 帧，告诉源节点数据接收成功，否则目的节点不回发任何信息，导致源节点超时，源节点认为数据发送失败，等下一次收到令牌时重发该数据帧，至此节点传输过程结束，令牌被传递给下一个节点。

ARCNET 支持广播消息。广播消息发出后无须回送确认帧，通过消息广播一次可以将消息传送给网络上的所有节点，可见广播速度很快。

数据传输过程示例如图 5-1-5 所示。

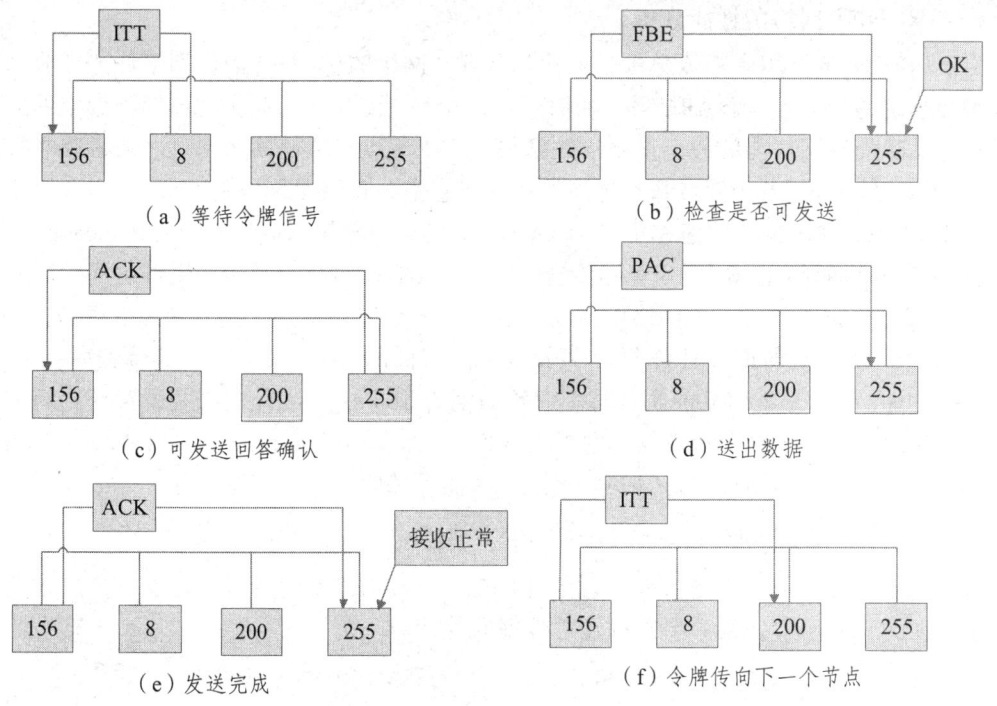

图 5-1-5 数据的传送过程

7．安全机制

数据发送前通过发送 FBE 帧对目的节点的接收准备进行确认。每个数据帧中都含有一个 CRC-16 的帧校验序列。一旦令牌丢失，将引发重构，自动重构网络。协议控制器提供强大的网络故障诊断功能。

令牌维护：

如果因为故障破坏了令牌的正确传递，网络必须进行重新配置。产生另一种重新配置的情况是在令牌传递环上增加工作站或去掉工作站。因此重新配置是难以避免的事情。

如果一个活动工作站在 840 ms 后未接收到 ITT 帧，由 8 个传号间隔组成的 RECON 图样，后跟一个空号便发送 765 次。RECON 图样持续 2 754 μs，以确保破坏传输中的任何令牌帧，其结果是使令牌帧丢失。78 μs 无活动后，所有工作站都会认识到，重新配置正在发生。于是每个站都将其自身的后继者设置为自身地址（ID）加 1，并设置超时值。以后的过程与启动时一样。

在 ARCNET 技术中，删除一个工作站是一个较简单的过程，不需调用全部重新配置机制。如果地址为 10 的工作站从环上已撤离，而且只要对其前驱者工作站 1 发来的 ITT 帧不响应的时间超过 74 μs。工作站 1 便认为工作站 10 不再存在。工作站 1 便对其 NID 值增加 1（新值为 11），并将 ITT 发到工作站 11。如果在 74 μs 后还是没有响应，则重复上述过程。下一个站地址为 25，工作站 1 需要 1.1 ms 的时间，才能发现它的后继工作站为 25。如果工作站 10 想重新进入环，它必须等待令牌的时间为 840 ms。如果它还未经过 ITT 帧邀请发送，它必须调用全部重新配置机制。

8．ARCNET 网络的性能分析

由于 ARCNET 使用令牌传送机制来仲裁节点对网络的访问权，因而网络性能在时间上是可以预测确定的。正是由于 ARCNET 的时间可确定性，使其在工业实时控制领域中的应用经久不衰。反映局域网性能的一个重要参数就是"一个节点在能够发送信息之前必须等待的时间"，这个参数表示了各个节点每秒钟能发送的信息数，也就是网络的吞吐量。

在 2.5 Mbps 的数据传输速率下，ARCNET 协议控制器执行简单的令牌传送约需 28.2 μs（协议控制器响应时间 12.6 μs+令牌码传送时间 15.6 μs），因而令牌绕逻辑环一周的传递时间为 $28.2 \times N_{nodes}$（μs），N_{nodes} 为网络中活动节点数，一个节点从接收到令牌到发送数据为止，共需 117.2 μs 的处理时间，传输每个字节需 11 个时钟周期，一个字节的传输时间为 11×400 ns=4.4 μs（速率为 2.5 Mbps 时，每个时钟周期为 100 ns）。因此令牌绕逻辑环一周最坏情况下的传输时间是网上每个节点均有数据需要发送，其大小可表示为（$28.2+117.2+4.4 \times N_{bytes}$）$\times N_{nodes}$（$N_{bytes}$ 为每个数据包发送的字节数），因而等待时间 Tw 的范围为：

$$28.2 \times N_{nodes} \mu s < Tw < (145.4+4.4 \times N_{bytes}) \times N_{nodes} \mu s$$

若网络中的活动节点数是 100 个，令牌环绕一周约有 2% 的节点需要发送信息，其信息包的总长度为 100 字节，则一个节点发送数据的等待时间为：

$$T=（145.4+4.4\times100）\times100\times2\%+28.2\times100\times98\%=3\,934（\mu s）$$

即一个节点在一秒钟内可发送约 256 个信息包。

此外从数据传输的效率来看，若一个节点信息包的长度 253 字节，其传输总时间为 $145.4+4.4\times253=1\,258.6$ μs，传输数据所花时间为 $4.4\times253=1\,113.2$ μs，数据传输效率约为 88%（$1\,113.2/1\,258.6\times100\%=88\%$），也是相当高的。

ARCNET plus 是 ARCNET 的第二代产品，比 ARCNET 性能有显著提高，单从传输速率看，提高到原来 2.5 Mbps 的 8 倍，即 20 Mbps，而且还与 ARCNET 向下兼容。

要了解性能提高的机制，必须清楚 ARCNET 传递速率低的原因。ARCNET 的工作站使用 5 MHz 的一个周期后跟等长的静止期来表示逻辑"1"。逻辑"0"则由两个静止间隔组成。一个间隔是 1/5 MHz = 200 ns。由此可看出，发送 1 比特（0 或 1）信息需要两个这样的间隔。

ARCNET 以多个整数个字节发送数据，每一字节由 3 比特较准图样（110）来使接收器与发送器同步。这表明每 8 个数据比特就有 3 比特的额外开销，因此，ARCNET 的有数据速率为 $8/11\times25$ Mbps=1.82 Mbps。显然对带宽有较大的浪费，静止期是一种浪费，较准额外开销占总带宽的 27%。

ARCNET plus 增加带宽利用效率通过下述两种途径实现：

（1）消除静止周期。

（2）将每个字节使用 3 比特较准比特改为每 8 个字节使用 3 比特较准比特。

ARCNET plus 使用的精巧技术是使用幅度调制在每 200 ns 间隔中挤出 4 比特信息。脉冲可以是正的或负的正弦波，具有从 0～12 V 的 8 个可能的幅度，从而给出总数为 $2\times8=16$ 的脉冲组合，足以代表 4 比特的数据。

因此，ARCNET plus 的数据速率为 $4\times5=20$ Mbps。然而这个数据率未包括额外开销，如果考虑较准所用的额外开销，其有效数据率为 16.8 Mbps。

在 ARCNET plus 初始化期间，一个工作站发送一特殊信号，通知其他站要以 ARCNET

plus 的高速方式操作。当工作站传递令牌时，也发送这种特殊信号。当 ARCNET plus 工作站与 ARCNET 工作站通信时，则要降至 2.5 Mbps。

任务二　CAN 总线

一、CAN 总线简介

CAN（Controller Area Network）即控制器局域网络。由于其高性能、高可靠性以及独特的设计，CAN 越来越受到人们的重视。国外已有许多大公司的产品采用了这一技术，CAN 协议被广泛地用于各类自动化控制领域。CAN 最初是由德国的 Bosch 公司为汽车监测、控制系统而设计的。众所周知，现代汽车越来越多地采用电子装置控制，如发动机的定时、注油控制，加速、刹车控制（ASC）及制动防抱死系统（ABS）等。由于这些控制需检测及交换大量数据，采用硬接信号线的方式不但烦琐、昂贵，而且难以解决问题，为了满足汽车内部信息交换量急剧增加的要求，有必要使用一种实现多路传输方式的车载网络系统。这种网络系统采用串行总线结构，通过总线信道共享，减少线束的数量。

车载网络除了要求采用总线拓扑结构方式外，必须具有极好的抗干扰能力；极强的差错检测和处理能力；满足信息传输实时性要求；同时具备故障的诊断和处理能力等。另外考虑到成本因素，要求其控制接口结构简单，易于配置。CAN 总线使上述问题得到了很好的解决。据资料介绍，世界上一些著名的汽车制造厂商，如 BENZ（奔驰）、BMW（宝马）、PORSCHE（保时捷）、ROLLS-ROYCE（劳斯莱斯）和 JAGUAR（美洲豹）等都已开始采用 CAN 总线来实现汽车内部控制系统与各检测和执行机构间的数据通信。

1993 年 CAN 成为国际标准 ISO11898（高速应用）和 ISO11519（低速应用）。CAN 的规范从 CAN 1.2 规范（标准格式）发展为兼容 CAN 1.2 规范的 CAN2.0 规范（CAN2.0A 为标准格式，CAN2.0B 为扩展格式），目前应用的 CAN 器件大多符合 CAN2.0 规范。

基于 CAN 的应用层协议应用较通用的有两种：DeviceNet（适合于工厂底层自动化）和 CANopen（适合于机械控制的嵌入式应用）。任何组织或个人都可以从 DeviceNet 供货商协会（ODVA）获得 DeviceNet 规范。购买者将得到无限制的、真正免费的开发 DeviceNet 产品的授权。DviceNet 自 2002 年被确立为我国国家标准以来，已在冶金、电力、水处理、乳品饮料、烟草、水泥、石化、矿山等各个行业得到成功应用，其低成本和高可靠性已经得到广泛认同。

目前在我国的动车组、和谐号和复兴号动车组中 CAN 总线均有有应用。例如："神舟号"动车组、CRH3HE CRH5 的子系统总成、HXN3 机车子系统等。

二、CAN 总线的特点

CAN 是分布式、实时控制的串行通信网络，由于其采用了许多新技术及独特的设计，与一般的通信总线相比，CAN 总线的数据通信具有突出的可靠性、实时性和灵活性。其特点可概括如下：

（1）CAN 为多主方式工作，网络上任一节点均可在任意时刻主动地向网络上其他节点发送信息，而不分主从，通信方式灵活，且无须站地址等节点信息。利用这一特点可方便地构成多机备份系统。

（2）CAN 网络上的节点信息分成不同的优先级，可满足不同的实时要求，高优先级的数据最多可在 134 μs 内得到传输。

（3）CAN 采用非破坏性总线仲裁技术，当多个节点同时向总线发送信息时，优先级较低的节点会主动地退出发送，而最高优先级的节点可不受影响地继续传输数据，从而大大节省了总线冲突仲裁时间。尤其是在网络负载很重的情况下也不会出现网络瘫痪情况（以太网则可能）。

（4）CAN 只需通过报文滤波即可实现点对点、一点对多点及全局广播等几种方式传送接收数据，无须专门的"调度"。

（5）CAN 的直接通信距离最远可达 10 km(速率 5 Kbps 以下)；通信速率最高可达 1 Mbps（此时通信距离最长为 40 m）。

（6）CAN 上的节点数主要取决于总线驱动电路，目前可达 110 个；报文标识符可达 2 032 种（CAN2.0A），而扩展标准（CAN2.0B）的报文标识符几乎不受限制。

（7）采用短帧结构，传输时间短，受干扰概率低，具有极好的检错效果。

（8）CAN 的每帧信息都有 CRC 校验及其他检错措施，保证了数据出错率极低。

（9）CAN 的通信介质可为双绞线、同轴电缆或光纤，选择灵活。

（10）CAN 节点在错误严重的情况下具有自动关闭输出功能，以使总线上其他节点的操作不受影响。

三、CAN 总线的通信模式

（1）载波监测，多路访问控制/冲突检测（CSMA/CD）。这就允许在总线上的任一设备有同等的机会取得总线的控制权来向外发送信息。如果在同一时刻有两个以上的设备欲发送信息，就会发生数据冲突，CAN 总线能够实时地检测这些冲突情况并做出相应的仲裁而不会破坏待传的信息。

（2）信息报文在传送时不是基于目的站点地址。这就允许不同的信息以"广播"的形式发送到所有节点并且可在不改变信息格式的前提下对报文进行不同配置。

（3）CAN 总线是一种高速的、具备复杂的错误检测和恢复能力的高可靠性强有力的网络。

1．载波监测，多路访问控制/冲突检测（CSMA/CD）

"载波监测"是指在总线上的每个节点在发送信息报文前都必须监测到总线上有一段时间的空闲状态。

"多路访问控制"是指一旦空闲状态被监测到，那么每个节点都有均等的机会来发送报文。

"冲突检测"是指在两上节点同时发送信息时，节点本身首先会检测到出现冲突，然后采取相应的措施来解决这一冲突情况，此时优先级高的报文先发送，低优先级的报文发送会暂停。在 CAN 总线协议中是通过一种非破坏性的仲裁方式来实现冲突检测。这也就意味着当总线出现发送冲突时，通过仲裁后原发送信息不会受到任何影响。所有的仲裁判别都不会破坏优先级高的报文信息内容，也不会对其发送产生任何的时延。

如何实现非破坏性的位仲裁？

为了达到这种"非破坏性的位仲裁方式"，CAN总线协议必须满足一些前提条件。首先，必须定义两种逻辑状态——在这里叫作"支配位（DOMINANT）"（又称"显性"电平）和"顺从位（RECESSIVE）"（又称"隐性"电平）；然后，节点在发送过程中必须检测刚刚发出的状态是否就是信息中所描述的内容。在CAN总线的定义中，逻辑0为支配位，逻辑1为顺从位。

支配位一定会在和顺从位的判别过程中获胜，换句话说，报文标记区（报文仲裁专用区域）的值越小，其优先级就越高。举个例子，假定有两个节点在同一时刻发送一个报文，每个节点都会监测总线以便了解欲发送的信息状态是否确实出现在总线上。一个优先级较低的报文在某一时刻会发送一个"顺从位"，但是检测回来的却是"支配位"。此时这个节点被仲裁为发送权取消，立刻停止发送报文的工作。优先级较高的报文继续发送直到完整的报文发送完毕。在刚才冲突仲裁中被取消发送权的节点将等待总线的下一个空闲期并自动地再次尝试发送。

2．基于报文的通信

CAN总线是一个基于报文而不是基于站点地址的协议。也就是说报文不是按照地址从一个节点传送到另一个节点。CAN总线上报文所包含的内容只有优先级标志区和欲传送的数据内容。所有节点都会接收到在总线上传送的报文，并在正确接收后发出应答确认。至于该报文是否要做进一步的处理或被丢弃，将完全取决于接收节点本身。同一个报文可以发送给特定的站点或许多站点，就看你怎样去设计你的网络和系统。

基于报文的这种协议，另外一个好处是新的节点可以随时方便地加入到现有的系统中，而不需对所有节点进行重新编程，以便它们能识别这一新节点。一旦新节点加入到网络中，它就开始接收信息，判别信息标识，然后决定是否做处理或直接丢弃。

如何去实现？

CAN总协议另外一个有用的特性是一个节点可以主动要求其他节点发送信息。这种特性叫作"远端发送请求"（RTR）。与上例不同之处在于，节点并不等待信息的到来，而是主动去索取。

如汽车中的中央安全系统会频繁地更新一些信息，如安全气囊等关键传感器的信息。为了了解这些设备是否工作正常，系统必须定期地要求此类设备发送相关的信息，以便检查整个系统的工作情况。设计人员就可以利用这一"远端发送请求"特性来减少网络的数据通信量，同时维持整个系统的完整性。

CAN总线定义了4种不同的帧，用于总线通信。

（1）最常用的是"数据帧"，用于一个节点传送信息到其他任一或所有节点。

（2）"远程帧"，基本上是一个数据帧但其中的RTR位被置1，表明这是一个"远程发送请求"，用于一个节点主动要求其他节点发送信息。

（3）"错误帧"，如果节点在接收过程中检测到任一在CAN总线协议中定义了的错误信息，它就会发送一个错误帧。

（4）"过载帧"，当一个节点正忙于处理接收的信息，需要额外的等待时间接收下一报文时，可以发送过载帧，通知其他节点暂缓发送新报文。

3. CAN 总线是一种高速的、具备复杂的错误检测和恢复能力的高可靠性强有力的网络

（1）高速性：CAN 总线一开始是为汽车工业而设计的，如果要使这一市场能够接受它，一个能高效处理出错情况的通信协议是至关重要的。在发布了 2.0B 版的 CAN 总线技术规范后，其最大的通信速率已经比 1.0 版提高了 8 倍，达 1 Mbps，在这种速率下，即便是对时间要求非常关键的参数也可以通过 CAN 总线传输而不必担心其时延。

（2）CAN 总线协议有一套完整的差错管理机制能够自动地检测出这些错误信息，由此保证了被传信息的正确性和完整性。

四、CAN 的技术规范

1991 年 9 月 Bosch 公司发布了 CAN 技术规范 2.0，该技术规范包括 A 和 B 两部分。2.0A 给出了 CAN 报文的标准格式；2.0B 给出了标准的和扩展的两种报文格式，完全兼容 2.0A。1993 年 11 月 ISO 正式将它颁布为：道路交通工具-数据信息交换-高速通信控制器局域网标准 ISO11898。

1．CAN 的分层结构

为了使设计透明和执行灵活，遵循 ISO/OSI 标准模型，CAN 分为数据链路层（包括逻辑链路层 LLC 和媒体访问控制层 MAC）和物理层，在 CAN 技术规范 2.0A 的版本中，数据链路层的 LLC 和 MAC 子层的服务和功能被描述为"目标层"和"传输层"。

逻辑链路子层——LLC 子层的主要功能是报文滤波、超载通知和恢复管理。

媒体访问控制子层——MAC 子层的主要功能是传送规则，以及控制帧结构、执行仲裁、错误检测、出错标定和故障界定。

CAN 的分层结构和功能如图 5-2-1 所示。

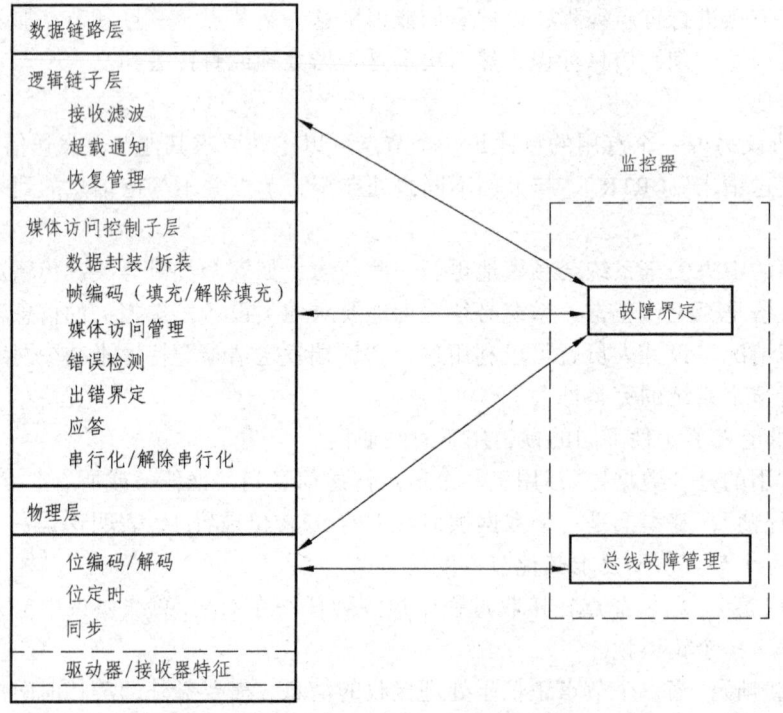

图 5-2-1　CAN 的分层结构和功能

2．CAN 总线报文的帧结构

CAN 总线的报文传送由 4 种不同类型的帧表示和控制：
① 数据帧携带数据由发送器至接收器。
② 远程帧通过总线单元发送，以请求发送具有相同标识符的数据帧。
③ 出错帧由检测出总线错误的任何单元发送。
④ 超载帧用于提供当前的和后续的数据帧的附加延迟。
数据帧和远程帧借助帧间空间和当前帧分开。

（1）数据帧。

数据帧由 7 个不同的位场组成，即帧起始、仲裁场、控制场、数据场、CRC 场、应答场和帧结束。数据长度可为 0。CAN 技术规范 2.0B 数据帧的组成如图 5-2-2 所示。

在 CAN 技术规范 2.0B 中存在两种不同的帧格式，其主要区别在于标识符的长度，具有 11 位标识符的帧称为标准帧，而包括 29 位标识符的称为扩展帧。标准格式和扩展格式的数据帧结构如图 5-2-3 所示。

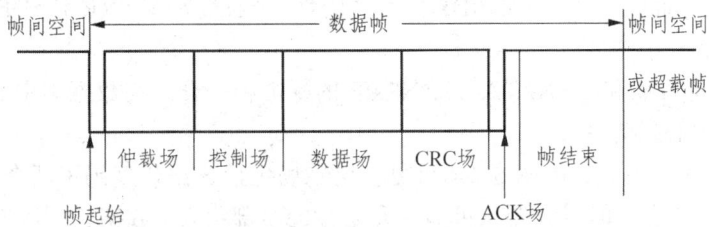

图 5-2-2 数据帧的组成结构

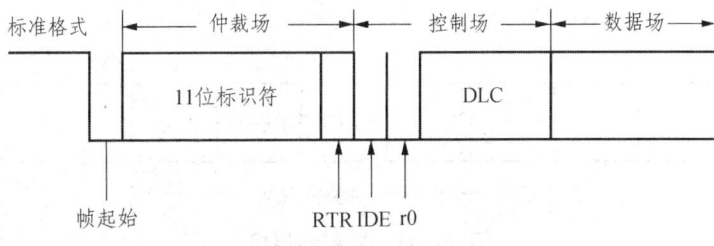

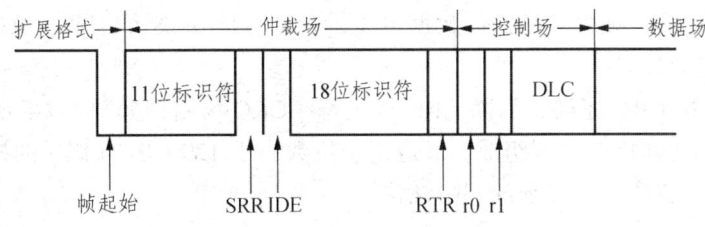

图 5-2-3 标准格式和扩展格式

① 帧起始（SOF）标志数据帧和远程帧的起始，它仅由一个显性位构成，只有在总线处于空闲状态时，才允许单元开始发送。所有单元都必须同步于首先开始发送的那个单元的帧起始前沿。

② 仲裁场由标识符和远程发送请求位（RTR）组成。

对于 CAN 技术规范 2.0A，标识符的长度为 11 位，这些位依从高位到低位的顺序发送，最低位为 ID.0，其中最高 7 位不能全为隐性。RTR 位在数据帧中必须为显性，而在远程帧中必须为隐性。

对于 CAN 技术规范 2.0B，标准格式和扩展格式的仲裁场不同，在标准格式中，11 位标识符和远程发送请求位 RTR 组成，标识符位为 ID.28～ID.18；RTR 位在数据帧中必须为显性，而在远程帧中必须为隐性。

为区别标准格式和扩展格式，将 CAN 技术规范 2.0A 中的 r1 改记为 IDE 位，对于 CAN 技术规范 2.0B，在扩展格式中，仲裁场由 29 位标识符 ID.28～ID.0、替代远程请求位 SRR（Substitute Remote Request BIT）（隐性位）、识别位扩展位 IDE（Identifier Extension Bit）（隐性位）、远程发送请求位 RTR 组成。

SRR 是一隐性位。它在扩展格式的标准帧 RTR 位上被发送，并代替标准帧的 RTR 位。因此，如果扩展帧的基本 ID 和标准帧的识别符相同，标准帧与扩展帧的冲突是通过标准帧优先于扩展帧这一途径得以解决的。

对于扩展格式，IDE 位属于仲裁场；对于标准格式，IDE 位属于控制场。标准格式里的 IDE 位为"显性"，而扩展格式里的 IDE 位为"隐性"。通过判别 SRR 和 IDE 是否均为隐性，来区别扩展格式和标准格式。

CAN2.0B 的扩展帧和 CAN2.0A、CAN2.0B 的标准帧一样，在数据帧中 RTR 位必须为显性，而在远程帧中必须为隐性。

③ 控制场由 6 位组成，由图 5-2-4 可见，控制场包括数据长度码和两个保留位，这两个保留位必须发送显性位，但接收器认可显性和隐性的全部组合。数据长度码 DLC 指出数据场的字节数目。数据长度码为 4 位，在控制场中被发送，数据字节的允许使用数目为 0～8，不能使用其他数值。

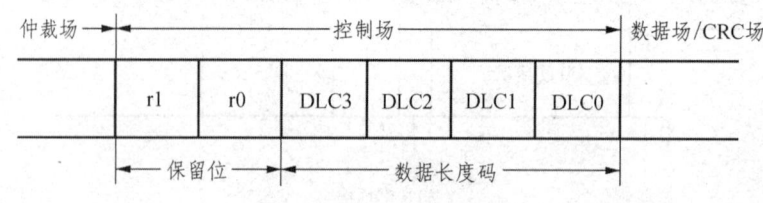

图 5-2-4　控制场组成

④ 数据场是由数据帧中被发送的数据组成，它可包括 0～8 个字节，每个字节 8 位，首先发送的是最高有效位。

⑤ CRC 场包括 CRC 序列，后随 CRC 界定符。CRC 场结构如图 5-2-5 所示。CRC 序列由循环冗余码求得的帧检查序列组成，最适用于位数小于 127（BCH 码）的帧。CRC 序列之后是 CRC 界定符，包含一个单独的"隐性位"。

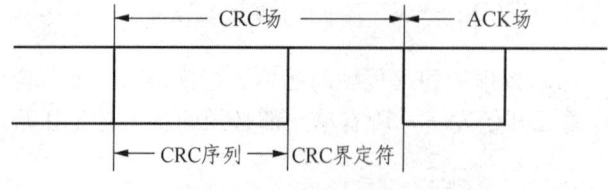

图 5-2-5　CRC 场组成

⑥ 应答场（ACK）为两位，包括应答间隙和应答界定符，如图 5-2-6 所示。在应答场中，发送器送出两个隐性位。一个正确地接收到有效报文的接收器，在应答间隙，将此信息通过发送一个显性位报告给发送器。所有接收到匹配 CRC 序列的站，通过在应答间隙内把显性位写入发送器的隐性位来报告。应答界定符是应答场的第二位，并且必须是隐性位。

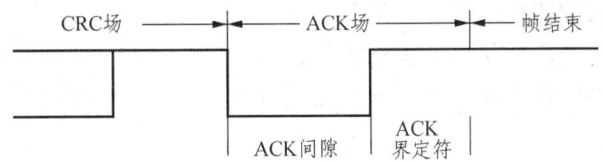

图 5-2-6 ACK 场组成

⑦ 帧结束：每个数据帧和远程帧均由 7 个隐性位组成的标志序列界定。

（2）远程帧。

远程帧由 6 个不同位场组成：帧起始、仲裁场、控制场、CRC 场、应答场和帧结束。远程帧和数据帧的结构基本相同，其 RTR 位为隐性位，且不存在数据场，远程帧组成如图 5-2-7 所示。

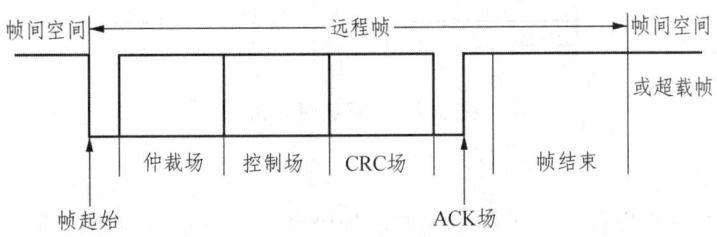

图 5-2-7 远程帧组成

（3）出错帧。

出错帧由两个不同场组成，第一个由来自各站的错误标识叠加而得到，后随的第二个场是出错界定符（包括 8 个隐性位）。如图 5-2-8 所示。

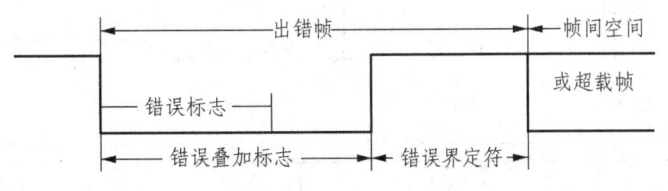

图 5-2-8 出错帧组成

错误标志具有两种形式：

① 激活错误标志（active error flag）：激活错误标志由 6 个连续的显性位组成。

② 认可错误标志（passive error flag）：认可错误标志由 6 个连续的隐性位组成，除非被来自其他节点的显性位冲掉。

检测到错误条件的"错误激活"站通过发送错误激活标志指示错误。错误标志的格式破坏了从帧起始到 CRC 界定符的位填充规则，也破坏了应答场或帧结束场的固定格式。因此，所有其他的站由此检测到错误条件并开始发送错误标志。因此，"显性"位序列的形成就是各个站发送的不同错误标志叠加在一起的结果。这个序列的总长度最小为 6 个位，最大为 12 个位。

检测到错误条件的"错误认可"的站试图通过发送错误认可标志指示错误。该"错误认可"站以错误认可标志为起点，等待 6 个相同极性的连续位，当这 6 个相同的位被检测到时，错误认可标志的发送就完成了。

出错界定符包括 8 个隐性位。错误标志发送后，每个站都发送出 1 个隐性位，并监视总线，直到检测到 1 个隐性位为止，然后开始发送剩余的 7 个隐性位。

（4）超载帧。

超载帧包括两个位场：超载标志和超载界定符，如图 5-2-9 所示。存在两种导致发送超载标志的超载条件：一个是要求延迟下一个数据帧或远程帧的接收器的内部条件；另一个是在间隙场检测到显性位。超载标志由 6 个显性位组成，超载界定符由 8 个隐性位组成。

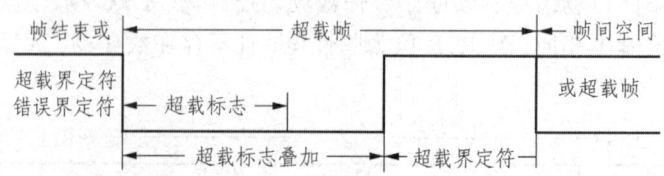

图 5-2-9　超载帧组成

（5）帧间空间。

数据帧、远程帧均以称之为帧间空间的位场分开。而在超载帧和出错帧前面没有帧间空间，并且多个超载帧前面也不被帧间空间分隔。帧间空间包括间歇场和总线空闲场，对于前面已经发送报文的"错误认可"站还有暂停发送场，如图 5-2-10 所示。

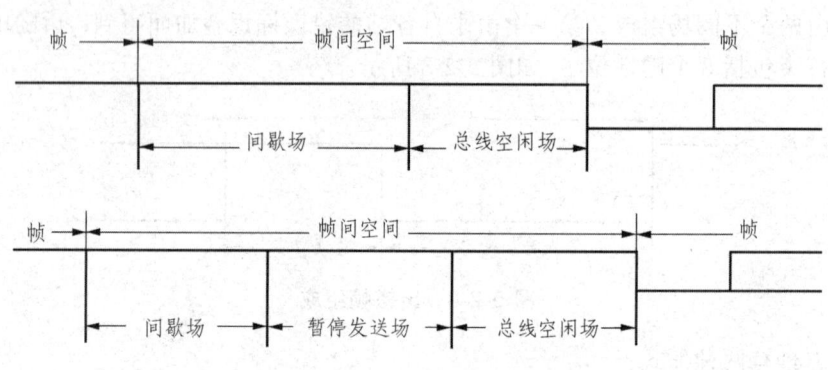

图 5-2-10　帧间空间组成

间歇场由 3 个隐性位组成，间歇期间不允许启动发送数据帧或远程帧，它仅起标注超载条件的作用。

总线空闲场周期可为任意长度，此时总线是开放的，因此任何需要发送的站均可访问总线。

暂停发送场是指错误认可站发送完一个报文后，在下一次报文发送认可总线空闲之前，它紧随间歇场后发送出的 8 个隐性位。

3. 错误类型和界定

CAN 总线不同于其他总线，CAN 协议不能使用应答信息。事实上，它可以将发生的任何错误用信号发出。CAN 协议可使用 5 种检查错误的方法，其中前 3 种为基于报文内容检查。

（1）循环冗余检查（CRC）：在一帧报文中加入冗余检查位可保证报文正确性。接收站通过 CRC 可判断报文是否有错。

（2）帧检查：这种方法通过位场检查帧的格式和大小来确定报文的正确性，用于检查格式上的错误。

（3）应答错误：被接收到的帧由接收站通过明确的应答来确认。如果发送站未收到应答，那么表明接收站发现帧中有错误，也就是说，ACK 场已损坏或网络中的报文无站接收。CAN 协议也可通过位检查的方法探测错误。

每个 CAN 总线上的节点都有出错计数器用以记录各种错误发生的次数。根据出错的严重性，通过这些计数器就可以确认这些节点是否应到降级模式；总线上的节点可以从正常工作模式（正常收发数据和出错信息）降级到消极工作模式（只有在总线空闲时才能取得控制权）或者关断模式（和总线隔离）。

为了界定故障，在每个总线单元中都设有两种计数：发送出错计数和接收出错计数，这些计数按照一定规则进行，计数值的范围为 0～256，当错误计数器数值大于 96 时，说明总线被严重干扰。

CAN 总线上各节点还有能力监测是短期的干扰还是永久性的故障，并采取相关的应对措施，这种特性被叫作"故障界定隔离"。采取了这种故障界定隔离措施后，故障节点将会被及时关断，不会永久占用总线。这一点对关键信息能在总线上畅通无阻地传送是非常重要的。

（4）总线检测：有时，CAN 中的一个节点可监测自己发出的信号。因此，发送报文的站可以观测总线电平并探测发送位和接收位的差异。

（5）位填充：一帧报文中的每一位都由不归零码表示，可保证位编码的最大效率。然而，如果在一帧报文中有太多相同电平的位，就有可能失去同步。为保证同步，同步沿用位填充产生。在 5 个连续相等位后，发送站自动插入一个与之互补的补码位；接收时，这个填充位被自动丢掉。例如，5 个连续的低电平位后，CAN 自动插入一个高电平位。CAN 通过这种编码规则检查错误，如果在一帧报文中有 6 个相同位，CAN 就知道发生了错误。如果至少有一个站通过以上方法探测到一个或多个错误，它将发送出错误标志终止当前的发送。这可以阻止其他站接收错误的报文，并保证网络上报文的一致性。当大量发送数据被终止后，发送站会自动地重新发送数据。作为规则，在探测到错误后 23 个位周期内重新开始发送。在特殊场合，系统的恢复时间为 31 个位周期。但这种方法存在一个问题，即一个发生错误的站将导致所有数据被终止，其中也包括正确的数据。因此，如果不采取自监测措施，总线系统应采用模块化设计。为此，CAN 协议提供一种将偶然错误从永久错误和局部站失败中区别出来的办法。这种方法可以通过对出错站统计评估来确定一个站本身的错误并进入一种不会对其他站产生不良影响的运行方法来实现，即站可以通过关闭自己来阻止正常数据因被错误地当成不正确的数据而被终止。

4. 位定时与同步

正常位时间是指在非重同步的情况下，借助理想发送器每秒发送的位时间，它可分为几个互不重叠的时间段。这些时间段包括：同步段（SYNC-SEG）、传播段（PROP-SEG）、相位缓冲段 1（PHASE-SEG1）和相位缓冲段 2（PHASE-SEG2），如图 5-2-11 所示。

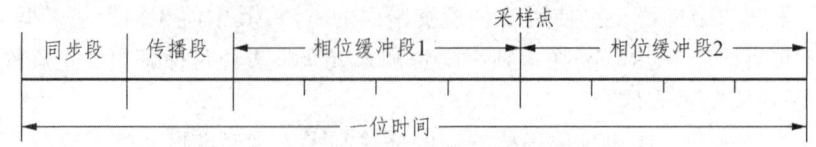

图 5-2-11　位时间的各组成部分

同步段：用于补偿总线上的各个节点，为此，此段内需要有一个跳变沿。

传播段：用于补偿网络内的传输延迟时间，它是信号在总线上传播时间、输入比较时间和驱动器延迟时间总和的 2 倍。

相位缓冲段 1 和相位缓冲段 2：用于补偿沿的相位误差，通过重同步，这两个时间段可以被延长或缩短。

采样点：在此点上，仲裁电平被读取，并被理解为各位的数值，采样点位于相位缓冲段 1 的终点。

时间份额：由振荡器周期派生出的一个固定时间单元。存在一个可编程的分度值，其整体数值范围为 1~32，而位时间的总数必须被编程至少为 8~25 个。

硬同步：硬同步后，内部位时间从 SYNC-SEG 重新开始，因而，硬同步强迫由与硬同步而引起的沿处于重新开始的位时间同步段之内。

5．位仲裁及 CAN 与其他通信方案的比较

（1）位仲裁。

要对数据进行实时处理，就必须将数据快速传送，这就要求数据的物理传输通路有较高的速度。在几个站同时需要发送数据时，要求快速地进行总线分配。

CAN 总线以报文为单位进行数据传送，报文的优先级结合在 11 位标识符中，具有最低二进制数的标识符有最高的优先级。这种优先级一旦在系统设计时被确立后就不能再被更改。总线读取中的冲突可通过位仲裁解决。当几个站同时发送报文时，站 1 的报文标识符为 011111；站 2 的报文标识符为 0100110；站 3 的报文标识符为 0100111。所有标识符都有相同的两位 01，直到第 3 位进行比较时，站 1 的报文被丢掉，因为它的第 3 位为高，而其他两个站的报文第 3 位为低。站 2 和站 3 报文的 4、5、6 位相同，直到第 7 位时，站 3 的报文才被丢失。注意，总线中的信号持续跟踪最后获得总线读取权的站的报文。在此例中，站 2 的报文被跟踪。这种非破坏性位仲裁方法的优点在于，在网络最终确定哪一个站的报文被传送以前，报文的起始部分已经在网络上传送了。所有未获得总线读取权的站都成为具有最高优先权报文的接收站，并且不会在总线再次空闲前发送报文。

CAN 具有较高的效率是因为总线仅仅被那些请求总线悬而未决的站利用，这些请求是根据报文在整个系统中的重要性按顺序处理的。这种方法在网络负载较重时有很多优点，因为总线读取的优先级已被按顺序放在每个报文中了，这可以保证在实时系统中较低的个体隐伏时间。

对于主站的可靠性，由于 CAN 协议执行非集中化总线控制，所有主要通信，包括总线读取（许可）控制，在系统中分几次完成。这是实现有较高可靠性的通信系统的唯一方法。

（2）CAN 与其他通信方案的比较。

在实践中，有两种重要的总线分配方法：按时间表分配和按需要分配。在第一种方法中，不管每个节点是否申请总线，都对每个节点按最大期间分配。由此，总线可被分配给每个站并且是唯一的站，而不论其是立即进行总线存取还是在一特定时间进行总线存取。这将保证在总线存取时有明确的总线分配。在第二种方法中，总线按传送数据的基本要求分配给一个站，总线系统按站希望的传送分配（如：EthernetCSMA/CD）。因此，当多个站同时请求总线存取时，总线将终止所有站的请求，这时将不会有任何一个站获得总线分配。为了分配总线，多于一个总线存取是必要的。

CAN 实现总线分配的方法，可保证当不同的站申请总线存取时，明确地进行总线分配。这种位仲裁的方法可以解决当两个站同时发送数据时产生的碰撞问题。不同于 Ethernet 网络的消息仲裁，CAN 的非破坏性解决总线存取冲突的方法，确保在不传送有用消息时总线不被占用。甚至当总线在重负载情况下，以消息内容为优先的总线存取也被证明是一种有效的系统。CAN 总线的传输能力不足，所有未解决的传输请求都按重要性顺序来处理。在 CSMA/CD 这样的网络中，如 Ethernet，系统往往由于过载而崩溃，而这种情况在 CAN 中不会发生。

任务三　HDLC 数据链路层控制规程

高级数据链路控制（High-Level Data Link Control 或简称 HDLC），是一个在同步网上传输数据、面向比特的数据链路层协议，它是由国际标准化组织（ISO）根据 IBM 公司的 SDLC（Synchronous Data Link Control）协议扩展开发而成的。

一、数据链路控制规程

1．数据链路结构

数据链路结构可以分为两种：点-点链路和点-多点链路，如图 5-3-1 所示。图中数据链路两端 DTE 称为计算机或终端，从链路逻辑功能的角度常称为站，从网络拓扑结构的观点则称为节点。

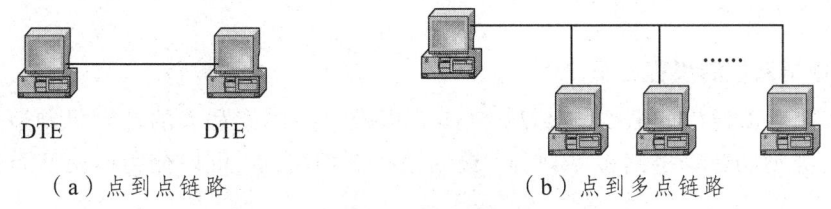

（a）点到点链路　　　　　　　（b）点到多点链路

图 5-3-1　数据链路

在点-点链路中，发送信息和命令的站称为主站，接收信息和命令而发出确认信息或响应的站称为从站，兼有主、从功能可发送命令与响应的站称为复合站。在点-多点链路中，往往有一个站为控制站，主管数据链路的信息流，并处理链路上出现的不可恢复的差错情况，其余各站则为受控站。

2．数据链路控制规程功能

数据链路层是 OSI 参考模型的第二层，它在物理层提供的通信接口与电路连接服务的基础上，将易出错的数据电路构筑成相对无差错的数据链路，以确保 DTE 与 DTE 之间、DTE 与网络之间有效、可靠地传送数据信息。为了实现这个目标，数据链路控制规程的功能应包括以下几个部分：

（1）帧控制。

数据链路上传输的基本单位是帧。帧控制功能要求发送站把网络送来的数据信息分成若干码组，在每个码组中加入地址字段、控制字段、校验字段以及帧开始和结束标志，组成帧来发送；要求接收端从收到的帧中去掉标志字段，还原成原始数据信息后送到网络层。

（2）帧同步。

在传输过程中必须实现帧同步，以保证对帧中各个字段的正确识别。

（3）差错控制。

当数据信息在物理链路中传输出现差错，数据链路控制规程要求接收端能检测出差错并予以恢复，通常采用的方法有自动请求重发 ARQ 和前向纠错两种。采用 ARQ 方法时，为了防止帧的重收和漏收，常对帧采用编号发送和接收。当检测出无法恢复的差错时，应通知网络层做相应处理。

（4）流量控制。

流量控制用于克服链路的拥塞。它能对链路上信息流量进行调节，确保发送端发送的数据速率与接收端能够接收的数据速率相容。常用的流量控制方法是滑动窗口控制法。

（5）链路管理。

数据链路的建立、维持和终止，控制信息的传输方向，显示站的工作状态，这些都属于链路管理的范畴。

（6）透明传输。

规程中采用的标志和一些字段必须独立于要传输的信息，这就意味着数据链路能够传输各种各样的数据信息，即传输的透明性。

（7）寻址。

在多点链路中，帧必须能到达正确的接收站。

（8）异常状态恢复。

当链路发生异常情况时，如收到含义不清的序列或超时收不到响应等，能自动重新启动，恢复到正常工作状态。

3．数据链路控制规程分类

为了适应数据通信的需要，ISO、ITU-T 以及一些国家和大的计算机制造公司，先后制定了不同类型的数据链路控制规程。根据帧控制的格式，可以分为面向字符型和面向比特型。

（1）面向字符型。

国际标准化组织制定的 ISO 1745、IBM 公司的二进制同步规程 BSC 以及我国国家标准 GB3543—82 属于面向字符型的规程，也称为基本型传输控制规程。在这类规程中，用字符编码集中的几个特定字符来控制链路的操作，监视链路的工作状态，例如，采用国际 5 号码中的 SOH、STX 作为帧的开始，ETX、ETB 作为帧的结束，ENQ、EOT、ACK、NAK 等字符控制链路操作。面向字符型规程有一个很大的缺点，就是它与所用的字符集有密切的关系，使用不同字符集的两个站之间，很难使用该规程进行通信。面向字符型规程主要适用于中低速异步或同步传输，非常适合于通过电话网的数据通信。

（2）面向比特型。

X.25 建议的 LAPB、ISO 制定的 HDLC、美国国家标准 ADCCP、IBM 公司的 SDLC 等均属于面向比特型的数据链路层控制规程。在这类规程中，采用特定的二进制序列 01111110 作为帧的开始和结束，以一定的比特组合所表示的命令和响应实现链路的监控功能，命令和响应可以和信息一起传送。所以它可以实现不编码限制的、高可靠和高效率的透明传输。面向比特型规程主要适用于中高速同步半双工和全双工数据通信，如分组交换方式中的链路层就采用这种规程。随着通信的发展，它的应用日益广泛。

二、HDLC 基本概念

1．主站、从站、复合站

HDLC 涉及 3 种类型的站，即主站、从站和复合站。

主站的主要功能是发送命令（包括数据信息）帧、接收响应帧，并负责对整个链路的控制系统的初启、流程的控制、差错检测或恢复等。

从站的主要功能是接收由主站发来的命令帧，向主站发送响应帧，并且配合主站参与差错恢复等链路控制。

复合站的主要功能是既能发送，又能接收命令帧和响应帧，并且负责整个链路的控制。

2．HDLC 链路结构

在 HDLC 中，对主站、从站和复合站定义了 3 种链路结构，如图 5-3-2 所示。

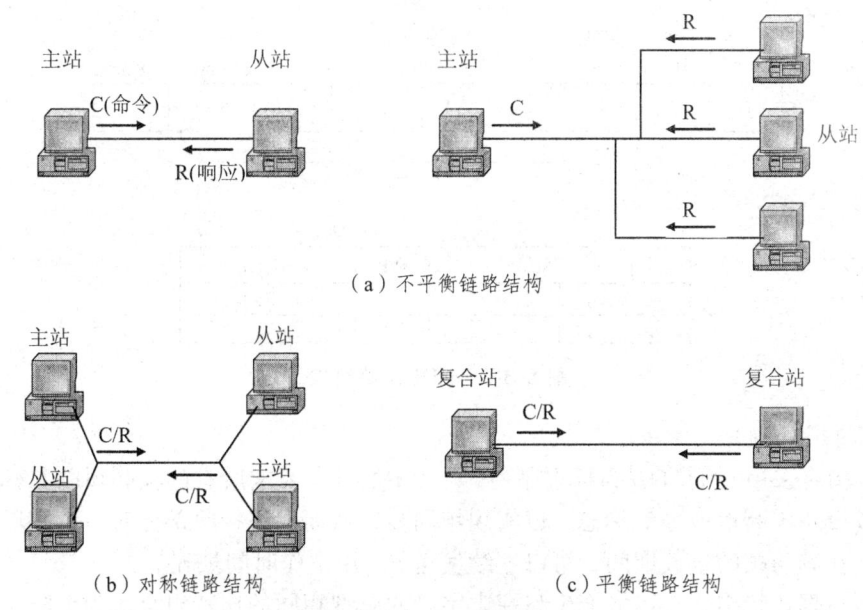

图 5-3-2　HDLC 链路结构类型

3. 操作方式

根据通信双方的链路结构和传输响应类型，HDLC 提供了 3 种操作方式：正常响应方式、异步响应方式和异步平衡方式。

（1）正常响应方式（NRM）。

正常响应方式（NRM）适用于不平衡链路结构，即用于点-点和点-多点的链路结构中，特别是点-多点链路。在这种方式中，由主站控制整个链路的操作，负责链路的初始化、数据流控制和链路复位等。从站的功能很简单，它只有在收到主站的明确允许后，才能发出响应。

（2）异步响应方式（ARM）。

异步响应方式（ARM）也适用于不平衡链路结构。它与 NRM 不同的是：在 ARM 方式中，从站可以不必得到主站的允许就可以开始数据传输。显然它的传输效率比 NRM 有所提高。

（3）异步平衡方式（ABM）。

异步平衡方式（ABM）适用于平衡链路结构。链路两端的复合站具有同等的能力，不管哪个复合站均可在任意时间发送命令帧，并且不需要收到对方复合站发出的命令帧就可以发送响应帧。X.25 建议的数据链路层控制规程就采用这种方式。

除 3 种基本操作方式外，还有 3 种扩充方式，即扩充正常响应方式（SNRM）、扩充异步响应方式（SARM）、扩充异步平衡方式（SABM）它们分别与基本方式相对应。

三、HDLC 帧结构

HDLC 的帧格式如图 5-3-3 所示，它由 6 个字段组成，这 6 个字段可以分为 5 种类型，即标志序列（F）、地址字段（A）、控制字段（C）、信息字段（I）、帧校验字段（FCS）。在帧结构中允许不包含信息字段 I。

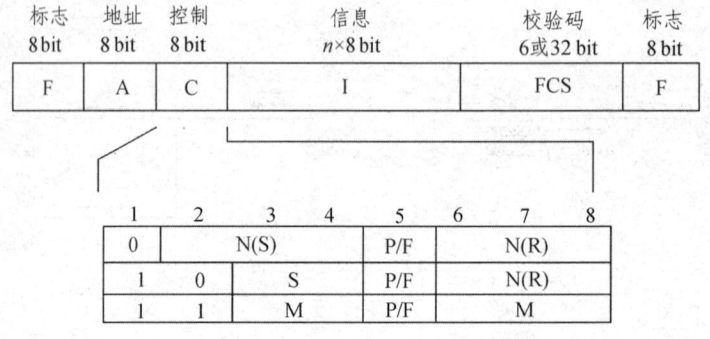

图 5-3-3　HDLC 帧格式

（1）标志序列（F）。

HDLC 指定采用 01111110 为标志序列，称为 F 标志。要求所有的帧必须以 F 标志开始和结束。接收设备不断地搜寻 F 标志，以实现帧同步，从而保证接收部分对后续字段的正确识别。另外，在帧与帧的空载期间，可以连续发送 F，用来作时间填充。

在一串数据比特中，有可能产生与标志字段的码型相同的比特组合。为了防止这种情况产生，保证对数据的透明传输，采取了比特填充技术。当采用比特填充技术时，在信码中连续 5 个"1"以后插入一个"0"；而在接收端，则去除 5 个"1"以后的"0"，恢复原来的数据序列，如图 5-3-4 所示。采用比特填充技术排除了在信息流中出现的标志字段的可能性，保证了对数据信息的透明传输。

数据中某一段比特组合恰好 出现和 F 字段一样的情况	0 0 1 0 0 1 1 1 1 1 1 0 0 0 1 0 1 0 会误认为是 F 字段
发送端在 5 个连 1 之后 填入 0 比特再发送出去	0 0 1 0 0 1 1 1 1 1 0 1 0 0 0 1 0 1 0 填入 0 比特
在接收端将 5 个连 1 之后	0 0 1 0 0 1 1 1 1 1 1 0 0 0 1 0 1 0

图 5-3-4　比特填充

当连续传输两帧时，前一个帧的结束标志字段 F 可以兼作后一个帧的起始标志字段。当暂时没有信息传送时，可以连续发送标志字段，使接收端一直保持与发送端同步。

（2）地址字段（A）。

地址字段表示链路上站的地址。在使用不平衡方式传送数据时（采用 NRM 和 ARM），地址字段总是写入从站的地址；在使用平衡方式时（采用 ABM），地址字段总是写入应答站的地址。

地址字段的长度一般为 8 bit，最多可以表示 256 个站的地址。在许多系统中规定，地址字段为"11111111"时，定义为全站地址，即通知所有的接收站接收有关的命令帧并按其动作；全"0"比特为无站地址，用于测试数据链路的状态。因此有效地址共有 254 个之多，这对一般的多点链路是足够的。但考虑在某些情况下，例如使用分组无线网，用户可能很多，可使用扩充地址字段，以字节为单位扩充。在扩充时，每个地址字段的第 1 位用作扩充指示，即当第 1 位为"0"时，后续字节为扩充地址字段；当第 1 位为"1"时，后续字节不是扩充地址字段，那地址字段就到此为止。

（3）控制字段（C）。

控制字段用来表示帧类型、帧编号以及命令、响应等。由于 C 字段的构成不同，可以把 HDLC 帧分为 3 种类型：信息帧、监控帧、无编号帧，分别简称 I 帧（Information）、S 帧（Supervisory）、U 帧（Unnumbered）。在控制字段中，第 1 位是"0"为 I 帧，第 1、2 位是"10"为 S 帧，第 1、2 位是"11"为 U 帧，它们具体操作复杂，将在后面予以介绍。另外控制字段也允许扩展。

（4）信息字段（I）。

信息字段内包含了用户的数据信息和来自上层的各种控制信息。在 I 帧和某些 U 帧中具有该字段，它可以是任意长度的比特序列。在实际应用中，其长度由收发站的缓冲器的大小和线路的差错情况决定，但必须是 8 bit 的整数倍。

（5）帧校验序列字段（FCS）。

帧校验序列用于对帧进行循环冗余校验，其校验范围从地址字段的第一比特到信息字段的最后一比特的序列，并且规定为了透明传输而插入的"0"不在校验范围内。

四、控制字段和参数

控制字段是 HDLC 的关键字段,许多重要的功能都靠它来实现。控制字段规定了帧的类型,即 I 帧、S 帧、U 帧,控制字段的格式如图 5-3-3 所示,其中:

N(S)——发送帧序列编号。

N(R)——期望接收的帧序列编号,且是对 N(R)以前帧的确认。

S——监控功能比特。

M——无编号功能比特。

P/F——查询/结束(Poll/Final)比特,作为命令帧发送时的查询比特,以 P 位出现;作为响应帧发送时的结束比特,以 F 位出现。

下面对 3 种不同类型的帧分别予以介绍。

1. 信息帧(I 帧)

I 帧用于数据传送,它包含信息字段。在 I 帧控制字段中 $b_1 \sim b_3$ 比特为 N(S),$b_5 \sim b_7$ 比特为 N(R)。由于是全双工通信,所以通信每一方都各有一个 N(S)和 N(R)。这里要特别强调指出:N(R)带有确认的意思,它表示序号为 N(R)-1 以及在这以前的各帧都已经正确无误地收妥了。

为了保证 HDLC 的正常工作,在收发双方都设置两个状态变量 V(S)和 V(R)。V(S)是发送状态变量,为发送 I 帧的数据站所保持,其值指示待发的一帧的编号;V(R)是接收状态变量,其值为期望所收到的下一个 I 帧的编号。可见这两个状态变量的值确定发送序号 N(S)和接收序号 N(R)。

在发送站,每发送一个 I 帧,V(S)→N(S),然后 V(S)+1→V(S)。在接收站,把收到的 N(S)与保留的 V(R)做比较,如果这个 I 帧可以接收,则 V(R)+1→N(R),回送到发送站,用于对前面所收到的 I 帧的确认。N(R)除了可以用 I 帧回送之外,还可以用 S 帧回送,在 I 帧和 S 帧的控制字段中具有 N(R)。

V(S)、V(R)和 N(S)、N(R)都各占 3 bit,即序号采用模 8 运算,使用 0~7 八个编号。在有些场合,如卫星通信模 8 已经不能满足要求了,这时可以把控制字段扩展为两个字节,N(S)、N(R)和 V(S)、V(R)都用 7 bit 来表示,即增加到模 128。

2. 监控帧(S 帧)

监控帧用于监视和控制数据链路,完成信息帧的接收确认、重发请求、暂停发送请求等功能。监控帧不具有信息字段。监控帧共有 4 种,这 4 种监控帧的代码、名称和功能如表 5-3-1 所示。

表 5-3-1 监控帧的代码、名称和功能

记忆符	名称	比特 b_2	比特 b_3	功能
RR	接收准备好	0	0	确认,且准备接受下一帧,已收妥 N(R)以前的各帧
RNR	接收未准备好	1	0	确认,暂停接收下一帧,N(R)含义同上
REJ	拒绝接收	0	1	否认,否认 N(R)起的各帧,但 N(R)以前的帧已收妥
SREJ	选择拒绝接收	1	1	否认,只否认序号为 N(R)的帧

上面 4 种监控帧中,前 3 种用在返回 N 连续 ARQ 方法中,最后一种只用于选择重发 ARQ 方式中。

S 帧中没有包含用户的数据信息字段,它只有 48 bit 长,显然不需要 N(S),但 S 帧中 N(R)特别有用,它具体含义随不同的 S 帧类型而不同。其中 RR 帧和 RNR 帧相当于确认信息 ACK,REJ 帧相当于否认信息 NAK。同时应当注意到,RR 帧和 RNR 帧还具有流量控制的作用,RR 帧表示已经做好表示接收帧的准备,希望对方继续发送,而 RNR 帧则表示希望对方停止发送(这可能是由于来不及处理到达的帧或缓冲器已存满)。

3. 无编号帧(U 帧)

无编号帧用于数据链路的控制,它本身不带编号,可以在任何需要的时刻发出,而不影响带编号的信息帧的交换顺序。它可以分为命令帧和响应帧。用 5 个比特位(即 M1、M2)来表示不同功能的无编号帧。HDLC 所定义的无编号帧名称和代码如表 5-3-2 所示。

表 5-3-2 无编号帧的名称和代码

记忆符	名称	类型		M_1	M_2
		命令	响应	$b_3\ b_4$	$b_6\ b_7\ b_8$
SNRM	置正常响应模式	C		0 0	0 0 1
SARM/DM	置异步响应模式/断开方式	C	R	1 1	0 0 0
SABM	置异步平衡模式	C		1 1	1 0 0
SNRME	置扩充正常响应模式	C		1 1	0 1 1
SARME	置扩充异步响应模式	C		1 1	0 1 0
SABME	置扩充异步平衡模式	C		1 1	1 1 0
DISC/RD	断链/请求断链	C	R	0 0	0 1 0
SIM/RIM	置初始化方式/请求初始化方式	C		1 0	0 0 0
UP	无编号探询	C		0 0	1 0 0
UI	无编号信息	C		0 0	0 0 0
XID	交换识别	C	R	1 1	1 0 1
RESET	复位	C		1 1	0 0 1
FRMR	帧拒绝		R	1 0	0 0 1
UA	无编号确认		R	0 0	1 1 0

4. P/F 比特的使用

值得注意的是在 HDLC 的各类帧中,均带有查询/结束(P/F)比特。在不同的数据传送方式中,P/F 比特的用法是不一样的。

在 NRM 方式中,从站不能主动向主站发送信息,从站只有收到主站发出的 P 比特为 1(对从站的查询)的命令帧以后才能发送响应帧。若从站有数据发送,则在最后一个数据帧中将 F 比特置 1;若无数据发送,则应在回答的 S 帧中将 F 比特置 1。

在 ARM 或 ABM 方式中,任何一个站都可以在主动发送的 S 帧和 I 帧中将 P 比特置 1。对方站收到 P=1 的帧后,应尽早地回答本站的状态并将 F 比特置 1。

下面结合图 5-3-5 的例子具体说明 P/F 比特的使用方法。图中主站 A 和从站 B、C 连成多点链路，传送帧的一些主要参数按照"地址，帧名和序号，P/F"的先后顺序标注。这里的地址是指地址字段中应填入的站地址；帧名是指帧的名称，如 RR、I；序号是指监控帧中的 N（R）或信息帧中的 N（S）N（R），如 RR4、I31[第 1 个数字是 N（S），第 2 个数字是 N（R）]。P/F 是在其为 1 时才写上 P 或 F，表明此时控制字段的第 5 比特为 1。

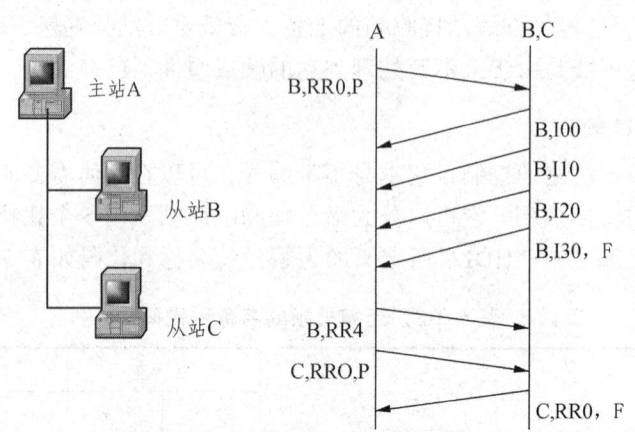

图 5-3-5　P/F 比特的使用方法

主站 A 先询问 B 站："B 站，若有信息，请立刻发送"。这时 A 站发送的帧是 RR 监控帧，并将 N（R）置 0，表示期望收到对方的 0 号帧。因此在图 5-3-5 中将这样的帧记为"B，RR0，P"。对主站的这一命令，B 站响应以连续 4 个信息帧，其序号 N（S）从 0 到 3。最后在第 4 个信息帧中将 F 置 1，表示"我要发送的信息已发完"。这个帧记为"B，I30，F"。A 站在收到 B 站发来的 4 个信息帧后，发回确认帧 RR4[这时 N（R）= 4]。我们注意到这时 P/F 比特并未置 1，所以 B 站收到 RR4 后不必应答。接下去 A 站轮询 C 站，P=1，虽然这时 C 站没有数据发送，但也必须立即应答。C 站应答也是 RR 帧，表示目前没有信息帧发送，F=1 表明这是回答对方命令的一个响应。

有了 P/F 比特，使 HDLC 规程使用起来更加灵活。在两个复合站全双工通信时，任何一方都可随时使 P=1，这时对方就要立即回答 RR 帧，并置 F=1，这样就可以收到对方的确认了。如果不使用 P/F 比特，则收方不一定马上发出确认帧，比如收方可以在发送自己的信息帧时，利用 N（R）把确认信息发出。

五、HDLC 操作

在图 5-3-5 中讨论了主站 A 和从站 B、C 交换信息的情况，这只是整个数据通信的中间阶段，在这个阶段之前还有一个数据链路的建立阶段，在数据传送完毕后，还必须有一个数据链路的释放阶段。也就是说 HDLC 执行数据传输控制功能，一般分为 3 个阶段：数据链路建立阶段、信息帧传送阶段、数据链路释放阶段。第 2 阶段的完成需要用到信息帧和监控帧，第 1、3 阶段的完成需要用到无编号帧。

图 5-3-6 画出了多点链路的建立和释放。主站 A 先向从站 B 发出置正常响应模式 SNRM 的命令，并将 P 置 1，要求 B 站做出响应。B 站同意建立链路后，发送无编号确认 UA 的响应，将 F 置 1。A 站和 B 站在将其状态变量 V（S）和 V（R）进行初始化后，就完成了数据

链路的建立。接着 A 站开始与 C 站建立链路。

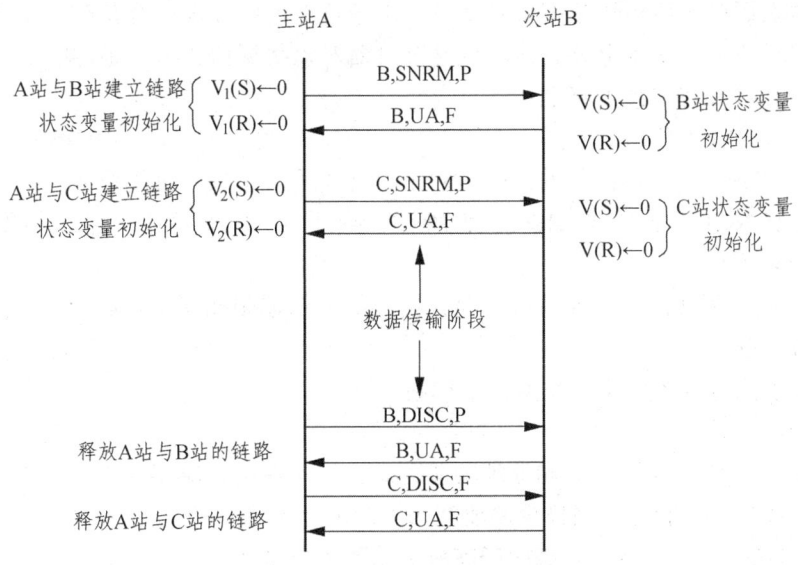

图 5-3-6　多点链路的建立和释放

当数据传送完毕后，A 站分别向 B 站和 C 站发出断链命令 DISC，B 站、C 站用无编号确认帧 UA 响应，数据链路就释放了。

图 5-3-7 为点对点链路中两个站都是复合站的情况。复合站中的一个站先发出置异步平衡模式 SABM 的命令，对方回答一个无编号响应帧 UA 后，即完成了数据链路的建立。由于两个站是平等的，任何一个站均可在数据传送完毕后发出 DISC 命令提出断链的要求，对方用 UA 帧响应，完成数据链路的释放。

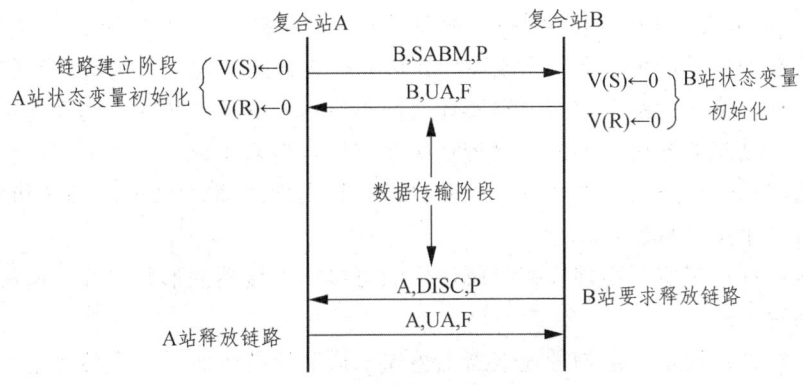

图 5-3-7　复合站的链路建立和释放

六、HDLC 规程的特点

与面向字符的基本型传输控制规程相比较，HDLC 具有以下特点：
（1）透明传输。
HDLC 对任意比特组合的数据均能透明传输。"透明"是一个很重要的术语，它表示：某一个实际存在的事物看起来好像不存在一样。"透明传输"表示经实际电路传送后的数据信息没有发生变化。因此对所传送数据信息来说，由于这个电路并没有对其产生什么影响，可以说数据信息"看不见"这个电路，或者说这个电路对该数据信息来说是透明的。这样任意组合的数据信息都可以在这个电路上传送。

（2）可靠性高。

在 HDLC 规程中，差错控制的范围是除了 F 标志的整个帧，而基本型传输控制规程中不包括前缀和部分控制字符。另外 HDLC 对 I 帧进行编号传输，有效地防止了帧的重收和漏收。

（3）传输效率高。

在 HDLC 中，额外的开销比特少，允许高效的差错控制和流量控制。

（4）适应性强。

HDLC 规程能适应各种比特类型的工作站和链路。

（5）结构灵活。

在 HDLC 中，传输控制功能和处理功能分离，层次清楚，应用非常灵活。

最后需要指出，一般的应用极少需要使用 HDLC 的全集，而选用 HDLC 的子集。当使用某一厂商的 HDLC 时，一定要弄清该厂商所选用的子集是什么。

任务四　串行通信接口技术

一、物理层的功能与特性

物理层协议是网络中最低层协议。它连接两个物理设备，为链路层提供透明位流传输所必须遵循的规则，有时也被称为物理接口。接口两边的设备，在 ISO 术语中被叫作 DTE（数据终端设备）和 DCE（数据通信设备），物理层协议主要提供在 DTE 和 DCE 之间接口。

物理层要在 DTE 与 DCE 之间完成物理连接和传送通路的建立、维持和释放等操作。

它为在物理上连接的两个数据链路实体之间提供透明的位流传送。物理连接可能是永久性的，也可能是动态的连接和释放。物理连接允许进行全双工或半双工的位流传送。在传送过程中，它能对传送通路的工作情况进行监督，一旦出现故障立即通知 DTE 和 DCE。

物理层有 4 个重要特性：

（1）机械特性：规定了物理连接时所使用的可接插连接器的形状尺寸、连接器中引脚的数量与排列情况等。

（2）电气特性：规定了在物理连接器上传输二进制比特流时线路上信号电平的高低、阻抗及阻抗匹配、传输速率与距离限制。早期的标准定义了物理连接边界点上的电气特性，而较新的标准定义了发送器和接收器的电气特性，同时给出互连电缆的有关规定。新的标准更利于发送和接收电路的集成化工作。

（3）功能特性：规定了物理接口上各条信号线的功能分配和确切定义。物理接口信号线一般分为数据线、控制线、定时线和地线等几类。

（4）规程特性：定义了利用信号线进行二进制比特流传输的一组操作过程，包括各信号线的工作规则和时序。

二、RS-232 接口标准

不同物理接口标准在以上 4 个重要特性上都不尽相同。下面将以实际网络中比较广泛使用的物理接口标准 EIA-232-D 为例介绍其特性。EIA-232-D 是美国电子工业协会（EIA，Electronic Industries Association）制订的物理接口标准，也是目前数据通信与网络中应用最广泛的一种标准。它的前身是 EIA 在 1969 年制订的 RS-232-C 标准。RS（Recommended Standard）为推荐标准词头的缩写，232 是标准号。RS-232-C 是 RS-232 标准的第三版。

RS-232-C 是一种应用十分广泛的物理接口标准。经 1987 年 1 月修改后，定名为 EIA-232-D。由于两者相差不大，因此 EIA-232-D 与 EIARS-232-C 在物理接口标准中基本成为等同的标准，人们经常简称它们为"RS-232 标准"，以下统称 RS-232 标准。

RS-232 主要用来定义计算机系统的一些数据终端设备（DTE）和数据通信设备（DCE）之间接口的电气特性。如 CRT、打印机与 CPU 的通信大都采用 RS-232 总线。因此，在大多数微型机系统中，都带有 RS-232 接口。

1．RS-232 的机械特性

在机械特性方面，RS-232 规定使用一个 25 针（DB-25）的标准连接器，其结构及信号名称如图 5-4-1 所示。

此外，PC 机常使用一个 9 针（DB-9）的连接器，其结构及信号名称如图 3-8-2 所示。

2．RS-232 的电气特性

RS-232 的电气线路采用非平衡信号线路，每个非平衡型信号用一根导线，所有信号回路公用一根地线。信号速率限于 20 Kbps 之内，电缆长度限于 15 m 之内。由于是单线，线间干扰较大。其电性能用 ±12 V 标准脉冲，值得注意的是 RS-232 采用负逻辑。

在数据线上：mark（传号）= -5 ~ -15 V，逻辑"1"电平；space（空号）=+5 ~ +15 V，逻辑"0"电平。

在控制线上：On（通）：+5 ~ +15 V，逻辑"0"电平；Off（断）= -5 ~ -15 V，逻辑"1"电平。

由于 RS-232 是在 TTL 电路出现之前研制的，所以它的电平是对称的，它规定高电平为+3 ~ +15 V，低电平为 -3 ~ -15 V。特别指出，RS-232 数据线 TXD、RXD 使用负逻辑，其低电平表示逻辑 1，高电平表示逻辑 0，其他控制线均为正逻辑。最高能承受 ±30 V 的信号电平。因此，RS-232 不能直接与 TTL 电平连接，使用时必须加上适当的电平转换接口电路，否则将使 TTL 电路烧毁。这一点使用时一定要特别注意。现在已经研制出专门的集成电路，以便进行电平转换。现有成品组件 SN75188 驱动器和 SN75189 接收器即是 RS-232 通用的集成电路转换器件。电路电容不大于 2 500 pf，接收器输入阻抗约为 3 ~ 7 kΩ。

3．RS-232 的功能特性

RS-232 连接器信号功能分配如图 5-4-1 及图 5-4-2 所示。这些信号分为两类，一类是 DTE 与 DCE 交换的信息：TXD 和 RXD；另一类是为了正确无误地传输上述信息而设计的联络信号。下边分别介绍这两类信号。

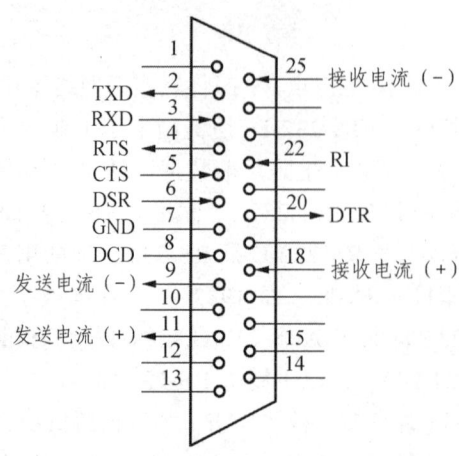

图 5-4-1 RS-232 连接器信号功能分配（一）

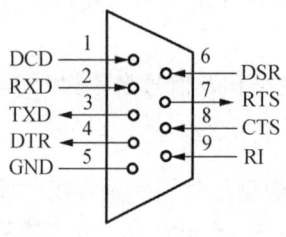

图 5-4-2 RS-232 连接器信号功能分配（二）

（1）传送信息信号。

发送数据 TXD（Transmitting Data）：由发送终端（DTE）向接收端（DCE）发送的信息，按串行数据格式及先低位后高位的顺序发出。正信号是一个空号（Space，二进制0），负信号是一个传号（Mark，二进制1）。当没有数据发送时，DTE 应将此线路置为传号状态，包括字符或文字之间的间隔也是这样。

接收数据 RXD（Receive Data）：用来接收 DTE 发送端（或调制解调器）输出的数据。

（2）联络信号。

这类信号共有 6 个：

请求传送信号 RTS（Request To Send）：这是 DTE 向 DCE 发出的联络信号，当 RTS=1 时，表示 DTE 请求向 DCE 发送数据。

清除发送 CTS（Clear To Send）：这是 DCE 向 DTE 发出的联络信号。当 CTS=1 时，表示本地 DCE 响应 DTE 向 DCE 发出的 RTS 信号，且本地 DCE 准备向远程 DCE 发送数据。

数据准备就绪 DSR（Data Set Ready）：这是 DCE 向 DTE 发出的联络信号。DSR 将指出本地 DCE 的工作状态。当 DSR=1 时，表示 DCE 没有处于测试通话状态，这时 DCE 可以与远程 DCE 建立通道。

数据终端就绪信号 DTR（Data Terminal Ready）：这是 DTE 向 DCE 发送的联络信号，DTR=1 时，表示 DTE 处于就绪状态，本地 DCE 和远程 DCE 之间建立通信通道，而 DTR=0 时，将迫使 DCE 终止通信工作。

数据载波检测信号 DCD（Data Carrier Detect）：这是 DCE 向 DTE 发出的状态信息，当 DCD=1 时，表示本地 DCE 接到远程 DCE 发来的载波信号。

振铃指示信号 RI（Ring Indication）：这是 DCE 向 DTE 发出的状态信息。RI=1 时，表示本地 DCE 收到远程 DCE 振铃信号。

4．RS-232 的规程特性

RS-232 规程特性规定了 DTE 与 DCE 之间控制信号与数据信号的发送时序、应答关系与操作过程。图 5-4-3 给出了典型的 DTE 与 DCE（Modem）之间按照 RS-232 规程进行数据交换的流程图、信号时序与操作过程。

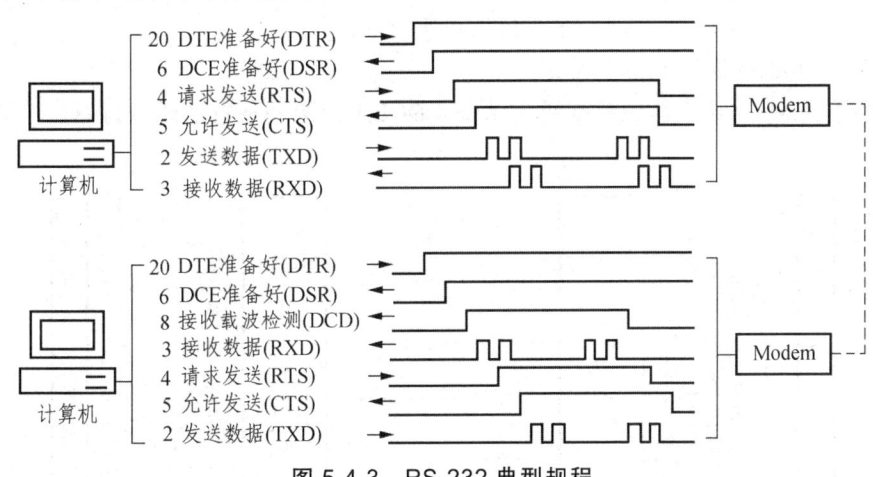

图 5-4-3　RS-232 典型规程

如果两台计算机通过 Modem 由电话线互连，当它们采用 RS-232 协议时，那么根据 RS-232 规程特性的规定，作为 DTE 的计算机与作为 DCE 的 Modem 通过 RS-232 接口，按以下规则与时序进行工作：

（1）物理连接建立。

如果主机 A 发起一次物理连接，它首先通过 RS-232 的第 20 号连接线（以下简称 20 线）向 DCE 发送数据终端准备好 DTR 信号，拨号呼叫对方主机 B，建立物理连接。

主机 A 连接的 Modem 在拨号之后，执行 Modem 内部协议。双方通过 Modem 发送用于检测通信线路状态和通信质量的载波检测信号。在确定通信线路接通并可以正常工作后，Modem A 通过 6 号线，向主机 A 发送设备准备好 DSR 信号。

主机 B 在接到主机 A 拨号请求建立物理连接指示后，如同意建立物理连接，应向与其连接的 Modem 发送 DTR 信号；在接收到主机 B 的 Modem 的 DSR 信号后，进入数据传输准备状态。

至此，双方 DTE 通过 DCE 与通信线路建立起物理连接，完成数据传输准备工作。

（2）数据传输。

如果主机A准备发送比特流，它将通过4号线向其Modem传送请求发送信号RTS；Modem A 在接收到 RTS 信号后，做好发送准备，通过 5 号线向主机 A 发出允许发送信号 CTS。

主机 A 通过 2 号线向 Modem A 传送准备发送数据的信号 TXD；Modem A 将数字数据信号调制后，变成模拟数据信号，经通信线路传送到对方 Modem B，Modem B 经过解调后，还原成数字数据信号，通过 3 号线向主机 B 传送接收数据 RXD。

如果主机 B 也要向主机 A 发送数据，应采用与主机 A 相同的 RTS，CTS 控制信号交互过程。

（3）物理连接释放。

当主机 A 一次通信结束，通过释放 DTR 信号来通知 Modem A，通过 Modem 的内部协议，结束一次物理连接。

5．RS-232 的应用

RS-232 接口中包括两个信道：主信道和次信道。次信道比较少用。在一般的串行通信接口中，即使是主信道，也不是所有的线都一定要用，最常用的也就是其中的几条最基本的信号线。根据具体的应用场合不同，有下面几种连接方式：

（1）使用 Modem 连接。

计算机通过 Modem 或其他数据通信设备（DCE）使用一条电话线进行通信，如图 5-4-4 所示。

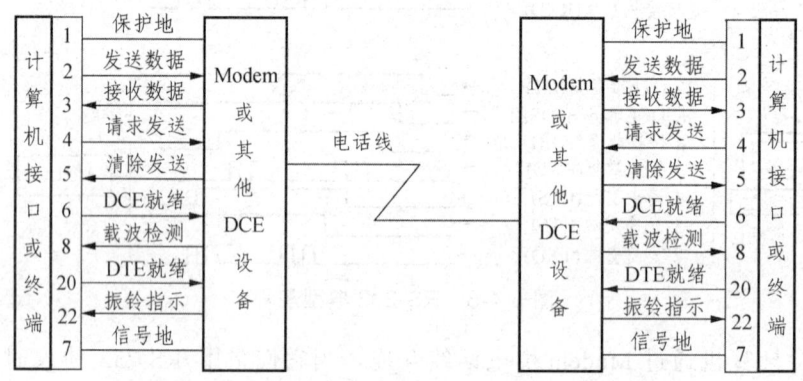

图 5-4-4　使用 Modem 时 RS-232 引脚的连线

计算机终端（DTE）向远程终端（DTE）发送数据的过程如下：首先 DTE 向本地 DCE（Modem）发出 DTR=1 和 RTS=1 的信号，表示 DTE 请求发送数据，同时为本地和远程 DCE 之间建立通道开了绿灯，一旦通道建立好了，DCE 发回应答信号 DSR=1。当 DCE 做好发送数据准备后，又向 DTE 发回信号 CTS=1。只有当 DTE 收到从本地 DCE 发回肯定的 DSR 和 CTS 信号后，DTE 才能由 TXD 线向 DCE 发送数据。因此，RTS、DTR、DSR 和 CTS 4 个信号同时为 1 是 TXD 发送数据的条件。

当接收数据时，DTE 先向本地 DCE 发出 DTR=1 信号，表示本地和远程 DCE 之间可以建立通道。一旦通道建立好了，DCE 向 DTE 发出 DSR=1 信号。这时，数据就可以通过 RXD 线传到 DTE。因此，RXD 信号产生的条件是 DTR 和 DSR 两个信号同时为 1。这只是 RXD 信号的产生条件，至于 RXD 线上是否有信号，取决于远程 DCE 是否发送数据。

（2）直接连接。

当计算机和终端之间不使用 Modem 或其他通信设备（DCE）而直接通过 RS-232 接口连接时，一般只需要 5 根线（不包括保护地线以及本地 4、5 之间的连线），但其中多数应采用反馈与交叉相结合的连接法，如图 5-4-5 所示。

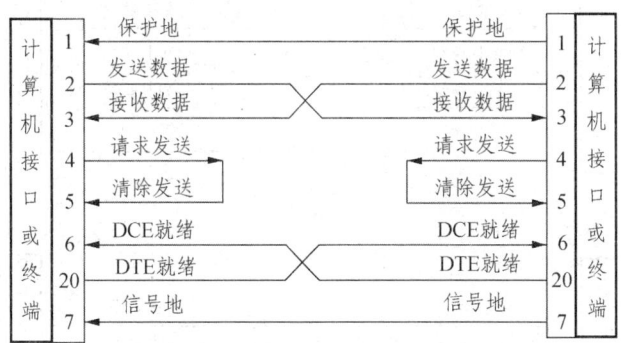

图 5-4-5　使用 RS-232 的直接连接法

在图 5-4-5 中，2、3 线交叉为最基本的连线，以保证直接连接的数据终端间能正常地进行全双工通信。20、6 也是交叉线，用于两端的通信联络，使两端能相互检测出对方"数据已就绪"的状态。4、5 为反馈线，使传送请求总是被允许的。由于是全双工通信，这根反馈线意味着任何时候都可以双向传送数据，用不着再去发"请求发送"（RTS）信号。这种没有 Modem 的串行通信方式，一般只用于近程通信（不超过 15 m）。

（3）三线连接法。

这是一种最简单的 RS-232 连线方式，只需 2、3 交叉连接线以及信号地线，而将各自的 RTS 和 DTR 分别接到自己的 CTS 和 DSR 端，如图 5-4-6 所示。

在图 5-4-6（a）中，只要一方使自己的 RTS 和 DTR 为 1，那么它的 CTS、DSR 也就为 1，从而进入了发送和接收的就绪状态，这种接法常用于一方为主动设备，而另一方为被动设备的通信中。如计算机与打印机或绘图仪之间的通信。这样，被动的一方 RTS 与 DTR 常置 1，因而 CTS、DSR 也常置 1，因此，使其长期处于接收就绪状态，只要发送方令线路就绪（DTR=1），并发出发送请求（RST=1），即可立即向接收方传送信息。

图 5-4-6（b）为更简单的连接方法，图 5-4-6（a）所示的连接方法在软件设计上还需要检测"清除发送"（CTS）和"数据设备就绪"（DSR），而图 5-4-6（b）所示的连接方法则完全不需要检测上述信号，随时都可发送和接收。这种连接方法无论在软件和硬件上，都是最简单的一种方法。

值得说明的是，以上讲的只是 RS-232 作为接口标准总线的连接方法，当然不限于这几种方式。至于计算机内部与串行接口之间并/串转换，还需视各种不同的微型机而采用不同的接口适配器（Interface Adapter）。如 Intel 8088/8086～80586 等各种 CPU，其内均没有串行接口。因此它们在进行串行通信时，都需配备适当的接口适配器，如 Intel8250 及 Intel8251。但对于大多数单片机来讲，本身带有串行接口，因此可直接与 RS-232 串行接口总线相连。但由于 RS-232 电平与微型机内部电平（TTL 或 CMOS）不同，所以使用电平转换电路是必不可少的。

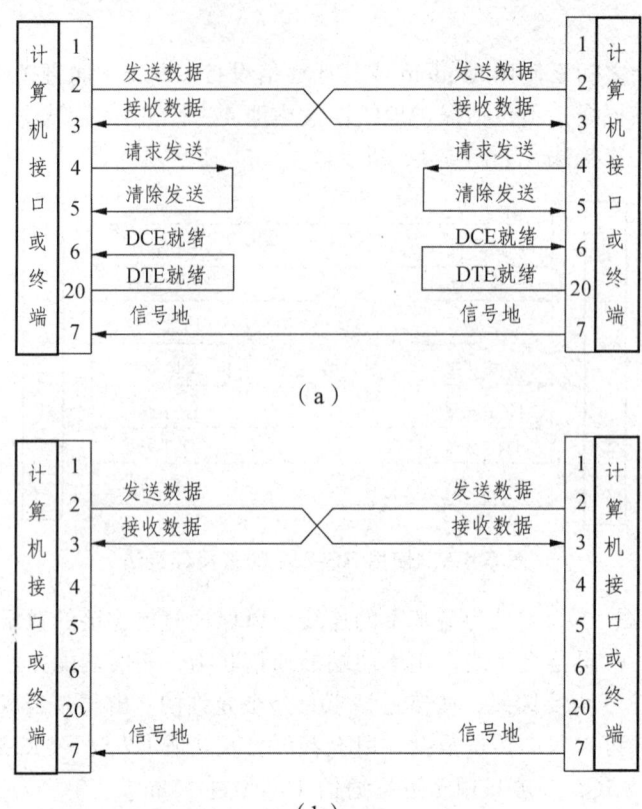

图 5-4-6　最简单的 RS-232 连接方式

三、RS-485/RS-422 接口标准

RS-232 虽然使用很广，但由于推出时间比较早，所以在现代通信网络中已暴露出明显的缺点，主要表现在：

（1）传送速率不够快。RS-232 规定最高速率为 20 000 bps，虽然这种传送速率与异步通信可以很好地匹配（通常异步通信限制为 19 200 bps 或更少），但对某些同步系统，其传送速率却不能得到满足。

（2）传送距离不够远。根据 RS-232 标准，各装置之间电缆长度不超过 15 m，即使在较好的信号通信中，电缆长度也不超过 60 m。因此，不能满足现代工业控制的要求。

（3）RS-232 未明确规定连接器，因而出现了互不兼容的 25 芯连接器。

（4）接口使用非平衡发送器和接收器，两个传输方向只有一个信号地，所以电气性能不佳。

（5）接口处各信号间容易产生串扰。

正因为 RS-232 有上述一些缺点，所以，EIA 做了部分改进，于 1977 年制定了新标准 RS-449，1980 年它成为美国标准。在制定新标准时，除了保留与 RS-232 兼容外，还在提高传输速率、增加传输距离、改进电器特性等方面做了很多努力。它增加了 RS-232 没有的环境测试功能，明确规定了连接器，解决了机械接口问题。

与 RS-449 一起推出的还有 RS-423-A 和 RS-422-A。实际上，它们都是 RS-449 标准的子集。下边主要介绍 RS-423-A 和 RS-422-A。

1. RS-423-A/RS-422-A

与 RS-232 类似，RS-423-A 也是一个单端的、双极性电源的电路标准，但它提高了传送设备的数据传送速率。在速率为 1 Kbps 时，距离可达 1 200 m，在速率为 100 Kbps 时，传输距离可达 90 m。

RS-423-A/RS-422-A 的数据线也是负逻辑且参考电平为地，不同的是 RS-232-C 规定为 –15 ~ +15V，而这两个标准规定为 –6 ~ +6 V。

RS-422-A 规定了平衡驱动、差分接收的电气接口，它能够在较长距离上明显地提高数据传送速率，它能够在 1 200 m 距离内把速率提高到 100 Kbps，或在较近距离（12 m）内提高到 10 Mbps。这种性能的改善是由于平衡传输的优点而产生的，这种平衡驱动、差分接收结构能从地线的干扰中分离出有效信号。实际上，差分接收器可以区分 0.2 V 以上的电位差，因此，可不受参考电平波动及共模电磁干扰的影响。

图 5-4-7 所示为 RS-232-C/RS-423-A/RS-422-A 电气接口电路。

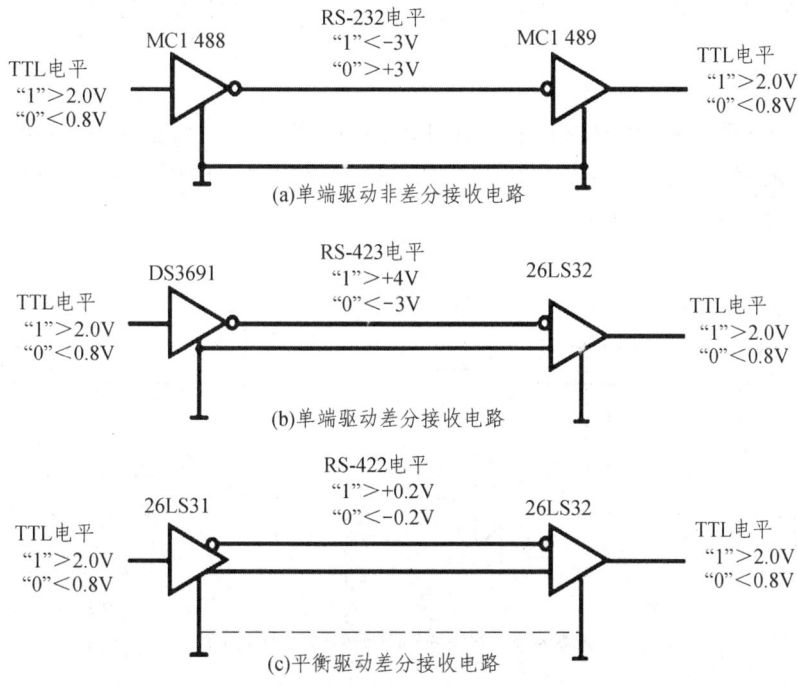

图 5-4-7　RS-232-C/RS-423-A/RS-422-A 接口电路

图 5-4-7（a）为 RS-232 所采用的非差分驱动单端接收电路。该电路的特点是传送信号只用一根导线，对于多路信号线，其地线是公共的。因此，它是最简单的连接结构，但它的缺点是驱动电路无法区分有用信号及干扰信号。而 RS-423-A 由于采用了差分电路接收器，接收器的另一端接发送端的信号地［见图 5-4-7（b）］，因而大大地减少了地线的干扰，RS-422-A 则更进一步采用了平衡驱动和差分接收方法［见图 5-4-7（c）］，从根本上消除了地线干扰。这种驱动器相当于两个单端驱动器，它们的输入是同一个信号，而一个驱动器的输出正好与另一个反相。当干扰信号作为共模信号出现时，接收器则接收差分输入电压。

只要接收端具有足够的抗共模干扰模电压工作范围,它就能识别这两种信号而正确接收传送信号。

RS-423-A/RS-422-A 的另一个优点是允许传送线上连接多个接收器。虽然在 RS-232-C 系统中可以使用多个接收器循环工作,但它每一时刻只允许一个接收器工作,RS-423-A/RS-422-A 可允许 10 个以上接收器同时工作,关于多站连接方法将在下边 RS-485 部分介绍。

2. RS-485

在许多工业过程控制中,往往要求用最少的信号线来完成通信任务。目前广泛应用的 RS-485 串行接口总线就是为适应这种需要应运而生的。它实际就是 RS-422 总线的变型,二者不同之处在于:

(1) RS-422 为全双工,而 RS-485 为半双工。

(2) RS-422 采用两对平衡传输信号线,RS-485 只需其中的一对。RS-485 更适合于多站互联,一个发送驱动器最多可连接 32 个负载设备。负载设备可以是被动发送器、接收器和收发器。传输电缆两端有终端电阻,在平衡电缆上挂接发送器、接收器或组合收发器。

两种总线的连接方法如图 5-4-8 所示。

图 5-4-8(a)为 RS-485 连接电路。在此电路中,某一时刻只能有一个站可以发送数据,而另一个站只能接收。而图 5-4-8(b)为 RS-422 连接电路,由于是全双工连接方式,故任一时刻两站都可以同时发送和接收。

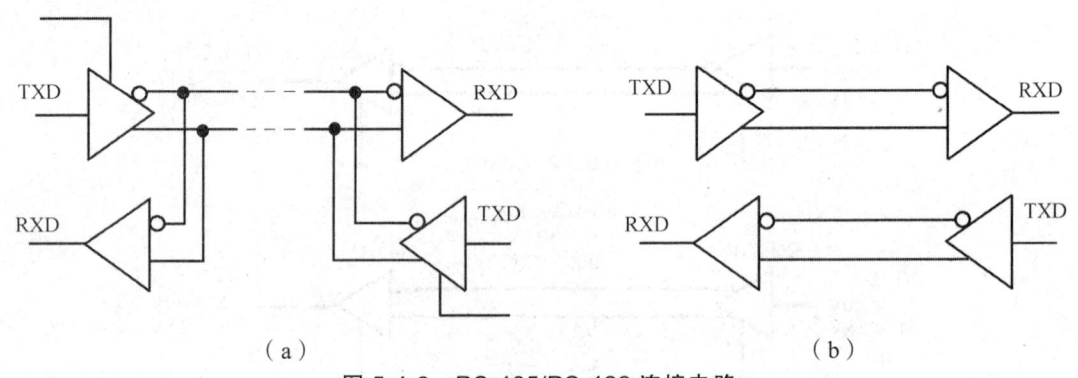

图 5-4-8　RS-485/RS-422 连接电路

RS-485 与 RS-422 和 RS-232-C 标准总线一样,这两种总线也需要专用的接口芯片完成电平转换。

MAX481E/MAX488E 是低电源(只有 +5 V)RS-485/RS-422 收发器。每一个芯片内都含有一个驱动器和一个接收器,采用 8 脚 DIP/SO 封装。除了上述两种芯片外,和 MAX481E 相同系列芯片还有 MAx483E/485E/487E/1487E 等等,和 MAX488E 相同系列的有 MAX490E。这两种芯片的主要区别是前者为半双工,后者为全双工。

MAX481E/483E/485E/487E/491E 和 MAX1487E 是为多点双向总线数据通信而设计的。也可以把它们作为线路中继站,其传送距离可超过 1 200 m。

对于一个通信子站来讲,RS-422 和 RS-485 的驱动/接收电路没有多大差别。

四、20 mA 电流环接口标准

这是一种电流控制的串行接口标准，它的推出主要是为了满足早期的直通电报机、电传打字机等机械式外设的控制需要。这些外设的接收部分是一个电流激励线圈或驱动线圈的电流放大器，相当于一个电流检测器，工作电流一般被设计为 20 mA，所以，规定有 20 mA 电流时为逻辑"1"、无电流时为逻辑"0"，当这些"0""1"序列被接收后，电传机便打印出相应的字符。这就是 20 mA 电流环名称的来由。尽管 20 mA 电流环接口至今未成为正式颁布的标准，但由于它在抗干扰能力和传输距离等许多方面比 RS-232 接口优越，所以在串行通信，特别是远距离通信中，应用却很广泛。许多微机系统（如 PC/XT）中，大多同时提供了 RS-232 和 20 mA 电流环这样两种串行通信标准的接口电路和连接器供用户选用。

20 mA 电流环是一个全双工的 20 mA 电流环接口。实际上 20 mA 电流源并不一定要在发送端，放在接收端也同样可以，只要环路中有一个电流源即可，当然也只能有一个电流源。一般把能提供 20 mA 电流源的一端叫作有源端，而把另一端称为无源端。因此，20 mA 电流环接口的结构形式可以是有源发送器/无源接收器或无源发送器/有源接收器两种。但绝对要避免收发两端都无源或都有源（特别是两端的电源电压极性相反）的无效连接。

在 20 mA 电流环中，发送方的开关 K 是受发送数据控制的，数据为"1"时，K 合上，回路中有 20 mA 电路，数据为"0"时，K 打开，回路中没有电流。

图 5-4-9 所示为 20 mA 电流环接口的基本原理。实际中的 20 mA 电流一般是由一个电压源 V 同一定阻值的电阻 R 串联形成的。显然，为了取得 20 mA 电流，可以使用许多不同的 V 值和 R 值。加上组成开关 K 的元件和电路也很多，所以 20 mA 电流环接口的实际电路形式是多种多样的。

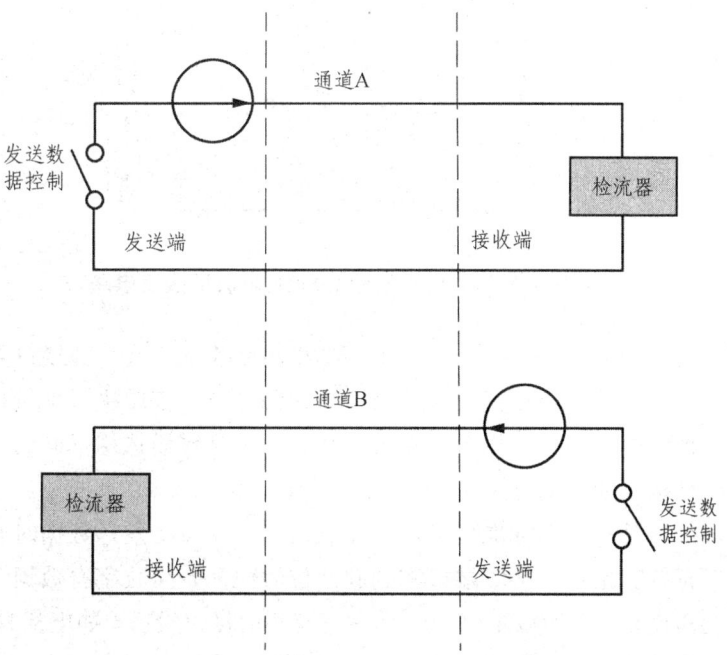

图 5-4-9　20 mA 电流环接口的基本原理

直通式电流环接口电路,尽管其抗干扰能力比 RS-232 接口强,但由于其两端之间是共地的,仍难免产生干扰信号。所以,在通信距离较远时,特别是在干扰源较多、干扰信号较强的工业现场应用情况下,大都在收发两端之间采用光电隔离技术。可用的光电隔离器(也叫光电耦合器)芯片种类很多,如国外的 4N33、ON3111、NJL5122A、PC507 系列、TLP521 系列/621 系列和国产的 CD 型、MG01 型系列等等。各种光电隔离器基本上都是由发光二极管和光敏器件(光敏三极管、光敏二极管、光敏电阻等)两部分组成,其中以发光二极管和光敏三极管组成的隔离器件应用最多。图 5-4-10 所示为一个实际的带光电隔离的 20 mA 电流环接口电路。它通过收发两端的光电隔离器,将串行传输回路中的 20 mA 电流信号转换为接收端的 TTL 电平信号和将发送端的 TTL 信号转换为 20 mA 电流信号。从图中可看出,收发之间和收发两端与 20 mA 电流环之间没有直接的电气连接关系,而是通过光电耦合,完成信号的传送,显然这样就极大地提高了系统的防噪声干扰能力,一方面,光电隔离器中发光二极管(LED)和光敏晶体管之间的间隙,使之能经受数千伏的电压,能有这样高的隔离保护电压,串行传输距离达到几千米将不成问题。另一方面,接收端光电隔离器中的发光二极管接收器具有天然的共模抑制能力,该 LED 响应的是接在它两端的差值电压,共模噪声将使它两端的电位提高或降低相同的值,从而使这种噪声通过二极管自行抵消不起作用。当然,为了确保上述隔离功能和共模抑制能力不失效,必须使接收器的本地信号地与远方发送器的地和 20 mA 电流源地相互独立,之间不能有任何形式的直接电气连接。实际中,也有只在接收端使用光电隔离器,而发送端直接将 TTL 电平转换为 20 mA 电流信号的,如在 PC/XT 异步通信适配器中就是这样。

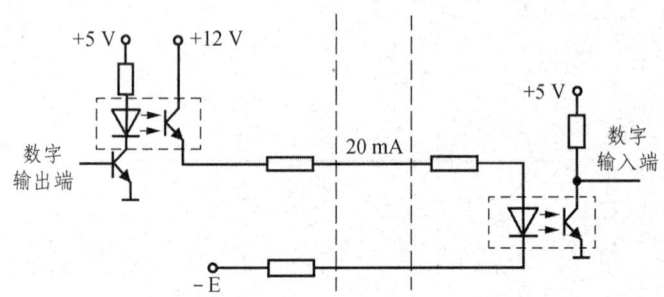

图 5-4-10 采用光电隔离的 20 mA 电流环接口电路

最后要说明的是,RS-232、RS-422A/423A 和 20 mA 电流环这 3 种接口只是在总线连接和逻辑表示上不一样,在数据传输格式这一级上却并无区别,都取决于串行接口内部的通信规程,所以在同一系统中它们可共用 I/O 端口,然后通过跳线器选用不同的总线标准连接器来达到选用不同标准接口的目的。

20 mA 电流环接口是一个非标准接口,无控制信号。在每次发送数据时必须以无电流的起始作为每一个字符的起始位,接收端检测到起始位时便开始接收字符数据。但是由于它的突出优点是传输距离比较远,所以不仅用于具有电流环的接口设备(如电传打字机等),而且在微机的点对点通信和速率低的数据传输中应用很广。

【项目自检】

1. 简述令牌环的工作原理与特点。
2. ARCNET 帧类型有哪几种?
3. CAN 总线的特点是什么?
4. 非破坏性仲裁的特点是什么?
5. CAN 协议是怎样检查错误的?

项目六　无线网络标准

【项目描述】

本项目介绍了无线网络标准。首先介绍了移动通信的发展过程和 GSM 的工作原理，在此基础上介绍了 GSM-R 铁路无线通信标准的发展情况、特点、系统组成、工作原理等知识。最后介绍了列车无线信息传输装置 WTD。

【知识目标】

（1）了解移动通信的发展情况。
（2）了解 GSM 的工作原理。
（3）了解 GSM-R 的铁路特色功能。

【能力目标】

（1）理解 GSM 的工作原理。
（2）掌握 GSM-R 特色功能的原理与应用。
（3）能够利用无线通信的相关知识来分析车地通信的一些情况。

任务一　GSM

一、移动通信发展简介

随着社会、经济的发展，移动通信得到了越来越广泛的应用。在我国，移动通信技术的起步虽晚，但是发展极其迅速。自从 20 世纪 90 年代以来，很多国家对移动通信的需求量经历了指数级的增长，我国也不例外，而且这种需求量还将持续下去。如今经济全球化与信息网络化的快速推进，现有的移动网络已经很难满足移动业务发展的需要，为适应发展，对现有的移动通信技术进行改进就越来越迫切，一方面要求尽可能丰富的移动业务满足移动用户不断增长的业务需求；另一方面要求通过采用新技术，不断提高系统的容量，以支持不断增长的移动用户的数量，移动通信技术正是在这两种需求的驱动下不断发展的。

早在 1897 年，马可尼在陆地和一只拖船之间用无线电进行了消息传输，成为移动通信的开端。至今，移动通信已有一百多年的历史，在这期间移动通信技术日新月异。

1. 第一代移动通信

第一代移动通信系统采用了模拟调制技术和 FDMA 接入方式。第一代无线网络技术的一大成就在于它去掉了将电话连接到网络的用户线，用户第一次能够在移动的状态下拨打电话。这一代主要有 3 种窄带模拟系统标准，即北美蜂窝系统 AMPS，北欧移动电话系统 NMT 和全接入通信系统 TACS。我国采用的主要是 TACS 制式，即频段为 890～915 MHz 与 935～960 MHz。第一代移动通信的各种蜂窝网系统有很多相似之处，但是也有很大差异。它们只能提供基本的语音会话业务，不能提供非语音业务，设备体积大、成本高，频谱利用率低，并且保密性差，容易并机盗打，它们之间还互不兼容，显然移动用户无法在各种系统之间实现漫游。

2．第二代移动通信

为了解决由于采用不同模拟蜂窝系统造成互不兼容无法漫游服务的问题，1982 年北欧四国向欧洲邮电行政大会 CEPT（Conference Europe of Post and Telecommunications）提交了一份建议书，要求制定 900 MHz 频段的欧洲公共电信业务规范，建立全欧统一的蜂窝网移动通信系统。同年成立了欧洲移动通信特别小组，简称 GSM（Group Special Mobile），后来将 GSM 重新命名为"全球移动通信系统"（Global System of Mobile communication）。第二代移动通信数字无线标准主要有：GSM，D-AMPS，PDC 和 IS-95CDMA 等。在我国，现有的移动通信网络主要以第二代移动通信系统的 GSM 和 CDMA 为主，网络运营商运用的主要是 GSM 系统。第二代移动通信系统采用了数字调制技术以及 TDMA 或 CDMA 接入方式，具有频谱利用率较高、保密性好、系统容量大、接口标准明确等优点，很好地满足了人们对语音业务以及低速数据业务的需求，因此在世界范围内得以广泛应用。

2000 年，中国开始启动 GPRS 技术的测试和试验网建设工作，2002 年中国移动即开始部署 GPRS 商用网络，并相继推出多种移动互联网业务。作为第三代移动通信发展的前奏，由 GSM 和 CDMA 系统演变出来的第 2.5 代通信系统如 GPRS 和 CDMA1x 技术已经得到了广泛的应用。

3．第三代移动通信

第三代移动通信系统是宽带数字通信系统，其设计目标是实现 144 Kbps 的车载通信速率、384 Kbps 的步行通信速率和 2 Mbps 的室内通信速率；在业务上更加重视移动多媒体业务，能提供多种类型的高质量多媒体业务，语音业务占的比重越来越小；能实现全球无缝覆盖，具有全球漫游能力并与固定网络相互兼容。第三代移动通信技术的标准化工作由 3GPP 和 3GPP2 两个标准化组织来推动和实施。目前最具代表性的有美国提出的 MC-CDMA（CDMA2000），欧洲和日本提出的 W-CDMA 和中国提出的 TD-SCDMA。

2008 年中国电信运营商重组。重组方案为：中国移动+铁通=中国移动，中国联通（CDMA 网）+中国电信=中国电信，中国联通（GSM 网）+中国网通=中国联通，从而中国电信运营商形成了三足鼎立之势。根据电信业重组方案，3G 牌照的发放方式是：中国移动获得 TD-SCDMA 牌照，中国电信获得 CDMA2000 牌照，中国联通获得 WCDMA 牌照。

（1）WCDMA。

WCDMA，全称为 Wideband CDMA，也称为 CDMA Direct Spread，意为宽频分码多重存取，这是基于 GSM 网发展出来的 3 G 技术规范，是欧洲提出的宽带 CDMA 技术，它与日本提出的宽带 CDMA 技术基本相同，目前正在进一步融合。WCDMA 的支持者主要是以 GSM 系统为主的欧洲厂商，日本公司也或多或少参与其中，包括欧美的爱立信、阿尔卡特、诺基亚、朗讯、北电，以及日本的 NTT、富士通、夏普等厂商。该标准提出了 GSM

（2G）-GPRS-EDGE-WCDMA（3G）的演进策略。这套系统能够架设在现有的 GSM 网络上，对于系统提供商而言可以较轻易地过渡。预计在 GSM 系统相当普及的亚洲，对这套新技术的接受度会相当高。因此 WCDMA 具有先天的市场优势，也是目前使用最广泛的，终端种类最丰富的一种 3G 标准，占据全球 80% 以上市场份额。

（2）CDMA2000。

CDMA2000 是由窄带 CDMA（CDMA IS95）技术发展而来的宽带 CDMA 技术，也称为 CDMA Multi-Carrier，它是由美国高通北美公司为主导提出，摩托罗拉、Lucent 和后来加入的韩国三星都有参与，韩国成为该标准的主导者。这套系统是从窄频 CDMAOne 数字标准衍生出来的，可以从原有的 CDMAOne 结构直接升级到 3G，建设成本低廉。但使用 CDMA 的地区只有日、韩和北美，所以 CDMA2000 的支持者不如 WCDMA 多。不过 CDMA2000 的研发技术却是目前各标准中进度最快的，许多 3G 手机已经率先面世。该标准提出了从 CDMA IS95（2G）-CDMA20001x-CDMA20003x（3G）的演进策略。CDMA20001x 被称为 2.5 代移动通信技术。CDMA20003x 与 CDMA20001x 的主要区别在于应用了多路载波技术，通过采用三载波使带宽提高。中国电信正在采用这一方案向 3G 过渡，并已建成了 CDMA IS95 网络。

（3）TD-SCDMA。

TD-SCDMA 的全称为 Time Division - Synchronous CDMA（时分同步 CDMA），该标准是由我国独自制定的 3G 标准，1999 年 6 月 29 日，由邮电部电信科学技术研究院（大唐电信）向 ITU 提出（但技术发明始于西门子公司），TD-SCDMA 具有辐射低的特点，被誉为绿色 3G。该标准将智能无线、同步 CDMA 和软件无线电等当今国际领先技术融于其中，在频谱利用率、对业务支持具有灵活性、频率灵活性及成本等方面都具有独特优势。另外，由于中国内地庞大的市场，该标准受到各大主要电信设备厂商的重视，全球一半以上的设备厂商都宣布可以支持 TD-SCDMA 标准。该标准提出不经过 2.5 代的中间环节，直接向 3G 过渡，非常适用于 GSM 系统向 3G 升级。军用通信网也是 TD-SCDMA 的核心任务。相对于另两个主要 3G 标准 CDMA2000 和 WCDMA，它的起步较晚，技术不够成熟。

（4）WIMAX。

WIMAX 的全名是微波存取全球互通（Worldwide Interoperability for Microwave Access），又称为 802.16 无线城域网，是又一种为企业和家庭用户提供"最后一英里"的宽带无线连接方案。将此技术与需要授权或免授权的微波设备相结合之后，由于成本较低，将扩大宽带无线市场，改善企业与服务供应商的认知度。2007 年 10 月 19 日，在国际电信联盟在日内瓦举行的无线通信全体会议上，经过多数国家投票通过，WIMAX 正式被批准成为继 WCDMA、CDMA2000 和 TD-SCDMA 之后的第四个全球 3G 标准。

这项技术的特点就是上网速度极快，但是基础通信服务不是很好。

4．第四代移动通信系统

在 2007 年 11 月的一次国际电信联盟（ITU）的正式会议上，新一代移动通信 B3G 和 4G 技术正式统一命名为 IMT Advanced。

目前有关 4G 移动通信系统的发展目标已达成基本共识，4G 系统将包含传输速率达到 100 Mbps 的蜂窝移动通信系统和传输速率达到 1 Gbps 的游牧和本地无线接入系统两个组成部分，其中蜂窝移动通信系统的最大用户带宽约为 20 MHz，而游牧和本地无线接入系统的最大用户带宽将达到 100 MHz。

2013 年 12 月 4 日，工业和信息化部（以下简称"工信部"）向中国联通、中国电信、中国移动正式发放了第四代移动通信业务牌照（即 4G 牌照），中国移动、中国电信、中国联通三家均获得 TD-LTE 牌照，此举标志着中国电信产业正式进入了 4G 时代。到 2017 年为止，移动电话中 4G 用户约占比七成。

第五代移动电话行动通信标准，也称第五代移动通信技术，外语缩写：5G。也是 4G 之后的延伸，正在研究中，5G 网络的理论下行速度为 10 Gbps（相当于下载速度 1.25 Gbps）。目前 5G 正在进行测试研究，预计 2020 年前后可以规模化商用。

二、移动通信的定义与特点

移动通信（Mobile Communication）是移动体之间的通信，或移动体与固定体之间的通信。移动体可以是人，也可以是汽车、火车、轮船、收音机等在移动状态中的物体。它具有以下特点：

（1）移动性。

移动性就是要保持物体在移动状态中的通信，因而它必须是无线通信或无线通信与有线通信的结合。

（2）电波传播条件复杂。

因移动体可能在各种环境中移动，电磁波在传播时会产生反射、折射、绕射、多普勒效应等现象，产生多径干扰、信号传播延迟和展宽等效应。

（3）噪声和干扰严重。

在城市环境中的汽车噪声、各种工业噪声，移动用户之间的互调干扰、邻道干扰、同频干扰等。

（4）系统和网络结构复杂。

它是一个多用户通信系统和网络，必须使用户之间互不干扰，能协调一致地工作。此外，移动通信系统还应与市话网、卫星通信网、数据网等互联，整个网络结构是很复杂的。

（5）要求频带利用率高、设备性能好。

三、蜂窝网络

把移动电话的服务区分为一个个正六边形的子区，每个小区设一个基站，形成了形状酷似"蜂窝"的结构，因而把这种移动通信方式称为蜂窝移动通信方式。蜂窝网络又可分为模拟蜂窝网络和数字蜂窝网络，主要区别于传输信息的方式。

蜂窝：将一块大的区域划分为多个小的蜂窝，使用多个小功率发射器代替一个大功率。一般使用正六边形来描述蜂窝形状。

频率复用：每一个蜂窝使用一组频道。如果两个蜂窝相隔足够远，则可以使用同一组频道。

蜂窝式网格图如图 6-1-1 所示。

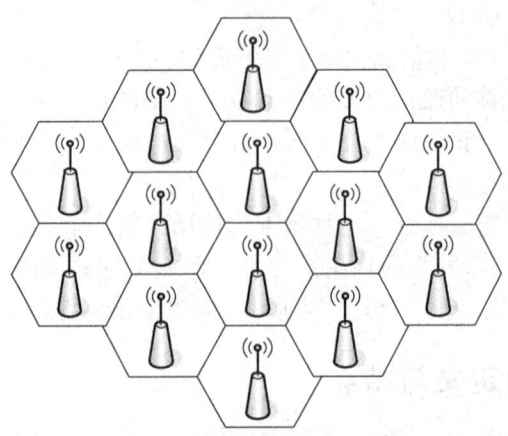

图 6-1-1 蜂窝式网格图

四、GSM 的原理

1．GSM 的频率

GSM 频带带宽如表 6-1-1 所示。

表 6-1-1 GSM 频带带宽

GSM 系统	上行频段/MHz	下行频段/MHz	带宽/MHz	双工间隔/MHz	双工信道数/个
GSM900	890～915	935～960	2×25	45	124
GSM900E	880～915	925～960	2×35	45	174
GSM1800	1710～1785	1805～1880	2×75	95	374
GSM1900	1850～1910	1930～1990	2×60	80	299

2．GSM 信道

GSM 系统采用 TDMA 多址方式，其载频间隔为 200 kHz，每个载频按时间分割为以 8 个时隙为单位的 TDMA 帧，即每 8 个时隙在 200 kHz 频率范围内循环出现，从而形成频率时间分割复用系统，如图 6-1-2 所示。

GSM 物理信道指采用频分、时分方式形成的突发脉冲，用于承载逻辑信道。

逻辑信道可分为业务信道 TCH 和控制信道 CCH 两大类型。

业务信道主要用于传送话音和数据业务信息，它包括话音业务信道和数据业务信道。

控制信道用于传送信令或者同步信息，它主要包括广播信道、公共控制信道，以及专用控制信道等 3 种类型。图 6-1-3 所示为逻辑信道的类型。

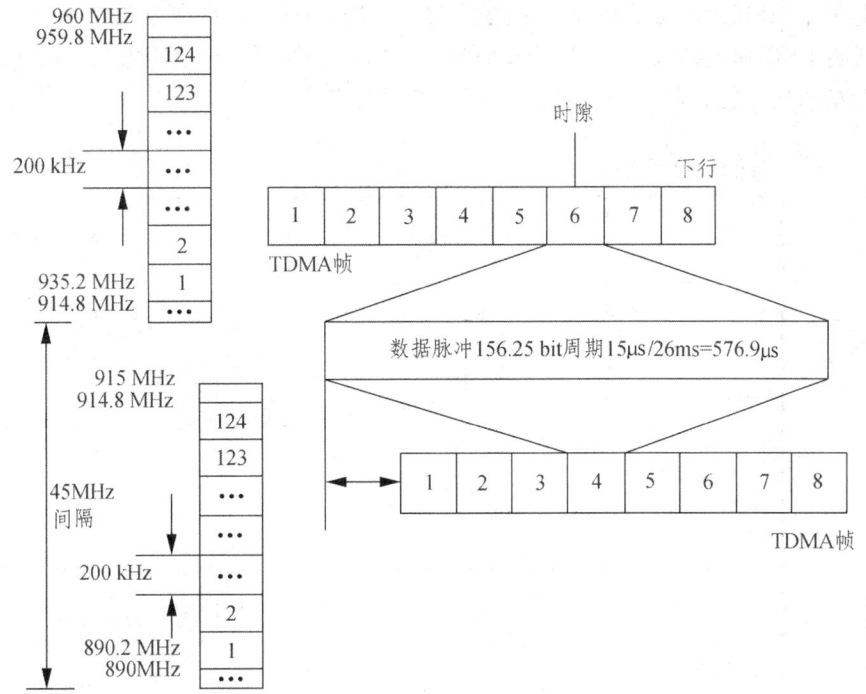

图 6-1-2 GSM 时隙结构

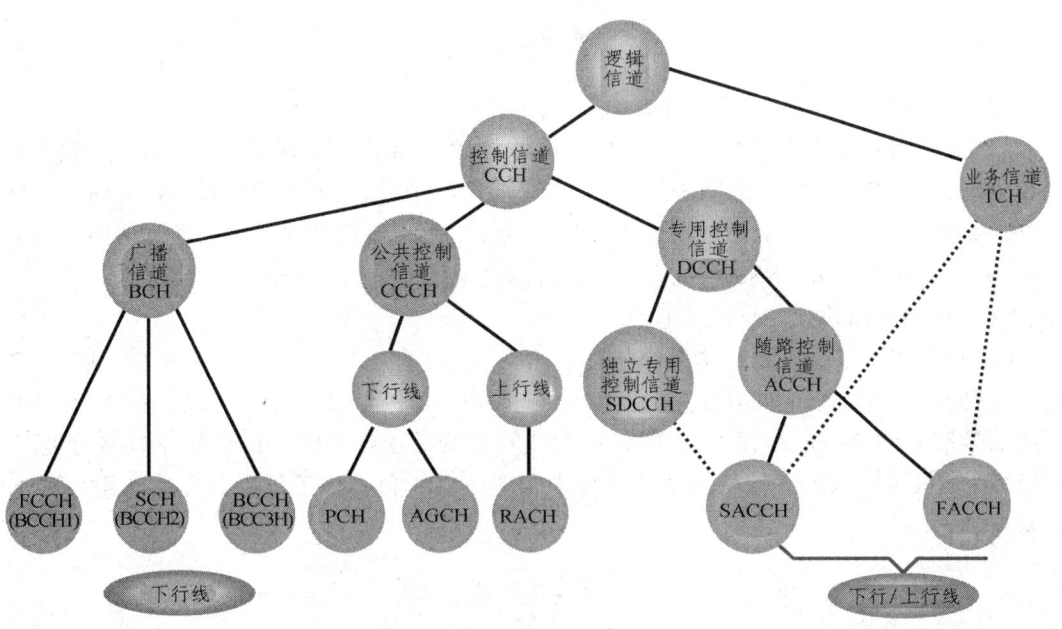

图 6-1-3 逻辑信道的类型

3．GSM 的体系结构

（1）GSM 网络单元（见图 6-1-4）。

GSM 系统由移动用户 MS、网络子系统 NSS、无线子系统 BSS，以及网络管理子系统

OSS 等网络单元组成；NSS 部分包括移动交换中心 MSC、访问用户位置寄存器 VLR、归属用户位置寄存器 HLR、移动设备标识存储器 EIR、鉴权中心 AUC 等网络单元；BSS 部分包括基站控制器 BSC 和基站收发信机 BTS 两部分。BSC 负责无线资源管理，BTS 负责进行空中信息的收发和信道编、解码等功能。一个 BSC 可以控制多个 BTS。

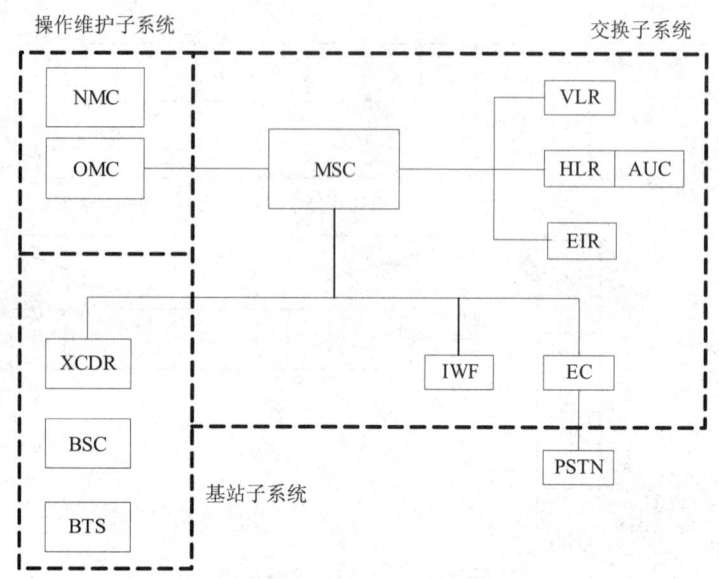

图 6-1-4　GSM 网络单元

（2）GSM 网络接口（见图 6-1-5、图 6-1-6）。

NSS 与 BSS 之间采用 A 接口，用于进行移动和连接管理，它基于七号信令方式实现；BSS 子系统中 BSC 与 BTS 之间采用 Abis 接口，用于进行基站和信道管理，它采用 LAPD 信令方式实现；MS 与 BTS 之间的空中接口为 Um，用于进行无线资源管理等功能，它采用 LAPDm 信令方式实现。NSS 系统内部各设备间多采用七号信令方式。

（3）GSM 接口协议（见图 6-1-7）。

GSM 系统采用 OSI 分层体系结构，分为 L1、L2 和 L3 层。其中 L1 为物理层；L2 为数据链路层，它在 Um 和 Abis 接口上分别以 LAPDm 和 LATD 方式实现，在 A 接口上则采用七号信令的链路层协议；L3 则包括无线资源管理 RR 子层、移动管理 MM 子层和呼叫管理 CM 子层。RR 子层在基站子系统中实现，MM 和 CM 子层则只在移动用户和 NSS 中实现。

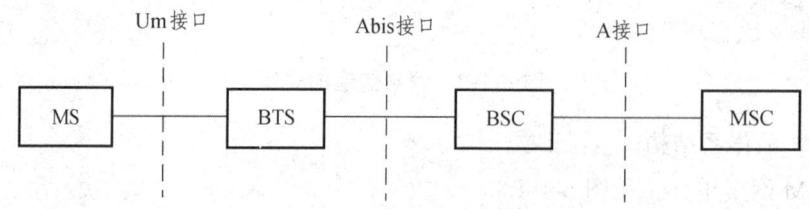

图 6-1-5　GSM 系统的主要接口

项目六　无线网络标准

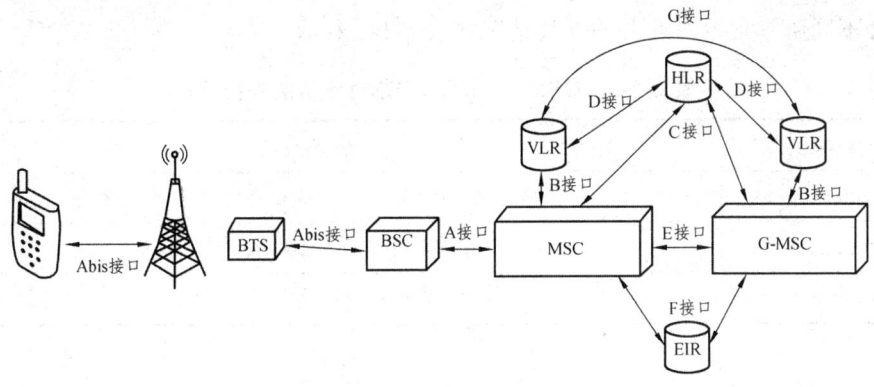

图 6-1-6　GSM 系统网元间接口

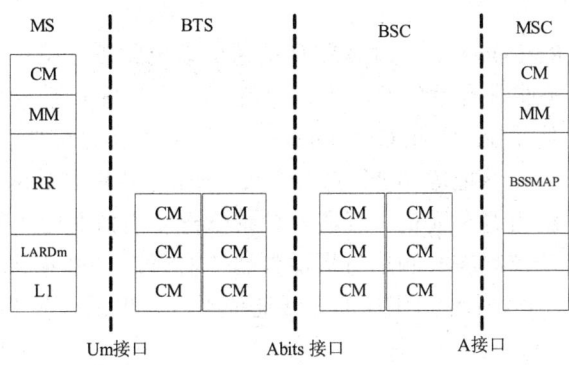

图 6-1-7　GSM 系统接口协议层

五、GSM 的业务

GSM 所支持的业务种类可以分为基本通信业务和补充业务，其中基本通信业务又可以分为电信业务和承载业务。具体内容如图 6-1-8 所示。

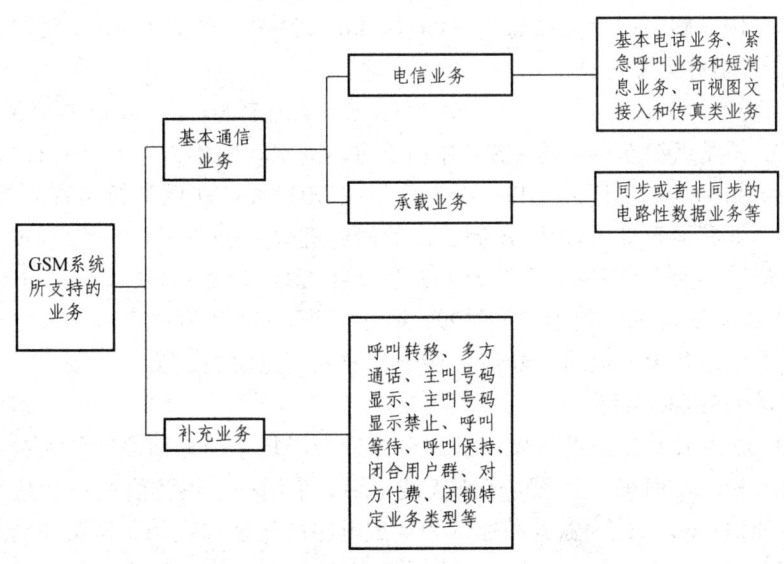

图 6-1-8　GSM 系统所支持的业务

181

GSM 不同版本规范对业务的支持情况如表 6-1-2 所示。

表 6-1-2　GSM 不同版本规范对业务的支持情况

版　本	业务种类
1990-Phase1	基本服务（如基本的电话业务和紧急呼叫业务）
1995-Phase2	增强声音；增强服务；扩大容量
1996-Phase2+	增强数据；增强用户功能

任务二　GSM-R

GSM-R（GSM for Railways），全球铁路移动通信系统属于专用移动通信的一种，专用于铁路的日常运营管理，是非常有效的调度指挥通信工具。GSM-R 系统是专门为铁路通信设计的综合专用数字移动通信系统。它在 GSMPhase2+的规范协议的高级语音呼叫功能的基础上，加入了基于位置寻址和功能寻址等功能，适用于铁路通信，特别是铁路专用调度通信。GSM-R 主要是提供无线列调、编组调车通信、区段养护维修作业通信、应急通信、隧道通信等语音通信功能，可为列车自动控制与检测信息提供数据传输通道，并可提供列车自动寻址和旅客服务。GSM-R 不仅是铁路各种专门用途的无线通信平台，也是构成 CTCS3 级、CTCS4 级设备的技术基础。

一、GSM-R 的发展

GSM-R 通信技术起源于欧洲，目前在德国、瑞士、荷兰、意大利等国家均已进入商业运用。GSM-R 具有适应铁路运输特点的功能优势，更符合通信信号一体化技术发展的需要。

GSM-R 标准制定阶段（1993— ）。1993 年国际铁路联盟（UIC）与欧洲电信标准组织协商，提出欧洲各国铁路下一代无线通信以 GSM Phase2+为标准的 GSM-R 技术，这一提议在 1995 年经 UIC 评估并最终确认。

GSM-R 系统实验阶段（1997— ）。1997 年，24 个国家的 32 个铁路签署了 GSM-R 谅解备忘录，签字的铁路组织至少要将 GSM-R 用于过境通信。同年，为了验证 GSM-R 系统的可靠性、兼容性等指标，UIC 还成立另一个专门组织 MORANE（欧洲铁路移动无线系统），它的主要成员包括铁路运营商、GSM-R 制造商的研究机构。1997—2000 年，MORANE 组织分别在法国、意大利、德国的高速线上开展了 3 个项目试验，对 GSM-R 系统进行了严格的测试。

GSM-R 工程实施阶段（1999— ）。1999 年第一个 GSM-R 网络系统在连接瑞典到丹麦的 Oresund 大桥上建成并投入运营。随后，瑞士、德国、意大利、英国、法国、俄罗斯等国相继建设了自己的 GSM-R 系统。

早在 20 世纪 20 年代，一些国家的铁路开始进行了机车与地面之间的无线通信试验；40 年代，许多国家相继在列车上装置电子管无线电话，采用中、短波段；50 年代一般用短波段的点对点无线通信；60 年代，随着晶体管和集成电路的发展和应用，铁路移动通信大量采用甚高频（VHF）和超高频（UHF）的频段，采取选址、双工、多用户进行组网的通信，在设备方面体积减小，重量减轻，功耗降低，可靠性增高，并能适应各种气候条件；70 年代以后，由于微处理机与收发信机相结合，使设备信令更加完善、灵活，具有了频道自动搜索、用户自动存取、功率自动控制和设备故障自动监测等功能。一些国家的铁路开始使用能与有线电话网连通的列车旅客无线电话；80 年代，铁路移动通信除了应用于铁路列车调度指挥外，还广泛使用在各个铁路业务部门。

20 世纪 50 年代，我国铁路车站值班员和编组场内线路值班员开始使用列车无线调度电话和站内无线电话，采用工作频率为 2 MHz 和 40 MHz 的电子管设备；70 年代初，全部改用 150 MHz 和 450 MHz 频段的晶体管设备；80 年代初，在编组场上推广应用携带小型的 150 MHz、450 MHz 的站内无线电话。铁路沿线维护作业人员的无线电话也相继推广使用。养路、施工的报警无线装置也得到迅速的发展和应用，并进行了山区隧道区段的列车无线调度电话试验。

由于 GSM-R 具有适应铁路运输特点的功能优势，以及符合通信信号一体化技术发展的需要，因此我国从 1994 年就开始对专用移动通信技术跟踪研究。铁道部 2000 年底正式确定将 GSM-R 作为我国铁路专用通信的发展方向。2004 年 3 月，铁道部与北电网络公司（加拿大）签署协议，在世界海拔最高的铁路——青藏铁路建设 GSM-R 试验网。现在已经采用 GSM-R 的线路有大秦重载铁路、武广、郑西、京沪等客运专线。

二、GSM-R 的特点

GSM-R 采用 GSM 标准无线数字技术，为铁路运输提供了附加功能。

GSM-R 的频带：我国铁路的频段为上行 885～889 MHz，下行 930～934 MHz。

GSM-R 无线网络是由铁路沿线的无线小区组成的。传输基站由网络中为小区服务的无线设备（收发器和天线）组成。

一组基站与基站控制器相连，基站控制器控制一些与它相连的小区。

基站控制器与控制网络的移动转接中心（MSC）相连，还连接着公共交换电话网络和监控列车位置的铁路智能网络。

期望的基站覆盖区域为：高速发送时为周围 4 km，其余的为周围 7 km。在平原国家覆盖的距离更广。在山区或者火车不能直行的地区（比如英国西海岸沿线）覆盖区域需要达到 2 km。

通信点分散呈线性结构，局部集中。在隧道和车站需要 Leaky Feeders 或者 Micro-Cellular 的基站来提供覆盖。

移动交换中心和基站控制器之间的通信很可能用铁路专用的网络来提供。混合利用光纤和电缆的 DSL 技术将被用来完成基站和铁路沿线的当地设备之间的最后连接，包括信号传输，沿线的电话等。

GSM-R 的优点有：可用于跨越国界的高速和一般列车上；可将现有通信系统融入单一的网络中，减少集成和运行费用；可在全球范围内使用，其功能丰富，成熟可靠，引入铁路时改动很少；能灵活提供用户语音和数据通信服务以及其他功能；在多个国家作为共同的标准使用；可以由现有设备改进为 GSM-R，价格低廉、运行可靠；GSM-R 可以与 ATC 很好地结合。

三、GSM-R 的体系

GSM-R 系统以 GSM 系统结构为基础，并引入 GPRS 和智能网设备，对相关硬件和软件进行了功能适配，能够为铁路用户提供各种基本业务和补充业务。GPRS 也是 GSM-R 的主要组成部分，可支持数据传输应用和面向无线局域网（WLAN）等全新的特定服务和应用。GSM-R 还能提高网络性能，改进服务质量和可靠性，向高速列车提供清晰的语音和数据通信服务。它是综合业务的移动通信系统，能最大限度地为铁路运输生产提供服务。

我国铁路采用的 GSM-R 系统主要由以下几部分组成：

（1）GSM-R 终端。

GSM-R 终端包括固定终端和移动终端，固定终端包括调度终端、车站终端和用户电话等，移动终端包括各类车载台和手持台。

（2）基站子系统（BSS）。

基站子系统包括基站收发信机（BTS）、基站控制器（BSC）、编译码和速率适配单元（TRAU）等。

（3）网络交换子系统（NSS）。

网络交换子系统包括移动交换中心（MSC）、网关移动交换中心（GMSC）、访问位置寄存器（VLR）、归属位置寄存器（HLR）、组呼叫寄存器（GCR）、鉴权中心（AUC）、短消息服务中心（SMSC）、确认中心（AC）等设备。

（4）智能网子系统（IN）。

智能网子系统包括业务控制点（SCP）、业务交换点（SSP）、业务管理系统（SMS）等设备，HLR、MSC 也是重要的智能网业务节点。

（5）通用分组无线业务子系统（GPRS）。

通用分组无线业务子系统包括网关支持节点（GGSN）、业务支撑节点（SGSN）、分组控制单元（PCU）、域名服务器（DNS）、认证服务器等设备（RADIUS）。

（6）运行和维护子系统（OSS）。

运行和维护子系统包括交换网络管理子系统（OMC-S）、无线网络管理子系统（OMC-R）、GPRS 网络管理子系统（OMC-D）、直放站管理子系统（OMC-T）等。

四、GSM-R 技术的应用

1. GSM-R 业务模型

GSM-R 是专门为铁路通信设计的综合专用数字移动通信系统。图 6-2-1 为 GSM-R 系统的业务模型层次结构图，因此，GSM-R 的业务模型可以概括为：GSM-R 业务 = GSM 业务+语音调度业务+铁路应用

GSM-R 系统业务模型包括 3 个部分：基础通信网、调度语音业务及铁路应用，均将在后面分别介绍。

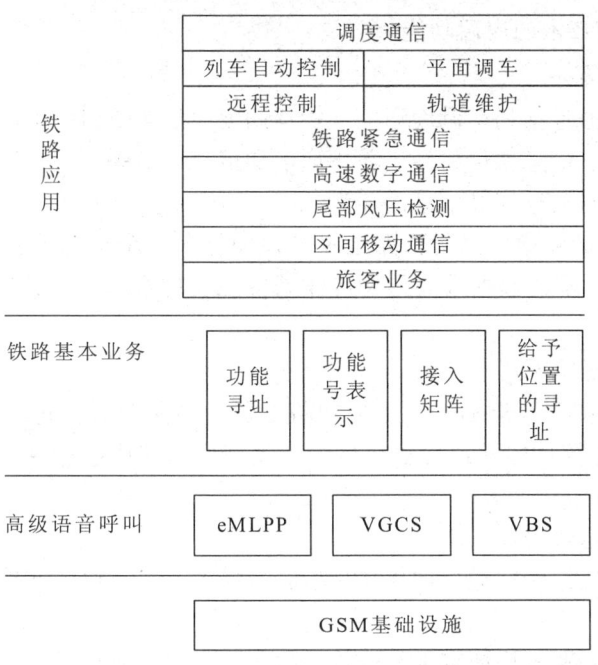

图 6-2-1　GSM-R 系统业务模型示意图

2．移动终端与固定终端

GSM-R 应用的用户终端类型包括移动终端和固定终端，适应于铁路运输指挥通信、铁路运输管理通信及数据传输通信的不同用户终端类型，如表 6-2-1 所示。

表 6-2-1　GSM-R 系统终端及用户类型

终端类型		用户类别及范围
移动终端	作业手持台（OPH）	列车上以及车站、编组场、沿线区间及其他铁路作业区的各工种地面工作人员话音和数据通信
	通用手持台（GPH）	铁路公务人员、铁路业务相关人员话音和数据通信
	调车手持台（OPS）	编组场调车作业话音和数据通信
	机车综合通信设备	运营机车、维修检测机车、编组场调车机车、轨道车等机车司机话音通信和通用数据传输
	列控机车台	运营机车、维修检测机车、编组场调车机车、轨道车等机车与地面控制中心之间的安全信息传输
	汽车车载台	各工种维护维修用车辆的话音和数据通信
	列尾通信设备	列车尾部风压、GPS 机控制信息传输
固定终端	调度终端	各种调度所调度员、值班室值班员的话音和数据通信
	车站终端	车站值班员、其他工种值班员话音和数据通信
	固定无线台	区间、站场各类信息点、业务点通用数据传输
	有线电话	需要纳入 GSM-R 网络的固定电话用户

3. GSM-R 系统技术的应用功能

（1）调度通信功能。

调度通信系统业务包括列车调度通信、货运调度通信、牵引变电调度通信、其他调度及专用通信、站场通信、应急通信、施工养护通信和道口通信等。

（2）车次号传输与列车停稳信息的传送。

车次号传输与列车停稳信息对铁路运输管理和行车安全具有重要的意义，它可通过基于 GSM-R 电路交换技术的数据采集传输应用系统来实现数据传输，也可以采用 GPRS 方式来实现。

（3）调度命令传送。

铁路调度命令是调度所里的调度员向司机下达的书面命令，它是列车行车安全的重要保障。采用 GSM-R 系统传输通道传输调度命令无疑将加速调度命令的传递过程，提高工作效率。

（4）列尾装置信息传送。

将尾部风压数据反馈传输通道纳入 GSM-R 通信系统，可以方便地解决尾部风压数据传输问题。

（5）调车机车信号和监控信息系统传输。

提供调车机车信号和监控信息传输通道，实现地面设备和多台车载设备间的数据传输，并能够存储进入和退出调车模式的有关信息。

（6）列车控制数据传输功能。

采用 GSM-R 通信系统实现车地间双向无线数据传输，提供车地间双向安全数据传输通道。

（7）区间移动公务通信。

在区间作业的水电、工务、信号、通信、供电、桥梁守护等部门内部的通信，均可以使用 GSM-R 作业手持台，作业人员在需要时可与车站值班员、各部门调度员或自动电话用户联系。紧急情况下，作业人员还可以呼叫司机，与司机建立通话联络。

（8）应急指挥通信话音和数据业务。

当发生自然灾害或突发事件等影响铁路运输的紧急情况时，在突发事件现场与救援中心之间以及现场内部，均可采用 GSM-R 通信系统，建立语音、图像、数据通信联系。

（9）旅客列车移动信息服务通道。

旅客列车移动信息服务包括移动售票、列车时刻表和移动互联网等服务。车地数据传输系统（基于 GSM-R 电路交换）的出现，使在列车上完成的移动售票成为可能。在列车上乘客可以通过售票终端完成客票查询、订票、购票或者补票业务。通过车地数据传输系统将客票信息实时传送到地面票务中心，及时更新客票信息。列车旅客信息服务系统是为列车上具有一定接入条件（如笔记本电脑、PDA、手机等）的旅客提供互联网的业务。然而当今互联网的业务日新月异、千变万化，而列车是一个高速的移动体，所以在此前提下，应该优先开展如下业务：

① 电子邮件。

② 基于 WEB 的新闻浏览。

③ 铁路相关信息服务（如列车运行时刻表查询）。
④ 旅客移动位置业务。
⑤ 在线电影。
⑥ 网络游戏。
⑦ 网上聊天。

（10）列车自动控制 CTCS 3 级/CTCS 4 级。

我国列车控制系统（CTCS）是在采用传统的闭塞系统或移动闭塞系统的条件下，增强列车自动控制功能的超速防护系统。同时，它也是一个驾驶辅助系统，帮助司机以安全的方式驾驶列车。根据国情路情的实际情况，CTCS 共划分为 5 级。其中 CTCS 3 级（基于轨道电路和无线通信的固定闭塞系统）和 CTCS 4 级（完全基于无线通信的移动闭塞系统）与 GSM-R 有着密切关联。

CTCS 3 级系统是一个基于轨道电路和无线通信系统（GSM-R）的列车运行控制系统。在 CTCS 3 级系统中，车载设备应与地面设备配合工作，列车按固定闭塞方式运行，由无线闭塞中心（RBC）控制，利用无线通信系统（GSM-R）在车地之间双向传输信息，车载设备配备无线通信模块，应答器作为定标设备。机车信号为主体信号，可以取消地面信号。另外，利用轨道电路或计轴设备进行轨道占用及列车完整性检查，但它们不属于 CTCS 3 级的设备。

CTCS 4 级是一个完全基于无线通信（GSM-R）的列车运行控制系统。该系统具有移动自动闭塞的特征。区间占用靠 GPS 和 GSM-R 实时数据传输解决（站内仍需轨道电路）。列车完整性检查、定位校核分别靠车载设备和点式设备来实现，使得室外设备减少到最低程度。

五、无线列调通信原理

列车调度通信是重要的铁路行车通信系统，负责列车的位置和运行方向，其主要用户包括列车调度员、车站（场）值班员、机车司机、运转车长、助理值班员、机务段（折返段）调度员、列车段（车务段、客运段）值班员、机车调度员、电力牵引变电所值班员、救援列车主任以及其他相关人员。

列车调度通信系统的主要问题是解决"大三角"和"小三角"通信，"大三角"通信是指列车调度员、车站值班员和机车司机之间的通信；"小三角"通信是指车站值班员、机车司机和运转车长之间的通信。

利用 GSM-R 进行调度通信系统组网，既可以完全利用无线方式，也可以同有线方式结合起来，共同完成调度通信任务。

1．GSM-R 增加的铁路特有功能

GSM-R 除支持所有的 GSM 电信业务和承载业务外，为了满足铁路指挥调度的需求，增加了集群通信功能，在 GSM 标准中定义为高级语音呼叫项目，即 ASCI（Advanced Speech Call Item）功能。它包括 3 种业务：

① 优先级业务 eMLPP（Enhanced Multi-Level Precedence and Pre-eruption），即增强多优先级与强拆，它是一种补充业务。
② 语音组呼业务 VGCS（Voice Group Call Service）。
③ 语音广播业务 VBS（Voice Broadcast Service）。

除了包含这 3 种业务外，为了实现铁路运营应用，GSM-R 还包含另外一些铁路所特有的功能，即功能寻址、基于位置的寻址等。

1）优先级业务 eMLPP

eMLPP 业务规定了在呼叫建立或越区切换时，呼叫接续的不同优先级，以及资源不足时的资源抢占能力。这种业务提供了一种强制能力，符合列车调度通信的调度特点。

（1）eMLPP 的概述。

eMLPP 业务主要由 3 个元素构成：优先级、呼叫建立时间和资源抢占能力。

优先级是指在呼叫建立时给该呼叫指配一个优先级别，并和该呼叫的建立时间类型一起参与网络资源的竞争与调配。eMLPP 业务定义了 7 个优先等级：A（最高，网络内部使用）；B（网络内部使用）；0（预定）；1（预定）；2（预定）；3（预定）；4（最低，预定）。

呼叫建立时间是指从用户按下"发送"键开始，到被叫用户能够接收信息为止，不包含用户反应时间。对于多方呼叫、VGCS 或 VBS，呼叫建立时间是指至少有一个被叫用户能够接收信息为止。eMLPP 业务规定的呼叫建立时间有 3 个等级：1 级，快速呼叫建立 1～2 s；2 级，正常呼叫建立＜5 s；3 级，慢速呼叫建立＜10 s。

资源抢占是指当网络没有空闲资源可用时，具有较高优先级的呼叫将抢占正在被较低优先级呼叫占用的信道资源，还可以表现为被叫用户断开正在进行的低优先级呼叫而接听高优先级的呼入呼叫。

资源抢占有两种情况。网络资源抢占：呼叫建立或切换时，没有空闲网络资源，则终止低优先级呼叫，将资源给高优先级呼叫使用的过程。用户接口资源抢占：具有较高优先级的呼叫请求与正在进行较低优先级通话的用户建立通信时，网络终止被叫用户的当前呼叫，并将其接入高优先级呼叫的过程。

（2）eMLPP 的实现。

① 优先级选择：用户每次发起呼叫时，都可以选择一个呼叫优先级。对于一个呼叫的优先级，分以下情况讨论：移动台呼叫固网用户，取决于移动台选择的优先级。固网用户呼叫移动台，取决于主叫方。如果固网用户是 ISDN 的 MLPP 业务用户，则由接口网络对 MLPP 和 eMLPP 优先级进行映射；否则，由移动网指配一个缺省优先级。ISDN MLPP 与 GSM-R eMLPP 优先级有对应关系。移动台呼叫移动台，取决于主叫方选择的优先级。如果两个移动台处于不同的 MSC 区域，则 eMLPP 的 A、B 优先级需要映射为 0 优先级。

② 优先级处理和操作：eMLPP 用户可以自己定义对某些高优先级呼叫进行自动应答。如果被叫用户忙，则可能需要强拆当前的呼叫而接收较高优先级呼叫，即用户接口资源抢占。新的点对点呼叫，其优先级高于当前呼叫并具有资源抢占能力，被叫用户收到呼叫等待提示以及新呼叫的优先级信息，移动台自动退出当前呼叫而接入新的呼叫；如不具有资源抢占能力，由用户决定是否接收新的呼叫。新的 VGCS 或 VBS 的优先级高于当前 VGCS 或 VBS 的优先级，并具有资源抢占能力，移动台自动退出当前 VGCS 或 VBS 而加入新的呼叫。

③ 网络和终端需求：eMLPP 业务的实现需要 GSM-R 网络的支持，对于每个用户，需要在 HLR、VLR、GCR 和 MSC 中存储相关的优先级信息。eMLPP 业务的实现也需要移动台的支持，这类移动台称作兼容移动台，是在 SIM 卡中存储优先级信息；相反，不支持 eMLPP 业务的移动台可称作非兼容移动台。如果用户没有签约 eMLPP 业务，则无论使用的是兼容移动台还是非兼容移动台，呼叫均采用网络定义的缺省优先级。

（3）eMLPP 的基本过程。

① 签约：当用户在 HLR 中创建了用户记录时，用户就可以由自己来设置优先级，此优先级需要小于或等于最高授权优先级。业务提供商能在任何时候改变任何一个 eMLPP 用户的最高优先级，但用户不能通过移动台的人机界面改变最高优先级。

② 优先级呼叫：在移动台发起呼叫的过程中可能会经历指出优先级、核对签约情况、鉴权和加密、将优先级指示发送给 BSC、选择无线信道和将优先级指示发送给移动台 6 个过程。在移动用户终止呼叫的过程中可能会经历指出优先级、将优先级指示发送给 BSC、鉴权和加密、在空闲模式、专用模式或组接收模式下被叫用户终止呼叫 4 个过程。在语音组呼或语音广播呼叫的过程中可能会经历将优先级指示发送给相关的 MSC、鉴权和加密、将优先级指示发送给移动台 3 个过程。

③ 强拆：对于所有能够强拆的资源，MSC 内的业务配置可以用来决定是否需要发生资源强拆以及哪一个通话需要被强拆掉。强拆后释放信道的消息要在强拆发生的地方传送给受影响的另一方。

④ 越区切换：当正在进行的通话切换到一个满负荷的小区上时，如果有必要的话，BSC 会根据从分配请求上接收到的优先级和强拆信息执行排队等待和强拆操作。对于 BSS 间的越区切换，优先级和强拆的信息包含在越区切换请求中。

2）语音组呼业务（VGCS）

语音组呼业务（VGCS）是指一种由多方参加（GSM-R 移动台或固网电话）的语音通信方式，其中一人讲话、多方聆听，工作于半双工模式下。发起 VGCS 呼叫时，可用一个组功能码（组 ID）来呼叫所有该组成员。一个特定的 VGCS 通信由组功能码（简称组 ID）和组呼区域唯一确定。组 ID 标识该组的功能，即由哪些身份的成员参加；组呼区域是指 VGCS 通信所覆盖的地理范围，以无线蜂窝小区为基本单位。组 ID 与组呼区域的结合称作组呼参考，即组呼参考唯一确定一个 VGCS 通信。呼叫建立之后，讲话人可以改变，一旦 VGCS 发起人停止讲话，系统示意其释放上行信道，所有的组内成员都能接到通知，如果其他人想成为下一个讲话人，可使用 PTT 功能来申请上行信道。VGCS 业务突破了 GSM 网络点对点通信的局限性，能够以简捷的方式建立组呼叫，实现调度指挥、紧急通知等特定功能，尤其适用于铁路的行车指挥调度部门。

3）语音广播呼叫（VBS）

语音广播呼叫允许一个业务用户，将话音或者其他用话音编码传输的信号发送到某一个预先定义的地理区域内的所有用户或者用户组。显然，它工作于单工模式下。

VBS 中的讲话者没有像 VGCS 中的角色转换，就是说，讲话者（发起者）只能讲，听话者（接收者）只能听，因而可以看作是 VGCS 的最简单形式。它也是用组功能码（组 ID）来呼叫所有该组成员。同 VGCS 一样，语音广播呼叫也提供了点对多点呼叫的能力，适用于铁路的行车调度。

4）功能寻址（FA）

功能寻址是指用户可以由它们当时所担当的功能角色，而不是它们所使用的终端设备的号码寻址。在同一时刻，至少可以为一个用户分配若干功能地址，但只能将一个功能地址分配给一个用户。用户可以向网络注册和注销功能地址。

例如，可以给每列正在运行的列车司机分配一个功能号，结构为车次号+司机功能代码

（设为01）。于是，T13次列车司机的功能号为T1301。当某位司机驾驶T13次列车从起点站出发时，他都必须向网络注册该功能号，网络负责将该功能号与他当时所使用的机车电台的真实号码对应起来。当调度员或是车站值班员要呼叫T13次列车的司机时，可以不必知道该司机姓名，也不必知道该司机使用的机车台的号码，只要向网络请求"我要呼叫T1301"，网络查询其数据库，将T1301对应到一个真实的电话号码，并建立该呼叫。这种功能简化了呼叫的操作，能够提高铁路工作人员的工作效率。

5）基于位置的寻址（LDA）

基于位置的寻址是指网络将移动用户发起的用于特定功能的呼叫，路由到一个与该用户当前所处位置相关的目的地址，正确的调度员或车站值班员由主叫移动用户当时所处的位置来确定。如列车调度中的"大三角"通信，移动台要呼叫的调度员取决于移动用户当前所处的位置。以北京调度所为例，当列车运行到北京调度所管辖车站范围内的时候，司机需要呼叫北京站调度员时，他并不需要知道调度员的完整的电话号码，只需要呼叫代表调度员身份的短号码如1200向网络发起呼叫请求。网络识别该短号码，并将其路由到北京调度所的调度员。这种功能用于移动用户呼叫特定的固定用户（调度员和车站值班员）。

列车调度的语音通信需求可以归结为：点对点通信，多方通信，语音组呼，语音广播呼叫。点对点通信，移动台呼叫固定台，即从移动台到固定台的寻址，由于固定台位置是不动的，故可以采用基于位置的寻址；固定台到移动台，移动台处于不断移动的状态，故不能采用基于位置的寻址，而采用功能寻址。表6-2-2中是所有语音通信应用到的GSM-R业务功能，具体细节需要结合我国铁路实际功能定义和编号方式。

表6-2-2　GSM-R列车调度系统语音通信功能

主　　叫	通信范围	被　　叫	实　现　方　法
行车调度员	调度范围	某一司机	车次功能号
		某一运转车长	车次功能号
		司机和运转车长（广播形式）	VGCS
		司机和运转车	VBS
		车站值班员、助理值班员、司机、运转车长	VGCS
		所有运转车长	VGCS
	车站范围	车站值班员、助理值班员、司机、运转车长	VGCS
列车司机	调度范围	行车调度员	基于位置寻址
	车站范围	车站值班员、助理值班员	语音组呼
	本列车内	运转车长	完整电话号码
	动态范围	区域内其他司机	语音组呼
运转车长	调度范围	行车调度员	基于位置寻址
	车站范围	车站值班员、助理值班员	语音组呼
	本列车内	列车司机	完整电话号码

续表

主 叫	通信范围	被 叫	实 现 方 法
车站值班员	调度范围	行车调度员	完整电话号码
	车站范围	某一司机	车次功能号
		所有司机	语音组呼
		某一运转车长	车次功能号
		所有运转车长	语音组呼
		所有助理值班员	语音组呼
		所有助理值班员、所有司机、所有运转车长	语音组呼
		某一助理值班员、某一车次的司机、运转车长	ISDN多方通信/GSM-R多方通信
	相邻车站	相邻车站值班员	完整电话号码
车站值班员	车站范围	某一司机	车次功能号
		某一运转车长	车次功能号
		所有司机、所有运转车长	语音组呼
		助理值班员、其他助理值班员	语音组呼

对于数据通信，采用 ISDN 的电路数据交换。ISDN 和 GSM-R 网络都具有数据传输的能力，ISDN 终端可以提供低于 128 Kbps 的传输能力，GSM-R 可以提供 2.4、4.8 和 9.6 Kbps 能力，可以用在调度所、车站和机车三者之间传送数据；ISDN 的 UUSI 补充业务，也能够在呼叫建立之前提供一定能力的数据传输功能。另外也可以利用 GPRS 实现分组数据传输。

对于基于位置的寻址，涉及一个小区规划的问题。由于 GSM-R 网络的最小定位范围是小区，即当列车呼叫车站值班员的时候，如果一个小区覆盖多个车站，那么呼叫将被路由到多个车站值班员，因此，GSM-R 小区最大设置为覆盖一个车站。

而对于车次功能号，由于在 GSM-R 的标准中，只包含 0~9 数字车次号，而我国的车次号中包含字母，所以，需要建立一个从字母到数字的映射表，使得移动台的 MMI 可以将用户输入的含有字母的车次号转换为只包含数字的车次功能号，反之也是如此。

2．GSM-R 调度通信网络的通信过程

有线调度网络内的调度通信业务和要求，如调度员对辖区范围内的调度分机进行单呼、组呼、全呼、会议呼（临时组呼）；调度分机呼叫调度员及组织辖区范围内的组呼；调度分机之间不允许呼叫；区段调度网络为一个相对独立的封闭网络，其他用户不能呼入网络，调度分机不能呼出网络，以确保行车调度指挥的安全畅通。这些由网络特性和操作台的操作过程来保证实施。

GSM-R 调度通信网络内的用户，除原有的有线用户之外，还包含了移动终端，具体的用户有机车台、运转车长手持台、车站助理值班员手持台等，而移动终端处于不断移动状态，除了车站助理值班员之外，其他移动终端的位置随时变更，不仅地理位置变化，由一个调度区段到另一个调度区段,接受调度指挥的对象也发生变化,因此对移动终端的电话号码,除了用户的真实号码 MSISDN 号之外,还要赋予一个功能号。所谓功能号就是能表明用户身份特征的号码,有车次功能号、机车功能号、车号功能号之分,每个功能号都有统一规定的号码结构。例如车次功能号,除了表明某趟列车的车次之外,还要表明使用者的身份(职务),车次功能号的号码结构为"CTCH××××××FC",示例如表 6-2-3 所示。

表 6-2-3　车次功能号码结构示例

CT	CH	××××××	FC
呼叫类型	车次号字母	车次号中的数字位	功能码
呼叫车次 CT=2	如:Z=90 T=84 K=75 N=78 * 无字母为 00	不是 6 位时,高位填 0 补齐	如:本务机司机=01 运转车长=08 列车长 1=10 列检人员=29 乘车长=31 *

用户呼叫 Z19 次列车司机,可直接拨打车次功能码 221901,由终端(或 FAS)翻译成 11 位的车次功能号为 29000001901。

列车调度通信系统主要用户包括列车调度员、车站值班员、机车司机、运转车长、助理值班员、机务段(折返段)运转值班员、列车段(车务段、客运段)值班员、电力牵引变电所值班员、救援列车主任及其他相关人员。

3．调度通信业务通信过程

按调度通信业务流程,可归纳为 4 类通信过程,即点对点个别呼叫、组呼、会议呼(临时组呼)、广播呼叫。

1)点对点个别呼叫

(1)固定终端呼叫移动终端。

方式一:按 MSISDN 号码呼叫,FAS 收到 MSISDN 号码,进行号码分析后,判断是移动终端 MSISDN 号码,把呼叫路由到 GSM-R 网络,并把 MSISDN 号码发给 GSM-R 网络;GSM-R 网络根据 MSISDN 号码呼叫移动终端,双方建立通信;通话完毕,任意一方挂机,呼叫拆除。

方式二:基于功能寻址呼叫移动终端,用户直接拨打功能码(如 221901),由终端(或 FAS)翻译成 11 位的车次功能号 29000001901,FAS 收到呼叫,进行号码分析(翻译),判断是移动终端功能号,会把呼叫路由到 GSM-R 网络;GSM-R 网络将移动终端功能号转换成被叫移动终端的 MSISDN 号,并以 MSISDN 号呼叫移动终端,双方建立通信;通话完毕,任一方挂机,呼叫拆除。

(2)移动终端呼叫固定终端。

方式一:按 ISDN 号码呼叫,GSM-R 网络收到 ISDN 号码,进行号码分析后,把呼叫路由到相应的 FAS,并向 FAS 发送被叫固定终端 ISDN 号码;FAS 根据 ISDN 号码呼叫固定终端，双方建立通信；通话完毕，任意一方挂机，呼叫拆除。

方式二：基于位置寻址呼叫固定终端，移动终端使用标准短号码发起呼叫，短号码由 4 位数组成，并有统一的定义，例如 1200 为连接到最适当的列车调度员、1300 为连接到最适当的车站值班员等，GSM-R 网络收到呼叫，对短号码进行分析，根据移动终端所在位置把短号码转换为被叫固定终端的 ISDN 号码，并将呼叫路由到相应的 FAS；FAS 根据 ISDN 号码呼叫固定终端，双方建立通信；通话完毕，任意一方挂机，呼叫拆除。

2）组呼（VGCS）和广播呼叫（VBS）

有线调度通信的组呼是在工程开局时，根据调度台（车站台）组呼通信业务的要求，编制数据时事先设定好组呼群，操作者只要按组呼键，便可完成组呼通信过程。如果需要临时组织组呼群，操作者先按会议键，再按组呼成员的呼叫键，最后按确认键，便可完成会议呼的通信过程。

在 GSM-R 调度通信网络内的组呼，由于移动用户的位置随时处于动态范围，在操作台上没有固定的键位，所以必须以组地址发起组呼。组地址包括了业务区号 SA 和功能代码 FC（或组 ID）。

业务区号 SA（5 位数字）用以确定组呼和广播的有效区域，各个服务区域按调度区号、车站位置号全路统一分配。

功能代码 FC（又称为组 ID），由三位数字组成，在编号方案中全路统一规定，每个组 ID 代码都表示了呼叫优先级别、组呼区域、组呼发起方和组呼成员。

（1）移动终端发起组呼。

移动终端根据组呼区域和组呼成员，选择组 ID 的代码，以组 ID 向 GSM-R 网络发起组呼；GSM-R 网络根据主叫移动终端所在小区选择相应的组呼区域，并按组 ID 定义好的组呼成员中移动终端发起 GSM-R 组呼，使处于组呼区域内的移动终端进入 GSM-R 组呼状态。

对组呼成员中的固定用户，GSM-R 网络同时把呼叫路由到 FAS，并把组呼参考号（虚拟组呼号）发送到 FAS；FAS 根据组呼参考号（虚拟组呼号）组织有线组呼，各固定终端进入有线组呼状态。移动终端越出 GSM-R 组呼区域，自动退出组呼；移动终端进入组呼区域，自动加入组呼。

通话完毕，组呼发起方挂机，组呼拆除。

（2）固定终端发起组呼。

固定终端根据组呼区域和组呼成员，选择组地址，以组地址向 FAS 发起组呼；FAS 收到组地址，进行号码分析后，组织组呼成员中的各固定终端进入有线组呼状态，对组呼成员中的移动终端，FAS 将呼叫路由到 MSC，并以对应的虚拟组呼号码作为主叫号，以组地址作为被叫号码发送给 MSC；MSC 根据组地址预定义组呼成员中的移动终端发起 GSM-R 组呼，使处于区域内的移动终端进入组呼状态。

移动终端越出 GSM-R 组呼区域，自动退出 GSM-R 组呼。

通话完毕，发起组呼的固定终端挂机，组呼拆除，不允许其他组成员拆除组呼。

（3）GSM-R 广播呼叫（VBS）。

GSM-R 广播呼叫（VBS）与 VGCS 类同，只是呼叫类型 CT 不同，GSM-R 组呼 CT=50，GSM-R 广播 CT=51，另外所不同的只是组呼成员中只能听，不能讲话。

3）会议呼（临时组呼）

会议呼是由一方发起多方参加的会议型的通信方式，在 GSM-R 网络内提供多方通信的补充业务，实现会议呼。

任务三　CRH380AL 列车无线信息传输装置 WTD

一、WTD 概述

无线数据传输装置（WTD）满足中国铁路总公司统一制定的《CRH 动车组车载信息无线传输设备技术条件》，能够采集、分析和处理动车组的各种数据信息，实现数据的本地储存，同时将动车组运行状态信息及故障记录信息实时地发送到地面，实现地面对在途动车组运行情况的实时监测和远程维护支持。本任务以 CRH380AL 动车组为例。

二、装置功能

无线数据传输装置接收、处理、存储来自车辆信息控制系统中央装置的动车组运行信息和故障记录等相关数据，并通过 GPRS/WLAN 无线网络将采集到的车载信息自动传输到地面数据服务器，同时设置人工转储接口。基本功能如下：

1．车载信息采集

通过 20 mA 电流环接口实现与动车组车辆信息控制系统的通信，从而采集动车组运行状态信息及故障记录等数据。

2．车载信息处理和存储

对车载信息进行必要的分类、选择、转换、存储，形成向地面发送的信息报文。无线数据传输装置内部具有大容量的数据存储空间，存储容量可满足动车组 72 h 以上的所有数据存储的需要。车载"实时运行"信息按最小 0.5 s 间隔存储，"实时故障"信息及相关 DI 信息须全部存储。

3．车地通信

无线数据传输装置内部具有 GPRS 和 WLAN 无线传输模块，通过 GPRS 在途传输动车组的实时信息（暂定发送间隔为 1 min，可根据应用情况调整），以及通过 WLAN 到站传输批量数据。处理过的车载信息向指定服务器发送数据，同时可以随时接收地面系统发来的指令，并根据指令执行相应的操作。

4．GPS 功能

提供 GPS 定位及授时功能。

5．人工转储

提供基于以太网标准的数据转储接口，用于在无线传输模块故障等特殊情况下，由地面检修人员通过安装专用软件的笔记本电脑，通过人工转储方式下载 WTD 数据存储单元内的全部数据文件。

6. 远程监督和管理

提供无线数据传输装置车载数据文件查询、无线数据传输装置的设备工作状态查询、无线数据传输装置软件版本查询等功能，方便地面按需灵活访问无线数据传输装置，方便地面对无线数据传输装置进行远程监控管理。

7. 安全机制

对接收到的任何地面请求信息，必须经过安全认证，确保不影响其他系统正常工作。同时，向地面发送数据必须满足地面的相应安全认证机制要求。

三、装置组成

无线数据传输装置由装置主机（5U×68R 机箱，内含各种功能插件）、WLAN/GSM/GPS 三合一天线和 WLAN/GSM 合路器等组成。

在 CRH380 动车组中，动车组运行状态数据和故障数据是通过 20 mA 电流环通信接口从车辆信息控制装置（MON）处获取。装置主机完成动车组运行状态数据和故障数据的采集、分析、处理、本地储存；并根据地面的数据传输要求，具有 GPRS 和 WLAN 无线数据传输控制功能，根据传输策略对不同的数据采用不同的传输方式；同时，装置本身具有 GPS 定位和授时功能。

车载 WLAN/GSM/GPS 三合一天线需安装在动车组车顶，实现无线数据传输和 GPS 定位功能。无线数据传输装置系统连接如图 6-3-1 所示。

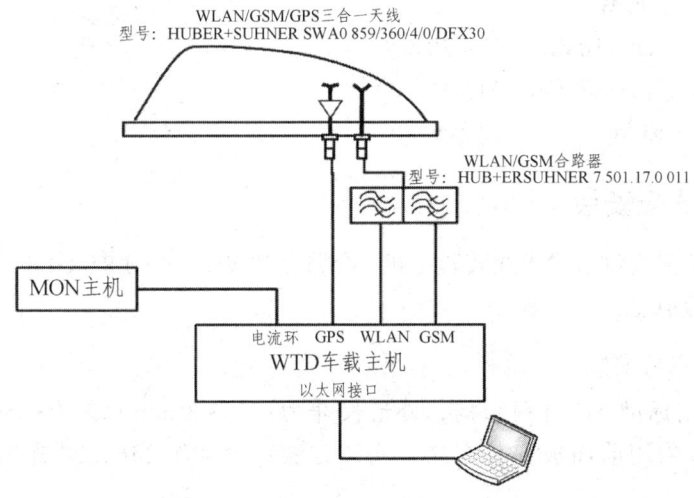

图 6-3-1 无线数据传输装置系统连接图

四、使用条件与技术参数

1. 使用条件

工作环境温度：−25 ~ +70 ℃。

相对湿度：≤95%（该月月平均最低温度为 25 ℃）。

最大风速：一般年份 15 m/s，偶有 33 m/s。

海拔高度：≤2 500 m。

模块需安装在能防雨、雪、风、沙的车体内部。

2．技术参数

（1）GPRS 无线传输。

远程无线数据传输遵循电信 GSM/GPRS 网络相关技术标准。

数据传输速率：9.6～115.2 Kbps。

数据传输流量：不超过 1 024 字节/帧。

（2）WLAN 无线传输。

地面部分和车载部分的高速无线通信系统采用 2.4-2.4835 GHz 频段，通信接口标准为 IEEE 802.11b，采用直接序列扩频（DSSS）作为传输方式，网络协议为 TCP/IP，无线传输速率最高为 11 Mbps，传输距离不小于 1 000 m。

（3）GPS 接收。

GPS 跟踪能力：可同时跟踪 12 颗卫星。

动态性能：速度不大于 500 km/h。

首次定位时间（典型）：热启动 15 s，温启动 45 s，冷启动 2 min。

捕获时间：重捕获时间＜5 s。

GPS 模块定位精度：误差 15 m（CEP）。

系统校时精度：对系统精确校时，校时误差小于 100 ms。

（4）其他。

装置总功率：＜100 W。

装置供电电压：DC110V＋25%～30%。

装置数据存储器：存储容量＞512 M。

装置总质量：＜13 kg。

五、车载设备安装

无线数据传输装置包括了无线装置主机、合路器和 WLAN/GPRS/GPS 三合一天线。下面对各组件安装进行描述。

1．无线装置主机安装

装置主机采用标准 5U 机箱结构，外形尺寸为：403.3 mm（宽）×250.1 mm（深）×220.9 mm（高），采用前面板安装方式，安装方法：由 4 个 M6×20 螺钉固定。

2．WLAN/GSM 合路器的安装

WLAN/GSM 合路器外形尺寸为：179.7 mm（长）×122.2 mm（宽）×32.26 mm（高）；安装尺寸为：169.55 mm（长）×112.6 mm（宽），4 个 ϕ5.2 mm 安装孔。

3．车载 WLAN/GPRS/GPS 三合一天线安装

车载 WLAN/GSM/GPS 三合一天线外形尺寸为：260 mm（长）×100 mm（宽）×96 mm（高）；安装尺寸为：165 mm（长）×80 mm（宽）。安装方法：由 4 个 M8×40 内六角圆柱头螺钉（其外露螺纹部分长为 28 mm）固定。

需要特别注意的是天线的安装位置必须考虑馈线的长度，要求是一根馈线对信号的衰减不得超过 3 dB，馈线长度一般不得超过 10 m，否则联网距离、速度和稳定性将受到严重影响。

六、装置连接

1．装置对外接口

无线数据传输装置主要有以下对外接口。

WTD 电源接口：连接 DC100V 电源，为 WTD 装置提供电源；

20 mA 电流环接口：连接 MON 装置，用于接收相关数据并进行预处理；

以太网转储接口：连接专用笔记本电脑，通过人工转储方式下载 WTD 数据存储单元内的全部数据文件。

2．装置内部互联接口

无线数据传输装置内部模块间有以下接口。

GSM 接口：装置主机与车载 WLAN/GSM 合路器连接接口，提供 GSM 传输；

WLAN 接口：装置主机与车载 WLAN/GSM 合路器连接接口，提供 WLAN 传输；

WLAN/GSM 天线接口：车载 WLAN/GSM 合路器与车载 WLAN/GSM/GPS 三合一天线连接接口；

GPS 接口天线：GPS 与车载 WLAN/GSM/GPS 三合一天线连接接口，提供 GPS 信息。

3．连接器引脚定义

各连接器引脚定义如表 6-3-1～6-3-6 所示。

表 6-3-1　电源插件电源连接器 OX2

引脚号	线号	信号内容	连接器规格
OX2：1	100 V+	100 V 电源+	J18E12T2H90S\\2 芯
OX2：2	100 V−	100 V 电源−	

表 6-3-2　电流环接口插件 MON 电流环接口连接器 JX1

引脚号	线号	信号内容	连接器规格
JX1：2	M581	CH1_2	TRACHSTS09C09S1/9 芯，尺寸：宽 32 mm、高 16 mm、深 50 mm
JX1：1	M582	CH1_1	
JX1：3	M583	CH1_3	
JX1：4	M584	CH1_4	

表 6-3-3　无线主控插件 WLAN 连接器

引脚号	线号	信号内容	连接器规格
WLAN：1	W1	WLAN	TNC-KY3YE，尺寸：最大外径 ϕ17 mm，深 40.1 mm

表 6-3-4　无线通信插件 GSM 连接器

引脚号	线号	信号内容	连接器规格
GSM：1	G1	GSM	SMA-C-KY3，尺寸：最大外径 ϕ9 mm，深 18.8 mm

表 6-3-5 GPS 天线连接器

引脚号	线号	信号内容	连接器规格
GPS：1	G2	GPS	TNC-KY3YE，尺寸：最大外径 $\phi 17$ mm，深 40.1 mm

表 6-3-6 以太网插件以太网下载连接器 CX1

引脚号	线号	信号内容	连接器规格
CX1	--	以太网下载	圆形插头 21038829405

七、装车后的调试和验收

在无线数据传输装置安装后，需要检查验收。

检查布线：查看装置连线是否有遗漏，SIM 卡是否装上，电源开关是否闭合。

检查指示灯：根据设备指示灯工作情况，判断装置是否正常工作。

功能测试：无线数据传输装置上车后，在地面基站的远程实时跟踪软件上查看是否有该装置发回的实时信息；在出入库跟踪工作站上查看是否有该装置的连接并检查自动转储下的文件是否正确，并使用笔记本测试本地下载数据功能。

八、装置的使用及操作

一体式 WTD 装置采用标准 5U 机箱结构，前面板出线，如图 6-3-2、图 6-3-3 所示，共包含 7 块功能插件，各功能插件为 4U 标准板，主要功能描述如表 6-3-7 所示。

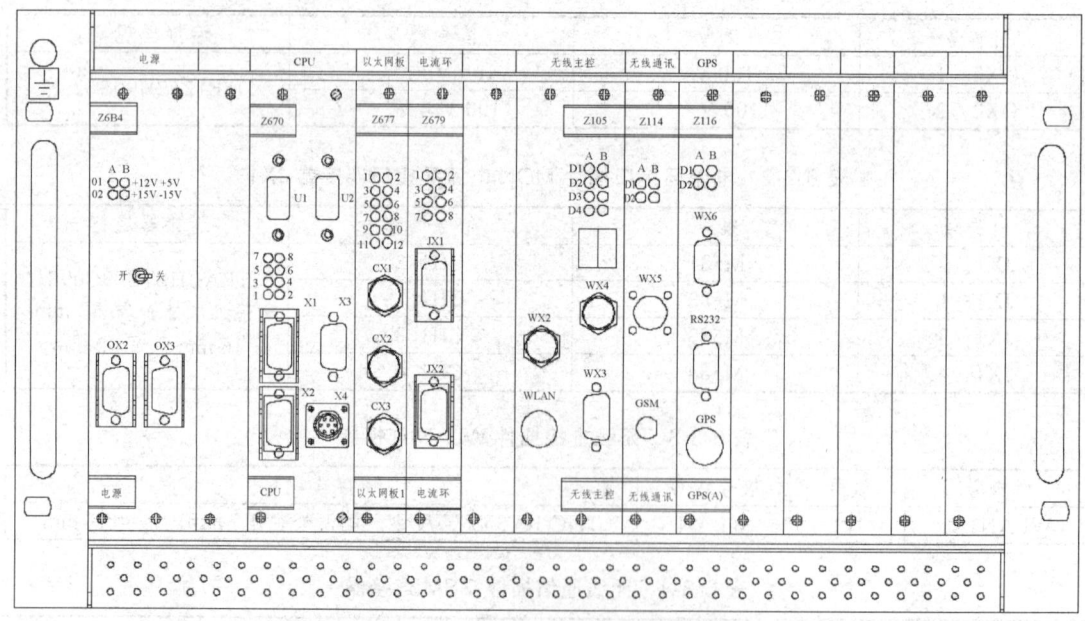

图 6-3-2 一体式 WTD 装置正视图

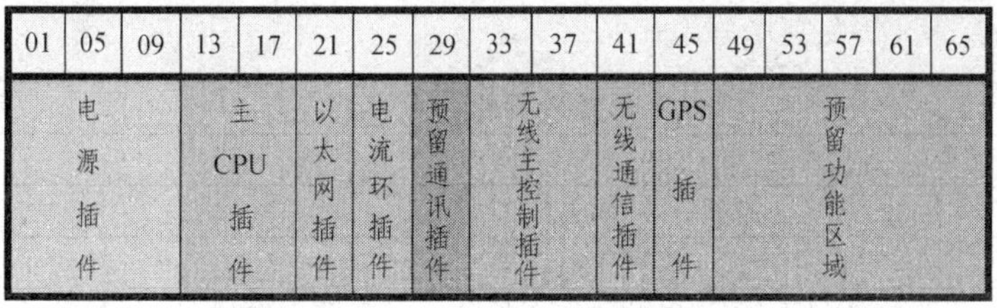

01	05	09	13	17	21	25	29	33	37	41	45	49	53	57	61	65
电源插件		主CPU插件		以太网插件	电流环插件	预留通讯插件	无线主控插件		无线通信插件		GPS插件	预留功能区域				

图 6-3-3 装置内部各功能插件分布图

表 6-3-7 装置各插件功能描述

序号	名 称	主要功能描述	所占板位
1	电源插件	给装置内的各插件供电	3
2	主 CPU 插件	实现对装置主机各功能插件的管理和数据的处理及本地存储等功能	2
3	以太网插件	实现多路以太网接口的数据交换功能	1
4	电流环插件	实现电流环接口的通信功能，实现对车载数据的采集和预处理	1
5	预留通信插件	考虑未来实现与动车组其他设备通信而预留的	1
6	无线主控插件	实现对各种无线数据传输方式的管理和控制，并集成了 WLAN 无线传输功能	2
7	无线通信插件	实现实时数据的 GPRS 无线传输功能	1
8	GPS 插件	实现 GPS 定位和授时功能	1
9	预留功能区域	为未来的功能扩展预留区域	5

开通电源后，查看各插件面板上的工作状态指示灯，通过查看其是否闪烁来判断各插件是否工作正常。指示灯对应的具体含义如表 6-3-8 所示。

表 6-3-8 插件面板指示灯定义

电源插件面板指示灯定义	
面板指示灯编号	定 义
A01	常亮，+12 V 输出正常
A02	常亮，+5 V 输出正常
B01	常亮，+15 V 输出正常
B02	常亮，−15 V 输出正常
主 CPU 插件面板指示灯定义	
面板指示灯编号	定 义
1	闪烁：CPU 应用程序正常运行
2	闪烁：电流环工作正常
3	闪烁：应用程序通过以太网接收数据
4	闪烁：应用程序通过以太网发送数据
5	预留
6	预留
7	预留
8	预留

续表

以太网插件面板指示灯定义	
面板指示灯编号	定 义
1	常亮，电源正常工作
2	预留
3	CX1 数据动作（闪烁表示数据动作）
4	CX1 连接状态（常亮表示连接正常）
5	CX2 数据动作（闪烁表示数据动作）
6	CX2 连接状态（常亮表示连接正常）
7	CX3 数据动作（闪烁表示数据动作）
8	CX3 连接状态（常亮表示连接正常）
9	与 CPU 插件数据动作（闪烁表示数据动作）
10	与 CPU 插件连接状态（常亮表示连接正常）
11	与无线主控插件数据动作（闪烁表示数据动作）
12	与无线主控插件连接状态（常亮表示连接正常）
电流环插件面板指示灯定义	
面板指示灯编号	定 义
1	常亮：表示电源和单板正常
2	
3	闪烁：表示与 MON 装置（JX1 接口）通信正常
4	预留
5	预留
6	预留
7	预留
8	预留
无线主控插件指示灯定义	
面板指示灯编号	定 义
	工作指示
1A	（1）系统启动中，读电子盘，则 1A 灯闪烁；若无法启动，1A 灯灭 （2）启动完毕后，主程序工作正常，1A 灯闪烁；若程序未运行，1A 灯常灭
	USB 指示
1B	（1）若系统 USB 自检正常，则 1B 灯常亮；否则 1B 灯灭 （2）若插入 U 盘，系统识别，则 1B 灯灭；若有数据读写，则 1B 灯闪烁 （3）拔出 U 盘后，1B 灯处于常亮状态
	WLAN 指示
2A	（1）若系统检测到 WLAN 网卡且 IP 格式正确，则 2A 灯常亮，否则 2A 灯灭 （2）若成功注册到无线局域网，则 2A 灯闪烁；离开无线局域网后，2A 灯常亮
	GPRS 指示
2B	（1）若 GPRS 模块拨号上网成功，则 2B 灯常亮；若网络断开，则灭 （2）若有数据传输，则 2B 灯闪烁
	CAN 指示
3A	若 CAN 通信正常，则闪烁；否则常亮
	GSM/RS485 指示
3B	（1）用作 RS485 时，自检正常则保持常亮，通信正常则闪烁 （2）用作 GSM 时，若 COM0 通信正常，则保持常亮；否则灭，若正在通话，则闪烁
	ETH0 指示
4A	（1）若 ETH0 自检正常，则保持常亮，否则灭 （2）若 ETH0 正在通信，则闪烁
	ETH2 指示
4B	（1）若 ETH2 自检正常，则保持常亮，否则灭 （2）若 ETH2 正在通信，则闪烁

续表

无线通信插件指示灯定义	
面板指示灯编号	定 义
A01	常亮：3.8 V 电源
B01	常亮：3.8 V 电源
A02	GSM 模块工作状态，快闪：网络搜索中/未注册/正在关断；慢闪：注册成功；熄灭：未启动；常亮：来电
B02	GPRS 模块工作状态，快闪：网络搜索中/未注册/正在关断；慢闪：注册成功；熄灭：未启动
GPS 插件指示灯定义	
面板指示灯编号	定 义
A01	常亮：5 V 电源
A02	闪烁：GPS 数据接收正常
B01	常亮：GPS 插件电源
B02	闪烁：CAN 通信正常

九、维护和保养

1．日常维护

装置的日常维护主要是列车出库前和入库后检视装置情况，主要有：
（1）检查装置安装螺栓的紧固情况，确保安装紧固可靠。
（2）检查插件面板上电缆插头的连接情况，确保电缆插头可靠连接。
（3）按照验收装置的功能检查方法，检查装置能否正常工作。

2．保 养

正常使用情况下，只需对装置进行简单的维护和保养，表 6-3-9 所示为该装置的维护保养内容及检查周期。

表 6-3-9 维护保养及保养周期表

检查项目	检查内容	现象与判断依据	处理办法	检查周期				
				1月	3月	6月	1年	3年
箱体	变形、伤痕、裂纹、锈蚀等	变形、伤痕、裂纹、锈蚀等情况已影响到装置的密封或使用	修复或更换					√
机箱固定螺栓	固定状态	松动	重新拧紧或更换	√				
插头、插座	外观、紧固状态	松动、破损	重新紧固或更换	√				
布线	电线电缆	老化、破损	更换					√
风扇	目 检	积灰等影响到风扇转动	除尘				√	
		接线松动	重新接好				√	
		不转动、损坏	更换				√	
插件	目检、紧固件	插件固定螺钉松动	重新拧紧	√				
		元器件老化、变色、损伤	更换					√
		电路板积灰、污染	清洁、除尘				√	

注：清洁时，严禁使用水或溶剂。

3．储存和运输

车载装置在出厂时,采用了专门设计的具有防尘、防潮、防水的包装箱包装,以保证储存和运输时的防尘、防潮、防水及防止运输过程中造成损伤。

车载装置应存放于通风、干燥、干净和平坦的室内。如果车载装置的存放时间超过1年后再进行安装,必须对装置重新进行试验。

【项目自检】

1. 简述移动通信的发展过程。
2. GSM-R 的特点与优点有哪些?
3. 简述 GSM-R 的体系组成。
4. 简述 GSM-R 的业务组成与业务特色。
5. 列车无线信息传输装置 WTD 的功能有哪些?

项目七　CRH 系列动车组网络系统

【项目描述】

本项目介绍了 CRH1、CRH3 系列、CRH5 动车组的网络系统构成，对网络的拓扑结构，重要硬件设备的构成与工作原理、软件功能、信息传输等做了详细的介绍。

【知识目标】

（1）掌握 CRH1、CRH3 系列、CRH5 的网络标准与拓扑结构。
（2）了解 CRH1、CRH3 系列、CRH5 网络中重要硬件设备的构成与功能。

【能力目标】

（1）理解掌握 CRH1、CRH3 系列、CRH5 动车组的网络标准与拓扑结构。
（2）能够识别重要的网络硬件，分析其功能作用。
（3）能够根据所学的网络知识分析简单的网络故障可能存在的原因。

任务一　CRH1 动车组网络系统

CRH1A 型动车组是庞巴迪运输在 Regina C2008 的基础上研发的动车组，CRH1B 是其长编组，CRH1E 为卧铺动车组、新 CRH1（采用新头型）是庞巴迪 ZEFIRO 250 平台的车型，本质上是另一种系列了，不属于 CRH1 的代表车型。CRH380D 也是基于 ZEFIRO 平台研发。本任务主要基于 CRH1A 动车组来进行介绍。

CRH1 整列动车组的控制信号、状态信息、故障信息是基于现场总线的实时通信网络传输的，可以说通信网络是列车信息的大动脉，顺畅的通信网络是列车正常运行的根本保证，列车通信网络已成为现代列车运行的核心。

一、TCMS 列车控制和管理系统

TCMS 是一种分布式计算机系统，通过贯穿整个列车的总线来传递控制、监测及故障诊断信息，可控制并监视车辆及动车组的所有主要功能。

TCMS 包括：智能设备及其相应列车控制应用软件；接口硬件装置，用于把 TCMS 连接到列车其他系统；列车网络总线，用于将不同的硬件装置连成列车控制系统。

TCMS 对原型车的改变：在适用的情况下基本沿用了现在的 Regina 车上的概念，减少了 TCMS 硬件成本。

将 GSM 和 GPS 功能控制从 PIS 系统完全转移到 TCMS 系统，降低了成本，减少了复杂性。
将不同的功能分别置于专用的 CCU（中央控制单元），而不是像 Regina 车一样，每辆车

使用一个 CCU。

提供了灵活的 TCMS 解决方案，可以为 6~9 辆车工作，改善了 BT 调试功能。

CRH1 列车上 TCMS 的各种系统接口如图 7-1-1 所示。

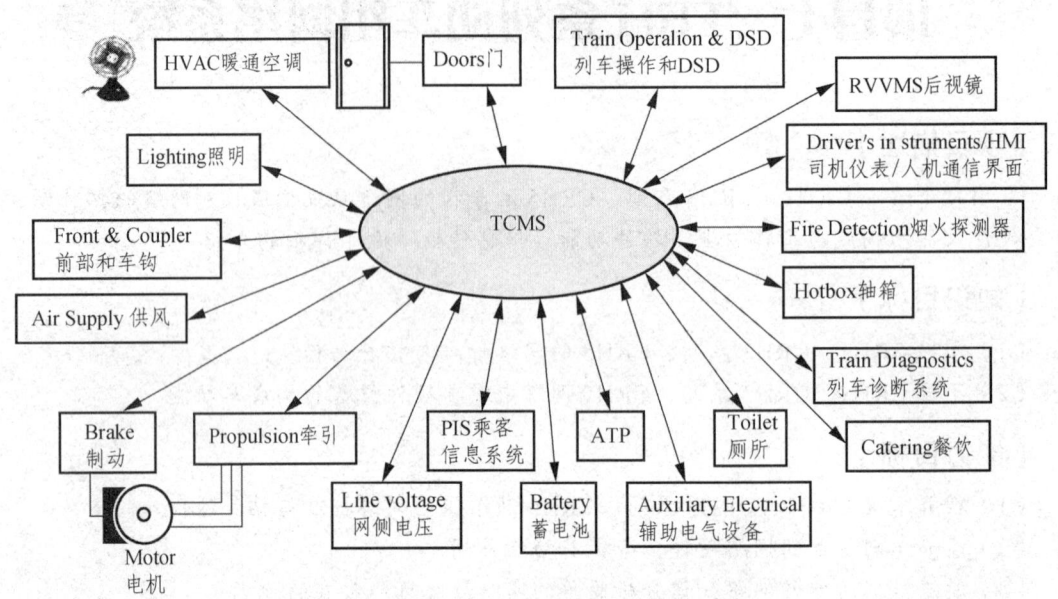

图 7-1-1　CRH1 列车上 TCMS 的各种系统接口

二、CRH1 的网络拓扑结构

CRH1 的计算机控制系统主要采用的是 MITRAC 模块化产品，可以高度分布在列车的各个控制现场，处理整个车组的控制、各单车的控制、列车诊断、状态监测、事件记录、人机界面等功能。各 MITRAC 模块之间的连接与管理是通过串行通信总线实现的，该通信系统称为列车通信网络 TCN（Train Communication Network）。

1. 网络拓扑结构

列车总线由每辆车内固定安装的电缆及通信节点互联而成，每辆车上有一个通信节点，即通信网关，列车总线通过网关与车辆总线交换信息。列车在一次运行中有且只有一个控制列车总线工作的主节点（主控制器网关），其他节点则为从节点，主-从关系的配置是网络自动完成的，当某 Mc 车的司机室起动后，其上的网关自动配置为主控制器，其他车上的网关自动配置为从控制器（从节点）。车辆总线用以连接列车总线通信节点和该节点甩在车内的各种设备，车辆设备是各种信息发源地，它接收通信节点的命令，将各种信息按一定的格式送往通信节点；从节点将各设备送来的信息重新编排，按照主节点的命令，按顺序发往主节点。

CRH1 的列车通信网络（TCN）是 MITRAC 系统主干线，其拓扑结构如图 7-1-2 所示，即 TCN = MVB + WTB，利用多功能车辆总线进行车辆单元内的数据通信，利用列车总线进行车辆单元间的数据通信。

WTB（Wired Train Bus）：绞式列车总线，连接在动车组 MVB 区段之间的双绞屏蔽线（Double twisted pair wires）线路，由网关（Gate Way）控制，通过自动车钩覆盖整车，允许多重操作（multiple operation）。

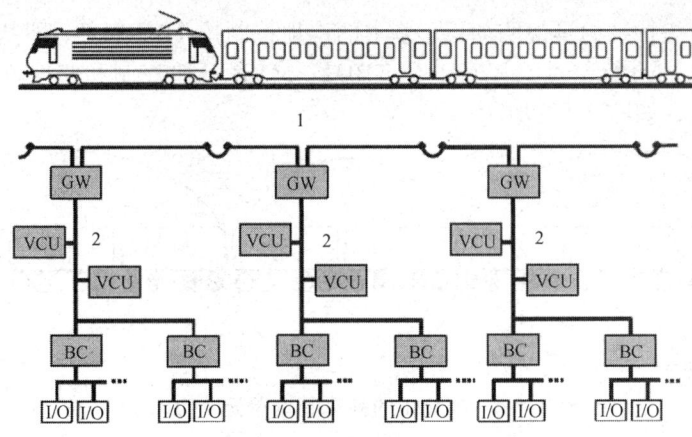

图 7-1-2　TCN 拓扑结构

1—WTB 双绞线列车总线；2—MVB 具有冗余电缆的车辆总线

　　WTB 是处理 MVB 区段之间数据通信的总线，WTB 可动态配置，也就是说挂在总线上的单元数可变。作为一个例子，就是两组 8 车动车组连挂在一起的情况。CRH1 的 WTB 总线通信速率为 1.0 Mbps。WTB 总线连接如图 7-1-3 所示。

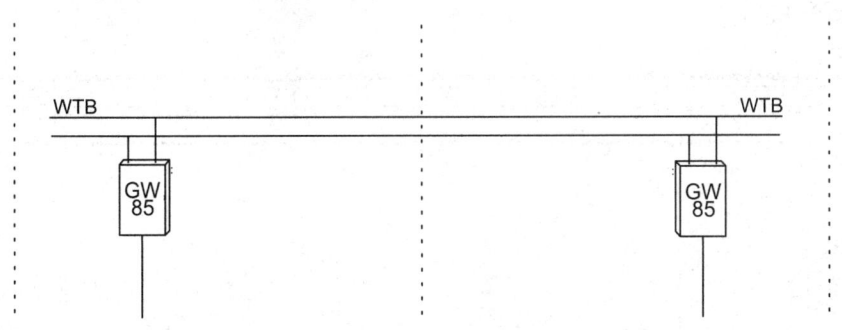

图 7-1-3　WTB 总线连接

　　MVB（Multifunction Vehicle Bus）：多功能车辆总线，是处理有限个车辆之间通信的数据总线，MVB 只能静态配置，也就是说挂在总线上的单元数不可变，如果需要在 MVB 上挂更多的单元，就需为智能 TCMS 装置下载新的软件。MVB 总线介质为双绞屏蔽电缆或光缆（Twisted-pair screened cable or optic fibre），通信速率为 1.5 Mbps。MVB 总线连接如图 7-1-4 所示。

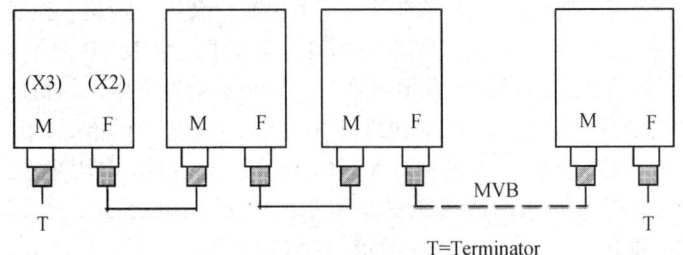

图 7-1-4　MVB 总线连接

　　根据 CRH1 的列车基本单元 TBU 的划分，整个列车控制管理系统在通信上也分成 3 段 MVB 总线区段：TBU1 段、TBU2 段、TBU3 段。

CRH1 的网络拓扑结构可说明如下:基本的本地控制按 TBU 划分,即基本的本地控制及监控在 MVB 区段内进行,对于 TBU1 和 TBU2,MVB 区段控制和监控范围为两动一拖;TBU3 为一动一拖,如图 7-1-5 所示。

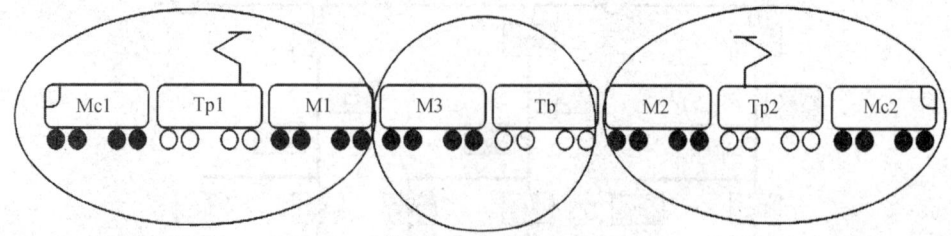

图 7-1-5　CRH1 的列车基本单元(TBU)

在区段内部,TC CCU(Train Control CCU)为控制和监控功能的核心。由 TC CCU 控制和监视的所有模块(如列车诊断、制冷空调、充电器等)综合起来无外乎就是一些对 TC CCU 输入或从 TC CCU 输出,由于这些模块本身具有完整的控制作用,即具有智能,所以可以看作是智能 I/O。这些智能 I/O 由 TC CCU 来激活、关闭,如图 7-1-5 所示。

图 7-1-6 中用椭圆线围起来的部分是装在 Mc 车和 Tb 车上用于与 ATP、PIS、GPS、烟火探测等功能部件进行串行通信的接口部件。

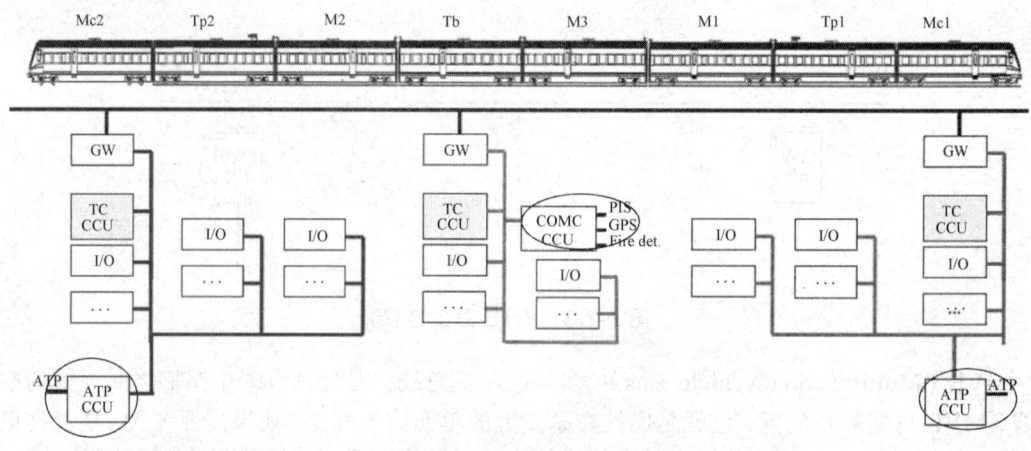

图 7-1-6　分区段的 MVB 总线

MVB 区段并不是完全独立的,基本的司机控制功能、高压(网侧)控制功能在列车两端的 Mc 车之间可互为冗余,这一功能是通过列车内部贯穿整车的冗余 MVB 总线实现,如图 7-1-7 中的虚线部分。当处于激活状态的司机室发生故障时,列车不会停下来,司机的操作通过冗余总线由另一个司机室的控制设备自动接管,此时司机可以在屏幕上看到故障情况,但不会影响列车运行。

挂在 Tb 车 MVB 总线上的远程模块 AXS CCU(如图 7-1-8 中用粗虚线围起来的部分)可通过 GSM 建立与地面之间通信通道,贯穿整车的以太(Ethernet)网(图中最外围的细虚线)为 BT 提供列车维护、服务等方面的通信与接口。

值得注意的是在本地 MVB 中还有一个功能独立的重要系统,就是牵引控制系统(PC,Propulsion Control),这个系统又自成一个独立的牵引 MVB 总线,对其下的单元(DCU/X、BCC/I、AX、DX 等)按分布式总线控制的方式实施控制与监视,如图 7-1-9 中用粗虚线围绕的 5 个部分。图 7-1-9 也概括地表达了 CRH1 通信网络的拓扑结构。

项目七　CRH 系列动车组网络系统

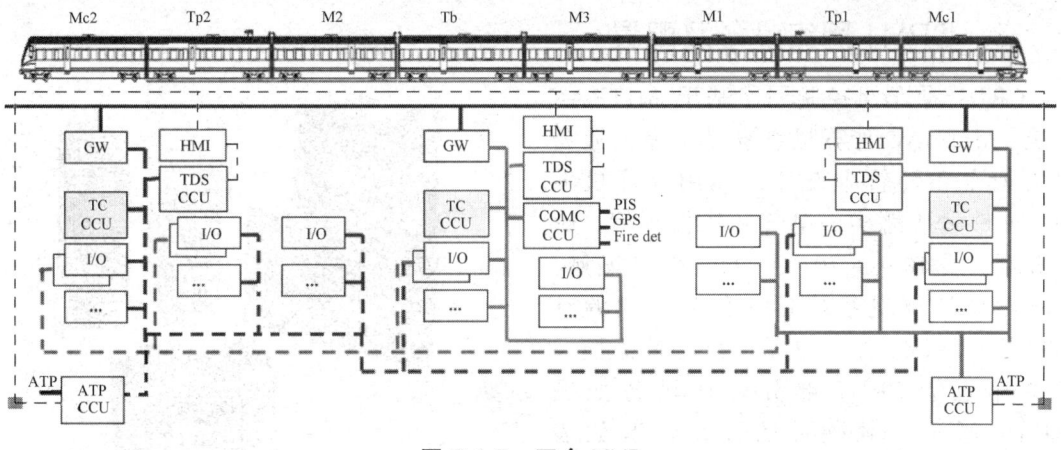

图 7-1-7　冗余 MVB

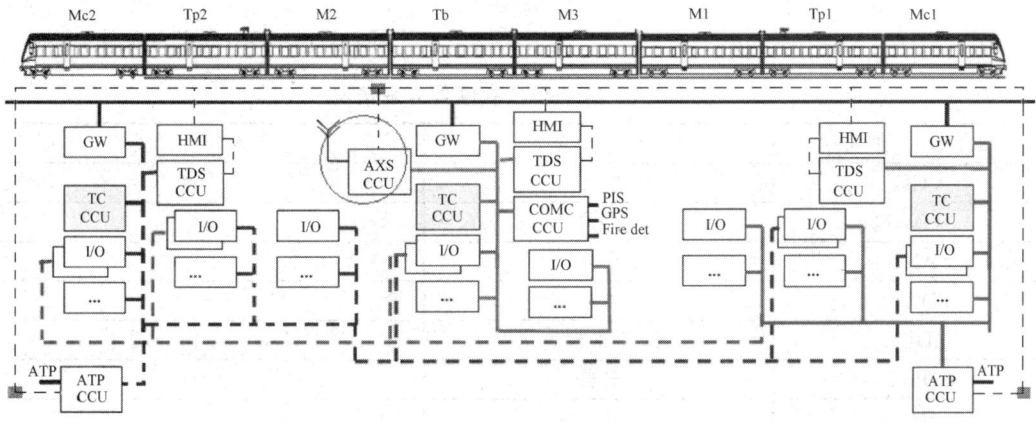

图 7-1-8　远程无线通信接口及售后服务以太网

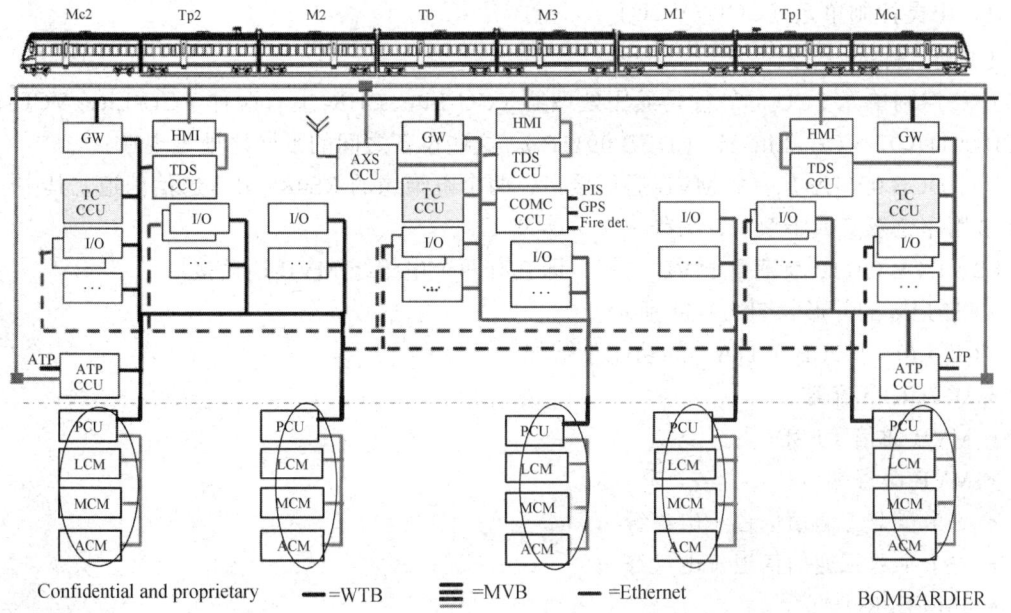

图 7-1-9　独立的牵引 MVB 总线

三、CRH1 网络设备及配置

CRH1 动车组控制网络基于 MITRAC 系统，MITRAC 计算机系统是由庞巴迪公司为列车和轻轨车设计的通用计算机系统。能够适应恶劣的电气和机械环境，耐受温度：-40~+70℃，抗震和抗颠簸。MITRAC 计算机系统是一种分布式的计算机控制系统，控制单元可位于被监控设备的附近。CRH1 部分硬件设备如图 7-1-10 所示。软硬件的开发情况如表 7-1-1 所示。

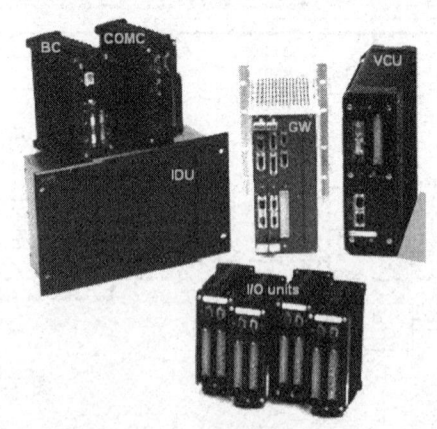

图 7-1-10　CRH1 部分硬件

表 7-1-1　MITRAC 软硬件开发情况

MITRAC 单元	硬件开发	基本软件开发
VCU	瑞典	瑞典
GW	德国	德国
AX	瑞典	—
DX	瑞典	—
IDU	国外供应商	瑞典，德国和瑞士
COMC	瑞典	瑞典
BC	瑞士	—

1．中央控制单元（CCU/VCU）

1）硬　件

中央控制单元 CCU 的硬件是通用处理器 VCU-Lite，CHR_1 上有两种 VCU-Lite：VCU-Lite（DCB 0911A），VCU-Lite M（DCB 0911B）。这些设备之间的不同之处表现在：

（1）DCB 0911A 有一个 MVB 通信接口，两个电绝缘的 RS485 串行通信信道，其中一个可能被用作全双工或半双工，另外一个为半双工。

（2）DCB 0911B 有双重 MVB 功能，即它有两个电绝缘 MVB 通信接口。

VCU-Lite 的外形如图 7-1-11 所示。

VCU-Lite（DCB 0911A）的功能总结如下：
- DC/DC 变流器；
- MVB 通信（ESD+）；
- MVB 服务端口；
- 一个全双工通信信道（电绝缘）；
- 一个半双工通信信道（电绝缘）；
- 4M FEPROM；
- 4M SRAM（带备用电池）；

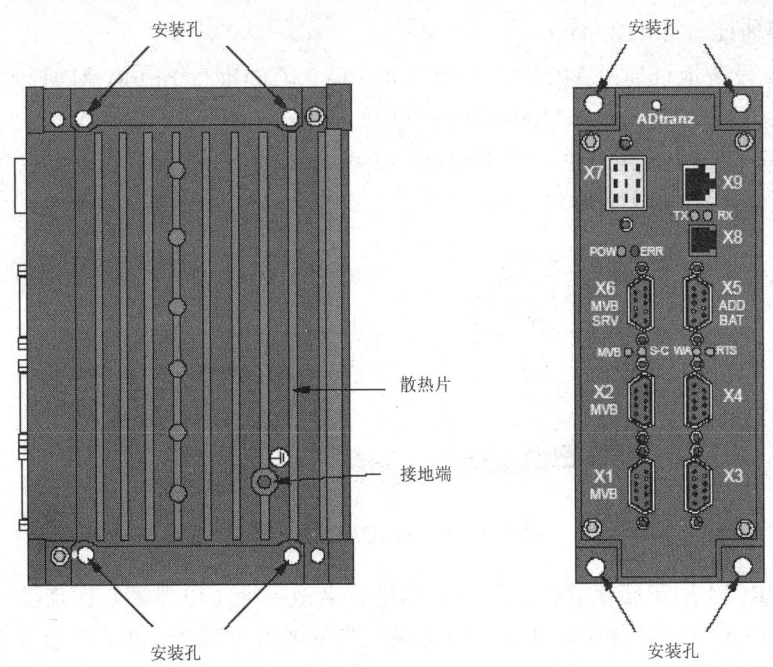

图 7-1-11　VCU-Lite 的外形如图

- 一个 10Base-T 通道（仅用于开发）；
- 一个 RS232 通道（仅用于开发）。

（1）VCU-Lite 的供电。

直接蓄电池供电，内置的 DC/DC 变换器能够支持多种蓄电池配置，如冗余或非冗余、悬浮或非悬浮等，该装置允许断电 10 ms。

（2）MVB 连接与终结。

X1（插头）和 X2（插座）为两个 9 引脚 D-SUB 连接器，引脚分配相同，但极性相对（"插头"对"插座"），便于网络连接。

几个 VCU-Lite 连到同一个 MVB 总线上的情况如图 7-1-12 所示，如果处于网络的终端，需要在空的 D-SUB 连接器上接一个终端电阻连接器。

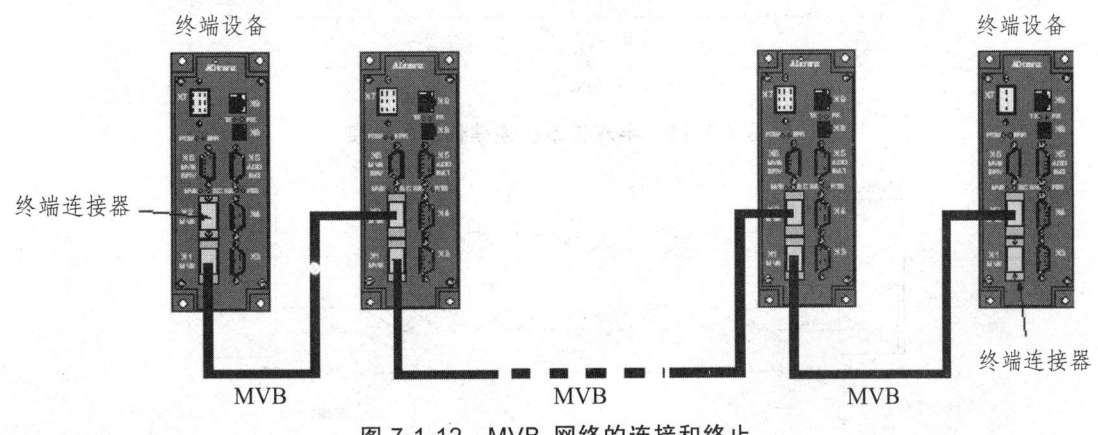

图 7-1-12　MVB 网络的连接和终止

（3）设备地址与 MOBAD。

VCU-Lite 设备地址通过 MOBAD（DCA 0030A）上的串行 EEPROM 进行编程，在 MVB 设备启动时读取。DCA 0030A MOBAD 的照片如图 7-1-13 所示，它与 VCU-Lite 一起使用，插在 VCU-Lite 的 X5 连接器上，其中包含一个串行 EEPROM，模式选择开关和电池，电池用于 SRAM 数据保持和实时时钟电路。

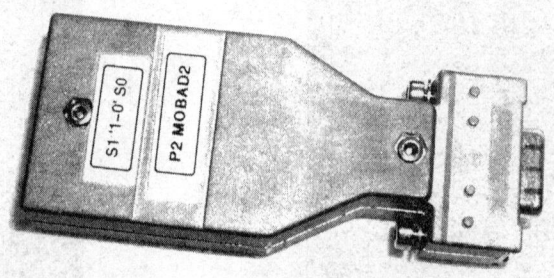

图 7-1-13　MOBAD 插头照片

串行 EEPROM 用于储存数据，如设备地址、电池日期（电池第一次连接到 VCU-Lite 的日期），VCU-Lite 有一个内置的电池监控电路，当电池电压低于 3.0 V 时会发出报警信号。

注意：除了 VCU-Lite 以外，AXS 的 MVB 地址也用 MOBAD2 插头设定。

（4）MVB 服务端口。

可以将编程器或电脑（配有备 PC 节点板）用一条 MVB 电缆，通过 MVB 服务端口（9 针 D-Sub 插头 X6）直接连接到 VCULite 上，对 VCULite 进行编程或测试。

（5）专用 RS 485 串口。

VCU Lite 配备两个专用 RS485 串行信道 COM3 和 COM4，COM3 可用于半双工通信，COM4 可用于全双工或半双工通信，如图 7-1-14 和图 7-1-15 所示。VCU-Lite 和第三方设备间的数据传输速率与电缆长度的推荐值列于表 7-1-2 中。

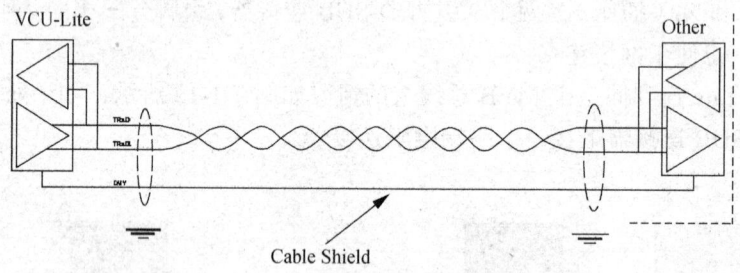

图 7-1-14　半双工串行通信信道的连接

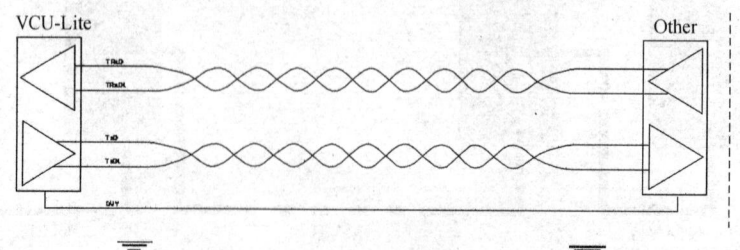

图 7-1-15　全双工串行通信信道的连接

表 7-1-2 数据传输速率与电缆长度的关系

速率	最大长度
< 100 Kbps	300 m
< 200 Kbps	200 m
< 1 Mbps	30 m

专用串口必须用屏蔽电缆连接，电缆屏蔽层要通过 9 针金属 D-Sub 连接器连到 VCU-Lite 的外壳，而且要 360℃ 屏蔽连接。注意：强烈建议屏蔽层在电缆两端都接地。

（6）RS 232 端口。

VCU-Lite 配有 RS 232 串行通信通道，使用时须有终端通信电缆（Terminal communication cable），电缆的 RJ-12 端连到 VCU-Lite 的 X8 上，另一端（9 针 D 型插座）连到 PC 机的串口上。

（7）以太网。

VCU-Lite 有一个 10Base-T 以太网接口，通过 RJ-12 连接，它提供了 RS 232 通信的另外一种选择，主要用于调试、下载应用程序及其他开发。注意：以太网通道不能用于内部的车辆通信。每个 VCU-Lite 装置都有自己独特的 MAC 地址，在生产时保存在 ICM 存储器中。

（8）发光二极管（LED）指示。

VCU-Lite 有 8 个 LED，其显示含义如表 7-1-3 所示。

表 7-1-3 LED 显示含义

LED 名称	颜色	描述（亮时）
POW	绿色	电源正常
TX	黄色	在 RS 232 上或 10 基础-T 串行信道上传输数据
RX	黄色	在 RS232 上或 10 基础-T 串联信道上接收数据
ERR	红色	检测到错误
MVB	黄色	MVB 通信信道上的活动
S C	黄色	应用专用串行通信信道上的活动
WA	黄色	警告
RTS	黄色	运行时间系统

（9）系统复位，可用多种方式启动 VCU-Lite 的系统复位：

（1）电源故障。

（2）时钟故障。

（3）内部看门狗（watchdog）。

（4）软复位。

（5）手动复位。

靠近 X9 插头（座）标有"RES"的是复位开关，手动复位时，先拧下 Phillips 螺丝，然后用一个细螺丝刀或类似工具按压开关，VCU-Lite 立刻重启。

2）软 件

TC CCU 的应用软件（应用识别码：LTA9M0）在 Mc、Mc2 和 Tb 车的 VCU-Lite 硬件中执行，是 TCMS 的主软件，也是 TCMS 的核心，其他系统（如 HVAC，brakes，doors，lights 等）都受该软件的控制和监视，如图 7-1-16 所示。

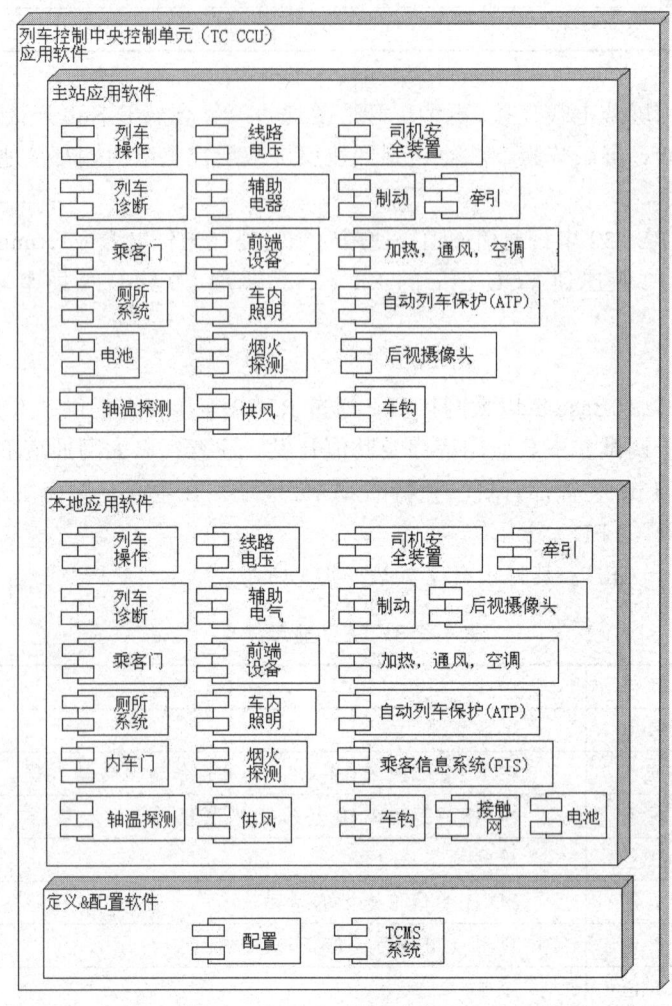

图 7-1-16 TC CCU 控制和监视的系统概览

2．网关（GATEWAY）

1）硬 件

列车组的网络设备就是网关 GW，CRH1 的计算机通信与控制系统的硬件基本上以 MITRAC 计算机为骨架，GW 就是 MITRAC 产品。

列车总线 WTB 网关 GW 是多功能车辆总线 MVB 和列车总线 WTB 之间不同物理介质和不同通信协议的转换接口。

网关在两种总线的通信之间进行数据的管理、分析和过滤。网关能够支持强、弱主机（strong and week master）的概念，也能在列车编组改变时自动标识、配置列车总线上的有效（active）节点。

网关包括：2个 MVB 通道（ESD+），2个 WTB 通道，1个 EEPROM 内存。与 VCU 类似，GW 也有 MVB 地址，但地址的设定不同，GW 的地址是由连接器中的接线片设置的。GW 的 WTB 地址插头为 125X02。

2）网关软件

WTB 网关（GW）应用软件的作用是建立在不同物理层上、采用不同通信协议的 MVB 和 WTB 总线之间的互联。网关可操纵、分析及过滤两种总线间的数据传输。网关应用软件（应用识别码：LTA9M6）由 Mc1、Mc2 和 Tb 车内的网关 GW 硬件执行。网关的主要功能由标准的软件和固件（firmware）实现。CRH1 的网关应用软件与通过 WTB 的不同数据报文数量有关（例如，主机到从机报文，从机到主机报文），当列车编组改变或强主机和弱主机功能切换时，在 WTB 上识别和配置节点的功能也由网关实现。

3．司机显示单元（IDU/TS/TD/MMI）

（1）IDU 概述。

智能显示单元（IDU）是彩色触摸屏显示，作为 TCMS 的人-机界面（HMI），用以进行事件显示和车辆监控。IDU 可以由司机、乘务人员和维护人员以不同的身份登录，支持以下功能：在显示屏上进行监控和检查（Check）；集中显示列车的不同部位；代替了老式司机操作台上的许多显示与控制；显示列车系统状态、故障和事件信息；报警；启动指令。

与 IDU 直接相接的是 TDS（列车诊断系统，Train Diagnosis System），其连接方式为以太网接口。IDU 包括：彩色触摸屏，两个 10Base-T 通信通道（Ethernet），USB & COM，处理器和内存等。

（2）外形及尺寸。

尺寸规格：264 mm×202 mm×53 mm（宽×高×深）。深度包括底盘安装连接器，但不包括电缆连接器，质量最大 1.7 kg。

（3）IDU 的技术规格。IDU 的技术规格如表 7-1-4 所示。

（4）IDU 的原理框图。IDU 的原理结构如图 7-1-17 所示。

表 7-1-4　IDU 的技术规格

内 核	描 述	备 注
处理器	Intel Xscale	533 MHz
Kernel FLASH	32 MB Strataflash	—
FLASH	128 MB	—
RAM	128 MB	—
EEPROM	4 kB	Serial, internal parameter storage
图形控制器	8 MB RAM, 2D/3D acceleration	—
标准接口	—	—
USB	2 pcs. Ver. 2.0	—
以太网	2 pcs. 10/100 Base-T	—
光敏元件	In front	—

续表

内　核	描　述	备　注
触屏	Resistive	5-wire
电源		—
电压	14～36 V	—
电流	750 mA at 24 V	Peak current at start up 24 A for 0.1s
功率	18 W	—
显示器		
10.4″ SVGA	Colour 800×600	Format 4∶3
与CPU连接方式	内置串行端口	—
环境		
符合	EN50155	—
库存温度	−40～+70 ℃	—
工作温度	−40～+65 ℃	—
壳体防护等级	IP65	—

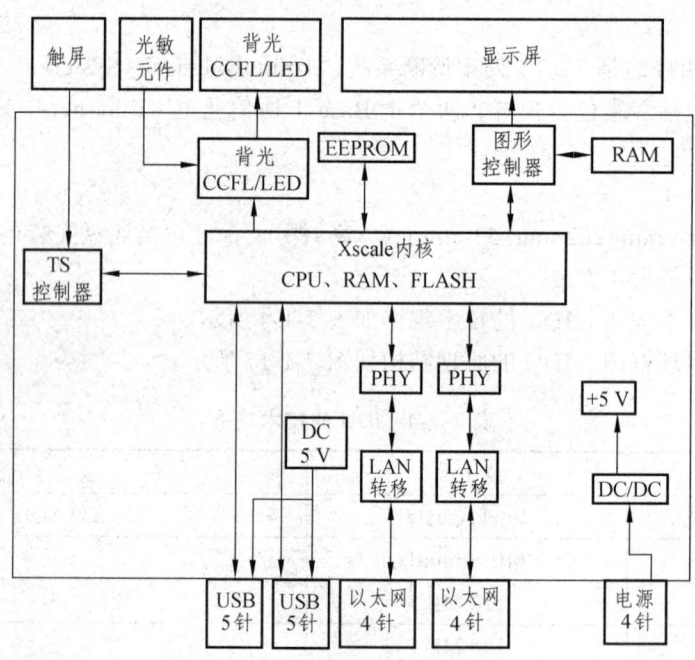

图 7-1-17　IDU 的原理框图

（5）IDU 应用软件。

智能显示单元（IDU）应用软件用于向司机和乘务人员提供诊断数据和列车运行状况信息。IDU 设置在 Mc1、Mc2 和 Tb 车上，IDU 应用软件（应用识别码：LTA9M4）还可用于司机和乘务人员对列车进行控制，图 7-1-18 所示为由 IDU 控制软件控制和监测的系统。

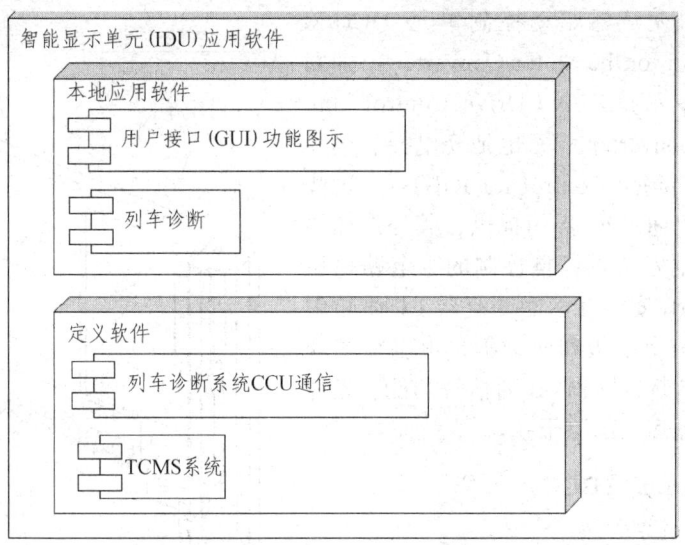

图 7-1-18 由智能显示单元（IDU）应用软件控制和监测的系统示意图

（6）列车诊断系统中央控制单元（TDS CCU）应用软件。

设计列车诊断系统中央控制单元（TDS CCU）应用软件的目的是储存列车诊断数据和与智能显示单元进行通信，TDS CCU 应用软件（应用识别码：LTA9M1）也可用作 MVB 上的总线管理器，图 7-1-19 所示为由 TDS CCU 应用软件控制和监测的系统。

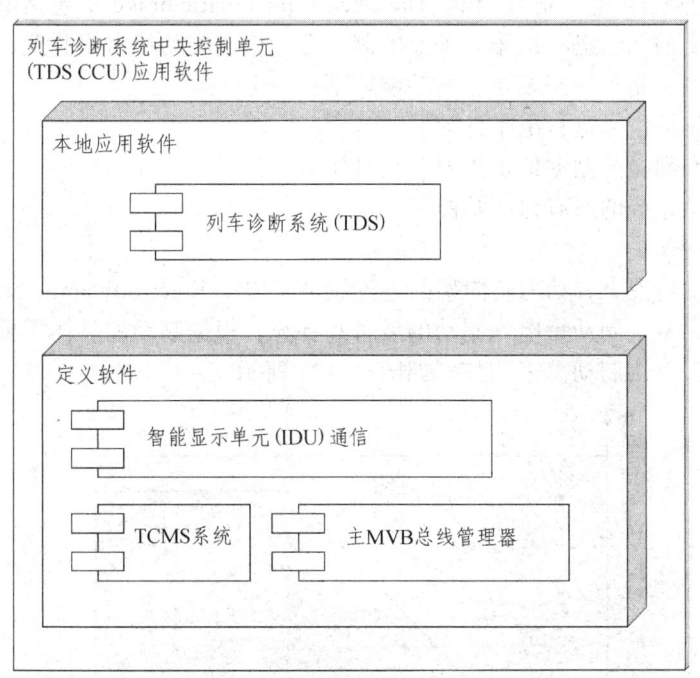

图 7-1-19 由 TDS CCU 应用软件控制和监测的系统示意图

4．牵引控制单元（DCU）

牵引控制的硬件有：网侧变流器驱动控制单元 DCU/L（Drive Control Unit for the Line

Converter), 电机变流器驱动控制单元 DCU/M (Drive Control Unit for the Motor Converter), 辅助变流器驱动控制单元 DCU/A (Drive Control Unit for the Axuiliary Converter), 蓄电池充电控制单元 BCC/I (Battery Charger Control for IGBTs)。这些硬件设备都由庞巴迪 PPC 部门提供,其外形如图 7-1-20 所示, 分别安装在各自控制的主电路模块箱体中, 如 DCU/L 安装在网侧变流器 LCM 箱中等。电路板上均有电脑板和光纤板, 电脑板实现运行控制、故障诊断、与 MVB 通信等功能, 光纤板的作用是电气隔离、滤除干扰等。

5．制动控制单元（BCU）

1）制动控制单元概述

CRH1 的每辆车上安装一个制动控制单元（BCU）。制动控制单元是 MITRAC 产品,有 MVB 接口, 直接挂在本地 MVB 总线上。BCU 是一个

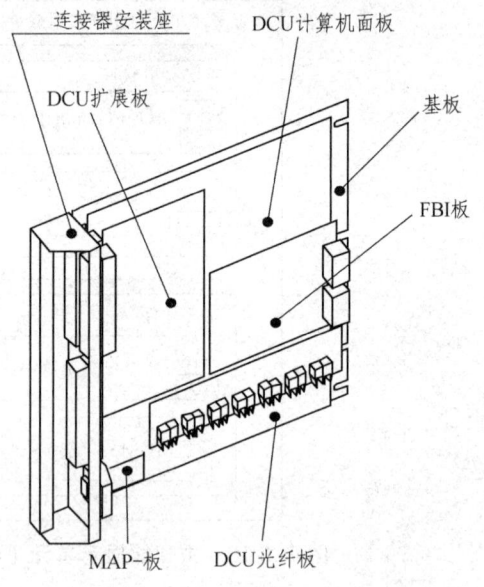

图 7-1-20 牵引控制装置插图

具有独立控制功能的计算机单元, 它的上一级控制就是车辆本地的 VCU Lite TC CCU, 通过 MVB 接受 TC CCU 的指令并传回状态及故障信息。

CRH1 的制动是一种电空制动（EP, The electro-pneumatic brake）, 包括电空制动微机控制系统、动车车轮上的制动盘、拖车车轴上的制动盘, 以及制动机卡钳装置, 由中央制动控制模块进行自动控制, 制动控制模块主要功能如下:

（1）对所有制动信号进行电子处理。

（2）为直接和间接的制动请求生成制动缸压力。

（3）电控制动系统的所有诊断功能。

（4）车轮防滑保护。

在常用制动的情况下, 动力转向架的电气制动（ED, Electrodynamic brake）是优先使用的一种制动方式, 空气制动是电气制动的后备和补充, 根据制动的具体需要、车速、载重和每个制动器的直接可用制动力来调整。如图 7-1-21 所示。

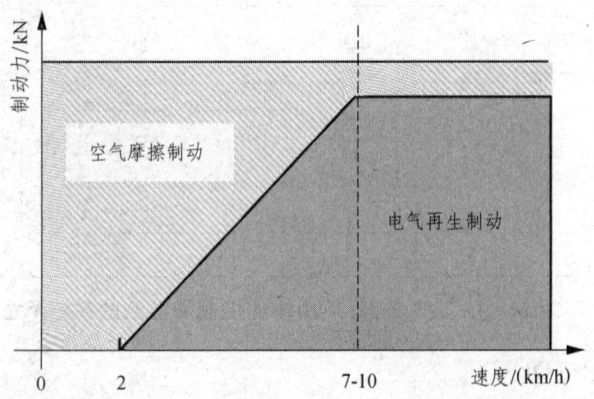

图 7-1-21 低速时电气动力制动与空气制动的比例

在电气制动发生故障时，由 KNORR BCU 启动转向架的摩擦制动，以完全偿补 ED 制动力。紧急制动纯粹是空气制动（直接制动），由另一个电磁阀执行，并由 ED 制动在作为后备时触发启动，紧急制动也能根据实际载重进行防滑行控制。

当速度在 7 ~ 10 km/h 以下时，牵引电机的可用功率减小，在大约 2 km/h 时减到零。为了在低速下得到制动力，随着速度的减小，逐步加入摩擦制动，最后全部用摩擦制动取代。

2）防滑行控制（见图 7-1-22）

当加上制动力时，摩擦力迅速增加，车速减小。车速与轮缘速度之差称为蠕滑率（slippage），如果制动太快，蠕滑就会变为滑行（sliding），如果不采取措施，轮子就会被锁死（"抱死"）。滑动摩擦（sliding friction）的制动力是黏着（adhesion）时的 1/4，增加了制动距离，不利于停车，除此之外车轮高速滑行会导致轮对的踏面和轨面擦伤，造成严重后果。所有最大制动力在一个很小的速度范围内出现，蠕滑率（slippage）在 2% ~ 3% 时达到最大的制动力。

图 7-1-22　防滑行控制

如果车速是 100 km/h，为了达到最大的制动力，轮缘速度必须是 98 km/h，所以滑行控制不需等到轮子被锁死后才起作用，可以判断轮子快要被锁死的时候。控制系统能够记住第一次出现滑行时的气缸压力，并立刻给出一个低于该值的新的气缸压力，当轮子重新获得旋转速度时，只要还能进行稳定的制动就慢慢（试着）增加气缸压力。

测速装置安装在轴箱里，每轴有一个测速装置。测速装置安装在带齿轴端上，可产生速度脉冲信号。该信号被传递到防滑控制模块，保证轮轴不会锁死，防止轮对损坏。

3）紧急制动

制动按功能可分为以下几种模式（braking modes），下面主要介绍一下紧急制动模式。

① 常用制动（Service brake）。
② 保持制动（Holding brake）。
③ 停车制动（Parking brake）。
④ 司机紧急制动（Driver emergency brake）。
⑤ 乘客紧急制动（Passenger-activated emergency brake）。
⑥ 紧急制动（Emergency brake）。

(1) 司机紧急制动（见图 7-1-23）。

司机通过主控制手柄请求紧急制动，其目的是在尽可能短的距离内停车，因此同时使用电气制动和摩擦制动，可以达到更大的制动减速度，比正常情况下的 0.8 m/s^2 要高一些，达 1.0 m/s^2。

(2) 乘客紧急制动（见图 7-1-24）。

在客室内，由乘客紧急制动手柄激活乘客紧急制动。为了与司机通信，打开紧急通信单元，司机室内蜂鸣报警、闪灯。如果司机没有忽略（旁路）乘客紧急制动功能，那么 10 s 后发生动力、摩擦综合制动力。列车停止、车门释放后，必须把乘客紧急制动手柄复位，并在 IDU 上回应故障信息。

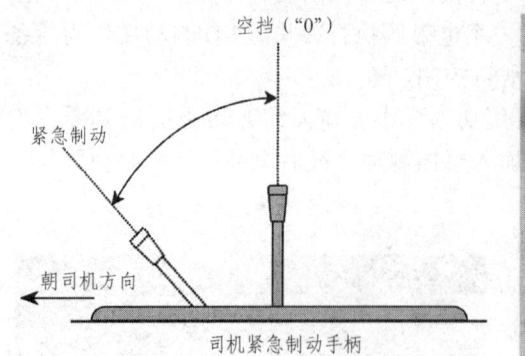

图 7-1-23　司机紧急制动手柄位图　　　图 7-1-24　乘客紧急制动

（3）紧急制动。

以下方式可以激活紧急制动：

① 打开安全环（Broken safety loop）。

② ATC。

③ 司机安全装置 DSD（Driver's Safety Device）。

④ VCU。

⑤ 司机钥匙不在钥匙位（Driver's key not in on position）。

⑥ 丢车（Lost car）。

⑦ 两个司机室激活（Double driver's cab activation）。

⑧ 紧急停车按钮（Emergency stop button）。

紧急制动使用全摩擦制动（不进行载重补偿），摩擦制动防滑行保护有效。如果是司机室紧急停车按钮激活的紧急制动，则主开关打开、受电弓降下。

注：安全环（Security loop）是一个应用于整车的电路，如果这个电路断开，就不能牵引列车，独立于 VCU，在紧急情况下它启动紧急制动阀。

6．门控单元（DOOR）

CRH1 的门控单元 DCU（Door Control Unit）指的是对外门进行控制的装置。外门（侧门，Entrance Door 或 Exterior Door）是乘务人员和乘客上下车的通道。

（1）外门概述。

CRH1 的门控单元（DCU）是一个完整的计算机控制系统，它具有本单元的故障诊断和故障显示的功能，直接挂在 MVB 总线上与车辆控制 VC 通信。计算机控制的门控装置安装在门柱内部，司机可远程控制；在左侧门柱上安装了一个带照明灯和开关的本地控制面板。外门有自动联锁功能，在车速超过 1 km/h 或 3 km/h 时门就不能打开，在车速低于 20 km/h 司机可以按下释放按钮，这样低于 3 km/h 速度时自动联锁得到释放；司机也可通过手动方式解除联锁允许外门打开。

下面是从司机按下"开门"按钮到门打开，再到显示单元显示门打开的信息在列车通信网上的传输过程（见图 7-1-25）。

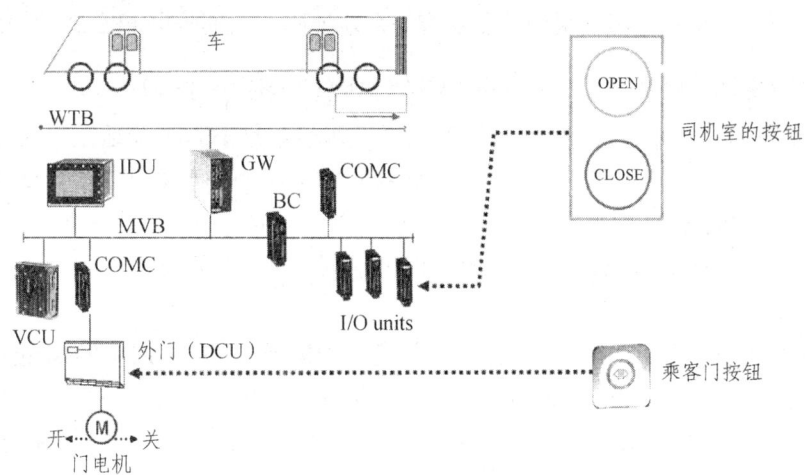

图 7-1-25　司机打开列车门的信号传输过程

司机按下"开门"按钮后：司机室的 I/O 单元检测到输入信号，作为一个数据包通过 BC 传递给 VCU（COMC 管理总线通信），VCU 把信息传给 GW，GW 决定是哪个门要打开（左边或右边），GW 把这个命令传给所有本地 VCU 单元，每个本地 VCU 给本地门控单元发出开门命令，门控单元收集门状态的信息并更新 GW 和 IDU 的信息。

门打开的时间一般是 7~8 s，门打开后产生一个打开信号给 DCU；如果打开命令发出以后比正常时间超出 2 s 还没有接收到门已经打开的信号，DCU 就发出故障报警信号。

乘客门的关闭命令发出后会有声音提示，1 s 后启动关门，关门时间也是 7~8 s，超出这个时间 2 s 还没有接到门已经关闭的信号，DCU 就发出故障报警信号。当设置列车清洗时自动发出关闭所有外门的指令，无论在什么情况下没有关闭的外门都将产生牵引阻塞信号，禁止列车起动。

（2）外门的检测及应急装置。

门隔离装置（Door isolating device）：门扇上有一个隔离装置连接到门侧的锁机构以保证在异常情况下不能用电气操作。

内外应急装置：每个门都配备有外部和内部应急装置，以保证在紧急情况下乘客可及时疏散，内部应急装置安装在插销后面的门柱内侧，外部应急装置安装在插销后面的门裙内侧。转动三角形钥匙，带动一根钢丝，应急装置就把门锁打开。

门通道光栅式通过检测（Light barrier for passage indication）：门柱内有光栅板，可避免门夹碰过往乘客，如果检测到有人通过，门重新打开；在预定时间（出厂设为 30 s）后，再次关门。

外门本地控制面板，安装在左侧门柱上，带有照明灯和开关。

7．空调控制单元（HVAC）

HVAC 是挂在 MVB 总线上的部件。每个车有一台分体式的 HVAC 客室空调和一个控制器 FPC24，每一个 FPC24 有一个 MVB 接口连接到本地 MVB 总线，受 TC CCU 的控制。

由于一个列车基本单元 TBU 有 2~3 个车，因此就有 2~3 个 HVAC 及其控制器 FPC24 由 TC CCU 控制，所以每一个客室空调控制器有一个地址码，地址码由 FPC24 的 DIP 开关设置。

8．其他网络接口设备（RIOM/DX/AX/KLIP/COMPACTIO）

（1）AXS（Remote Access）远程访问单元用于列车上的 TCMS 和地面站点之间无线通信（GSM），AXS 硬件由一个 VCU-Lite 和一个安装在 VCU-Lite 顶部的 GSM 无线电设备（包括无线电和天线）组成。

（2）COMC（Communication Controller）通信控制器，实现 MVB 与 RS-485、RS-232 总线之间的通信转换。

非 MITRAC（non-Mitrac units）产品单元没有 MVB 接口，例如 PIS（Passenger Information System）系统、ATC 系统（Automatic Train Control）等，它们有 RS-485、RS-232、CAN 等接口，因此不能直接挂在 MVB 总线上，COMC 将这些接口信号转换成 MVB 接口形式。

设备的上部有一个 MVB 总线连接器（9 针 D 型插座），下部的连接器用于供电电源、地址编码和外部串行通信连接，此外还有与服务计算机的连接。

COMC 装置位于 8 辆车组成的列车组中的 Tb 车上，也用作中段 MVB（middle MVB）的备用管理器，控制和监视 MVB 的通信，处理 MVB 通信控制。

COMC 的逻辑位置与模块外形如图 7-1-26 所示。

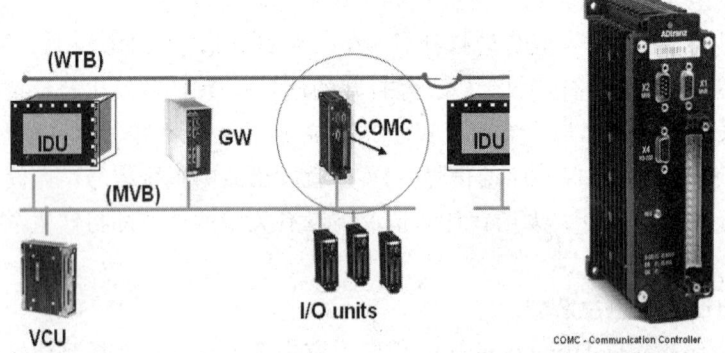

图 7-1-26　COMC 的逻辑位置与模块外形

（3）DX（Digital Mixed Input/Output Unit）数字输入输出单元的外形如图 7-1-27 所示。数字输入输出包括：

10 个数字输入：4+3+3；

6 个数字输出：2+2+2；

上部连接：MVB；

下部连接：电源，信号，地址编码；

MC68HC11 处理器；

报警断开所有输出。

（4）AX（Analogue Mixed Input/Output Unit）模拟输入输出单元的外形如图 7-1-28 所示。输入/输出包括：

4个输入，可配置±10 V或±20 mA。
1个输入，专用于电压测量。
2个输出，可配置±10 V或±20 mA。
上部连接：MVB。
下部连接：电源，信号，地址编码。
MC68HC11处理器。
报警断开所有输出
BC（Bus Coupler）总线耦合器的外形如图7-1-29所示。

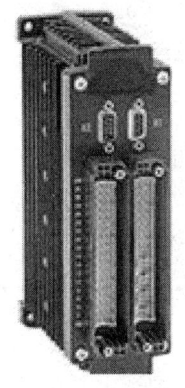 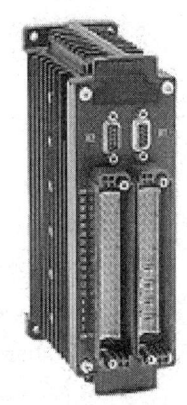 

图7-1-27　DX模块外形　　　　图7-1-28　AX模块外形　　　　图7-1-29　BC模块外形

四、设备通信网络

设备级网络上有很多不同的总线方式，如图7-1-30、7-1-31所示。如LKJ2000型监控装置与动车组制动控制系统中的相关通信设备之间采用的是标准的RS-485串行接口、半双工异步通信方式。除此之外，RS232、CAN、电流环方式等在列车上都有应用。

例如，每个车上有6处安装了烟火探测器的传感器，由这些可寻地址的传感器构成列车上的两个电路环，然后连接到控制单元上，控制单元置于Tb车上，与TCMS之间通过RS485通信。

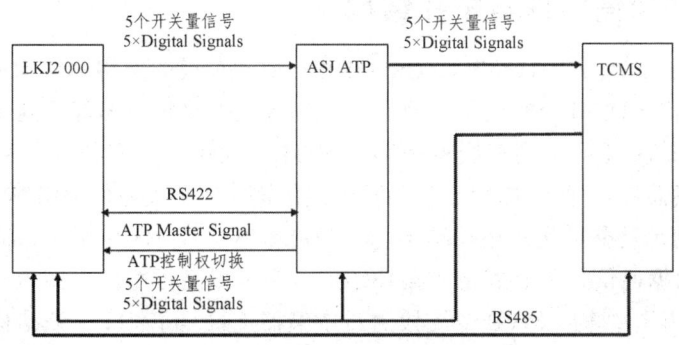

图7-1-30　TCMS与ATP的接口

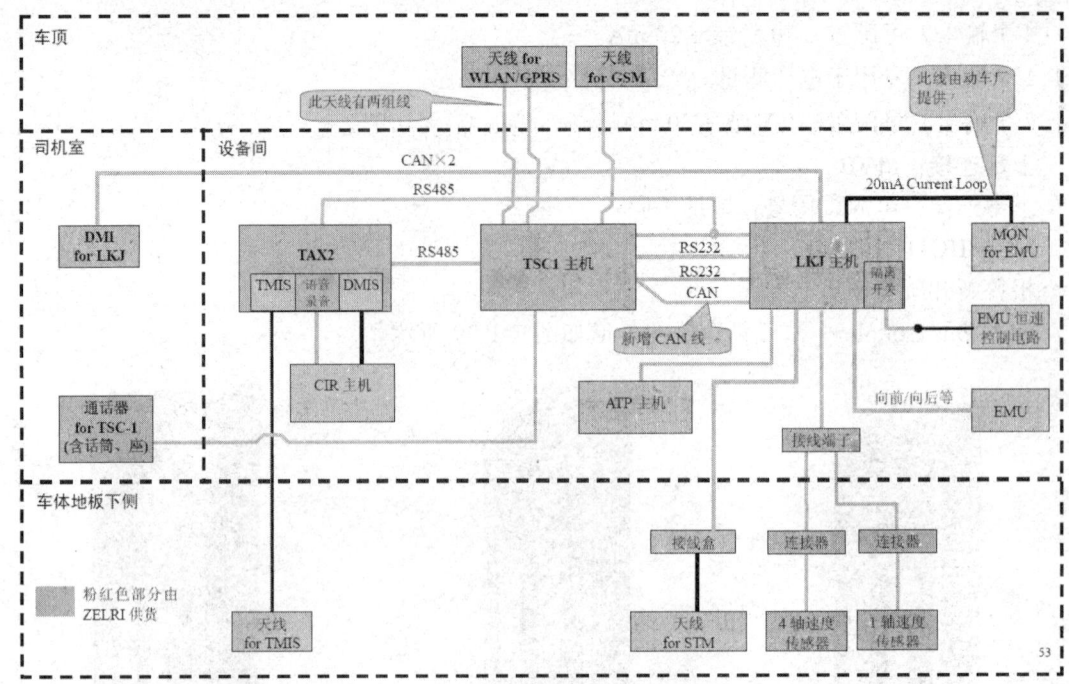

图 7-1-31　LKJ/TAX2/TSC1 连接关系图

任务二　CRH3C、CRH380B（L）型动车组网络系统

CRH3C 列车的原型为德国铁路的 ICE-3 列车（西门子 Velaro），由中国北车唐山轨道客车有限责任公司在国内生产实现国产化。CRH380B 和 CRH380BL 是唐山轨道客车有限责任公司、长春轨道客车股份有限公司在 CRH3C 的基础上自主研发的 CRH 系列高速动车组，长春轨道客车股份有限公司在 CRH380B 和 CRH3C 的基础上研制出了 CRH380CL，在 CRH380BL 的基础上研制出了 CRH380BG，并且在 CRH380CL 上首次采用了自主研发的网络控制系统。CRH3A 型动车组是以 CRH380BL 技术平台为基础，借鉴了 CRH380BL、CRH380CL、CRH380B、CRH5 型动车组的优点，研制开发的具有自主知识产权的动车组。

一、网络的通信原理与拓扑结构

CRH3C、CRH380B、CRH380BG、CRH380BL 型动车组的网络系统构成较为相似，因此统一进行介绍，列车通信和控制网络以及子系统和传统电路技术形成了列车总体网络控制系统。列车控制网络 TCN 包括列车级通信网络 WTB（绞接式列车总线）和车辆级通信网络 MVB（多功能车辆总线），两者均用了双路冗余线传输。列车级通信网络 WTB 用于经常连挂和解编的重联车辆，具有可变的拓扑结构。多功能车辆总线 MVB 用于每辆车或一个牵引单元内设备之间的数据通信，具有固定的拓扑结构。为了提高可用性，使用一个主链结构实现车辆总线 MVB 的拓扑结构，MVB 分支段通过中继器连接至主链上。该结构的优点在于如果车内一个 MVB 分支段出现故障，不会对本牵引单元其他车的通信产生影响。CRH380BL 型动车组网络拓扑结构如图 7-2-1 所示。CRH380CL 型动车组的列车控制与监控系统（TCMS）

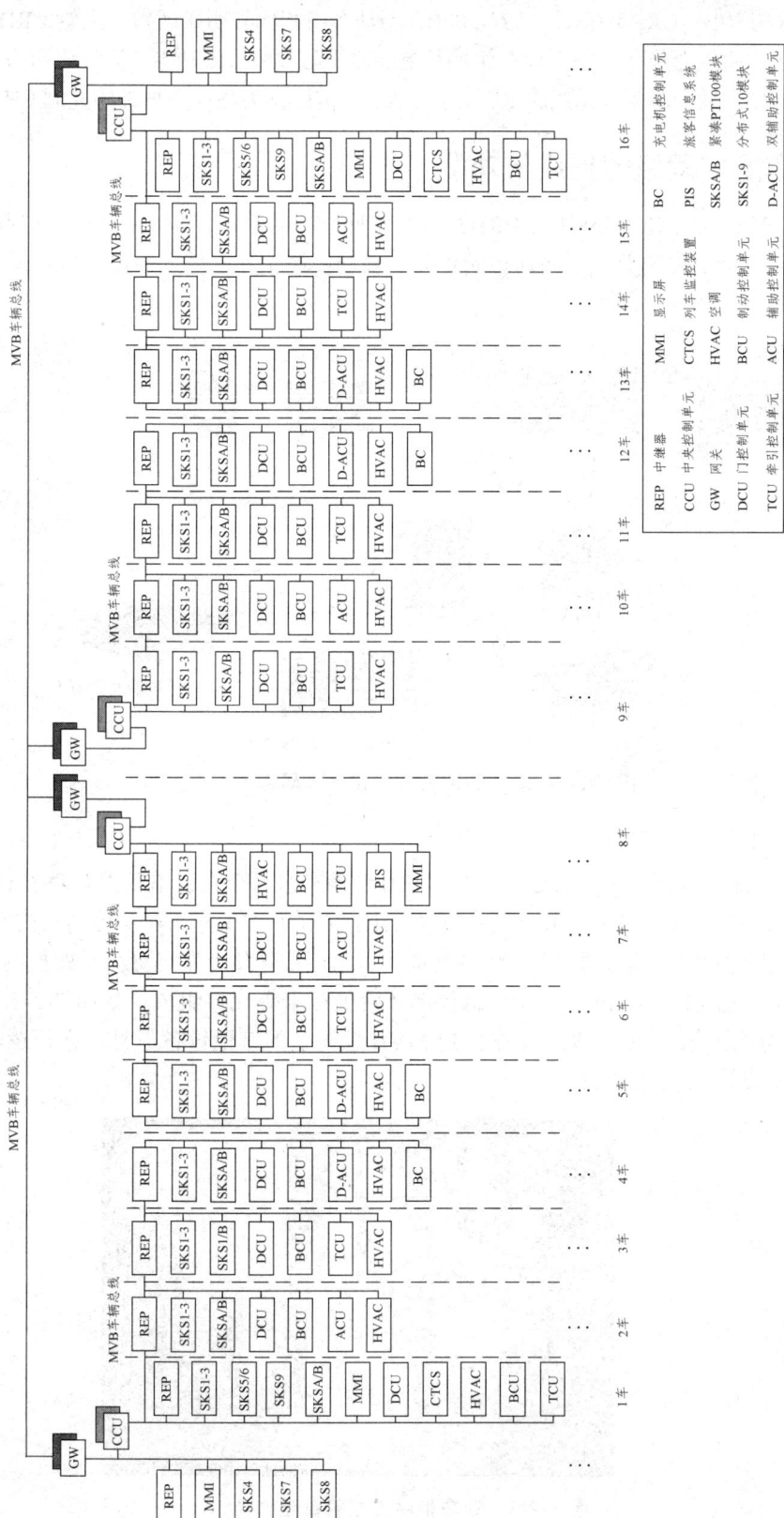

图 7-2-1 CRH380BL 型动车组拓扑结构

与 CRH3C、CRH380B、CRH380BG、CRH380BL 型动车组相比有明显区别,虽然 CRH380CL 型动车组也是采用两级总线实现整个动车组的控制、监视与故障诊断功能,但是该网络系统的列车级总线为 ATI 总线,车辆级总线为 RS-485 总线,通信协议为高速数据链路控制(HDLC)。

二、列车通信网络的构成与功能

CRH3C、CRH380B、CRH380BG、CRH380BL 型网络控制系统设备包括:中央控制单元、人机接口显示屏、牵引控制单元、制动控制单元、辅助控制单元、输入输出模块及温度采集单元、中继器等,如图 7-2-2 所示。

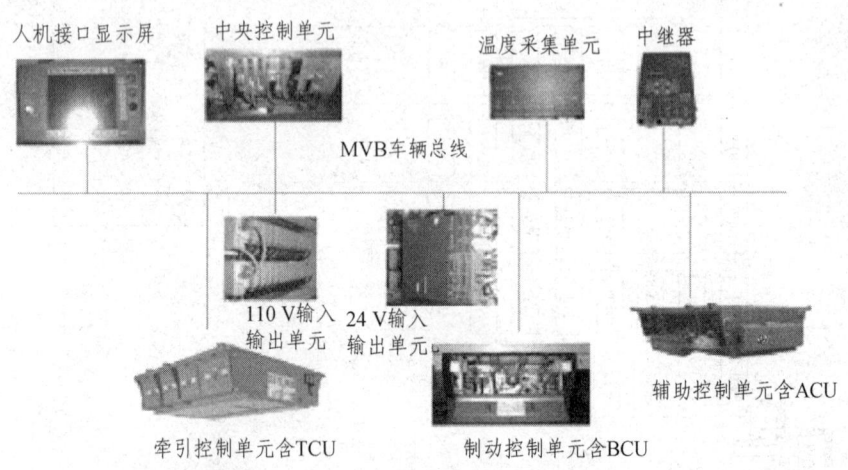

图 7-2-2 动车组网络系统设备(局部)

1. 中央控制单元(CCU)

CRH3C、CRH380B、CRH380BG、CRH380BL 型动车组每个牵引单元内有两个 CCU,其中一个 CCU 以主控 CCU 方式工作,另一个以从控 CCU 方式工作。在主控端司机室里的主 CCU 为列车主控 CCU,除了主控 CCU 的功能外,它还接管整个车组更高级的控制。中央控制单元(CCU)由 MVB32 板卡、各控制板卡及网关板卡等元件组成,如图 7-2-3 所示。CCU 通过收集分布式输入/输出设备和连接到 MVB 总线上的其他设备信号,进行逻辑判断后发布指令,对动车组实施控制。

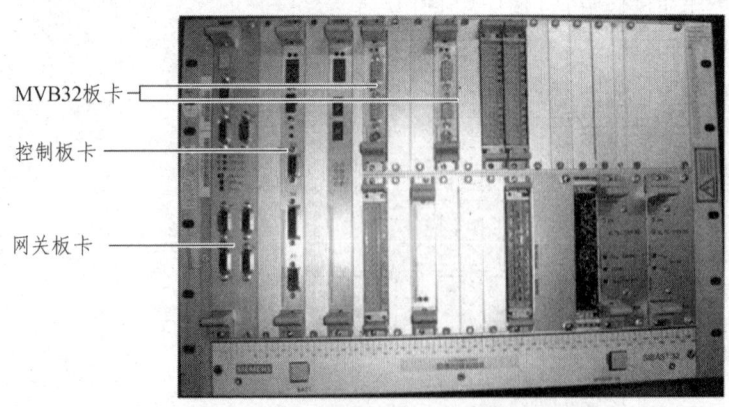

图 7-2-3 动车组中央控制单元

2．人机接口显示屏

人机接口显示屏是动车组的信息显示和输入设备，也是动车组的中央诊断系统。人机界面 HMI 位于司机室和监控室，主要承担的任务有：动车组的人机操作接口；为动车组和牵引单元提供诊断系统；通过发出声音信号，通知司机有关列车控制方面的特殊信息。

3．牵引控制单元

牵引控制单元主要由中央控制单元、信号处理器、信号输入输出模块、MVB 通信模块和电源模块等组成。信号处理器实现所有实时牵引控制功能，以减轻中央控制单元的数据处理任务。

4．制动控制单元

每辆头车各设有两个相互冗余的制动控制单元，其他拖车各有两个制动控制单元，中间动车各有一个制动控制单元。制动控制单元用于实现制动装置的控制和诊断，包括防滑控制等功能。

5．辅助控制单元

CRH3C、CRH380B、CRH380BG、CRH380BL 型动车组拖车上的辅助变流器控制单元与 MVB 相连。辅助变流器用于提供三相 AC440V、60Hz 电压，也可以通过外接插座得到三相 AC400V、50Hz 电源。

6．输入输出模块及温度采集单元

（1）分布式输入、输出设备 KLIP 站是由许多不同模块组成的数字分布式输入输出设备。通过车辆总线（MVB）与 CCU 进行通信，可以将被监控设备的状态信息传输给 CCU，或执行 CCU 的指令，如图 7-2-4 所示。

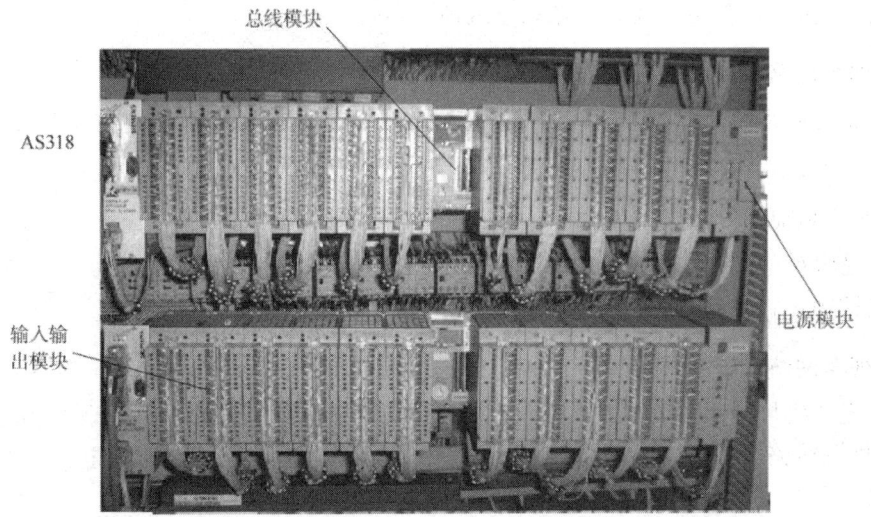

图 7-2-4　分布式输入、输出设备 KLIP 站

（2）紧凑式 I/O 模块。

MVB-Compact I/O 模块是许多固定的输入、输出通道的集成装置，用于接收司机室

发出的专门信号，例如，来自按钮、开关、指示器、断路器、编码插头和主控制器等的信号。

（3）紧凑式Pt100模块。

紧凑式Pt100模块是许多固定的输入、输出通道的集成装置，具有对模拟量进行输入、输出的功能，主要用于接收来自温度传感器的信号，例如，轴温、牵引电机轴承温度、齿轮箱大小齿轮温度等信号，通过检测值限定列车运行速度。

（4）中继器。

中继器是连接网络线路的一种装置，主要功能是通过对数据信号的重新发送或者转发，来扩大网络传输的距离。它的作用是放大信号，补偿信号衰减，支持远距离通信。

7．其　他

CRH3C、CRH380B、CRH380BG、CRH380BL型动车组网络控制系统设备还包括充电机控制单元、车门控制单元、HAVC控制单元、PIS系统、火警控制单元等。

三、CRH3C、CRH380B、CRH380BG、CRH380BL型动车组网络控制系统

CRH3C、CRH380B、CRH380BG、CRH380BL型动车组列车通信和控制网络能够实现全列车所有计算机控制的部件联网通信和资源共享，能够实现对全列车的牵引控制、制动控制、高压系统控制、辅助系统控制，及空调控制等控制功能。

1．列车网络对牵引系统的控制

（1）TCU上电、断电控制；（2）牵引力设定值处理；（3）切除TCU；（4）牵引指令生成；（5）隔离TCU的主断释放接触器；（6）牵引封锁；（7）TCU产生的分主断；（8）4QS封锁；（9）运行方向确定；（10）TCU工作状态反馈。

2．列车网络对制动系统控制

（1）紧急制动指令；（2）辅助压缩机供风请求；（3）常用全制动指令；（4）报告主压缩机供电状态。

3．列车网络对高压系统控制

（1）受电弓的控制（升/降/封锁）；（2）主断的控制（分/合/封锁）；（3）车顶高压线路分离开关的控制（打开/闭合/封锁）；（4）主变压器的保护及封锁。

4．列车网络对辅助系统控制

（1）充电机控制；（2）ACU控制；（3）DC负载上电顺序控制；（4）AC冗余供电控制；（5）DC供电线路监测；（6）AC负载管理（上电顺序/断电）；（7）外部供电；（8）AC供电线路监测。

5．列车网络对空调的控制

通过司机室和监控室的HMI屏可以发出空调控制命令。在主控端的司机室内主CCU记录司机发出的空调控制指令，并通过网络发布到其他牵引单元。

四、CRH380CL 型动车组网络控制系统

1．列车控制与监控系统（TCMS）概述

CRH380CL 型动车组的列车控制与监控系统（TCMS）采用两级总线实现整个动车组的控制、监视与故障诊断功能，该网络系统的列车级总线为 ATI 总线，车辆级总线为 RS-485 总线。CRH380CL 型动车组两端头车各有一个中央单元，中间车每车各有一个终端单元，它们之间通过 ATI 总线相连接。ATI 总线使用冗余双绞线路进行数据传输。相应的冗余传送系通道也冗余存在于各车的中央单元或终端单元之内。ATI 总线作为列车级总线采用了双重冗余的屏蔽双绞线，同时控制单元的传送系统也采用了冗余设计，因此当其中的一条 ATI 总线发生故障或控制单元的某个传送系统发生故障时，不会影响网络信息的正常传输。主控端司机室的中央单元负责全列车的控制指令的逻辑处理，两端的中央单元互为冗余，即如果主控中央单元发生故障时，从控中央单元将成为主控中央单元，发送控制指令。控制单元本身带有若干输入、输出接口，但是由于动车组需要通过硬线信号发送或接收的信很多，所以在每节车辆上增加了一个输入输出接口单元（IFU），它具备大量的数字量或模拟量的输入输出接口，很多硬线信号是通过 IFU 与 TCMS 相连的。带有 RS-485 串行接口的各子系统通过 RS-485 总线与控制单元相连，即中央单元（终端单元）与各子系统通过点对点方式（或一点对多点方式）连接。

2．TCMS 网络的硬件构成与功能

TCMS 网络硬件由中央单元、终端单元、输入输出接口单元（IFU）、显示器组成。

（1）中央单元功能。中央单元分别安装在两端头车内。中央单元主要实现整列车的通信管理，并通过列车总线、输入输出接口单元和连接到 RS-485 总线上的设备接收信号，经过逻辑判断后发布指令，对动车组进行控制、状态监视和故障诊断。中央单元从牵引变流器、制动系统、显示器、车门、空调、轴温装置等设备接收信息、监视其状态，并向该设备的控制传输必要的信息。

（2）终端单元功能。终端单元主要实现本车的通信管理。在必要时，能够通过输入输出接口单元和连接到 RS-485 总线上的设备接收信号，经过逻辑判断后发布指令，对本车内的一些子系统进行控制、保护和状态监视。终端单元从牵引变流器、辅助变流器、充电机、车门、空调、轴温装置等设备接收信息、监视其状态，并向该设备的控制传输必要的信息。

（3）输入输出接口单元（IFU）功能。输入输出接口单元（IFU）主要用于将本车的硬线输入输出信号通过 RS-485 总线传输到中央单元或终端单元，并通过 RS-485 总线接收相应的指令，用于控制相应的接触器和继电器。

（4）显示器功能。每个动车组有 5 个显示器。显示器主要用于向司机和乘务人员显示设备的状态信息和故障诊断信息，并发出声音报警。同时可发出相应的命令用于某些设备的控制。显示器显示画面可分为面向司机和乘务人员的常规模式和面向检修维护人员的维修模式、设置模式、检查模式。

3．TCMS 网络系统的控制功能

列车网络控制系统的主要功能可分为 3 大类：控制逻辑的处理与传输；设备状态的监视；异常、故障的检测与处理。

（1）牵引控制指令的传输根据牵引手柄、方向手柄的输入信号，将牵引级位、牵引力

大小、行驶方向、恒速控制等信息通过中央单元或输入模块传送给相关设备。

（2）设备的监视信息的控制与传输：① 受电弓、主断路器的控制，主变压器的冷却控制，主变压器的保护等；② 牵引变流器、牵引电机的冷却控制；③ 辅助变流器的扩展供电、中压、低压的负荷管理；④ 将主变压器油温、牵引电机定子温度等信息传送给牵引变流器；⑤ 空压机的控制、停放制动的施加、最大常用制动和紧急制动的请求、撒砂控制、轮缘润滑控制、过分相管理、转向架环路的监控等；⑥ 隔离受电弓、主断、LDS、牵引变流器、辅助变流器等；⑦ 空调系统的开启、关闭及温度调节；⑧ 系统时钟的设定和统一、运行距离、运行速度、电力消耗的计算。

（3）司乘人员支持功能：① 发生故障或异常时，在占用端显示器和乘务员室显示器上显示报警及操作指导信息；② 司机及乘务员辅助用的各种列车信息、设备信息的显示；③ TCMS 通过 GSM/WLAN 发送运行故障信息，获取故障处理指导；④ 最新故障记录的显示；⑤ 人工故障的录入与删除；⑥ 列车实时数据的显示。

（4）数据记录功能：① 列车故障、异常信息的记录；② TCMS 记录的牵引变流器、辅助变流器的追踪数据；③ 牵引变流器、辅助变流器的电力消耗；④ 列车的总行驶距离；⑤ TCMS 自由追踪数据的记录；⑥ 各子系统软件版本信息；⑦ TCMS 自我诊断用的存储数据；⑧ 车上检查记录、试运行记录；⑨ CF 卡对于列车运行信息的记录。

（5）特殊模式的控制：① TCMS、牵引、制动、辅助、空调的车上检查功能；② 测定列车加速度、减速度的试运转功能；③ 列车长时间的非牵引状态下的整备模式；④ 转换占用端司机台的换端模式；⑤ TCMS 或子系统部分功能失效后的紧急模式；⑥ 列车当天运营之前进行的出库检查。

五、安全环路

为进一步提高动车组运行的安全性和可靠性，设计了以"故障导向安全"为原则的安全环路，它将影响动车组安全运行的各种不安全因素串入安全环路中，使动车组在特殊情况下能够安全停车。

1. 安全环路结构

安全环路由环路中断器（LIA）、环路控制线（LCL）、环路状态线（LSL）及环路状态继电器（LP）组成。动车组安全环路结构如图 7-2-5 所示。

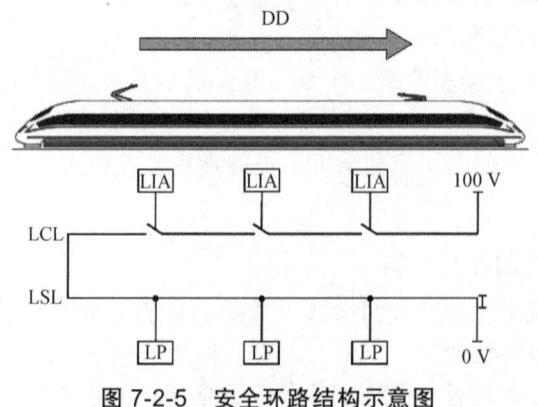

图 7-2-5　安全环路结构示意图

2．安全环路作用原理

当动车组蓄电池电源打开 110 V 电源向列车环路控制线供电时，列车环路控制通过布置于整列车直到尾部端车的监控接触元件（环路中断器）来实现，环路控制线的信息传递到尾部端车环路状态线中，该控制线按顺序将信息传递到整列车，并由环路状态评估元件（环路状态继电器）执行一个实际环路状态探测。在环路断电时环路控制线及状态线也会失电，环路状态继电器失电，各车的环路状态继电器响应控制线及状态线的变化，对列车或单车执行对应操作。

3．动车组安全环路简介

（1）紧急制动环路。紧急制动环路是将动车组运行途中不安全因素诱发的紧急制动请求传递给列车内各制动部件，各制动组件通过评估紧急制动环路状况，触发紧急制动动作，为动车组提供最大制动力，确保动车组能够安全停车。

（2）转向架监控环路。转向架监控环路负责监测轴端轴承的温度以及动车组所有转向架的运行平稳性（运行平稳性监测），当限值被超出且紧急制动未生效时，可断开转向架监测回路，进而通过串联在紧急制动环路中的转向架监控环路状态继电器触发紧急制动停车。

（3）停放制动监控环路。停放制动监控环路负责监控停放制动的施加状态，在列车行驶过程中如果错误施加了停放制动，司机室 HMI 屏会发出声音信号，同时停放制动状态继电器还会通过中断的紧急制动回路触发紧急制动停车，此举可确保停放制动盘不会被过度磨损或过热。

（4）制动缓解环路。制动缓解环路负责监控空气制动的施加状态，在列车行驶过程中如果错误施加了空气制动，可通过封锁牵引的方式确保制动盘不会被过度磨损或过热。

（5）火灾报警环路当动车组出现火灾时，火警环路将发出火警信号。如果通过环路报告了火警信息，司机室中将出现视讯信号。

（6）旅客紧急制动环路。旅客通过客室旅客紧急制动手柄断开旅客紧急制动环路，进而向司机室发出旅客紧急制动请求，并使头车的制动控制单元（中央制动管理）输出最大常用制动。

（7）轴温报警环路（CRH380CL 型动车组）。动车组正常运行时，当轴温超过设定值后，如果最大常用制动无效，则进行紧急制动或者在紧急驾驶模式下，当轴温超过设定值后，则直接触发紧急制动，从而避免转向架、轴及车轮出现损坏而造成重大事故。

任务三　CRH5A 列车控制管理系统（TCMS）

CRH5A 型电动车组是长春轨道客车股份有限公司引进 ALSTOM 公司技术生产，但并非 TGV 技术，而主要是原于意大利的 Pendolino 技术，车体以芬兰国铁的 SM3 动车组为基础，动力系统以 Pendolino 宽体摆式列车为基础，牵引电机采用体悬方式，由万向轴传递牵引力，在 CRH 系列动车组中比较特殊，转向架源于出口西班牙的 TAV-S104 转向架为基础去掉摆式功能而研制。CRH5A 是三款动车组的混合体，缺乏运营试验，早期问题较多，但耐低温能力较强。CRH5G 为在 CRH5A 的基础上开发的高寒动车组。2014 年 11 月 25 日，装载"中国创造"牵引电传动系统和网络控制系统的 CRH5A 型动车组进入"5 000 千米正线试验"的最后阶段，标志着中国高铁列车的核心技术正实现自主化。CRH5A 型动车组，是中国首列实现牵引电传动系统和网络控制系统完全自主创新的动车组。

一、CRH5 列车控制管理系统（TCMS）概述

列车控制管理系统（Train Control and Monitoring System，TCMS）是一个安装在列车上的计算机局域网络系统，负责对整个列车各部分信息的采集与传递，对整个列车进行控制、监测、故障诊断以及为旅客提供信息服务。

CRH5 型动车组列车控制与监控系统采用 TCN 网络系统。主要包括列车总线（WTB）和车辆总线（MVB 和 CAN）。该系统通过贯穿全列的列车总线来传送控制、监测及故障诊断等信息，可以记录、存储车内设备的数据信息，以便于进行故障诊断与处理。

该系统是一套分布式计算机控制系统，系统重要部件采取冗余设计，排除了单一故障影响系统功能的可能性。同时列车控制与监控系统采用模块化结构，且控制功能完善。

二、网络控制系统工作原理

1．CRH5 列车控制管理系统（TCMS）总体结构

CRH5 动车组根据功能性将列车分为两个牵引单元，每个单元包含 4 节车辆。列车网络控制系统 TCMS 将两个冗余 UIC 网关分别应用于两个牵引单元，如图 7-3-1 所示。

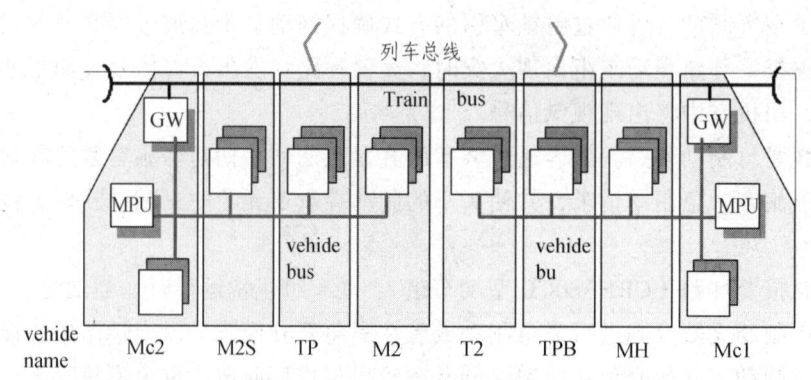

图 7-3-1 CRH5 列车控制管理系统（TCMS）总体结构

2．CRH5 列车控制管理系统（TCMS）拓扑结构

CRH5 动车组每个动力单元使用两个冗余的 MPU LT 模块和两个冗余的 MPU LC 模块。两个动力单元通过网关 GW 实现动力单元间和连挂列车间的通信。其中，车辆级总线 MVB 分为牵引总线（MVB-B）、信号总线（MVB-A）和服务设施总线（MVB-C），牵引总线和信号总线由 MPU LT 管理，服务设施总线由 MPU LC 管理。此外还有一条 CAN 总线，用于其他设备的诊断。列车控制与监控系统拓扑结构如图 7-3-2 所示。

项目七 CRH系列动车组网络系统

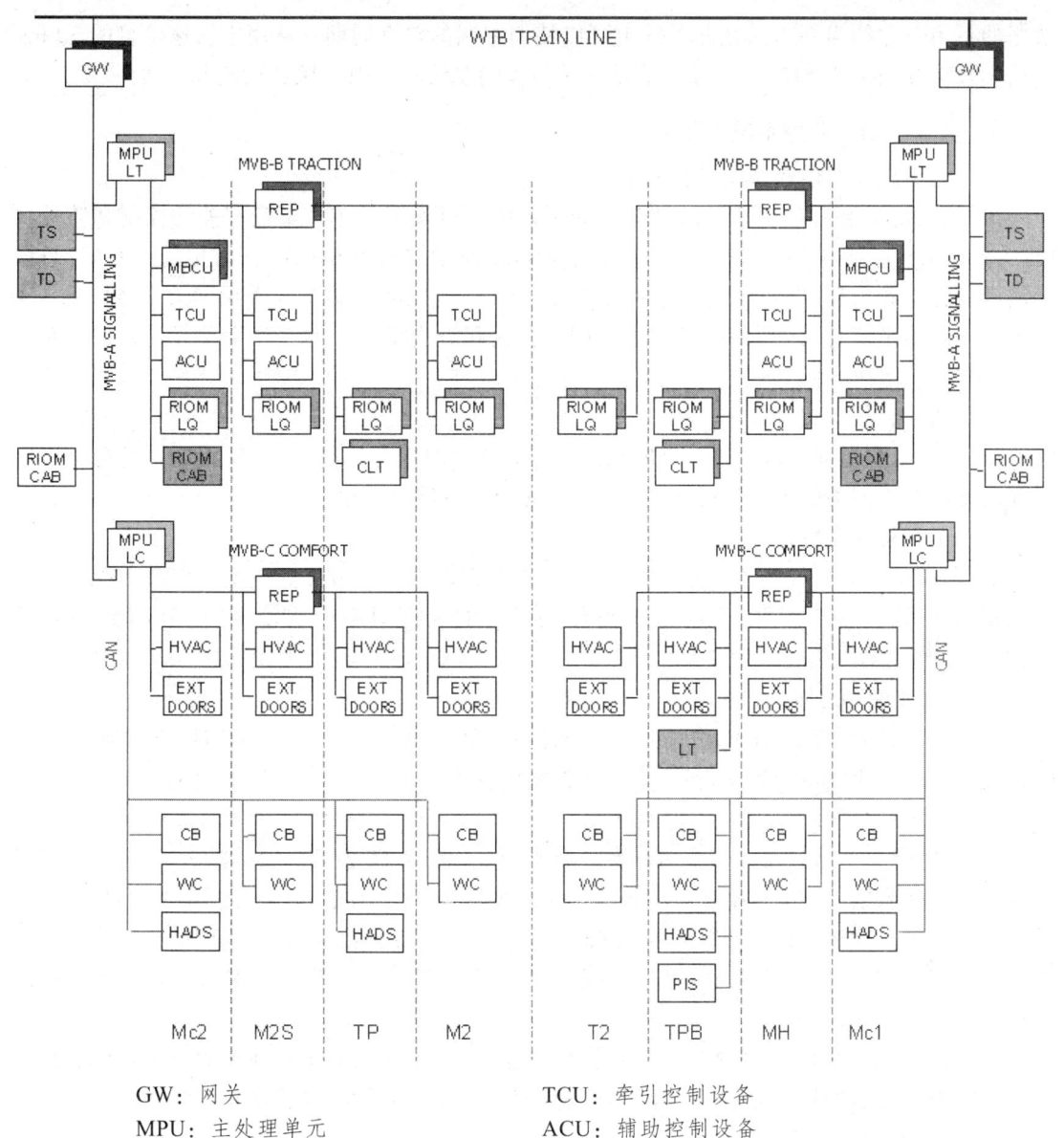

图 7-3-2 列车控制与监控系统拓扑结构图

两个动车组之间的连接通过穿过头车自动车钩的"WTB"（列车总线）型冗余链路来实现。此总线是 TCN 网络的一部分，它在长度因挂钩/摘钩操作而发生变化时可以实现网络的动态重组（网关重新编号）。该总线使用具有可控阻抗的冗余介质，其传输的信息速率约为 1 Mbps，传输距离为 860 m，22 个节点，备用节点有 4 个。车辆总线为 MVB（多功能车辆总线）EMD 类型（电气介质距离）。该总线使用具有可控阻抗的冗余介质，其传输速率约为 1.5 Mbps，最大传输距离 200 m，32 个节点（设备），备用节点至少每段为 20%，用于处理

231

数据的备用带宽约为30%。在此总线上可以使用不同的轮询周期:从用于快速信息的 32 ms 到用于较次要信息的 512 ms。每个单元有 3 条车辆总线:牵引、服务设施和信号。

3．列车控制与监控系统工作原理

(1)列车控制与监控系统结构特点。

① 该系统安装有多个基于微处理器的子系统,可实现列车和车辆相关的控制和监控功能。② 该结构基于 TCN 标准,列车总线为 WTB,车辆总线为 MVB,同时也采用 CAN 总线传输设备的诊断信息。③ 两个牵引单元之间(或两个动车组重联时)采用网关交换信息。④ 一个单元内的车辆总线分为两个总线段,即牵引线和舒适线。⑤ 每个牵引单元内采用两对冗余的 MPU。

(2)列车总线(WTB)。

① 两个牵引单元之间通过 WTB 总线连接。② WTB 总线是 TCN 网络的一部分,可以实现动态配置(网关的重新编号)。③ 网关的轮询周期为 50 ms。

(3)车辆总线(MVB)。

① 车辆总线为电气中距离介质。② 每一部分车辆总线的节点数值至少剩余 20%,过程数据的带宽剩余 30%。③ 在总线上可使用不同的轮询周期,从较短的 32 ms 到较长的 1 024 ms。

(4)CAN 诊断总线。

① CAN 诊断总线用来传输时间较不紧迫的故障诊断信息。② 在 CRH5 型动车组上,CAN 总线的传输速率为 125 Kbps,最大传输距离为 500 m,可连挂 32 个节点。

(5)显示。

① 司机台显示器:在每一个司机台上有两个显示器(TS 及 TD 显示器),该显示器安装有加热装置和风扇,应用的温度范围较大。显示器具有节电模式,并可显示中文。TS 显示器主要用来显示车辆运行信息(如网压、网流等),司机可通过显示器周围的按键进行不同显示内容的切换。TD 显示器用来显示设备的状态信息和故障诊断信息,同时可实现设备的切除工作。

② 列车长室显示器:在列车长室安装有本地显示器,用来显示整列车的故障信息和报警信息,维修人员通过从本地显示器下载故障信息,以帮助故障的快速诊断和维修。

(6)冗余和故障管理。

列车控制与监控系统中所有重要的部件均采取冗余设计。

① 网关冗余:正常工作时,只有一个网关工作,另一个处于等待模式。当工作的网关故障时,处于等待的网关转换为工作状态。为了实现这项功能,两个网关间采用 CAN 总线进行通信。

② MPU 冗余:MPU 是热冗余,在正常情况下,只有一个 MPU 作为主,但是,两个 MPU 读入同样的输入并执行同样的任务。当一个 MPU 故障时,另外一个接替原来的继续工作。

③ RIOM 冗余:为了实现冗余功能,冗余 RIOM 模块的输出继电器通常以并行方式连接。当一个输出失效时,其继电器将释放。相应的功能由冗余模块的输出来实现。当模块供电故障或 MVB 接口故障时,该模块的所有输出继电器将释放,在这种情况下,相应的功能由冗余的 RIOM 模块输出来保证。

④ 显示器冗余：司机台显示器冗余：TS 和 TD 互为冗余。当一个显示器出现故障时，司机可通过显示器周围的按钮进行切换，使可用的显示器工作在 TS 或 TD 状态。这个冗余不是自动实现的，需要司机进行干预。因为诊断信息存储在 MPU 的内存中，当本地监视器故障时，操作者可通过司机台的显示器获得诊断信息。

⑤ 中继器冗余：正常时一个中继器工作，另一个中继器备用。当一个出现故障时，另一个自动处于工作状态。

（7）故障诊断。

司机诊断信息可在司机台上的两个显示器上显示。包括设备诊断信息、相关的司机操作等。显示所有设备及子设备的状态信息（打开、关闭、故障、故障切除等）。在操作过程中或故障需要司机干预，报警信息将自动显示，并给出操作说明。

列车长诊断信息可从本地显示器上获得。通过显示器，列车长可观察列车的信息并可通过预先设定的表格手动输入故障信息。

TCMS 系统收集智能设备和非智能设备的信息，用于动车组的维护保养。保养的相关信息从本地监视器上获得，获得保养信息时，需要输入密码。对每一条诊断信息，操作人员可获得相关的指导帮助他们解决问题。

诊断信息存储在 MPU 的内存中，遵从先入先出的原则，既当内存存储的数据达到最大存储值时，当新的故障数据到来时，先前的故障将被删除。

三、TCMS 控制系统的硬件组成

CRH5 动车组的列车网络控制系统由网关 GW、微处理器单元 MPU、远程输入输出模块 RIOM、中继器 REP、TS/TD/LT 监视器等硬件构成。

1．网关 GW

（1）网关 GW 的功能。

CRH5 型动车组应用的是符合 UIC 标准的冗余 WTB/MVB 网关，UIC 网关除了执行 UIC 映射外，还执行数据路由与转换等功能，如：过程数据重组（PDM），网关一般不执行复杂的运算、采集与控制，因此网关可以看作是专门的数据转换装置。在列车编组发生变化时，系统可以自动重新配置 WTB 总线上的节点，在 MC1 车和 MC2 车的 QRK 柜中分别安装有一组冗余的 WTB/MVB 网关。

（2）网关 GW 的组成。

网关由 1 个电源模块（GW-PWR/E）、2 个冗余的 CPU 模块（GW-CPU/A）和 1 个 DIO 模块（GW-DIO/A）组成。其中，电源模块负责为网关内部的所有电路板供电；CPU 模块用于处理在 WTB 和 MVB 总线上交换的数据，并且执行列车总线的配置和初始化；DIO 模块是数字量输入输出模块。各模块上的指示灯显示颜色的不同代表了不同的工作状态。

2．主处理单元 MPU

（1）主处理单元 MPU 的功能。

主处理单元 MPU 是车辆总线 MVB 的控制单元，用于动车组的控制和通信。所有连接到列车通信网络的智能和非智能单元都通过车辆总线 MVB、列车总线 WTB 与 MPU 取得通信。MPU 中含有车辆控制应用程序，应用程序应用 MATLAB/SIMULINK 编写的。

（2）主处理单元 MPU 的类型。

CRH5 型动车组应用两种微处理器单元，即：MPU LT 和 MPU LC。MPU LT 用于牵引和信号子系统的控制、诊断和监视。MPU LC 应用于空调、塞拉门等其他辅助系统的控制、诊断和监视。

（3）主处理单元 MPU 的安装位置。

每个带司机室的动车的 QRK 柜门板上安装有一对冗余的 MPU LT1 和 MPU LT2，在 QRK 柜内部安装有一对冗余的 MPU LC1 和 MPU LC2。

（4）主处理单元 MPU 的组成。

MPU 由不同的子模块组成，MPU LT 不含 CAN 模块。各模块的指示灯根据工作状态可显示不同的颜色。

3．远程输入输出模块 RIOM

（1）RIOM 的功能。

分布在列车不同位置的远程输入输出模块用于采集分散的输入量和通过输出量控制列车中分散的设备；模块具有故障判断报警功能，当模块刚接通电源时，模块进行自检。当完成自检后，模块转入正常工作状态，可以对其进行数据的读或写。如果发生电源或通信故障，输出被禁止，报警继电器投入工作。

（2）RIOM 的组成。

根据应用位置的不同，RIOM 模块组成的子模块的数量和种类也相应变化，各种 RIOM 模块的组成方式如表 7-3-1 所示。

表 7-3-1　RIOM 模块组成方式

名称	电源模块	INDI32模块	INDI16模块	USDR16输出模块	A/D 模块	BMVB桥模块	USDR8输出模块	PT100模块
RIOM A 司机室	1	2	1	2		1	1	
RIOM B 司机室	1	2	1	2		1	1	
RIOM A MC1/MC2	1	3		1	1	1	1	1
RIOM B MC1/MC2	1	3		1		1	1	
RIOM B M2S/MH	1	2	2		1	1		1
RIOM B M2S/MH	1	2		2		1		
RIOM A TP-TPB	1	3		3		1	1	
RIOM B TP-TPB	1	3		3		1	1	
RIOM A M2	1	2		2	1	1		1
RIOM B M2	1	2		2		1		
RIOM A T2	1	2		2		1		
RIOM B T2	1	2		2		1		

① INDI16/32 模块。用于采集 16/32 位数字量输入信号。模块前面板上有 3 个指示灯，信号意义如下：M1，红色 LED：故障；M2，黄色 LED：通电；M3，黄色 LED：CAN 总线通信正常。

② USDR8/16 模块。用于 8/16 位继电器输出的控制，运行时执行自检，并可以给出外部故障信号，启动时通过控制开/关继电器自动进行检测。面板指示灯与 INDI 模块上指示灯的作用相同。

③ BMVB 桥模块。用于 MVB 总线与模块内部 CAN 总线的数据转换，运行时执行自动检测，有对 MVB 总线继电器的控制功能。

④ PT100 模块。可以采集 4 路用模拟量表示的温度值。

⑤ A/D 模块。可以将 8 路模拟量输入信号滤波后转换为数字量，实现与 RIOM 模块内 CAN 总线的通信，根据需要可以计算出输入信号的峰值、平均值和均方根值。

4．监视器

（1）监视器的功能。

主要用于显示所有连到总线上的系统状态、列车的基本运行数据、列车状态信息和故障诊断信息，同时也可根据实际情况通过监视器切除系统中的故障设备。

（2）监视器的类型。

司机台监视器（TS、TD）、车长室本地监视器 LT 通过 MVB 总线和 MPU 相连，均为相同型号的彩色液晶显示器，采用 Windows CE 操作系统、应用软件及故障数据均存储在闪存卡（CF 卡）中。监视器的外形如图 7-3-3 图。

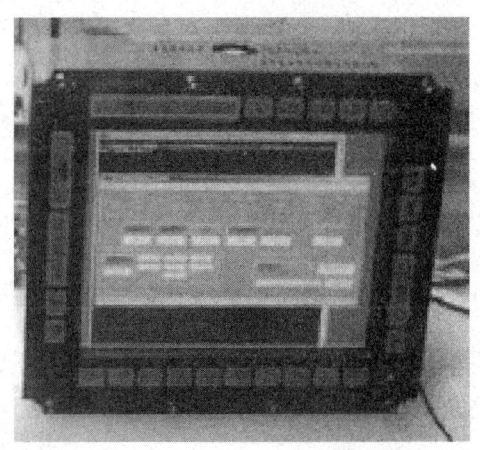 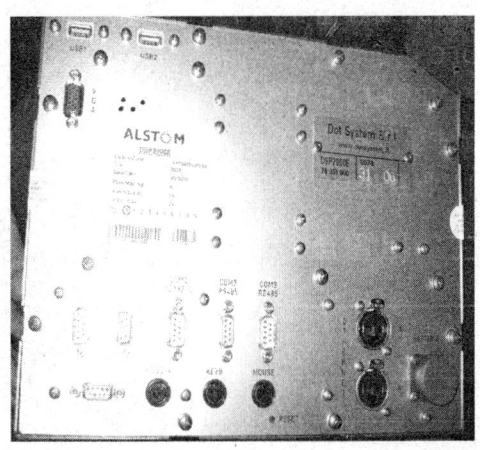

图 7-3-3　监视器的外形图

① 仪表监视器 TS。仪表监视器通过仪表盘的形式向司乘人员显示重要的模拟量信息，包括列车运行速度、牵引力/电制力、网压、总电流、制动管压力及总风管压力等。

② 诊断监视器 TD。诊断监视器主要用于向司机显示动车组的设备状态，设备故障时根据故障类别的不同，实时显示在诊断监视器上，通报司乘人员。

③ 本地监视器 LT。本地监视器上显示的信息与诊断监视器基本相同。

5. 中继器 REP

冗余 MVB 中继器 REP 满足 IEC61375-1 标准中关于 MVB 总线中继器设备的要求，用于放大和对 MVB 总线信号进行处理，消除干扰，提高 MVB 总线的长度和连接到 MVB 总线上设备的数量。中继器安装在 M2S/MH 车 QRK 柜内。

中继器用于连接两段电气中距离 MVB 总线，可以在单一模式和冗余模式下工作。当其以冗余模式工作时，可以交替工作或者一个处于激活状态，另一个作为热备。两个 MVB 中继器通过内部的微小母板连接器连接到一起。在单一模式和冗余模式下，MVB 中继器都能够管理管理 MVB 总线，当检测到总线故障时能够自动切换到正常工作的中继器，当总线恢复后还可自动转换回去。

【项目自检】

1. 简述 CRH1 动车组的网络拓扑结构。
2. CRH1 动车组的主要网络设备有哪些？
3. CRH1 动车组司机按下"开门"按钮后，开门信号的传输过程是怎样的？
4. CRH1 制动控制模块的主要功能有哪些？
5. 简述 CRH3C、CRH380B、CRH380BG、CRH380BL 型动车组网络控制系统的组成。
6. 对比阐述 CRH380CL 动车组与其他 CRH3 型动车组在网络控制上有何不同之处。
7. 简述动车组安全环路的工作原理。
8. 简述 CRH380CL 型动车组的安全环路及其作用。
9. 简述 CRH5 动车组网络的拓扑结构。

项目八　动车组网络的应用与检修

【项目描述】

本项目介绍 CRH2 系列动车组网络系统的应用与检修。具体包括 CRH2 系列动车组的网络结构与硬件构成；CRH2 网络信息显示系统的显示内容与操作方法；CRH2 安全监控与维修信息的传输；CRH2 故障信息及应急处理；CRH380AL 的网络硬件的检修方法。

【知识目标】

（1）掌握 CRH2 系列动车组的网络基本结构和硬件构成。
（1）掌握 CRH2 网络信息显示系统的操作。
（2）掌握维修信息的传输途径。
（3）了解重要故障的查询处理方法。
（4）了解 CRH380AL 的硬件检修流程与方法。

【能力目标】

（1）能够掌握网络的基本结构。
（2）能够根据需要从信息显示系统中查询相关的信息，能够正确下载动车组的运行及故障信息。
（3）能够对常见的重要故障进行处理，能够掌握维修安全的基本原则。

任务一　CRH2、CRH380A（L）系列动车组网络系统结构

CRH2 系列动车组是中国南车集团四方机车车辆股份有限公司在引进日本川崎重工的 E2-1000 系列动车组的基础上研发生产的动车组系列，包含了 CRH2A、CRH2B、CRH2C、CRH2E、CRH2G 等型号，CRH380A（L）是四方机车车辆股份有限公司自主研发的我国新型高速动车组，与 CRH2 系列动车组一样，网络控制系统均采用 ARCNET 网络标准。因此对该系列动车组的网络系统进行了统一的介绍，以便理解掌握该系列动车组的网络结构的工作原理，详细的型号差异可查阅相关资料。

一、动车组网络系统概要

该系列动车组列车信息控制系统是通过贯穿列车的 ARCNET 总线来传送信息。通过对列车运行以及与车载设备动作相关的信息进行集中管理，可以有效地帮助司机和乘务员操纵列车，加强车载设备的维护保养，提升对乘客的服务质量。

列车信息网络系统具有如下所示的 4 大功能：

（1）控制指令传送功能。动车组牵引、制动、辅助电源等设备分散布置于列车各车辆，司机操作台布置在头车，以上设备之间、司机与设备之间需要交换大量数据、传输各种信息，因此必须建立某种连接。连接方式有：采用大量的硬连线，也可以采用信息网络系统。前者需要大量电缆，而通过信息网络系统，可减少大量硬连线，实现列车的集中控制，减轻列车重量。

（2）监视器功能。CRH2 动车组信息控制系统配置彩色液晶显示装置，显示画面为中文，简单易懂。列车信息显示在司机台的显示器上，使司机和乘务员了解列车运行状态，为操纵列车提供有效的辅助作用。

（3）车载检测功能。使列车检测自动化，实时检测和记录列车设备状态，及时切除故障设备，避免故障扩大；同时，记录的状态数据还可作为维修依据，减少维护保养工作量。

（4）旅客信息显示功能。

二、动车组网络系统的总体结构与性能参数

列车信息控制系统采用列车级和车辆级两级网络结构。列车级网络为连接编组各车辆的通信网络，以列车运行控制为目的，连接各中央装置和终端装置，采用双重环网结构；车辆级网络为连接车厢内设备的通信网络。

总线方式适用于以下的国际规格。

（1）列车总线。

① 列车总线的适用规格为 ANSI 878.1 "ARCNET 协议"；② 其传送速度为 2.5 Mbps；③ 其拓扑结构采用环形结构。

（2）车辆总线。

① 车辆总线的适用规格为 20 mA 电流环形方式；② 牵引变流器、制动控制装置的传送适合使用光纤维方式；③ 传送方式为同步传送方式（和一部分设备的传送是高级数据链路控制 HDLC 方式）；④ 传送速度为 192 Kbps/19.2 Kbps/9.6 Kbps/1.2 Kbps；⑤ 拓扑结构采用点对点方式。

1．列车总线

1）列车总线构成

列车总线的设备由中央装置、终端装置、显示器、显示控制装置、IC 卡架以及车内信息显示器等构成。CRH380AL 列车的信息控制装置的装置构成如表 8-1-1 所示。

表 8-1-1　CRH380AL 列车信息控制装置的装置构成

车号、车种 装　置	车　号	1	2	3	4	5	6	7	8
	车　种	T1	M1	M2	M3	M4	M5	M6	M7
中央装置	MS-A1074	1							
终端装置	MS-A1075-G1	1	1	1	1	1	1	1	1
车辆信息显示器	MS-A1348	2							
显示控制装置	MS-A1347	2							
IC 读卡写装置	MS-A1349	2							
车号、车种 装　置	车　号	9	10	11	12	13	14	15	16
	车　种	M8	M9	M10	M11	M12	M13	M14	T2
中央装置	MS-A1074								1
终端装置	MS-A1075-G1	1	1	1	1	1	1	1	1
车辆信息显示器	MS-A1348	1							2
显示控制装置	MS-A1347	1							2
IC 读卡写装置	MS-A1349								2

2）列车总线运用情况

（1）单列运用。

动车组列车总线传送线路包括车辆信息传送线（光纤环网）及自我诊断信息传送线（双绞屏蔽线）两种。车辆信息传送线是环线回路（loop）构成，如果在一个方向的环绕中检测到没有应答的情况，就向另一个方向的环绕传送，能够避开故障部位。

（2）两列车连挂编组运用。

当两列车连挂编组时车辆的中央装置之间由两对电线（双绞屏蔽线）连接，条件（连挂车辆的两个中央装置之间，MCR 是 OFF 的情况下）成立时，打开环线回路（loop），将连挂前的独立的环线回路（loop）结合在一起，就能够保持编组环线回路（loop）的构成。

3）列车总线的结构布线

列车总线结构及其布线示意图如图 8-1-1 所示，详细布线参见有关资料。

2．车辆总线

车辆级网络指中央装置/终端装置与车厢内设备之间信息交换的通道。中央装置/终端装置与设备之间采用点对点通信方式，牵引变流器（CI）、制动控制单元（BCU）与终端装置采用光纤连接，其他设备与中央装置、终端装置采用电流环方式连接。

车厢内部设备与车厢列车网络节点之间采用点对点方式通信，适用多种通信协议，包括 20 mA 电流环、30 mA 电流环及高级数据链路控制 HDLC 方式。

图 8-1-2 所示为车辆级网络结构。

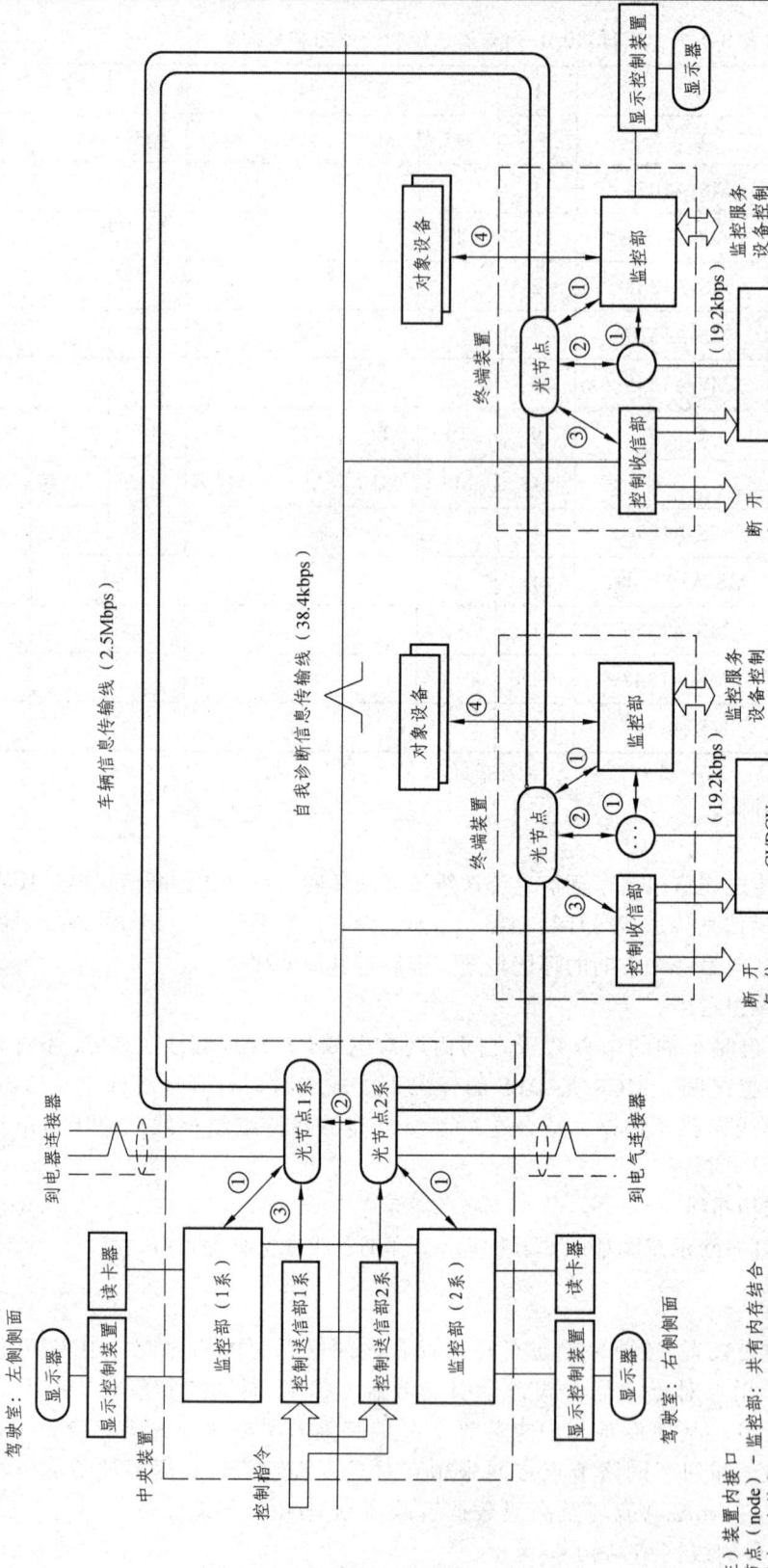

图 8-1-1 CRH380AL 列车总线及布线示意图

项目八　动车组网络的应用与检修

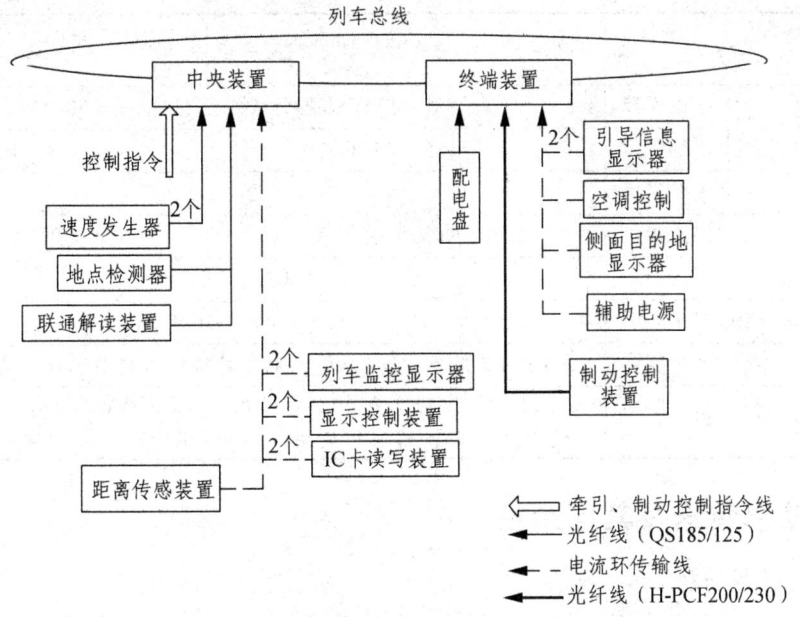

图 8-1-2　车辆级网络结构

3．性能参数

（1）光纤网传输性能：通过环路结合进行光纤双重环式传送；固定长度的循环传送方式（传送控制指令）；令牌传递方式（传送监视器状态）；传送周期为 10 ms 标准；适用光纤 QSI85/125；传送速率为 2.5 Mbps。

（2）光节点与设备（牵引变流器、制动控制装置）间传输性能：由点到点连接的光纤 2 线式半双重传输；终端设备定时查询、选择方式；传输周期为 10 ms 为标准；光纤适合 H-PCF200/230；HDLC 方式，速度为 192 Kbps。

（3）自我诊断网传输性能：通过多站结合进行的单向传送（控制发送部→控制接收部）；固定长度的循环传送方式；传送周期为 10 ms 标准；符号化基带方式 24VP-P（120 Ω 平衡电路）；HDLC 方式，速度为 38.4 Kbps；Dual-CPU 方式的失效保护传送。

（4）设备 1[①]与监控部间传输性能：由点到点连接的 4 线式半双重传输；终端设备定时询问、选择方式；20 mA 电流环路方式，电压为 24 V；异步传输方式，速度为 19.2 Kbps/9.6 Kbps/1.2 Kbps。

（5）设备 2[②]与监控部间传输性能：由点到点连接的 2 线式单方向传输；20 mA 电流环路方式，电压为 24 V；异步传输方式，速度为 9.6 Kbps。

信息网络系统的工作环境如表 8-1-2 所示。

注：① 设备 1（9.6 Kbps）包括：空调设定器、自动广播装置、辅助电源装置、WTD 无线数据传输装置、转向架失稳检测装置、牵引制动数据记录装置。
② 设备 2（9.6 Kbps）包括：侧面目的地显示器（发送）、外界气温传感器（接收）。

表 8-1-2 信息网络系统的工作环境

编号	项目		装置	中央装置、终端装置、显示控制装置	车辆信息显示器、IC 卡读写装置
1	环境温度		性能保障	0～40 ℃（限钟表日历机能 10～40 ℃）	
			运行保障	－25～45 ℃	－5～40 ℃
			保存保障	－25～60 ℃	
2	相 对 湿 度			10%～90%（无结露）	10%～80%（无结露）
3	耐 振 性			JIS-E 4031 1 种 B	
4	电源（DC 100 V）			70～110V（DC 100 V）	
5	绝 缘 电 阻			10 MΩ 以上，DC 100 V 输入端和箱体间由 500 V 兆欧表测量	
6	绝 缘 耐 压			AC 1 000 V、50 Hz 或 60 Hz、1 min（DC 100 V 输入端子和地线之间）	AC 500 V、50 Hz 或 60 Hz、1 min（DC 24 V 输入端子和地线之间）

三、信息传送及其冗余性

1．信息传输协议

列车级总线有两种类型。其一为光纤，连接所有中央装置与终端装置，采用 ANSI/ATA-878.1（ARCNET）协议，其二为自我诊断传输线，以总线方式连接中央装置与终端装置，采用 HDLC 作为数据交换协议。

ARCNET 使用 RG-62 同轴电缆，而这种电缆刚好与 IBM3270 终端和 IBM 主机相连的电缆相同，所以这种网络在大量 IBM 机系统中得到广泛应用。目前，ARCNET 也可使用双绞线和光纤。新型的 ARCNET plus 速率已从原来的 2.5 Mbps 增加到 100 Mbps（使用光纤时）。这种网络采用的媒体访问方法为令牌总线。

ARCNET 是一个真正开放标准协议，1999 年成为美国国家标准 ANSI/ATA-878.1。从 OSI 参考模型来看，它提供了网络的物理层和数据链路层服务，说明 ARCNET 能方便地在两个节点之间实现数据包的发送和接收。

车辆内部设备与车辆列车网络节点之间采用点对点方式通信，适用多种通信协议，包括 20 mA 电流环（同步通信协议）、同步通信方式（和一部分设备的传输采用高级数据链路控制 HDLC 方式）。

2．信息传输路径

列车网络系统通过贯穿列车的光纤双重环形网络及由多股绞合线组成的备份传送线传输信息。控制指令传送，则采用独立于监视器部分的双重 CPU 方式，具有故障导向安全的功能。图 8-1-3 说明了列车网络的信息传输路径。

传送路径包括环形光纤网及备份传送线。两端头车（1、8 号车）设置有由控制传送部和监视器构成的列车信息中央装置，具有全列车整体信息管理和向司机台显示器传送数据的功能。每节车厢分别设置有一台列车信息终端装置，实现车厢车载设备的控制与信息传输功能。列车信息中央装置与列车信息终端装置之间由环形网及备份传送线连接，具有向左和向右两条传输路径，具有较强的传输可靠性。

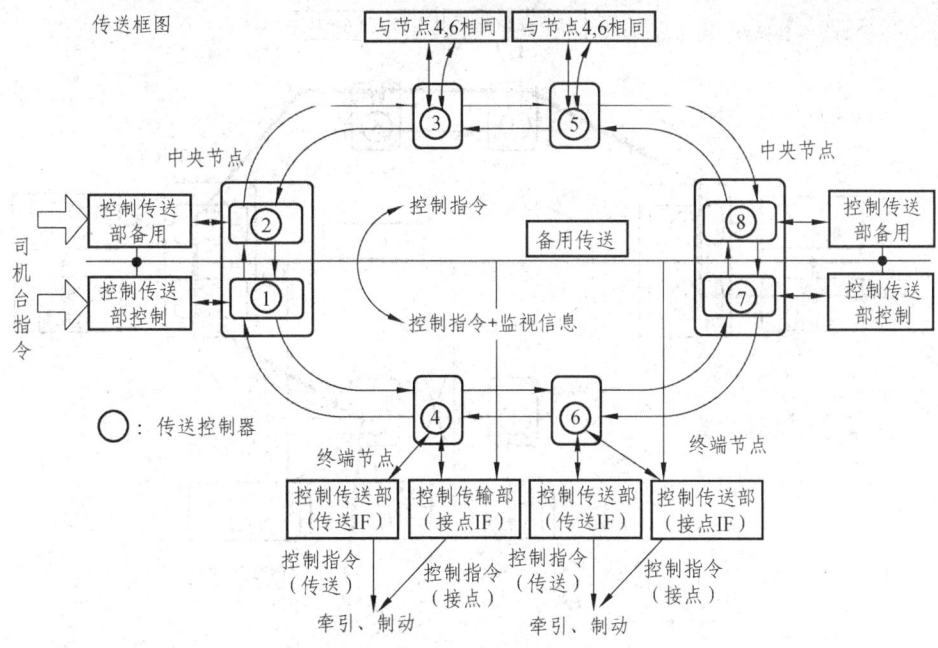

图 8-1-3 信息传输路径

3．信息传送通道的冗余性

（1）正常信息传输路径。

图 8-1-4 给出了正常信息传输示例。

（2）切换信息系统传输路径。

图 8-1-5 给出了信息系统终端 4～6 节点间故障时的信息传输示例。

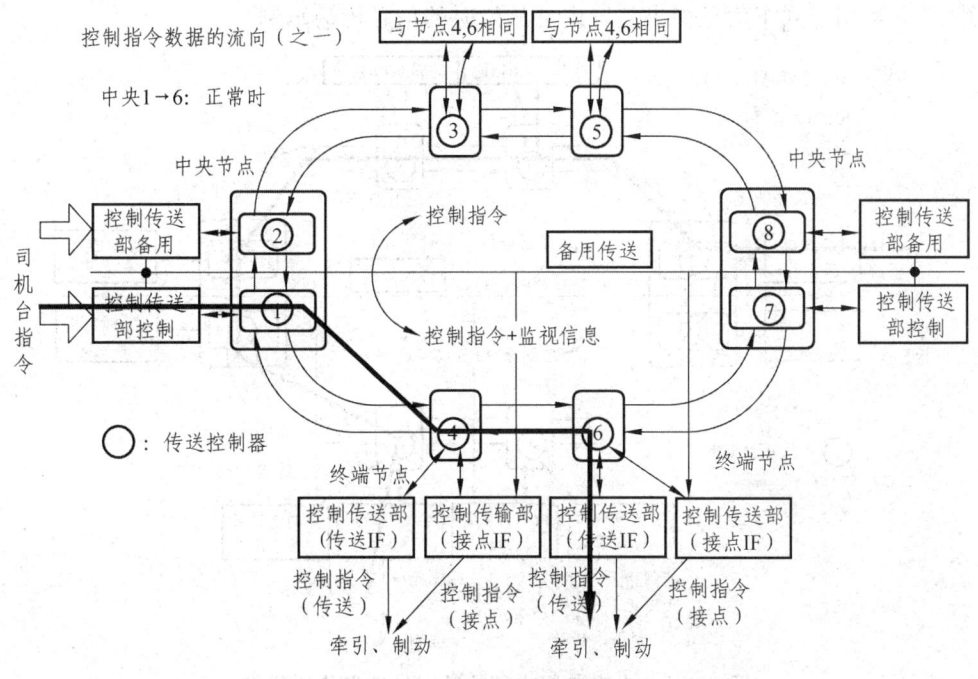

图 8-1-4　正常信息传输示例

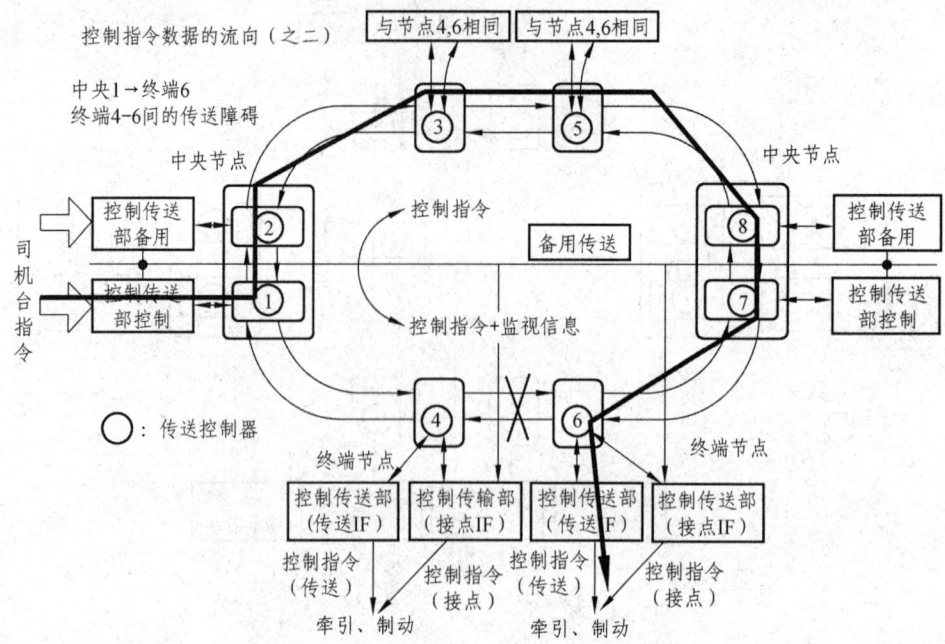

图 8-1-5 终端 4~6 节点间故障时的信息传输示例

发生传输故障时,信息传输会切换传输路径以避开故障发生点。

因传输路径具备左、右两个方向,对于控制指令等有应答性要求的数据,通常两个方向同时传送,可实时回避故障点,不会产生信号切换延时,对于其他信息,发送方在无法收到接收方的应答时,可从发送方的光传输节点中重获信息,用其他方向的通道传输信息以避开故障点。

(3)列车信息中央装置内部的控制传输部切换。

图 8-1-6 给出了列车信息中央装置内部故障时的信息传输示例。

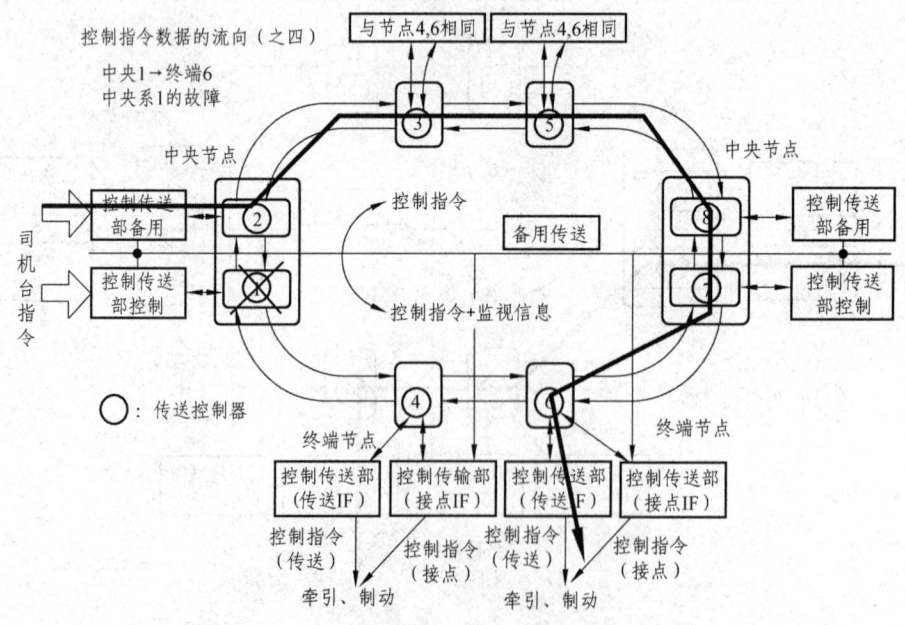

图 8-1-6 中央装置内部故障时的信息传输示例

控制传输部 1 系、2 系采用双 CPU 结构，运行时有内部冗余措施，1 系故障时，使用 2 系的数据（异常检测及切换在 50 ms 内完成）。

（4）牵引变流器与制动控制器之间的切换。

图 8-1-7 给出了控制传送部之间切换时的信息传输示例。检测到异常时，切换到并列的控制传输部。

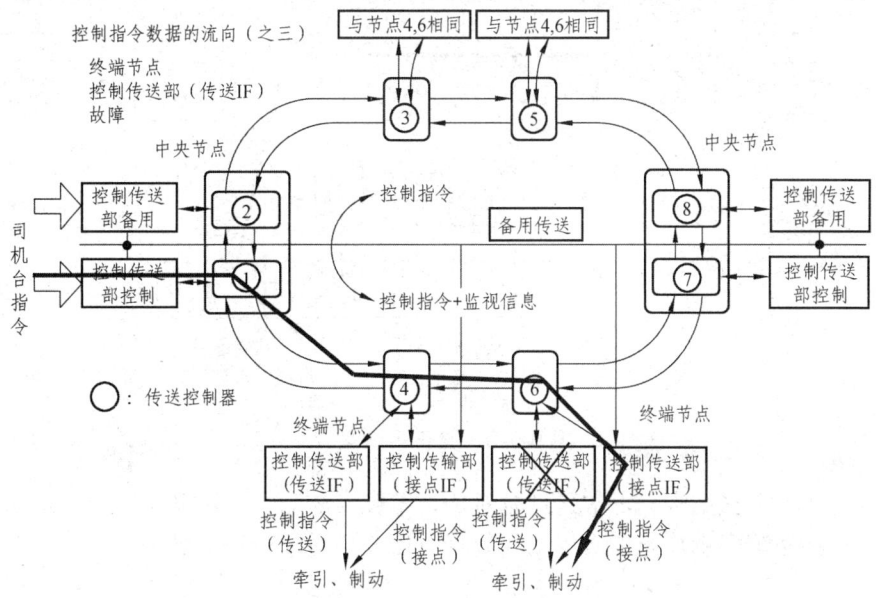

图 8-1-7　控制传送部之间切换时的信息传输示例

（5）备份传送

图 8-1-8 和图 8-1-9 给出了备份传送模式和信息的传输示例。

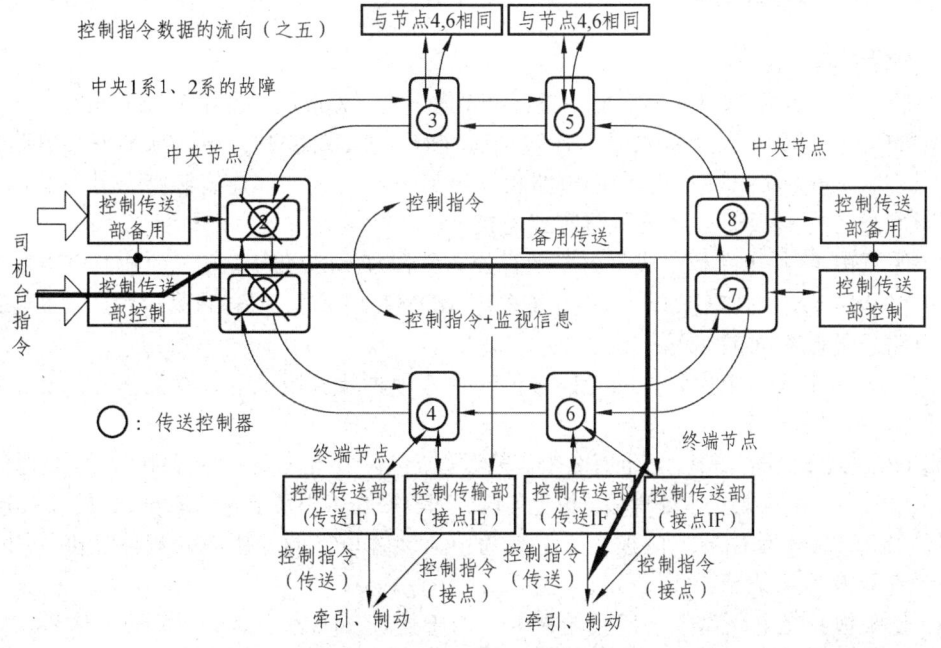

图 8-1-8　备份传送之一

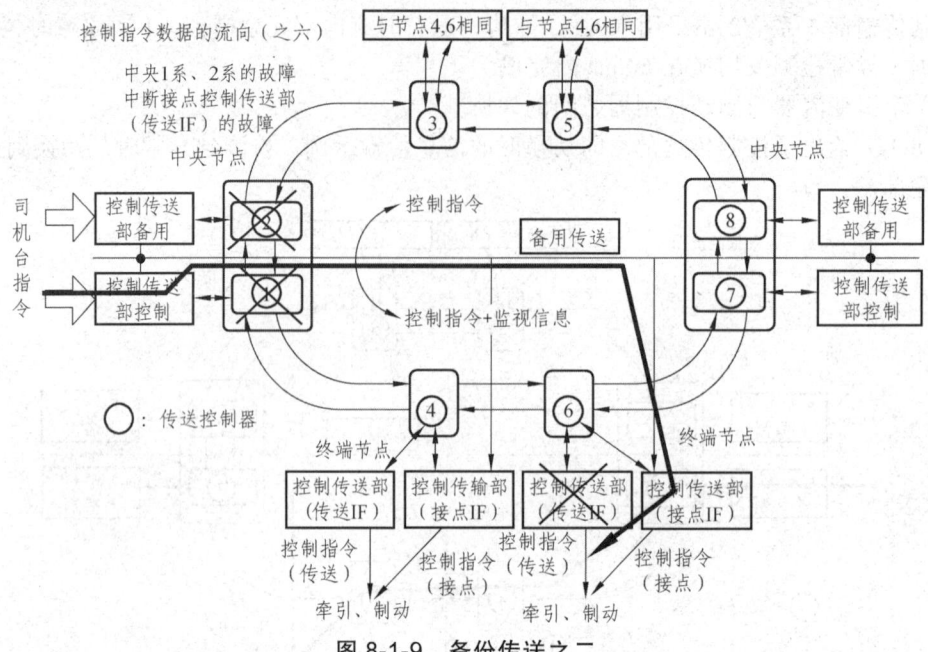

图 8-1-9　备份传送之二

备份传送线为独立结构，正常运行时对传送系统实施监视。一旦光纤网络发生故障，可不通过光纤传输系统实现控制传送部之间数据通信（最后的备用手段）。

任务二　CRH2 网络硬件设备与配置

一、列车级网络设备及配置

1. 中央装置

中央装置外形如图 8-2-1 所示，它由铝合金箱体组成，外形尺寸为 482.6 mm（宽）× 400 mm（高）× 345 mm（深）。最上部为外部连线插座 CN-M1～CN-M8，中间部分安装电路板，下部为通风空间。箱体后部有两层印刷电路板，最后一层安装外部连线插座，另一层作为各印刷电路板底板，电路板通过连接器与底板连接。

中央装置由 13 块电路板组成，由左至右分别命名为 MDM8-1（左）、TRC、TRC、CPU、DIS、DIO、PS、TXC、TXC、PS、TRC、CPU、MDM8-1（右）。具体排列位置如图 8-2-2 所示。

各电路板的基本功能如下：

（1）MDM8-1 板：中央装置的光信号传输卡。中央装置用该卡收发光信号，它是信息控制系统的主要传输电路。

（2）TRC 板：信号传输卡。该卡有 8 个传输通道，包含 20 mA 电流环与 HDLC 同步通信电路。

（3）CPU 板：中央装置主处理板。板上 CPU 字长 32 位（相当于 MC68360），具备 4MB ROM 存储器，2MB RAM 存储器。该板实际上是为中央装置设计的专用嵌入式计算机，用于信息的处理、计算及信息记录。

（4）DIS 板：光电隔离数字信号输入卡。用于处理 24 V、100 V 开关输入信号。

（5）DIO 板：光电隔离或继电器隔离数字信号输出卡。用于处理 24 V、100 V 开关输出信号。

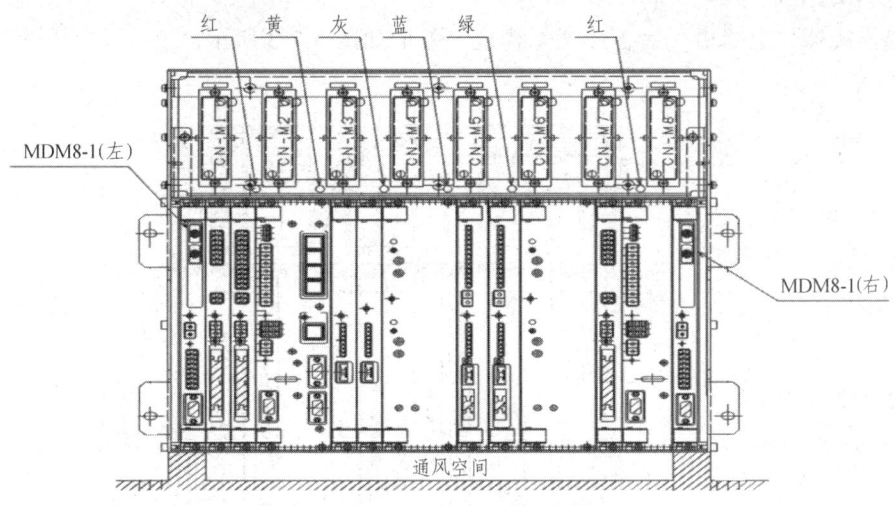

图 8-2-1 中央装置外形图

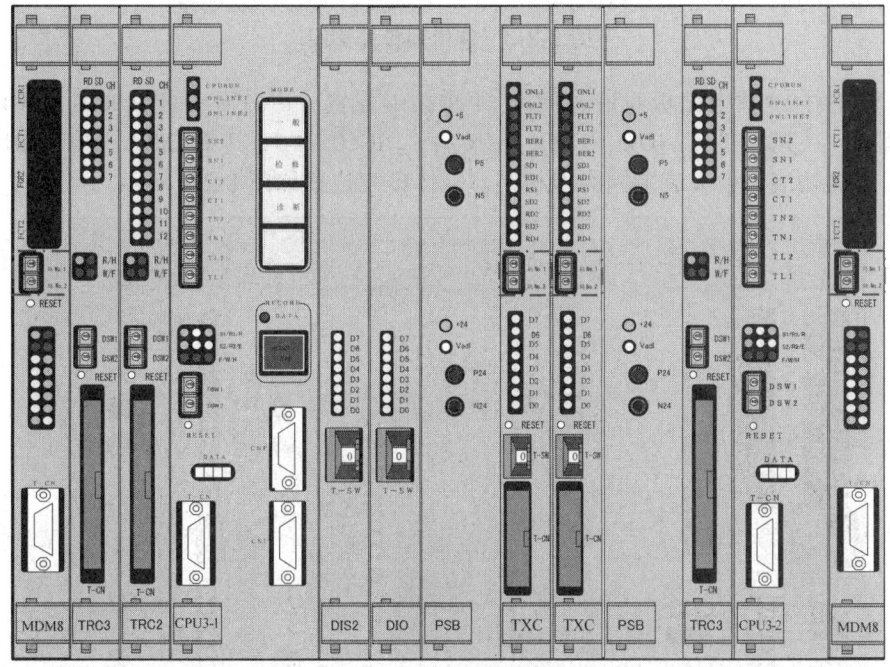

图 8-2-2 中央装置电路板排列

（6）PS 板：电源卡。该板为 DC/DC 电源调整卡，输入为 100 V DC，输出电压为 24 V DC 与 5 V DC。输出电流有两种规格，其中 PSB 型容量较大，24 V 输出 2 A，5 V 输出 8 A，作为中央装置供电电源，其中 PSA 型容量较小，24 V 输出 2 A，5 V 输出 3 A，作为终端装置供电电源。

（7）TXC 板：控制指令发送卡。中央装置用该卡可将控制指令发送到车辆设备。

中央装置第二块 CPU 卡（右边）上装有 4 个选择开关，用来选择列车信息控制系统的运行模式：一般、检修、诊断与备用。

2．终端装置

终端装置有 AIN 底座的为 MS-A941-G1、没有 AIN 底座的为 MS-A941-G2。终端装置由输入输出连接器、电路板、后板、架子构成,外形如图 8-2-3 所示。

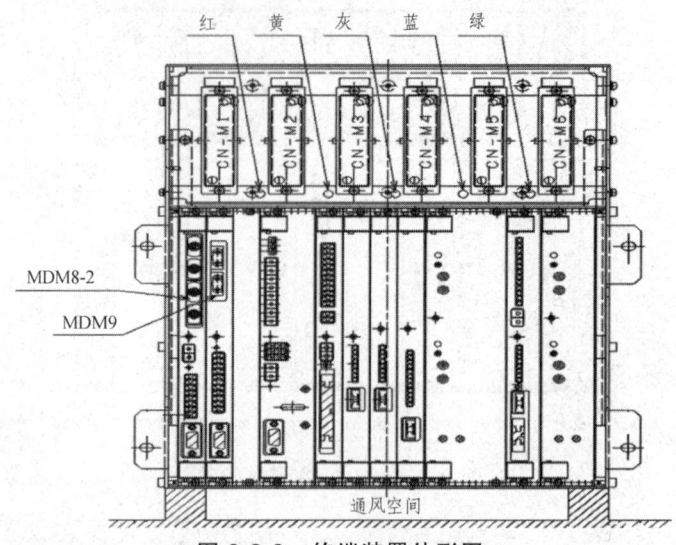

图 8-2-3 终端装置外形图

终端装置由 10 块电路板组成,但有 11 个插卡位置,由左至右分别命名为 MDM8-2、MDM9、保留、CPU、TRC、DIS、DIO、AIN、PS、RXC、PS,其中 CPU、TRC、DIS、DIO、PS、RXC 卡的功能与中央装置同类卡相同。具体排列位置如图 8-2-4 所示。

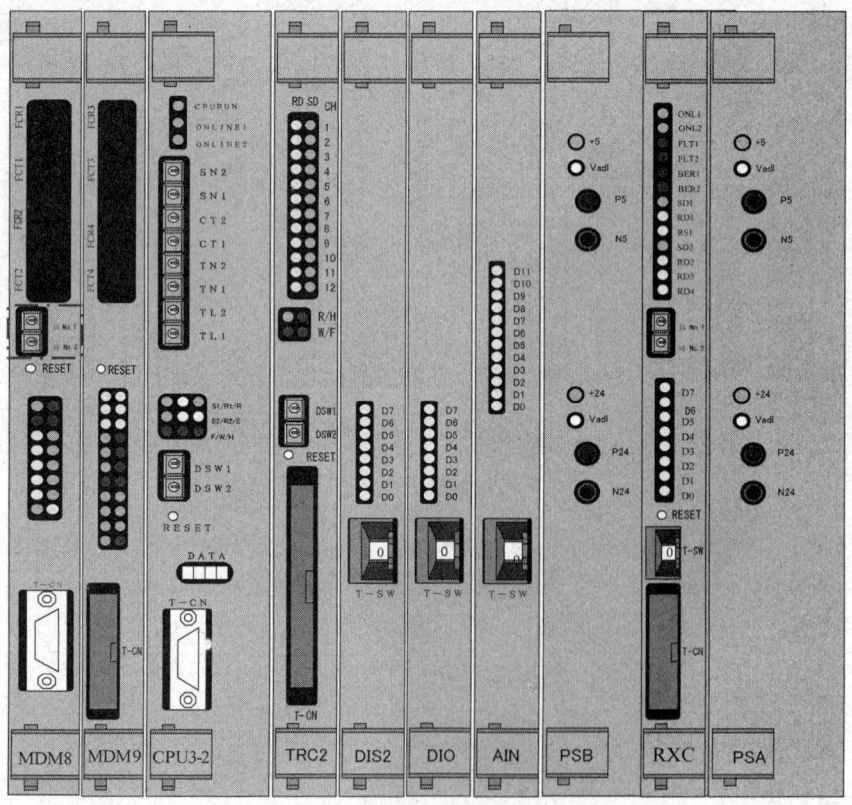

图 8-2-4 终端装置电路板排列

其他卡基本功能简述如下：

（1）MDM8-2 板：光信号传输卡。终端装置用该卡接收发光信号，它是列车信息控制系统的主要传输电路。

（2）MDM9 板：光信号传输卡。终端装置用该卡与制动控制器及牵引变流器交换信息。

（3）AIN 板：模拟信号输入卡。终端装置用该卡采集模拟信号，模拟信号输入范围为 0~100 V。

（4）RXC 板：控制指令接受卡。终端装置用该卡接收中央装置传输来的指令。

3．显示控制装置

显示控制装置是用来控制显示器的。其中 PSB 和 CPU6 卡的功能与中央装置 PS 和 CPU 卡相同。图 8-2-5 为显示控制器装置外形图，图 8-2-6 所示为显示控制装置电路板排列。

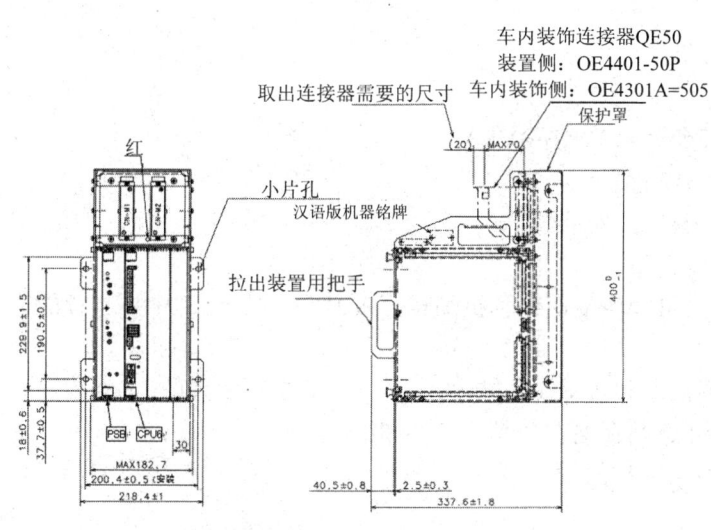

图 8-2-5　显示控制装置外形图

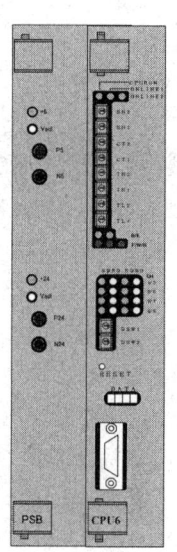

图 8-2-6　显示控制装置电路板排列

4．显示器

（1）列车信息显示器。

每个操纵台上设置了两台供司机用的列车信息显示器，另外在 7 号车厢（M1s-7）还设置了一台供乘务员用的列车信息显示器，共 5 台。列车信息显示器为触摸式，通过操作触摸屏，可以进行画面切换。

显示画面：彩色 LCD 8 色（黑、红、绿、紫、蓝、黄、白）。

分辨率：640×480 dot（点）。

显示文字数：40 文字×24 行。

输入：阻抗模式触摸输入方式。

（2）乘客信息显示器。

在车厢的两端分别设置有乘客信息显示器，用于显示当前到站、前方到站、正点或晚点、晚点原因、当前时间、运行速度、外气温度、实时新闻、禁烟标志和厕所有无人等旅客信息。

乘客信息显示器为 LED 点阵显示屏，主要特点如下：

① 可显示汉字、英文、数字及符号。

② 具有超时保护功能，以保证在任何情况下都能向乘客显示正确的信息。当接收到有效信号，显示器将重新正常工作。

③ 显示内容在断电后可永久保存。

④ 具有与广播语音信息同步显示的特性。

5．卡读写装置

IC 卡读写装置安装在头尾车厢（T1c-1、T2c-8），车上系统与地面系统之间的通信采用 IC 存储卡。读取 IC 卡：从 IC 卡上读取告示文、停靠站、千米里程的信息。写入 IC 卡：将列车信息控制装置上记录的各种信息和牵引变流器上记录的故障数据写入 IC 卡中。

IC 存储卡规格：

① 方式：非接触式。

② 型号：RT-256KB/AVS（或者 RT-512KB/AVS）。

③ 存储容量：256 KB（或者 512 KB）。

④ 接口：（IC 卡读写装置——显示控制装置）。

⑤ 20 mA 电流环形方式，38.4 Kbps。

中央装置能读写 IC 卡。告示文可以由地面计算机编辑写入 IC 卡并转储到中央装置的非易失性存储器里。

在地面计算机上编写停车图形信息和告示文，并写入 IC 卡。从中央装置的 IC 卡读写装置上读入已经写入信息的 IC 卡，并将其存储在非易失性存储器中。

图 8-2-7 所示为告示文的传输。

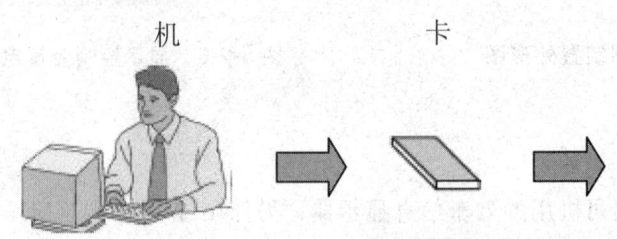

图 8-2-7　告示文的传输

二、车厢级网络设备及配置

表 8-2-1 给出了中央装置和终端装置所连接的设备。

表 8-2-1 中央装置和终端装置连接设备

设备名称	Tc1-1	M2-2	M1-3	T2-4	T1k-5	M2-6	M1s-7	T2c-8
	中央	终端	终端	终端	终端	终端	终端	中央
显示控制装置	○						○	○
IC 卡读卡器	○							○
车内信息显示器		○	○	○	○	○	○	
SG（速度发生器）	○							○
连挂/解挂装置	○							○
LKJ2000	○							○
距离检测装置	○							
配电盘		○	○	○	○	○	○	
空调控制		○	○	○	○	○	○	
侧面目的地显示器		○	○	○	○	○	○	
辅助电源		○					○	
车号显示器		○	○	○	○	○	○	
制动控制装置（BCU）		○	○	○	○	○	○	
牵引变流器（CI）		○	○			○	○	
广播服务装置							○	
自动播放装置							○	

1．司机室显示单元

司机室显示单元由显示控制装置、卡架、车内信息显示器、侧面目的地显示器及空调显示设定器组成，它们之间是由双绞屏蔽线连接，通过电流环传送来进行接口的。并且，根据各辆车的监视器信息，进行前端、后端标志灯及显示灯的点灯、灭灯。

终端装置和车内信息显示器间由双绞屏蔽线连接，进行目的地、中途停车车站等各种引导文字及故障信息等信息的接收和发送。图 8-2-8 所示为司机室显示装置。

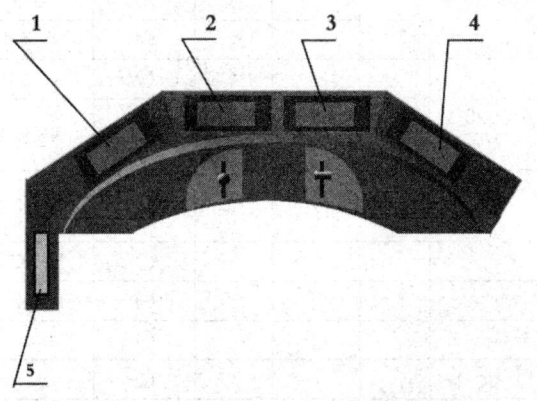

图 8-2-8 司机室显示装置
1—牵引动力状态显示屏；2—LKJ 显示屏；3—ATP 显示屏；
4—列车设备状态显示屏；5—无线列调

2. 牵引控制单元

列车牵引控制信息是由车辆信息传送线（各中央、终端装置光节点之间）及各脉冲设备之间的传送线（牵引变流器、制动控制装置之间）来传送状态信息的。

牵引指令系统是串行传输的，主要有前进、后进，牵引制动等指令。表 8-2-2 为牵引控制指令一览表。

表 8-2-2　牵引控制指令一览表

线编号	指　　令	光传送				用　途　等
		CI 传送	BCU 传送	中央接点	终端接点	
4	前进牵引	O			O	接点信号用于 CI 传送的备份
5	后退牵引	O			O	接点信号用于 CI 传送的备份
9/11/13/15/17/19/12	牵引、牵引挡	O	O（9）		O（A, B）	BCU 传送信号用于防止空转时的滑行误检测；牵引 A、B 用于 CI 传送的备份
23	定速	O				
79	空挡	O	O			
6	复位	O			O（6M）	接点信号用于 ACOCRRI/GRR3 复位和 CI 传送的备份；还共用于辅助电源复位
18	高加速	O				
1A	接通制动设定器					发出运行指令信号条件
58	救援					发出救援指令信号条件，发出运行指令信号条件
80M/81M	受电弓下降/受电弓上升				O	
82M/83M	VCB 切断/VCB 接通				O	
84M/85M	电源感应/电源感应复位				O	
86M/87M	压缩机断开复位/压缩机断开				O	
88/89/90M	M2 断开/复位/M1 断开				O	
91N/91D	供电条件/受电条件成立				O	辅助电源感应控制用
92M	ACK2 接通					3 次电源感应输出
93M2	BKK（3 相 AC400 V 线间）断开				O	BKK 断开输出
93M1	BKK（3 相 AC400 V 线间）断开				O	BKK 接通输出
M205	ACVR1				O	BKK 控制用
M206	ACVR2				O	BKK 控制用
M611	过分相预告信号				O	
M612	过分相强制信号				O	
M613	过分相区间				O	
M618	受电弓下降	O				

3. 制动控制单元

车辆的制动装置是采用再生制动的电气指令式空气制动装置。设置在制动控制装置内的制动控制单元（BCU）采用微处理器数字运算处理方式。来自司机台的制动指令通过中央装置由光纤传输到终端装置，根据各车厢的负荷信号及速度信息计算出需要的制动力，对电气制动力、空气制动力进行控制。与再生制动的协调采用延迟控制，负担一部分的拖车制动力。图 8-2-9 为制动控制方框图。

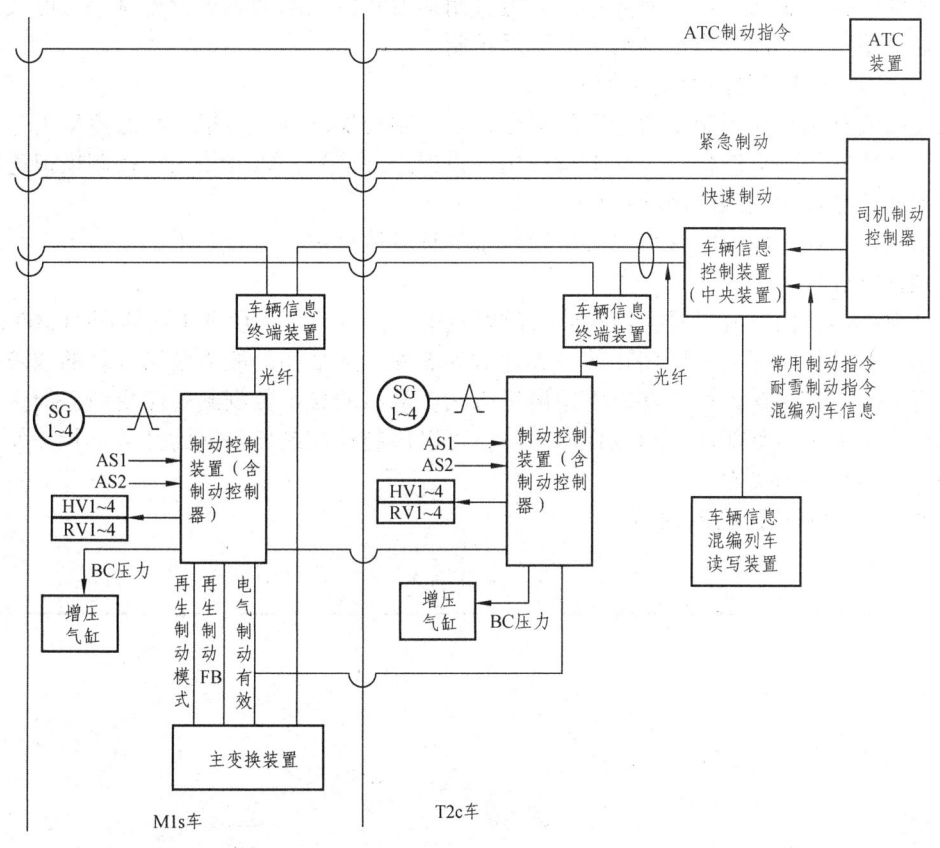

图 8-2-9　制动控制方框图

（1）制动控制装置主要控制的内容：
① 利用电空变换阀控制制动气缸压力。
② 滑行检测及再黏着控制（电控制动、空气制动控制）。
③ 电动空气压缩机的控制。
④ 紧急制动压力的控制。
⑤ 制动监控。
⑥ 监控器输出功能。

（2）制动控制装置的主要功能：
① 制动力切换功能。
② 打滑再次黏着功能（空气压力控制式）。
③ 对应负荷功能。
④ 耐雪制动控制功能。

⑤ 制动不足、不缓解检测功能。

⑥ 监视功能。

⑦ 故障信息保存功能。

⑧ 其他车辆制动输出功能（从动车向拖车的 EP 阀指令功能）。

（3）制动控制装置性能描述。

来自驾驶室的制动指令，通过中央装置、终端装置由光纤传送信号，对各车的载重信号和来自速度情报的制动力加以演算，并对电气制动力和空气制动力进行控制。与电气制动相协调，也采用负担一部分拖车制动力的滞后控制。

① 与传送终端装置的通信机能。

从终端装置接收常用制动指令等的信号，应答制动控制等的情报（状态数据）。

从终端装置接收空挡指令、车上检查用的模拟速度信号，以及使用在控制模拟速度、确认定置方面的各速度范围的制动特性。

把制动控制器内部的时钟与终端装置送来的日时情报进行对合。

② 监视机能。

制动控制器在检测故障时，把故障检测时点的 $-5.0 \sim +2.0$ 秒点（取样周期 100 ms）的内部控制状态进行储存。可以储存的最大件数为 5 件，从最初的故障到第 5 件的故障的显示数据在清除之前被保存。第 6 件以下用渐进方式，从旧的显示数据起顺序更新。但是，最老的数据（第 1 件）不更新。显示数据的清除，可以用制动控制器前面的开关进行操作。

（4）制动功能的实现。

图 8-2-10 为制动控制流程图。

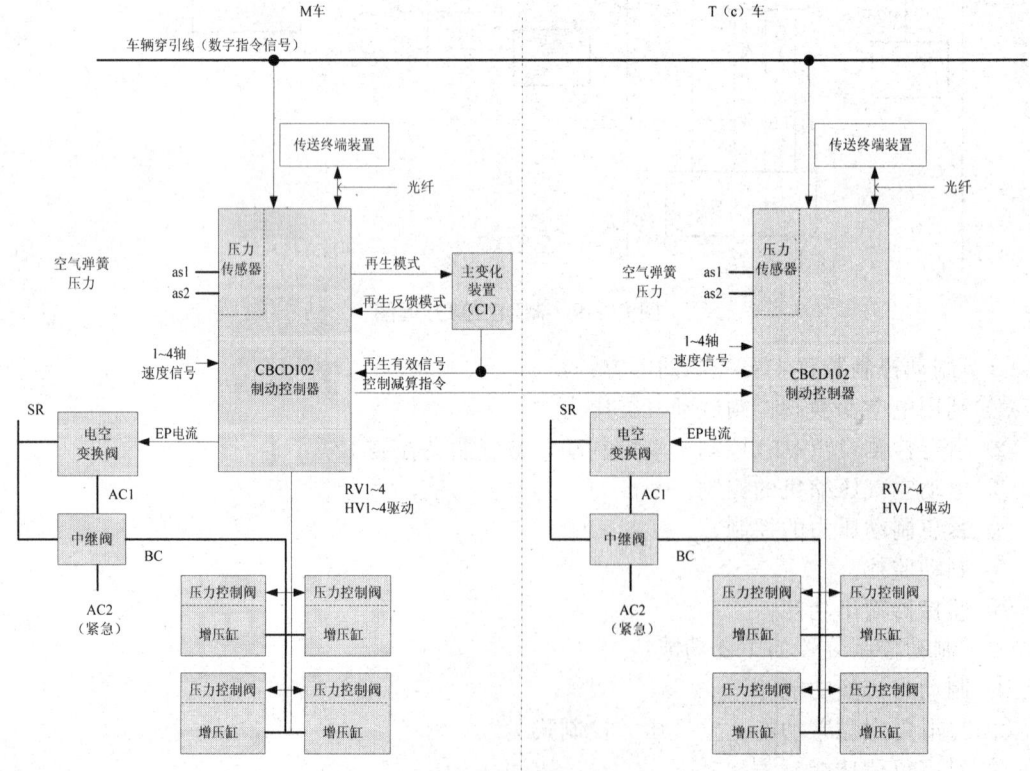

图 8-2-10　制动控制流程图

ATP 发出的制动指令通过列车信息控制系统的网络传送线及固定接线输入到制动控制装置中。

ATC 发出的制动指令及紧急制动指令是经由车辆的穿引线,根据数字输入来受信的。

光节点与制动控制装置之间的传送:

- 通过点对点连接进行的光纤 2 线式半双重传送。
- 轮询选择方式。
- 传送周期 10 ms。
- 适用光纤 H-PCF200/230。
- HDLC 方式 192 Kbps。

表 8-2-3 为光传送的制动控制指令项目一览表。

表 8-2-3　光传送的制动控制指令项目一览表

线编号	指令	光传送				用途等
		CI 传送	BCU 传送	中央接点	终端接点	
61～67	常用制动器		○		○（61 M） ○（A，B）	61 M 线接点信号用于胎面清扫装置（配电盘）；常用制动器 A，B 用于 BCU 传送的备用
157	耐雪制动器		○			
10	电制动	○				

4．辅助制动控制单元

辅助制动控制装置是为在指令系统机器上发生故障而失效,不能使用通常制动时所备用的设备。制动指令采用电气指令方式,辅助制动也采用以电压控制的电气指令方式。

该制动的目的是,即使 BCU 出现故障时,也能够使空气制动动作,以此让列车维持行驶,该制动系统在两先导车的辅助制动器模板发生器输出的模板电压的作用下进行。

辅助制动器模板发生器的电源使用辅助电源装置交流输出,对通过制动器设定器的变速段产生的模板电压进行切换。

使用辅助制动器时的操作:将通常处于「断开」状态的 SBN1（操纵台）与 SBN2（配电盘）切换到「接通」状态。

辅助制动装置投入 NFB（SBN1）的同时,先头车制动指令用辅助制动模式发生器（SBT）传输该模式电压,按驾驶台司机制动控制器的等级给引线加压。本装置预先调为使得各车用的辅助制动模式发生器（ASBT）,按照引线所受的电压能得到各车辆形式的制动力,且预先安排能发生相当于所需 BC 压力的 EP 阀电流。

在辅助制动模式发生器备有先头车指令用（SBT）及各车组件用（ASBT）的两种,只限于先头车才动作辅助制动功能,其结构如图 8-2-11 所示。

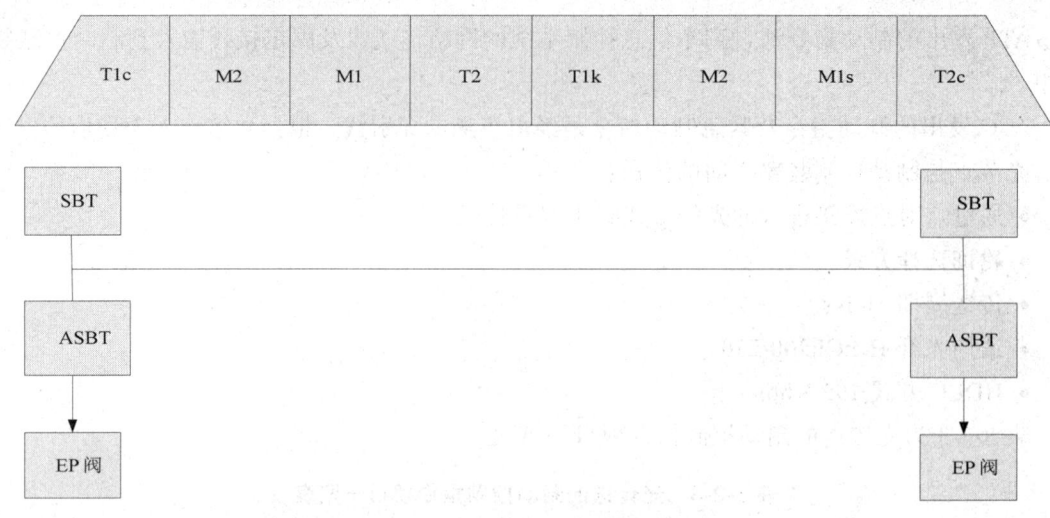

图 8-2-11 辅助制动装置结构

先头车指令用（SBT）及组件用（ASBT）的功能：
（1）先头车指令用（SBT）
在驾驶室机罩内设置，以变压器和电阻构成。使电源（AC100V）升压，用司机制动控制器来选择变压器二次面的分接抽头，选定适合于制动等级的制动模式电压而传输到各车辆。电阻器的作用是转换等级时，能发挥抑制变压器二次面分接抽头的短路电流功能。
（2）各车组件用（ASRT）
它收藏在分电箱内，由变压器和整流器等构成。在这里进行从驾驶台传输来的制动模式电压的降压、整流处理，且激磁各车制动控制装置内的 EP 阀，而使它发生 BC 压力。
使用辅助制动时，投入平时被开放的辅助制动断路器 SBN1（司机台）和 SBN2（配电盘）时，辅助制动继电器（SBNR）被励磁。在选择好的司机台使用制动设定器时，根据手柄位置，开始工作，从辅助制动模式产生器（司机台用）向贯穿线输出交流电压。辅助制动模式产生器（各车辆用）将贯穿线的电压变压、整流后，供给制动控制装置，直接控制 EP 阀。由此构成不经由车辆信息控制装置的制动控制路径。由于 SBNR 的接点变为打开状态、指令线变为非加压，再生制动不会发挥作用。

5．空调控制单元

空调的控制通过变频装置来进行，变频装置对温度传感器检测到的车内温度与空调设定温度进行比较，根据其结果进行空气调节。

空调显示设定器显示从车上监视装置（车辆信息控制装置）传输的内容，并向变频装置发出空气调节指令。同时，空调显示设定器还显示从变频装置传来的状态信息，并将信息传送到车上监视装置。也就是说，空调显示设定器起到了在车上监视装置与变频装置之间传输数据的作用。

进行与空调相关的各种设定时，可优先采用来自车上监视装置信息以及空调显示设定器本身设定的指令。

空调显示设定器在操作上有「一般模式」与「维修模式」两种。

两种模式的切换通过面板上的"维修模式"开关进行。

一般模式：由列车员操作，进行空调模式的设定与温度设定。

维修模式：由维修人员操作，通过 CH 与 DATA 显示读取各种信息。

图 8-2-12 为空调系统框图。

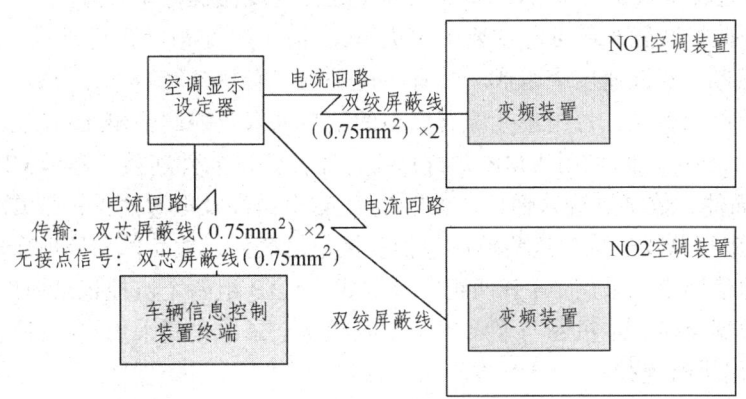

图 8-2-12　空调系统框图

6．其他网络接口设备

（1）辅助电源装置的连接。

在列车信息控制系统和辅助电源装置之间设置自诊断功能接口，由列车信息控制系统实施。

辅助电源装置的故障保护功能有如下保护检测项目：

① 输入过电流。

② 变流器过压。

③ 变流器过流。

④ 变流器过载。

⑤ 输出过压。

⑥ 输出低电压。

⑦ 检测接地。

⑧ 输出短路。

（2）与 ATP（列车超速防护系统）装置的接口。

车辆信息控制装置向 ATP 装置发出的数据（SDR）有：

① 时钟信息（年、月、日、时、分、秒）。

② 以设定点（如东京）为起点的绝对里程。

③ 记录部位的故障数据收集要求。

④ 车上试验要求。

ATP 装置向车辆信息控制装置发出的数据（SD）有：

① 画面显示用 ATC 信息。

② 状态信息：接收部（1 系、2 系）的信息。

③ 故障记录数据。
④ 车上试验结果、反应。

三、设备通信网络

CRH2 动车组设置采用一套 LKJ2000 型列车运行速度监视控制装置。

LKJ2000 型监控装置车载部分主要由主机箱、显示器、事故状态记录器（选件）、速度传感器、压力传感器、双针速度表组成。装置主机采用双套热备冗余工作方式，由 A、B 两组完全独立的控制单元组成，每组单元都有完整的信号输入及控制输出接口模块连接，单元内部各不带 CPU 的插件之间采用 VME 并行总线与监控记录插件连接，不带 CPU 的插件包括模拟量输入/出插件、数字量输入插件、数字量输入/出插件及电源插件；带 CPU 的插件之间采用 CAN 标准串行总线连接，这些模块包括监控记录插件、地面信息处理插件及通信插件。系统内部串行通信网络也采用 A、B 两组冗余方式。A、B 组两个监控记录插件之间采用同步通信方式进行数据交换。主机箱与显示器及事故状态记录器之间采用与主机箱内部网络相同的双路 CAN 网络进行连接。

1．LKJ2000 设备及接口

（1）装置的基本工作方式是将运行全程线路的参数事先存储于主机中，作为监控工作的依据，并能够与地面信息交换，采用车载或车载数据与地面信息相结合的控制模式。

（2）系统采用双机主从热备冗余方式（模块级冗余），当工作机出现故障的情况下，自动切换到热备机工作，当任意一个单元或通道出现故障时，自动启用备用单元或通道，大大提高了工作可靠性。

（3）采用先进的 32 位微处理器 MC68332 作为系统主 CPU，具有较高的执行速度、控制精度，较高的稳定性和很强的数据处理能力。

（4）采用控制器局域网（CAN）作为系统内部通信方式进行数据交换，CAN 总线器件本身具有 CRC 校验功能，具有强大的检错与容错的能力，使传输可靠性进一步提高。

（5）监控功能的制动模式限速曲线采用实时计算，并考虑客/货车制动机种类、线路坡度等因素对制动距离的影响，使制动距离尽量接近于实际。

（6）对故障导向的安全措施做了较多的考虑。对速度信息故障、机车信号信息故障、过绝缘节校正故障、通信故障等都有具体的处理。

（7）采用 10 英寸 TFT 高亮度液晶显示屏（也可选用数码显示器）作为显示界面，以图形方式预示前方的桥隧、坡道、曲线、车站、道岔、线路限速、优化操纵曲线的情况，使装置与司机之间更好地交换信息。

（8）具备大容量 IC 卡读写功能，能够解决对列车员的参数输入、临时限速的控制以及大交路、大轮乘文件转储困难等问题。

（9）具备列车事故状态记录器（黑匣子），可以详细记录事故前 30 min 的内容，结构合理，不易损坏。

（10）采用 6U 标准插件及机箱结构，具有灵活、维修方便等优点。

（11）系统电磁兼容性满足 IEC61000 标准三级要求，抗干扰能力强，工作可靠性高。

（12）通信接口。

① 与转储器通信接口：符合 RS-232 规范。
② 与显示器通信接口：双路 CAN 通信。
③ 与 IC 卡通信接口：符合 RS-485 规范。
④ 与事故状态记录器接口：双路 CAN 通信。

2．LKJ 主要功能

（1）监控功能：
① 防止列车越过关闭的地面信号机。
② 防止列车超过线路（或道岔）允许速度及机车、车辆允许的构造速度。
③ 防止机车以高于规定的限制速度进行调车作业。
④ 在列车停车情况下，防止列车溜逸。
⑤ 可按列车运行提示要求控制列车不超过临时限速。

（2）记录功能：
① 开、关机时相关参数记录。
② 列车员输入参数（或 IC 卡输入）记录。
③ 运行参数记录。
④ 事故状态记录。
⑤ 插件故障记录。

（3）显示功能（以数字或图形方式显示）：
① 显示列车运行的实际速度及限制速度（或目标速度）。
② 显示距前方信号机距离及前方信号机种类。
③ 显示运行线路状况。
④ 显示机车优化操纵曲线。
⑤ 其他运行参数的显示。

（4）地面分析功能：

将车载记录的列车运行数据经过翻译、整理，以直观的全程记录、运行曲线、各种报表等形式再现列车运行全过程，为机务的现代化管理及事故分析提供强有力的工具。

3．LKJ 系统通信网络 CAN

采用控制器局域网（CAN）作为系统内部通信网络，所有带 CPU 的模块通过双路 CAN 总线进行数据交换（不带 CPU 的模块通过 VME 并行总线进行数据交换）。CAN 标准总线以其独特的物理层规范和数据链路层协议使通信可以在相当高的传输速率下进行（最高通信速率为 1 Mbps），并达到相当远的传输距离（最长传输距离可达 10 km）。特别是其多主数据传输方式使得系统内数据交换更为有效。CAN 总线强大的检错及容错能力加上其短帧数据结构使数据传输可靠性进一步提高。因此，系统内各模块之间可以进行大量、快速的数据传输，从而提高了控制与显示的实时性以及数据记录的准确性。

系统内部 CAN 串行通信网络也采用 A、B 组冗余方式工作。A、B 两组总线同时进行发送和接收，复位时系统以 CANA 为主，当 CANA 出现故障时自动切换至以 CANB 为主。图 8-2-13 所示为系统双机结构。

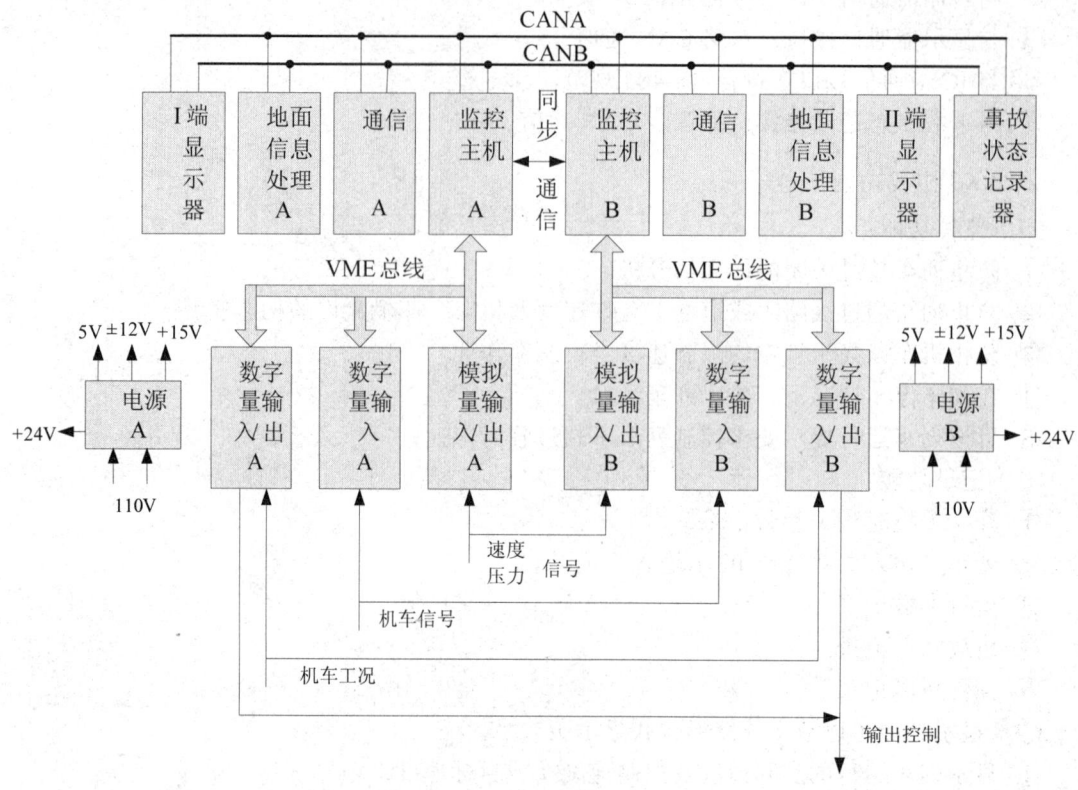

图 8-2-13 系统双机结构

带 CPU 的模块通过 CAN 网络与主机模块交换数据，而不带 CPU 的模块通过 VME 并行总线与主机模块连接。主机与备机之间的数据交换是通过同步通信实现的。

插件产生的绝缘节信号供监控记录插件校正距离测量误差，绝缘节信息通过电平方式输出至监控记录插件，也可通过 CAN 通信网络传输。

4．其 他

机车信号信息可来自 SJ93、SJ94 通用式机车信号装置，也可通过 RS485/RS422 串行通信方式获取。

通信插件的各种对外串行通信接口包括：2 路 RS485 接口、1 路 RS422 接口及 1 路 20 mA 电流环或 RS485 接口。其中 1 路 RS485 通信接口用于与 TAX2 综合信息监测装置通信；1 路 RS485 通信接口用于与主体化机车信号通信；1 路 RS422 接口用于与 ATP 通信；1 路 20 mA 电流环用于与 CRH2 机车通信，与其他机车采用 RS485 接口。插件与其他插件通过内部 CAN 网络交换数据。

扩展通信插件是通信插件对外串行通信接口的扩充，通信接口包括：1 路 RS485 接口、1 路 RS422 接口及 1 路外部 CAN 通信接口。其中 1 路外部 CAN 通信接口用于与 TSC1 机车运行监测数据无线传输装置主机通信；1 路 RS485 通信接口用于与 TMIS 通信；1 路 RS422 接口目前预留。

通过 RS485/422 接口与微机柜进行通信，并通过双口 RAM 与上位机 80486 主板 CPU 进行信息交换。

屏幕显示器对外通过 CAN 或者 485 总线和监控主机通信。

5．旅客信息网络设备及接口

旅客信息系统具有乘客引导和旅行信息服务功能。其内容包括列车车次、到达站、时刻表、车辆编号、运行速度和车内外温度信息。

本系统利用车顶上的天线接收 FM/AM 播放的电波［频带为 87～108 MHz（FM）、522～1 610 kHz（AM）］，并将其输送给播音系统供车内广播使用。

各车辆的外部两侧设置目的地显示器，用以显示终点站、列车车次等乘客引导信息。

车内旅客信息显示器所显示的内容（停车站点向导、新闻、宣传等）在地面基地进行编辑后，存储到 IC 卡中，通过附属于司机台信息显示器的 IC 卡读出器，输入到列车信息控制装置中。

信息包括：

① 车号信息显示器发出的显示信息指令。
② 向自动广播装置传送广播定时信息。
③ 解联时的其他编组广播切换输出。
④ 通过无线装置接收的 PR 文字、紧急文字的显示。
⑤ 服务器控制（空调、室内灯、广播节目）及状态显示。

任务三　CRH2 动车组网络系统信息显示与操作

CRH2 动车组在头、尾车司机室内各有两台显示器（一台作为主显示器，一台作为备用），能实时显示车辆运行过程中的相关数据以及记录相应的运行数据；同时在列车 7 号车厢的列车员室内也有一台显示器。司乘人员可通过触摸显示器，来实现控制指令的传送、了解车辆实时运行状态；地面检修人员也可通过对触摸显示器的操作，实现车上的检查功能，使检查自动化；通过对车载显示器的操作，可以调阅实时故障和部分故障履历，并指导故障的处理。

两种显示器（设置在司机室或列车员室）分别针对司机和列车员的职能设置了不同的权限，头尾车的 4 台显示器能查询显示车辆上各种状态的信息并执行司机部分操作命令，列车员室的显示器只能显示和执行乘务人员相关信息。但运行中出现故障时，各台显示器都能同步显示故障及相应的处理方案。

一、CRH2 网络信息显示系统的主要功能

1．司机指令通过界面传输

通过界面传输司机的控制指令，实现牵引和制动的指令系统信息的串行传输。

2. 设备的切除、复位功能

（1）可以向牵引变流器、辅助电源装置以及配电盘传送复位指令。
（2）设备远程切除指令的传送（门、灯等）。
（3）辅助绕组电源感应电路的控制。
（4）三相 AC 400 V 电源感应电路的控制（BKK 远程断开及闭合操作）。

3. 空调控制

空调温度控制器的开启/复位以及温度和工作模式的设定。

4. 司乘人员提示功能

（1）发生故障时自动显示故障名称、部位以及应急处理办法，并鸣响蜂鸣器。
（2）通过 IC 卡输入并显示担当区段、车次、时刻表 站名等信息。
（3）显示应急故障处理手册。
（4）显示两列编组重联状态及连挂信息。
（5）显示最新故障信息。

5. 服务设备控制功能

（1）控制车内信息显示器、目的地显示器显示内容。
（2）控制车号显示器显示内容。
（3）向自动播放装置传送播音时间信息。
（4）向广播服务装置传送千米里程信息。
（5）解编时关闭其他编组广播输出。
（6）服务设备（空调、室内灯、广播）的控制及状态显示。

6. 数据记录功能

（1）故障时记录设备动作信息。
（2）主故障发生时记录状态。
（3）累计走行距离及牵引/再生电力。
（4）正式运营或试运行中收集车辆性能、项目选择、空调运转率、空调运行状态等信息。

7. 车上试验功能

通过此功能可以实现判断相关设备工作是否正常，比如牵引变流器、APU、车门等的状态试验。

8. 自我诊断功能

确保本设备自身的正确可靠。

二、CRH2 网络信息系统显示模式及硬件切换方法

列车驾驶台显示分为一般、检修和诊断 3 个模式，通过信息网络系统中央装置的模式切换开关（副驾驶座椅背后的配电盘内）进行 3 种模式之间的转换。

1．一般模式：共 59 项

一般模式是司乘人员在动车组运行中使用的操作模式，分为司机模式、列车员模式和记录模式。一般模式下可以实现：运行里程的检测、车辆检查信息的显示（变流器、受电弓状态、VCB 的状态等）、监视器信息的修改和输入、运行状态的显示（列车号、各单元状态等）、安全装置动作状态、编组形式、空调的控制、室内照明广播等的控制、发生故障时的状态记录、故障的实时显示及处理指南、电力累计、运行或试运行中车辆性能信息的收集等多项功能。

（1）司机模式：在司机模式下，可以查看列车行驶状态、车辆信息、出库信息、制动信息、电源电压、配电盘信息、车门状态及车次设定等 38 项功能。

（2）列车员模式：在列车员模式下，可以查看车门信息、空调状态、实现对服务设施、广告显示、空调模式等项目的设定等 21 项功能。

（3）记录模式：在记录模式下，可以实现动车组正常运行及试运行信息的记录下载等 3 项功能。

2．检修模式：共 42 项

检修模式是在动车组入库或在检修基地检修时所使用的模式。主要有下列功能：

（1）实现动车组主变流器、总风管压力、常用和非常用制动试验、辅助制动试验、加压和非加压辅助电源检查以及车门开关的测试，并对检查试验的信息进行记录和存储。

（2）设定车轮直径、编组信息、车号车次、停车站等项目。

（3）查询主故障记录信息。

（4）读取和写入 IC 卡信息。

（5）设定模拟故障。

3．诊断模式：共 37 项

在诊断模式下，可以实现对信息网络系统自身设备的诊断以及对传送网络的诊断。

4．模式的硬件切换

MON 中央装置配置及不同模式的硬件切换方法如图 8-3-1、8-3-2 所示。

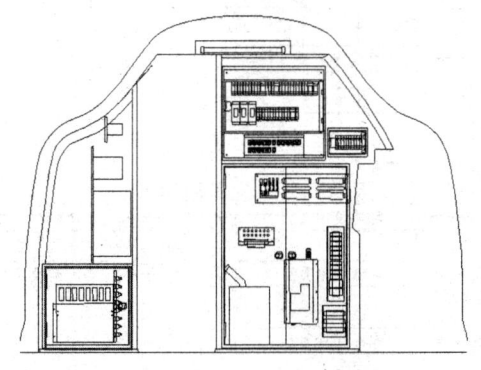

图 8-3-1　MON 中央装置配置

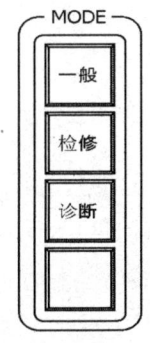

图 8-3-2　模式切换 SW

三、一般模式下信息显示器页面转换关系

1. 司机模式页面转换关系（见图8-3-3）

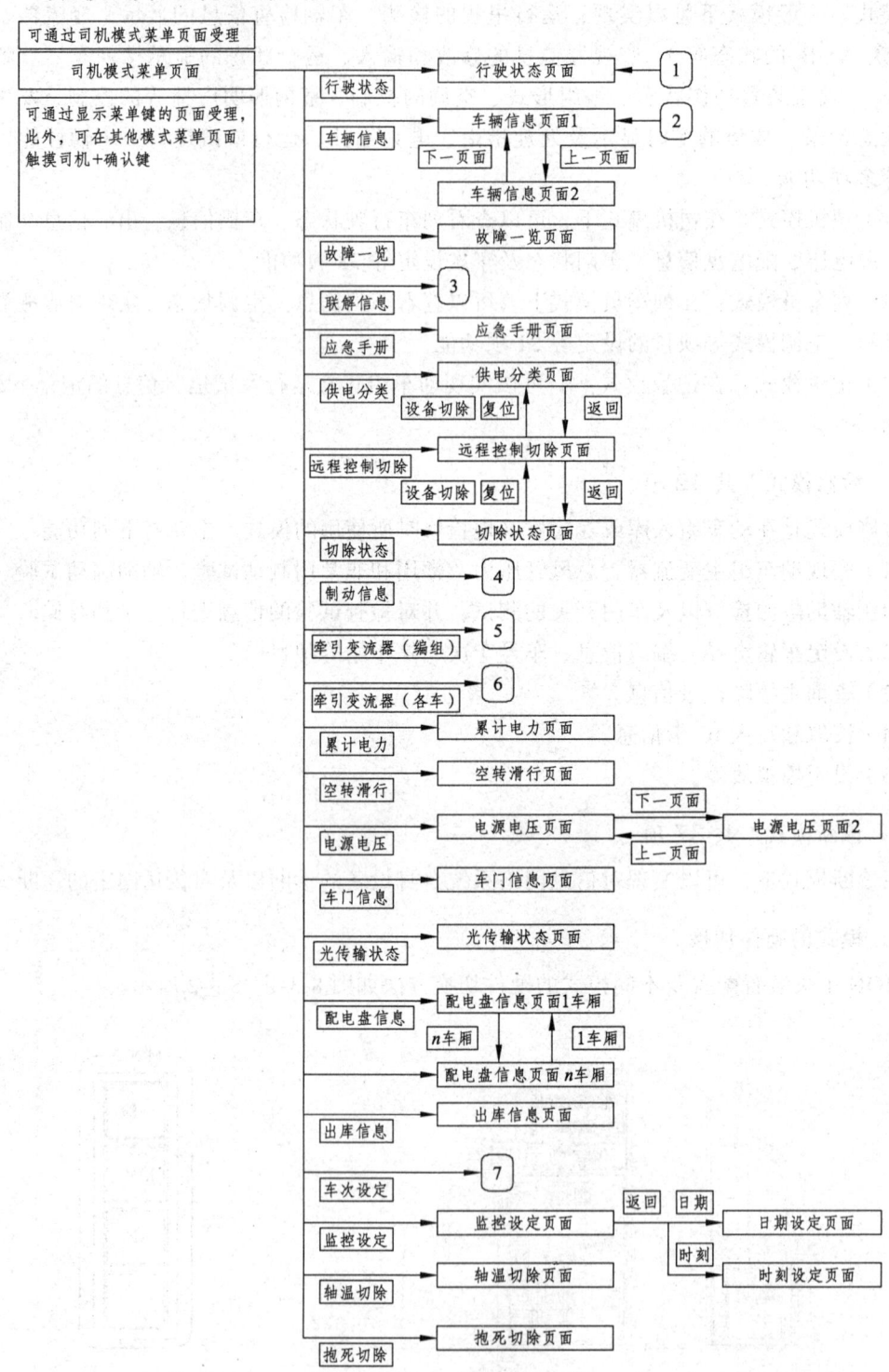

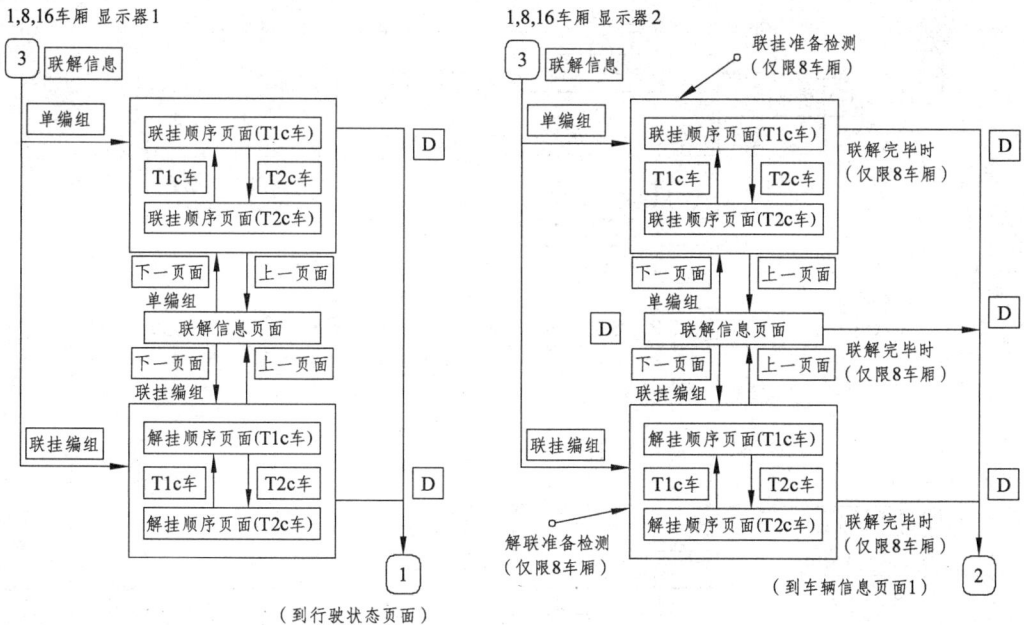

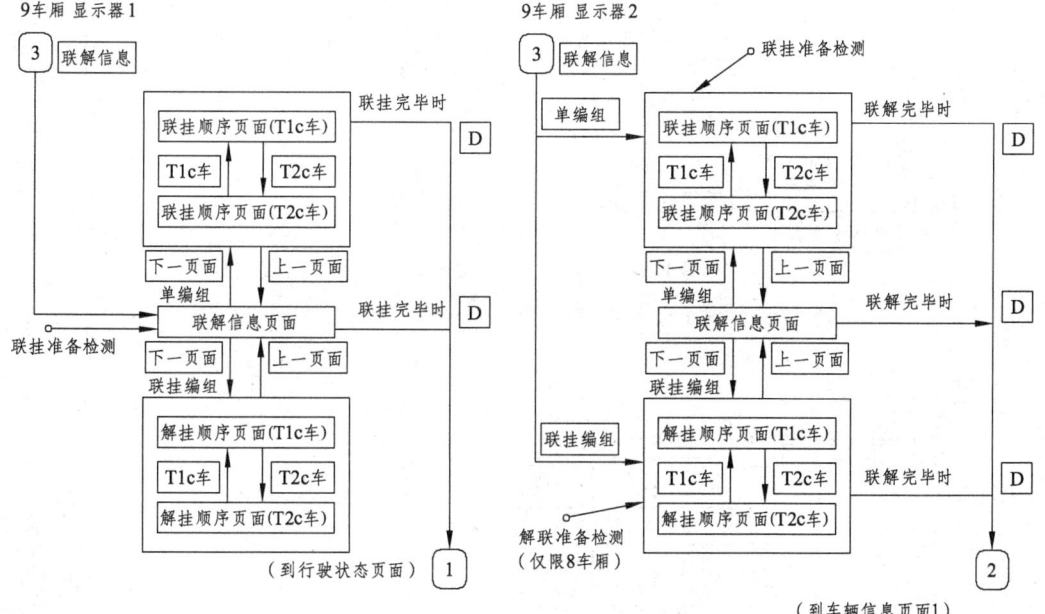

注1：在解联试验SW置于"合"的情况下，向联挂顺序页面转移时，应全部转移至解联顺序页面
注2：如果正在显示挂联顺序页面的过程中解联试验变成"合"时，则会自动地转移至解联顺序页面。（8，16车厢的显示器除外）

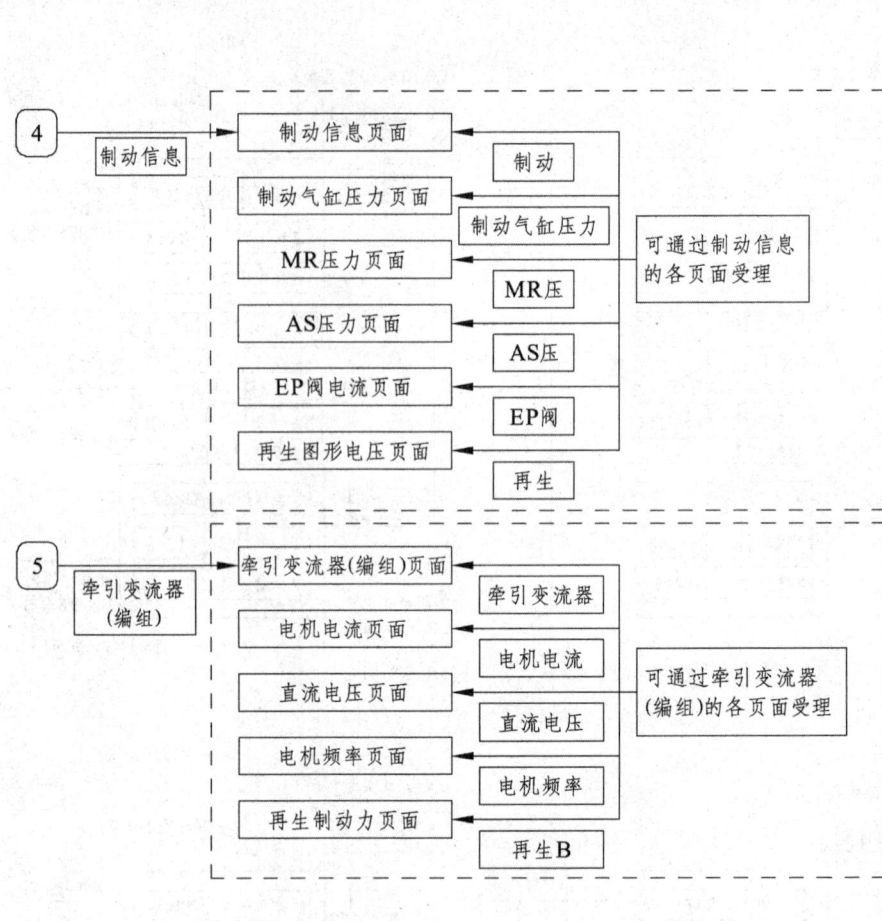
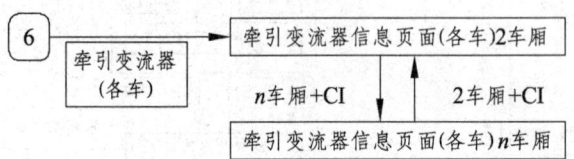
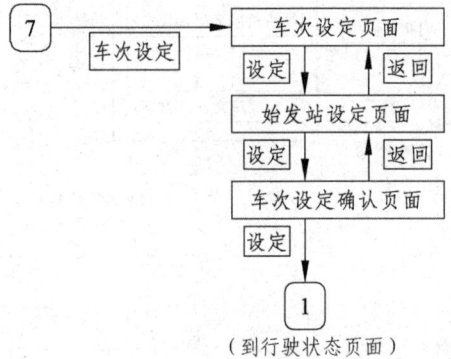

图 8-3-3　司机模式页面转换关系

2．列车员模式页面转换关系（见图 8-3-4）

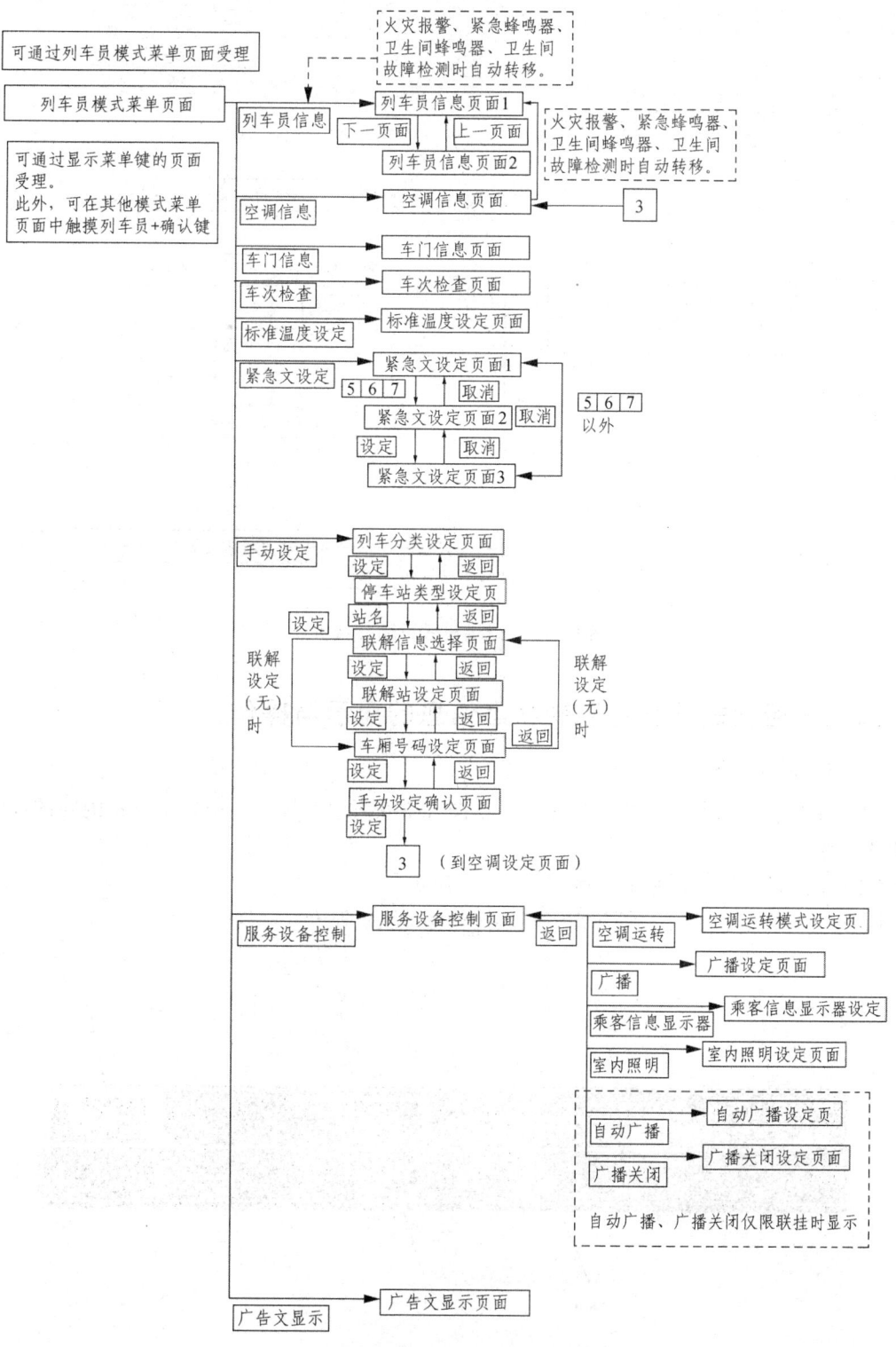

图 8-3-4　列车员模式页面转换关系

3. 记录模式页面转换关系（见图 8-3-5）

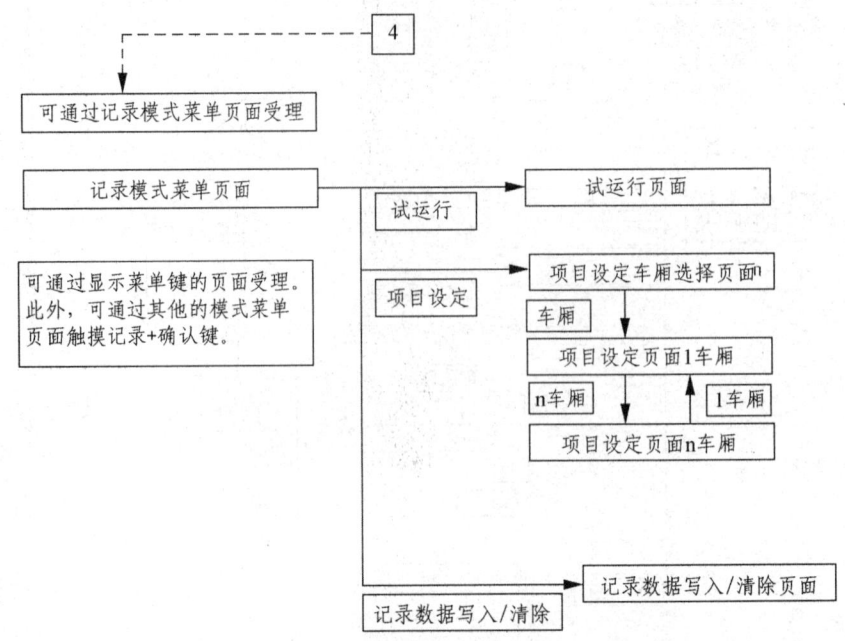

图 8-3-5 记录模式页面转换关系

四、一般模式下设备控制状态信息的显示与操作

1. 主页面公共说明

（1）标题栏。主页面公共部分标题栏如图 8-3-6 所示，标题栏中各项显示内容的说明如表 8-3-1 所示。

（2）信息显示区。信息显示区如图 8-3-7 所示。

（3）列车状态显示区。列车状态显示区如图 8-3-8 所示。

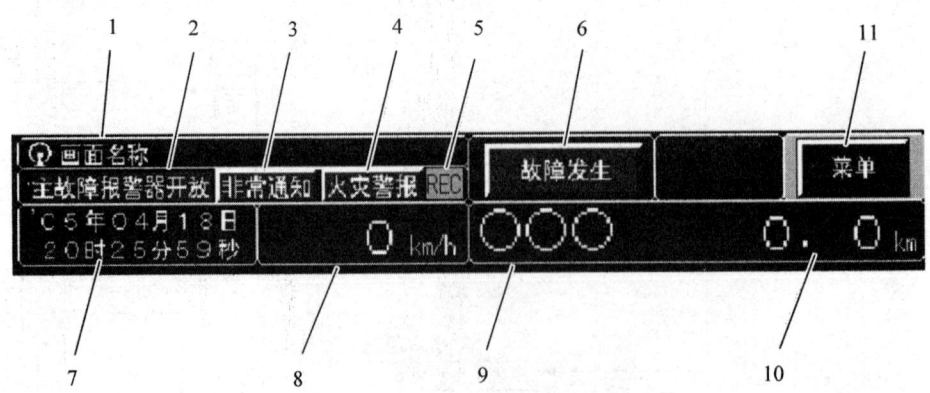

图 8-3-6 主页面公共部分标题栏

项目八 动车组网络的应用与检修

表 8-3-1 主页面公共部分标题栏项目说明

号码	名 称	说 明	备 注
1	页面标题	显示页面名称	通常显示
2	主故障蜂鸣器切除	显示主故障蜂鸣器正在切除	
3	紧急报警键	紧急报警发生时显示	报警状态页面,以突出闪烁显示
4	火灾报警键	火灾报警发生时显示	报警状态页面,以突出闪烁显示
5	REC	显示正在进行调试记录	
6	故障发生键	显示故障发生	在故障信息画面上无显示
7	当前日期、时刻	显示当前日期、时刻	
8	当前速度	显示当前速度	
9	线路	显示当前线路	仅限于设定列车编号时显示
10	千米数	显示当前的千米数	仅限于设定列车编号时显示
11	菜单键	用来跳转到各模式的菜单画面	

图 8-3-7 信息显示区示意图

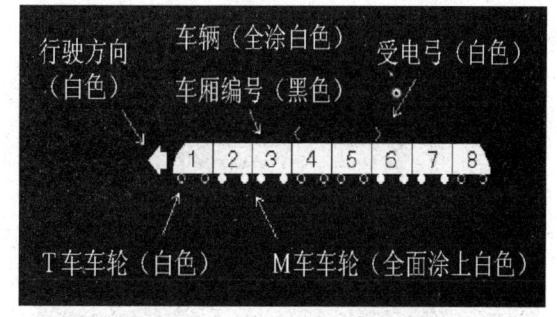

图 8-3-8 列车状态显示区示意图

2. 初始页面与模式选择

1)初始选择页面

在车载信息系统电源接通并且开始传输之后,监视屏显示初始选择页面。进入初始页面后,显示器显示司机、列车员、记录 3 个选项。直接触摸屏幕上 3 个选项对应区域,即可选择 3 种显示方式中的一种。未选中区域显示蓝底白字,选中区域显示绿底黑字。初始选择页面如图 8-3-9 所示。

2)页面选择

(1)模式选择键在正常情况下文字以白色显示,背景以蓝色显示,如:司 机。触按相应选择键时,被选中的文字以黑色显示,背景以绿色显示,如:司 机。

(2)触按司 机键切换至"司机模式"页面。

"司机模式"页面如图 8-3-10 所示。

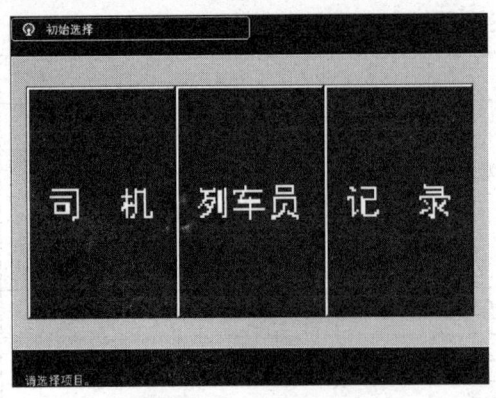

图 8-3-9 初始选择页面

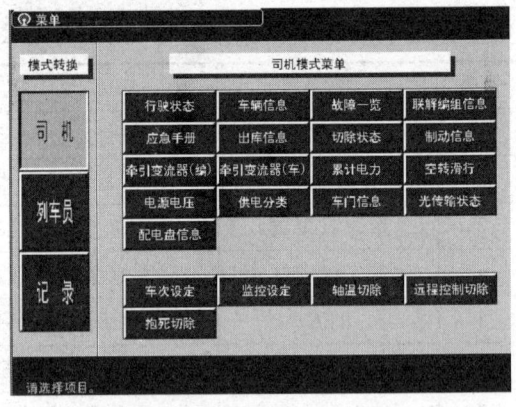

图 8-3-10 "司机模式"页面

③ 触按 列车员 键切换至"列车员模式"页面。
"列车员模式"页面如图 8-3-11 所示。

④ 触按 记 录 键切换至"记录模式"页面。
"记录模式"页面如图 8-3-12 所示。

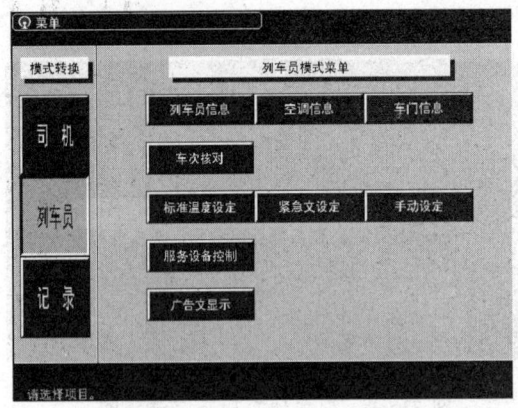

图 8-3-11 "列车员模式"页面

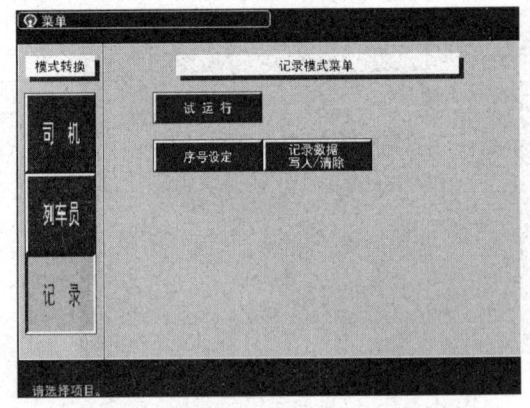

图 8-3-12 "记录模式"页面

3. "司机模式"菜单项目说明及操作

司机模式菜单说明如表 8-3-2 所示。

表 8-3-2 "司机模式"菜单项目说明

页面名称	说　　明	备　注
司机模式菜单页面	选择司机模式的各页面，以及其他模式的选择	
行驶状态页面	显示司机必需的行驶信息（牵引手柄级位、制动级位、车门、单元、牵引/再生工况等）	
车辆信息页面	第 1 页面显示引发紧急制动的原因及主要设备有无故障 第 2 页面显示 CMP、EGS、无电压、MR 压力的动作信息	
故障一览页面	最多显示 20 件最新的故障记录	
应急手册页面	针对具体事故显示应急指导	

续表

页面名称	说　　明	备　注
出库信息页面	显示各设备是否接通电源、有无异常	
切除状态页面	显示受电弓切除、VCB切除、M车切除、压缩机切除、紧急隔离、门状态切除等信息	
制动信息页面	以数字模式显示各压力（制动缸压力、AS压力、MR压力、EP阀电流、再生）的状态	
制动信号页面	以矩形图以及数字模式显示各车厢的制动缸压力	子菜单
AS压力页面	以矩形图以及数字模式显示各车厢的AS压力	子菜单
MR压力页面	以矩形图以及数字模式显示各车厢的MR压力	子菜单
EP阀电流页面	以矩形图以及数字模式显示各车厢的EP阀电流	子菜单
再生制动力页面	以矩形图以及数字模式显示各车厢的牵引变流器再生制动电压	子菜单
牵引变流器信息（编组）页面	以数字模式显示各牵引变流器的电机电流、直流电压、电机频率、再生制动力的状态。此外，通过触按键操作可以显示以上参数相关信息的矩形图页面	
电机电流页面	以矩形图以及数字模式显示各牵引变流器的牵引电机电流的指令值和测试值	子菜单
直流电压页面	以矩形图以及数字模式显示各牵引变流器的直流电压的指令值和测试值	子菜单
电机频率页面	以矩形图以及数字模式显示各牵引变流器的牵引电机转子转速的指令值和测试值	子菜单
再生制动页面	以矩形图以及数字模式显示各牵引变流器的再生制动力	子菜单
牵引变流器信息（各车）页面	显示各车牵引变流器的工作状态	
累计电力页面	以数字模式显示各牵引变流器的累计开始日期、牵引电量、再生电量、总消耗电量、累计行车距离	
空转滑行页面	显示各车空转、滑行的出现次数	
电源电压页面	显示三相电压、AC 400 V、AC 100 V（恒压）、蓄电池电压的状况	
供电分类页面	显示AC 400 V、DC 100 V、AC 220 V、AC 100 V、AC 100 V（恒压）等各电压的供电范围	
车门信息页面	显示各车的车门信息	
光传输状态信息	显示光传输路径状态	
配电盘信息页面	显示各车厢的配电盘信息。此外，触按车厢号码键后可以显示被指定车厢的配电盘信息	
车次设定页面	司乘人员手动设定车次	
始发站选择页面	在车次设定页面设定好车次后，设定始发站	子菜单

续表

页面名称	说　　明	备　注
车次设定确认	对已设定的车次、始发站内容进行确认	子菜单
监控信息设定页面	选择设定项目（日期、时刻）	
日期设定页面	设定日期	子菜单
时刻设定页面	设定时刻	子菜单
轴温切除页面	设定轴温切除操作	
远程控制切除页面	设定远程控制切除操作	
抱死切除页面	设定抱死切除操作	
联解操作页面	显示连挂时的状态	
连挂程序页面	显示连挂时的程序	
解联程序页面	显示解联时的程序	
故障信息页面（司机）	显示故障发生时的故障信息（故障内容、保护措施、处理措施、注意）	自动弹出
故障发生页面（司机）	发生故障时，无论处在哪个页面都会在该页面的下方瞬间显示故障信息（故障内容、保护）	自动弹出
通知状态页面（司机）	发生紧急报警时、或发生火灾报警时，显示紧急报警状态和火灾报警状态	自动弹出

"司机模式"菜单操作说明：

① 通过触按"司机模式"页面中显示的各功能键，可进入所指定的页面显示功能。

② 远程控制切除键仅在装入了主控制器的驾驶室的显示器 1、显示器 2 中显示。在其他显示器中打开远程控制切除页面时，则显示"其他页面远程控制页面显示中"，页面不会切换。

③ 车次设定键仅在装入了主控制器的驾驶室、或两驾驶室主控制器未装入时的显示器 1、显示器 2 中显示。

④ 触按故障一览键时，如果一起故障也没有，则显示"无故障记录"，页面不会切换。

"司机模式"菜单下详细操作如下：

1）司机方式行驶状态页面

（1）页面切换操作。

在司机方式菜单页面中触摸行驶状态键后，或者在车次设定页面进行车次设定时，即可显示行驶状态页面，图 8-3-13 为司机方式时的行驶状态页面。

（2）显示内容。

① 牵引制动级位显示。牵引级：P1~P10　OFF；制动级：B1~B7；紧急制动：紧急；恒速：恒速时显示。

② 制动。以 UB（紧急）→EB（非常）→NB（常用）→TB（耐雪）的顺序显示。（依据优先顺序从前向后显示）

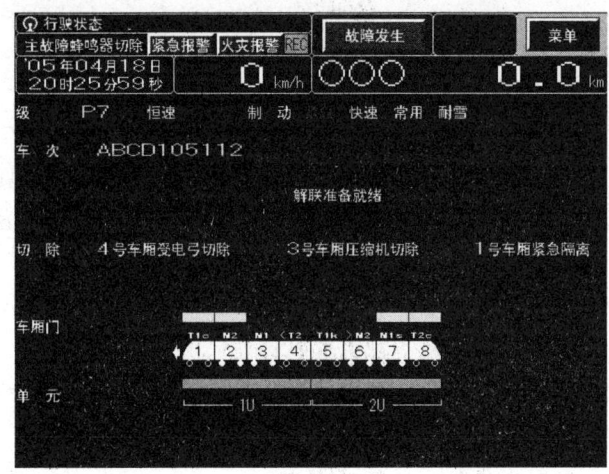

图 8-3-13　司机方式行驶状态页面

③ 车次。显示通过相关调度选择的车次。车次符号中，期中前 4 位为英文文字，后 6 位为数字文字（例如：ABCD105112）。

④ 解联准备就绪。分编准备完毕时显示。

⑤ 切除。切除设备按如下顺序排列（优先顺序排列）：×车厢受电弓切除；×车厢 VCB 切除；×车厢 M 车切除；×车厢压缩机切除等。若无设备切除，将无"切除"设备显示。

⑥ 车厢门。黄色表示开；无显示表示闭。

⑦ 单元。红色表示有故障；绿色表示无故障；不显示表示情况不明。

⑧ 牵引/再生。通过来自主变换装置的传输数据，在 M 车单位中以色彩进行牵引/再生时的显示。牵引时为绿色，再生时为黄色，平时不显示。

⑨ 打滑/空转。车辆的车轮处于打滑、空转时，色彩变为紫色（全面涂抹）。

⑩ 车型。在车辆上显示车型（如 T1c、M2 等）。

2）车辆信息页面

车辆信息页面由多个页面组成，车辆信息第一页面如图 8-3-14 所示，车辆信息第二页面如图 8-3-15 所示。

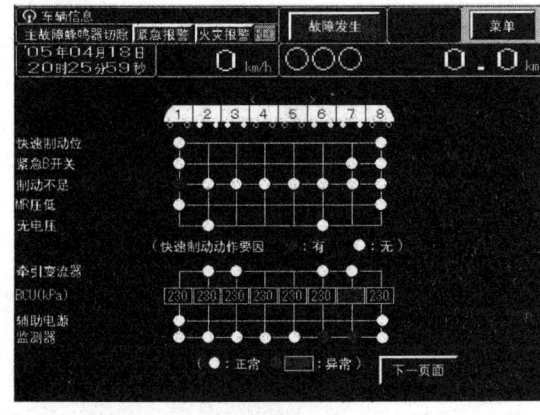

图 8-3-14　车辆信息第一页面

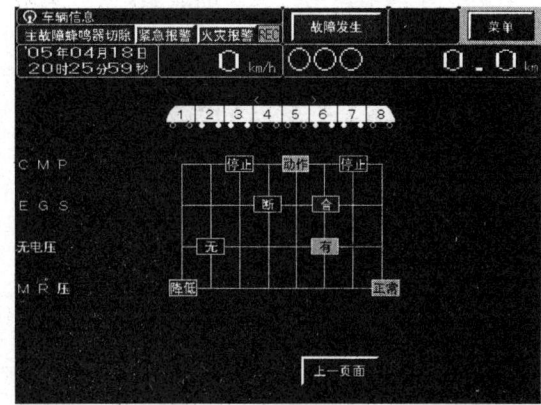

图 8-3-15　车辆信息第二页面

(1)页面切换操作。

① 在初始选择页面中触摸 司机 键后,转移至车辆信息第一页面。

② 在司机方式菜单页面中触摸 车辆信息 键后,转移至车辆信息第一页面。

③ 在车辆信息页面中触摸 下一页面 键后,转移至车辆信息第二页面,触摸 上一页面 键后,转移至车辆信息第一页面。

(2)车辆信息第一页面的显示内容。

① 车辆信息第一页面中显示:引发快速制动、紧急制动的原因,以及重要设备有无故障。车辆信息第二页面中显示:各设备的工作状态。

② 引发快速制动、紧急制动的主要原因。

(a)快速制动位置:制动控制器处于快速制动位。

(b)紧急 B 开关:根据紧急制动器牵拉动作。

(c)制动不足:根据制动器制动力不足动作。

(d)MR 压降低:根据 MRrAPS。

(f)无电压:根据 NVR 的状态显示。

以上各项中:若无该原因,则显示"○";若有该原因,则显示"●"。

③ 主要设备有无故障。

(a)牵引变流器:显示主变换装置有无故障。

正常时显示"○";异常时显示"●"。

(b)BCU:显示制动控制装置有无故障。

正常情况下显示 BC 压力,显示范围为 0~780 kPa,分辨率为 10 kPa。

异常情况下显示"0 0 0"。

(c)辅助电源:显示辅助电源装置有无故障。

正常情况下显示"○";异常情况下显示"0 0 0"。

(d)监测器:显示监控器的工作状态。

正常情况下显示"○";异常情况下显示"0 0 0"。

(3)车辆信息第二页面的显示内容。

各设备的工作状态:

(a)CMP:根据压缩机的工作状态显示。

压缩机停止时,显示"停 止";压缩机开启时,显示"动 作"。

(b)EGS:根据 EGS 的状态显示。

EGS 断开时,显示"0 断 0";EGS 闭合时,显示"0 合 0"。

(c)无电压:根据 NVR 的状态显示。

NVR 无时,显示"0 无 0";NVR 有时,显示"0 有 0"。

(d)MR 压力:根据 MRrAPS 的状态显示。

MRrAPS 正常时,显示"正 常";

MRrAPS 降低时,显示"降 低"。

3）故障一览页面

故障一览页面如图 8-3-16 所示。

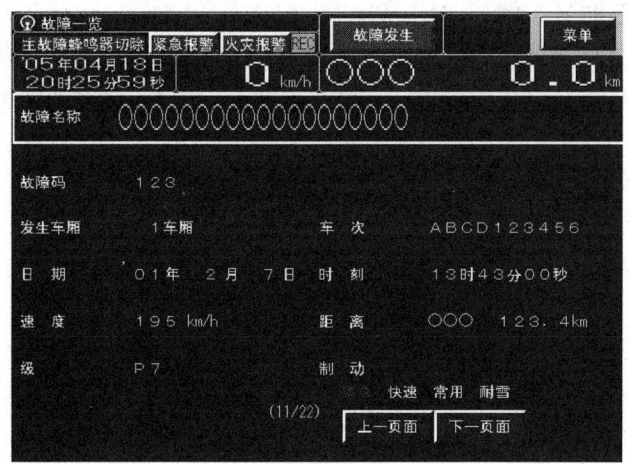

图 8-3-16　故障一览页面

（1）页面切换操作。

① 在司机方式菜单页面中触摸故障一览键后，转移至故障一览页面。

② 故障一览页面最多显示 20 起最新的故障记录，通过触摸上一页面、下一页面键，显示上一页或下一页故障数据。

（2）显示内容。

① 故障名称：故障的名称。

② 故障码：以代码显示，例如"123"。

③ 发生车厢：故障发生的车厢。例如"1 车厢"。

④ 日期：故障发生的日期。例如"08 年 2 月 7 日"。

⑤ 时刻：故障发生的时刻。例如"13 时 43 分 00 秒"。

⑥ 速度：故障发生时的速度。例如"195 km/h"。

⑦ 距离：故障发生里程。例如"000　123.4 km"。

⑧ 车次、级、制动：故障发生时的各状态内容与行驶状态页面相同。

⑨ 页号码：有关故障信息的页码号（分子/分母）。

4）出库信息页面

出库信息页面如图 8-3-17 所示。

（1）页面切换操作。

① 在司机方式菜单页面中触摸出库信息键后，转移至出库信息页面。

② 异常项目为 9 个或 9 个以上时将会有多个页面，通过触摸上一页面、下一页面键，显示上一页或下一页异常项目。

（2）显示内容。

① 检查结果：根据列车中各车厢的情况显示检查结果。

该车厢正常时显示为"○"；该车厢异常时显示为"●"。

② 出库检查结果：根据全列车的情况显示检查结果。

全列车各车厢均正常时，显示为"○"；

全列车有一节或一节以上车厢异常时，显示为"●"。

③ 车厢：显示车厢号。例如"1"。

④ 故障码：为 3 位数字代码。例如"301"。

⑤ 异常名称：显示对应故障码的故障名称，可显示 20 个文字。

5）切除状态页面

切除状态页面如图 8-3-18 所示。

（1）页面切换操作。

在司机方式菜单页面触摸切除状态键后，转移至切除状态页面。

（2）显示内容。

进行下述设备的切除状态显示：

受电弓切除、VCB 切除、M 车切除、压缩机切除、紧急隔离、门状态切除

以上设备切除时显示"●"；恢复正常时显示"○"。

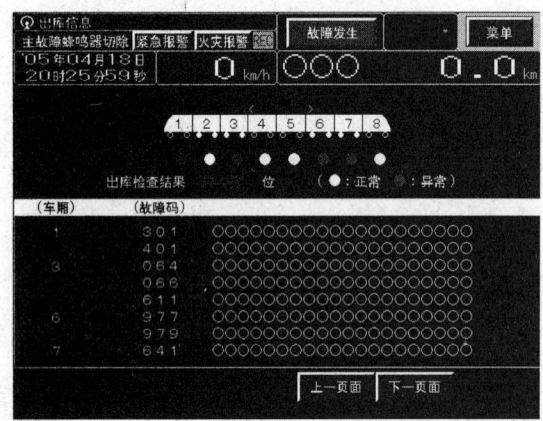

图 8-3-17　出库信息页面

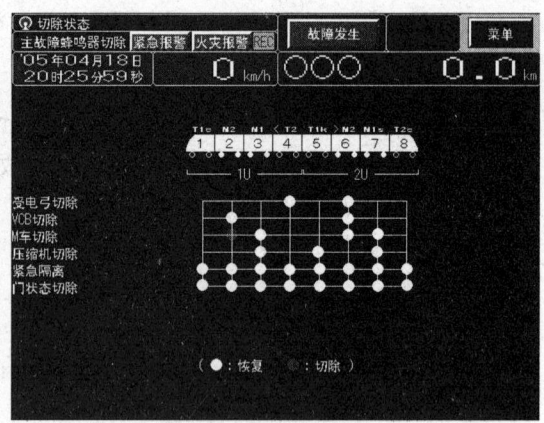

图 8-3-18　切除状态页面

6）制动信息页面

制动信息页面如图 8-3-19 所示。

制动信息由以下页面组成：制动信息、制动气缸压力、AS 压力、MR 压力、EP 阀、再生。

（1）页面切换操作。

① 在司机方式菜单中触摸制动信息键后，转移至制动信息页面。

② 在制动气缸压力页面、AS 压力页面、MR 压力页面、EP 阀页面、再生页面等各页面中，触摸制动键后，将转移至制动信息页面。

③ 在制动信息页面中触摸制动气缸压力、AS 压力、MR 压力、EP 阀、再生等键，将会转移至相应的制动气缸压力页面、AS 压力页面、MR 压力页面、EP 阀页面、再生页面等的矩形图页面。

（2）制动信息页面显示内容。

① 级、恒速、制动：参照行驶状态页面。

② 制动气缸压力：显示范围 0～780 kPa，分辨率 10 kPa。

③ AS 压力：显示范围 0～780 kPa，分辨率 10 kPa。

④ MR 压力：显示范围 0～1 000 kPa，分辨率 10 kPa。

⑤ EP 阀：显示范围 0～700 mA，分辨率 1 mA。

⑥ 再生 BCU：显示范围 0～20.4 V，分辨率 0.1 V。

⑦ 再生 CI：显示范围 0～15.3 V，分辨率 0.1 V。

其他制动信息页面参见相关资料，图 8-3-20 显示了制动气缸压力页面，其含义不再赘述。

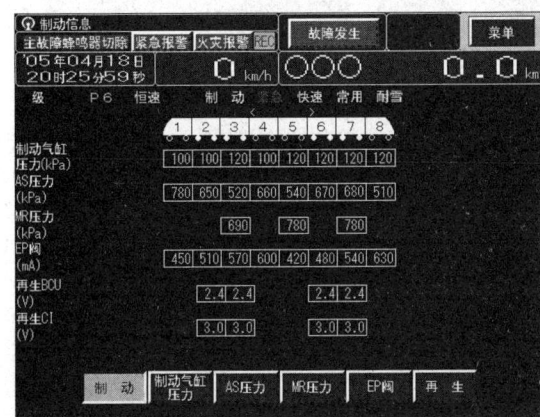 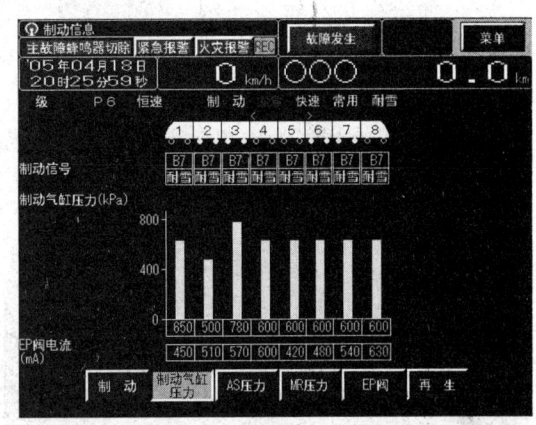

图 8-3-19　制动信息页面　　　　　　图 8-3-20　制动信息（制动缸压力）页面

7）牵引变流器信息（编组）页面

牵引变流器信息（编组）页面如图 8-3-21 所示。

牵引变流器信息（编组）页面由以下页面组成：牵引变流器信息页面、电机电流页面、直流电压页面、回转器页面、再生制动页面。

（1）页面切换操作。

① 在司机方式菜单页面中触摸牵引变流器（编）键后，转移至牵引变流器信息（编组）页面。

② 在电机电流页面、直流电压页面、回转器页面、再生制动页面等各页面中触摸牵引变流器键后，转移至牵引变流器信息（编组）页面。

（2）显示内容。

① 级、制动、恒速：参照行驶状态页面的显示。

② 断流器（K）：根据各车动车车厢的 K（断流器）状态显示。

若该动车车厢的 K（断流器）状态为："K ON"时，则显示"合"；

若该动车车厢的 K（断流器）状态为其他状态时，则显示"断"。

③ 电机电流设定值（A）：根据该动车车厢牵引电机电流设定值的大小显示。

例如：显示"2040"时，表示该动车车厢牵引电机电流设定值为 2 040 A。

电机电流反馈值（A）：根据该动车车厢牵引电机电流反馈值的大小显示。

例如：显示"2040"时，表示该动车车厢牵引电机电流反馈值为 2 040 A。

④ 直流电压设定值（V）：根据该动车车厢直流电压设定值的大小显示。

例如：显示"2040"时，表示该动车车厢直流电压设定值为 2 040 V。

直流电压反馈值（A）：根据该动车车厢直流电压反馈值的大小显示。

例如：显示"2040"时，表示该动车车厢直流电压反馈值为 2 040 V。

⑤ 回转器频率（Hz）：根据该动车车厢牵引变流器中逆变器的工作频率大小显示。

例如：显示"127"时，表示该动车车厢牵引变流器中逆变器的工作频率为 127 Hz。

⑥ 再生制动力（t）：根据该动车车厢所形成的再生制动力的大小显示。

例如：显示"5.2"时，表示该动车车厢所形成的再生制动力为 5.2 t。

⑦ 通过触摸各页面的键 电机电流、直流电压、回转器、再生制动 等)，转移至各项目的矩形图页面，被选中的键将变为：文字为黑色，背景为绿色，例如：电机电流页面被选中后，该键将变为"电机电流"。

其他牵引变流器（编组）页面参见相关资料，图 8-3-22 显示了电机电流页面，其含义不再赘述。

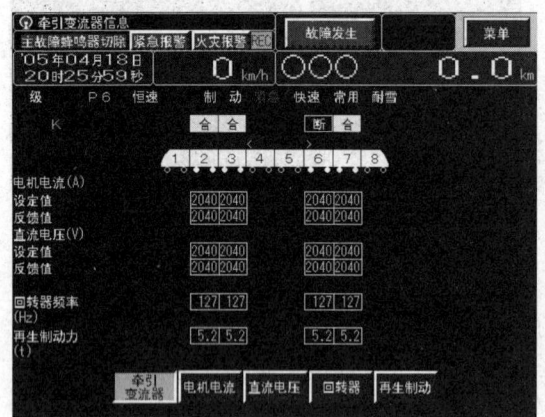

图 8-3-21 牵引变流器（编组）信息页面

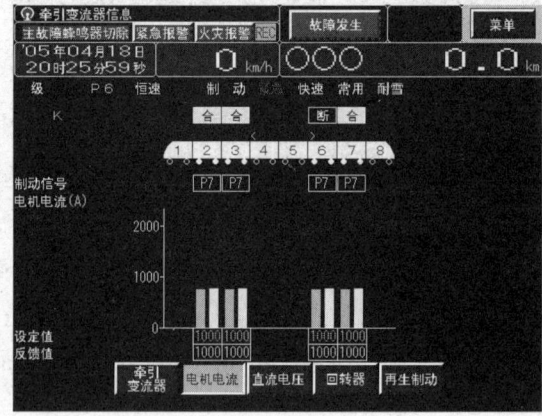

图 8-3-22 牵引变流器（编组）（电机电流）页面

由于篇幅限制，"司机模式"下的其他页面请参考相关资料，在此不再赘述。

4. "列车员模式"菜单项目说明（见表 8-3-3）及操作

在列车员模式下，可以进行有关乘客服务设备的控制、状态监视等。

表 8-3-3 "列车员模式"菜单项目说明

页面名称	说 明	备 注
列车员模式菜单页面	选择列车员模式的各页面，以及其他模式的选择	
列车员信息页面	第一页面中显示车门、火灾蜂鸣器、紧急蜂鸣器、卫生间蜂鸣器、缺水等状态。第二页面中显示全车广播、室内照明的开/关、车厢指南的各种状态	
空调信息页面	显示总运转模式、空调减半、设定温度、室温、运行率等各种状态	
车门信息页面	显示各车的车门信息	

续表

页面名称	说　明	备　注
车次核对页面	显示目前已设定的车种、车次、联解、停车方式、列车编号	
标准温度设定页面	对各车厢的制冷以及制热温度进行设定	
紧急文设定页面	发生车辆故障或者晚点的场合，通过此页面选择具体原因（短文），向乘客信息显示器发送	
列车分类设定页面	输入有关列车的分类、车次等	子菜单
停车站方式设定页面	输入有关列车的停车站方式	子菜单
联解信息选择页面	输入有关列车的联解信息	子菜单
联解站设定页面	输入有关列车的联解站	子菜单
车厢号码设定页面	输入有关列车的车厢号码	子菜单
手动设定确认页面	显示在列车分类设定-车厢号码设定页面中设定的分类、车次、停车类型、联解站、车厢号码	子菜单
服务设备控制页面	选择空调运转模式、广播、乘客信息显示、室内照明、自动广播（混编列车时）、关闭广播（仅限混编列车时）的控制输入	
空调运转模式设定页面	设定空调运转模式	子菜单
广播设定页面	设定整车广播的开/关	子菜单
乘客信息显示设定页面	设定乘客信息显示与对象车辆	
室内照明设定页面	设定整车室内照明的开/关	
广播切换设定页面	设定编组间广播的开/关	
自动广播设定页面	进行自动广播的切换	
广告文显示页面	最多可显示30条通过列车无线装置接收的广告文	
故障信息页面（列车员）	显示故障发生时的故障信息（故障内容、保护装置、处理措施、注意）	自动弹出
故障发生信息（列车员）	发生故障时，无论处在哪个页面都会在该页面的下方瞬间显示故障信息（故障内容、保护）	自动弹出
通知状态页面（列车员）	发生紧急报警或火灾报警时，显示紧急报警状态和火灾报警状态	自动弹出

"列车员模式"菜单操作说明：

（1）通过触按"列车员模式"页面中显示的各键切换至指定的页面。

（2）广告文中的信息如果无法被车辆控制装置读取，则不会显示广告文显示键。

"列车员模式"各页面的显示与操作与"司机模式"相似，在此仅列举几个典型的页面加以说明。

1）列车员信息页面

列车员信息页面如图 8-3-23 所示，显示内容如下。

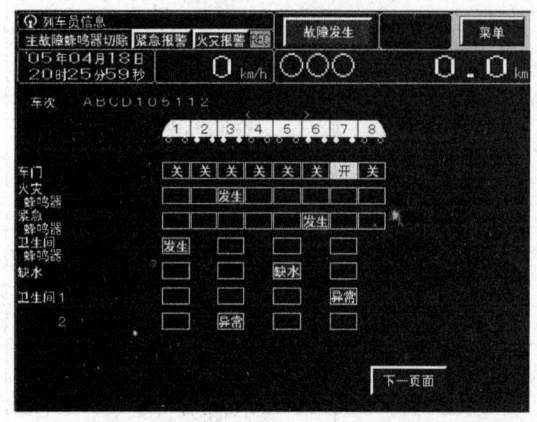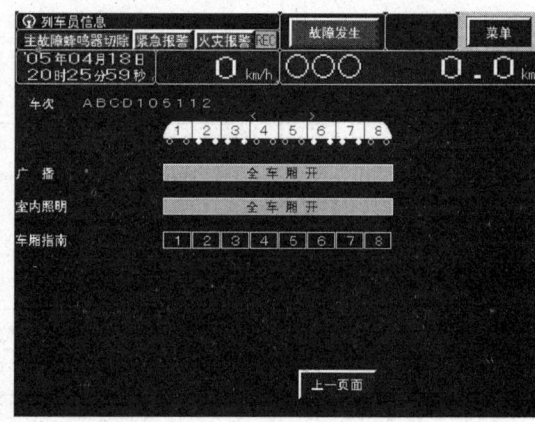

图 8-3-23　列车员信息页面

（1）车次：根据车次设定页面中已设定的车次来显示。

（2）广播：显示列车车内广播的全车开/全车关状态。

若全车广播的状态为开，则显示"全车厢开"；

若全车广播的状态为关，则显示"全车厢关"。

（3）室内照明：显示列车室内照明的全车开/全车关状态。

若全车室内照明的状态为开，则显示"全车厢开"；

若全车室内照明的状态为关，则显示"全车厢关"。

（4）车门：显示列车内车门的开/闭状态。

若列车内某车厢的车门处于打开状态，则显示"开"；

若列车内某车厢的车门处于关闭状态，则显示"关"。

（5）火灾蜂鸣器：显示火灾报警是否被启动。

若列车内某车厢的火灾报警处于启动状态，则显示"发生"；

若列车内某车厢的火灾报警不处于启动状态，则显示"　　"。

（6）紧急蜂鸣器：紧急蜂鸣器被启动时显示"发生"，与（5）显示方式一样。

（7）卫生间蜂鸣器：卫生间蜂鸣器被启动时显示"发生"，与（5）显示方式一样。

（8）缺水：该车厢缺水时显示"缺水"；正常时显示"　　"。

（9）卫生间 1 故障：该车厢卫生间 1 发生故障时显示"异常"；正常时显示"　　"。

（10）卫生间 2 故障：该卫生间 2 发生故障时显示"异常"；正常时显示"　　"。

2）空调信息页面

空调信息页面显示各车辆空调装置的状态，如图 8-3-24 所示。

（1）集控/手动：显示该车厢空调装置是处在集控模式、还是手动模式。

若该车厢的空调装置处于集控模式，则显示"集"；

若该车厢的空调装置处于手动模式，则显示"手"。

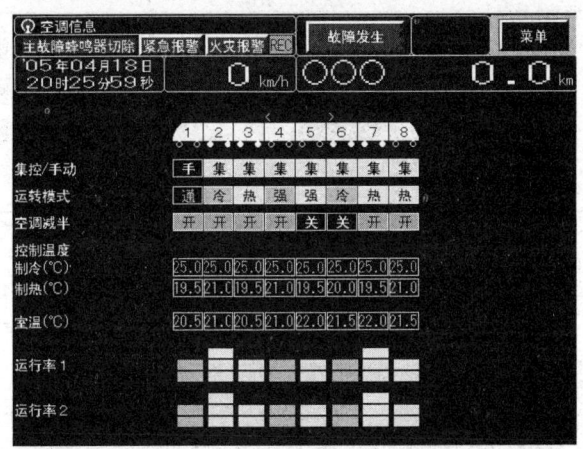

图 8-3-24　空调信息页面图

（2）运转模式：显示该车厢空调装置的运转模式，内容如下：

运转模式	运转模式显示	运行率显示
通风	通	（无显示）
制冷	冷	制冷运行率
制热	热	制热运行率
强制制冷	强	制冷运行率
强制制热	强	制热运行率

（3）空调减半：显示该车厢空调减半模式的开/关状态。

若该车厢的空调装置减半模式处于打开状态，则显示" 开 "；

若该车厢的空调装置减半模式处于关闭状态，则显示" 关 "。

（4）控制温度：显示通过空调装置设定的各车辆的制冷、制热标准温度。

显示形式：25.0（制冷）；19.5（制热）。

显示范围：-63 ~ -10 ℃、-9.5 ~ 63.5 ℃。

分辨率：0.5 ℃（-10 ℃ 以下为 1 ℃）。

（5）室温：显示各空调装置周围的室温。

显示形式：19.5。

显示范围：-63 ~ -10 ℃、-9.5 ~ 63.5 ℃。

分辨率：0.5 ℃（-10 ℃ 以下为 1 ℃）。

（6）运行率：显示 No.1 以及 No.2 空调装置的运行率（运行方式）。（No.2 仅限空调 C 方式）

运行率 1：表示 No.1 空调装置，运行率 2：表示 No.2 空调装置，图示显示的是运行率的 3 个不同级别。

低	中	高

3)服务设备控制页面

服务设备控制页面如图 8-3-25 所示。

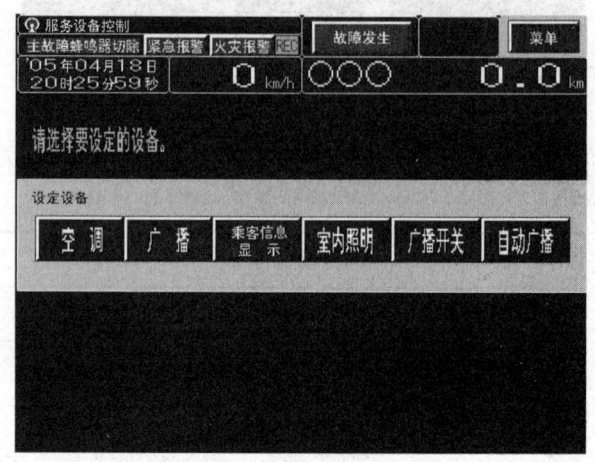

图 8-3-25 服务设备控制页面

5."记录模式"菜单项目说明(见表 8-3-4)及操作

记录模式是为了采集试运行时数据的模式。运行中的故障等的记录可以通过切换到维修模式来读取数据。

表 8-3-4 "记录模式"菜单项目说明

页面名称	说明	备注
记录模式菜单页面	选择记录模式的各页面,以及其他模式的选择	
试运行页面	最多可在存储卡内记录 2 000 s 的车辆性能信息(级位、速度、电机电流、制动气缸压力、行驶距离等)	
项目设定页面	选择每个车厢记录的数字信息、模拟信息以及各信息的触发器(trigger)的设定	
记录数据写入/清除页面	将项目设定页面记录的数据传输至 IC 卡或清除	

"记录模式"菜单操作说明:

通过触按"记录模式"页面中显示的各键切换至指定的页面。

1）试运行页面

试运行页面如图 8-3-26 所示。

（1）页面操作。

① 显示试运行页面中 IC 在存储卡内记录的内容。

② 记录开始+设定：只有当 IC 存储卡插入时才受理键指示、开始记录。

③ 记录中断+设定：只有当试运行记录中才受理键指示、中断记录。

（2）试运行页面显示内容。

① 电机电流（A）：根据该动车车厢牵引电机电流设定值/反馈值的大小显示。

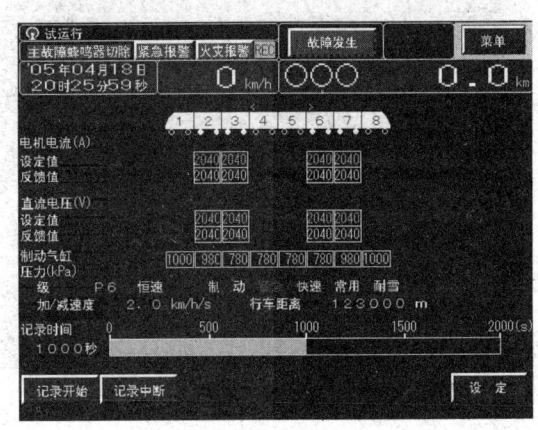

图 8-3-26　试运行页面

显示范围：0～2 040 A。

分辨率：8 A。

② 直流电压（V）：根据该动车车厢牵引变流器直流电压设定值/反馈值的大小显示。

显示范围：0～4 080 V。

分辨率：16 V。

③ 制动气缸压力（kPa）：根据该车厢制动气缸压力的大小显示。

显示范围：0～780 kPa。

分辨率：10 kPa。

④ 级：与行驶状态页面相同。

⑤ 恒速：与行驶状态页面相同。

⑥ 制动：与行驶状态页面相同。

⑦ 加减速度：根据列车加/减速度的实际值显示。

显示范围：-9.9～+9.9 km/h/s。

分辨率：0.1 km/h/s。

⑧ 行车距离：显示从 IC 存储卡开始记录后的列车行驶距离。（只有当 IC 存储卡处在记录中时才可计数完毕）

显示范围：0～999 999 m。

分辨率：1 m。

⑨ 记录时间：显示从 IC 存储卡开始记录后的列车行驶时间。（只有当 IC 存储卡处在记录中时才可计数完毕）

显示范围：0～2 000 s。

分辨率：1 s。

2）项目设定页面

在项目设定页面中可以设定已选择车辆的记录项目以及记录条件，如图 8-3-27 所示。

（1）车厢的选择。

进入项目设定页面后，触按对应的车厢键（例如：触按"8 车厢中央"后，将转入 8 车厢中央装置的项目设定页面，对应显示为：8 车厢、中央）。

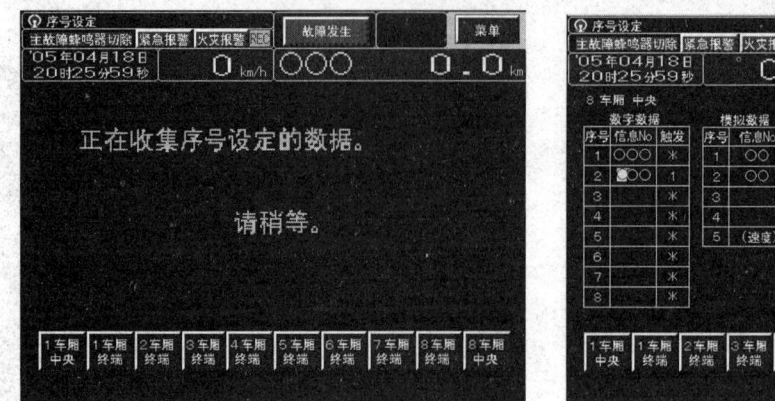

图 8-3-27 项目设定页面

（2）数字数据、模拟数据的设定。

通过触按↑、↓、←、→键使光标向所设定各数据处移动。（模拟数据项目 5 的（速度）为固定，光标不移动）

然后，输入想记录的项目信息（信息 No：○○○（数字信息）；○○（模拟信息））。输入错误时，可以触按"删除"键，重新进行项目信息的输入。

（3）将记录的触发（trigger）置位（set）。

通过↑、↓、←、→键使光标进行设定。

数字数据为"1"时记录的场合：对应的数字数据设定"1"。

数字数据为"0"时记录的场合：对应的数字数据设定"0"。

记录没有触发的时候，对应的数字数据设定为"*"。

（4）设定多个触发的场合，在被设定的条件全部满足时进行记录。

（5）在（2）、（3）项的设定完成后，通过触按"设定"键完成该车厢的设定。

3）记录数据写入/清除页面

在记录数据写入/清除页面中，可以将项目设定页面中被设定项目的记录写入 IC 存储卡中，或将记录全部消除。记录数据写入/清除页面如图 8-3-28 所示。

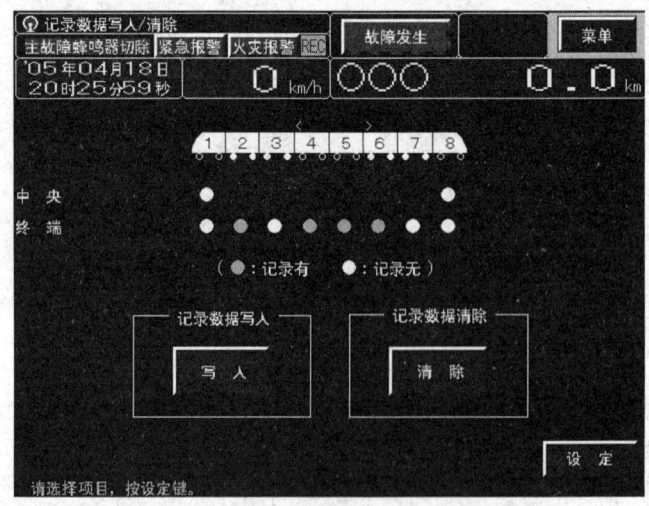

图 8-3-28 记录数据写入/清除页面

（1）数据记录状态：显示项目设定页面中被设定项目的状况。

若该车厢的中央装置或终端装置有记录时，显示"●"。

若该车厢的中央装置或终端装置无记录时，显示"○"。

（2）记录数据写入：将项目设定页面中被设定项目的记录写入 IC 存储卡。（通过写入+设定键的操作进行数据写入）

（3）记录数据清除：将项目设定页面中被设定项目的记录全部清除。（通过清除+设定键的操作进行数据清除）

（4）信息显示（见表 8-3-5）。

表 8-3-5 信息显示的内容及时机

项目编号	显示内容	备注
1	请选择项目，按设定键	页面切换时显示
2	请插入 IC 卡	写入操作下 IC 卡未插入时显示
3	无数据	写入操作下无记录数据时显示
4	写入中	写入操作时（IC 卡已插入且有记录数据）显示
5	数据写入完毕	数据写入结束时显示
6	数据写入错误	发生写入错误时显示
7	清除记录数据	清除键操作时显示
8	清除中	数据清除操作时显示
9	数据清除完毕	数据清除结束时显示
10	数据传输错误	发生数据传输错误时显示

五、诊断模式下状态信息显示与操作

1."诊断模式"的页面功能

诊断模式下的页面有以下几种。

（1）准备页面：显示控制传输装置被初始化之前的图像。

（2）诊断模式菜单页面：选择诊断模式功能的页面。

（3）ROM 诊断页面：显示列车信息中央装置、列车信息终端装置的 ROM 版本以及检查和值。

（4）RAM 诊断页面：显示列车信息中央装置、列车信息终端装置的 ROM 检查结果。

（5）DI/DO 诊断页面：显示每辆车上的列车信息中央装置、列车信息终端装置中输入/输出的 DI/DO 信息。

（6）AI/PI 诊断页面：显示每辆车上的列车信息中央装置、列车信息终端装置中输入/输出的 AI/PI 信息。

（7）光传输诊断页面：显示传输系统的传输错误次数。

（8）设备传输诊断页面：显示过去 10 s 内与车辆信息控制装置的对象设备间的传输错误次数。

（9）传输信息页面：用于检查各对象设备之间传输状况的传输数据，以16进位方式转储显示。

（10）LCD 诊断页面：在 LCD 中显示测试图。（监视器 A 检查用）

（11）DSW 诊断页面：显示 CPU3、MDM8、DU 显示控制装置 A 的 DSW 信息。

2."诊断模式"的转换

（1）硬件切换。

列车信息显示装置的显示分为一般、检修和诊断3种模式，3种模式之间的转换采用硬件切换。通过信息网络系统中央装置的模式切换开关（副驾驶座椅背后的配电盘内）进行三种模式之间的转换。按下模式切换开关中的"诊断"开关后，即可以转入"诊断模式"菜单页面。诊断模式菜单页面如图 8-3-29 所示。

（2）通过触摸诊断模式菜单页面中显示的各键，可切换至指定的功能页面。

3."诊断模式"菜单的详细操作说明

1）ROM 诊断页面

（1）CPU3。

进入 ROM 诊断页面后，触按"CPU3"键，被选定后按键变为"CPU3"，页面显示 CPU3 的版本及检查和值。ROM 诊断页面如图 8-3-30 所示。

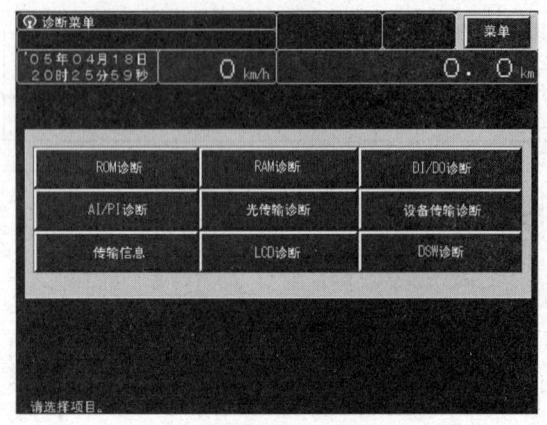

图 8-3-29　诊断模式菜单页面　　　　图 8-3-30　ROM 诊断页面

（2）显示控制装置/监视器。

进入 ROM 诊断页面后，触按 显示器控制装置监视器 键，页面显示：① 显示控制装置的版本及检查和值；② 监视器的版本。

（3）TRC2/TRC3。

进入 ROM 诊断页面后，触按 TRC2,TRC3 键，页面显示：① 显示 TRC2 的版本及检查和值；② 显示 TRC3 的版本及检查和值。

（4）相关设备。

进入 ROM 诊断页面后，触按"相关设备"键，页面显示相关设备 CI 的版本。

2）RAM 诊断页面

在诊断模式菜单页面触按"RAM 诊断"键，进入 RAM 诊断页面（见图 8-3-31），该页面显示以下内容。

（1）中央 1：显示 CPU3（中央 1）的 RAM 的检查结果。

（2）中央 2：显示 CPU3（中央 2）的 RAM 的检查结果。

（3）终端：显示 TRC2，3 的 RAM 的检查结果。

（4）显示控制装置 1：显示显示控制装置 1 的 RAM 的检查结果。

（5）显示控制装置 2：显示显示控制装置 2 的 RAM 的检查结果。

（6）显示控制装置 3：显示显示控制装置 3 的 RAM 的检查结果。

以上内容的显示情况为：

若该车厢的设备诊断检查结果正常，则显示"OK"；若异常，则显示"NG"。

3）DI/DO 诊断页面

进入 DI/DO 诊断页面后，通过触按各车厢键，显示出车辆信息控制装置的各车厢中央装置以及终端装置中输入/输出的数字数据，如图 8-3-32 所示。

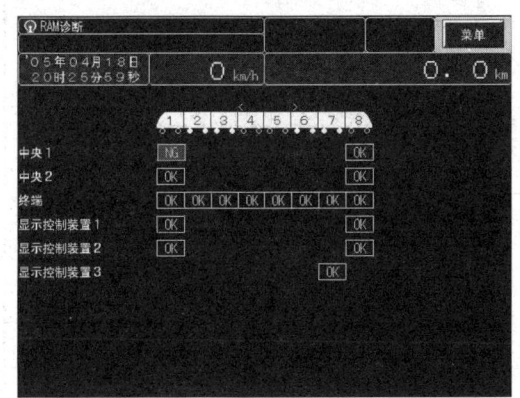

图 8-3-31　RAM 诊断页面

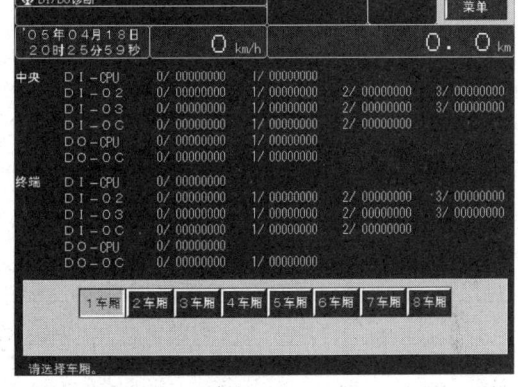

图 8-3-32　DI/DO 诊断页面

鉴于篇幅限制，"诊断模式"下的其他页面请参考相关资料，在此不再赘述。

六、检修模式下状态信息显示与操作

检修模式是在动车组入库或在检修基地检修时所使用的模式。

1."检修模式"的切换及各页面说明

按下模式切换开关中的"检修"开关后，即可转入"检修模式"菜单页面。检修模式菜单页面如图 8-3-33 所示。

通过触摸检修模式菜单页面中显示的各键，可切换至指定的功能页面。检修模式下显示的各页面说明如表 8-3-6 所示。

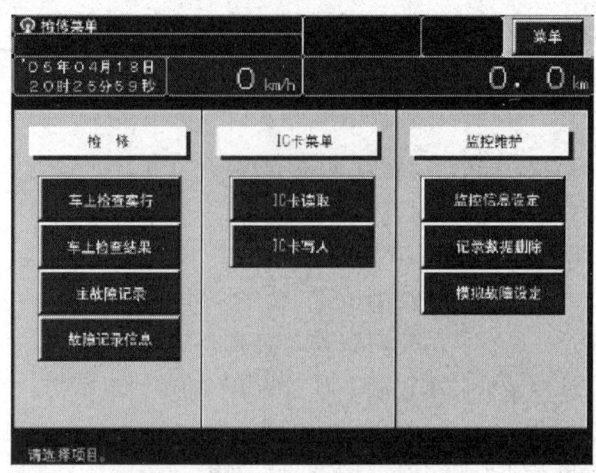

图 8-3-33　检修模式菜单页面

表 8-3-6　检修模式下显示页面

页面编号	页面名称	说　　明
1	检修模式菜单页面	选择检修模式的各种功能
2-1	车上检查实行菜单页面	选择自动检查的对象设备
2-2	车上检查监控页面	
3-1	车上检查结果菜单页面	显示自动检查的检查结果
3-2	车上检查结果页面	
4-1	主故障记录信息车厢选择页面	显示引起故障指示灯亮起的故障中各元件从故障发生前 3 s 至发生后 2 s 的记录
4-2	主故障记录菜单页面	
4-3	主故障记录信息页面	
5-1	故障记录信息车厢选择页面	显示各车辆中记录的过去曾经发生的故障记录（发生年月日、故障名称等）
5-2	故障记录准备中页面	
5-3	故障记录信息页面	
6	IC 卡读取菜单页面	读取 IC 卡中的广告文数据
7-1	IC 卡写入菜单页面	将监控器装置内的故障、自动检查结果、空调运行记录、自检、状态监控数据等记录写入 IC 卡中
7-2	主变换装置追踪记录车厢选择页面	
7-3	主变换装置追踪记录写入页面	
7-4	故障记录写入页面	
8-1	监控信息设定菜单页面	设定编组号码、车轮径
8-2	编组号码设定页面	
8-3	车轮径设定页面	
9-1	记录数据删除菜单页面	将故障、自检等记录于监控装置内的数据删除
9-2	主变换装置追踪记录删除页面	
9-3	故障记录状态显示页面	
10	模拟故障设定页面	进行模拟故障设定

2. "检修模式"菜单操作方法

1) 车上检查实行菜单页面

(1) 页面的切换。

① 在"检修模式"菜单页面中触按"车上检查实行"键,转至车上检查实行菜单页面(见图 8-3-34)。

② 在车上检查监控页面中触"按试验完毕 + 确认"键,返回车上检查实行菜单页面。

(2) 车上检查实行菜单页面的显示内容。

在本页面中可实现以下功能的检查(分别有对应的检查实行项目键):① 全项目;② 主变换装置;③ 辅助电源无加压试验;④ 含 MR 压的试验;⑤ 辅助电源加压试验;⑥ 常用和非常制动试验(空制);⑦ 车门开关测试;⑧ 辅助制动试验。

(3) 触按"检查实行项目 + 确认"键后,进入相对应的车上检查监控页面(见图 8-3-35)。

在已经通过其他监控显示器选择了车上检查项目、并正在进行检查的状态下触按检修菜单页面中的车上检查实行、车上检查结果键时,将会由检修菜单页面转移至本页面,显示出正在实行中的相对应检查项目的监控页面。

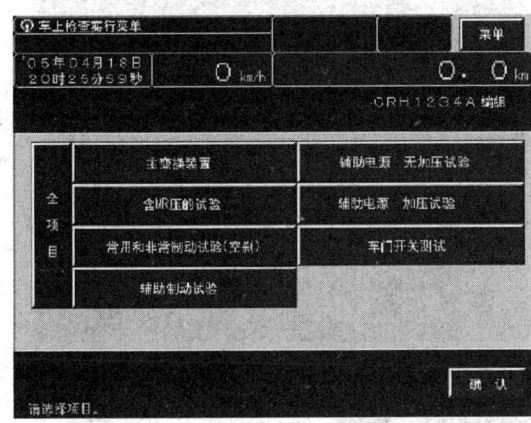

图 8-3-34　车上检查实行菜单页面

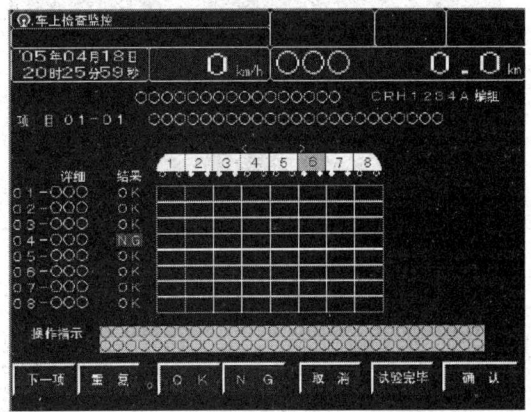

图 8-3-35　车上检查监控页面

(4) 车上检查监控页面显示内容。

① 实行在车上检查实行菜单中所选择的检查项目。

② 显示实行中的检查项目(大项目、中项目、详细)。

③ 正在接受检查的目标车辆以绿色反转显示。(例如,图 8-3-35 中的 6 号车厢显示为"6",表示 6 号车厢正在接受检查)

(5) 关于各车辆的检查结果,将会在与检查实行车辆相对应的车厢编号下方显示如下内容:

检查结果	结果显示	显示色
正常	OK	
异常	NG	
不明	—	白色

（6）关于各详细的检查结果，在各细节名称的右方显示如下内容。

检查结果为正常，则显示"OK"；异常，则显示"NG"。

（7）检查结果为异常的场合，显示为下一项 重复。

① 触按"下一项+确认"键：进入下一项检查。

② 触按"重复+确认"：重新开始再次检查已选检查项目。

（8）仅在检查人员进行 OK/NG 的判断时，显示 OK、NG 键。

（9）触按取消键后，反转显示键全部返回到通常显示状态。

（10）在本页面中触摸"试验完毕+确认"键后，结束实行中的检查，转移至"车上检查实行"菜单页面。

2）车上检查结果菜单页面

（1）页面的转移。

在检修模式菜单页面触摸"车上检查结果"键后，转移至车上检查结果菜单页面。在页面中的项目与车上检查实行菜单页面项目类似，如图 8-3-36 所示。

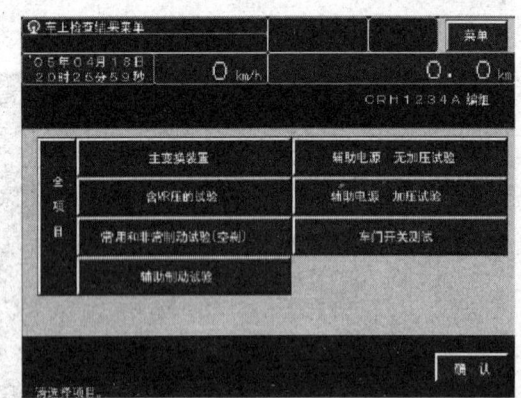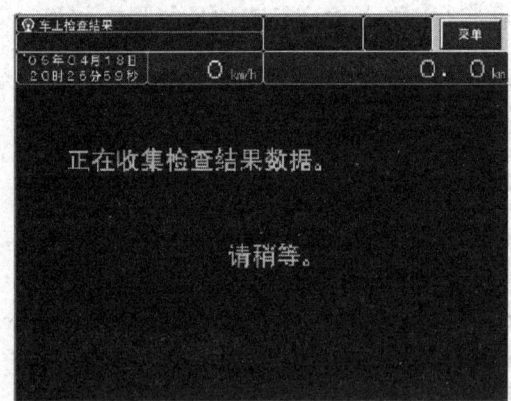

图 8-3-36　车上检查结果菜单页面

（2）在车上检查结果菜单页面中触按"检查结果项目+确认"键，出现准备中页面（见图 8-3-35）后显示相对应项目的车上检查结果菜单页面，如图 8-3-37 所示。

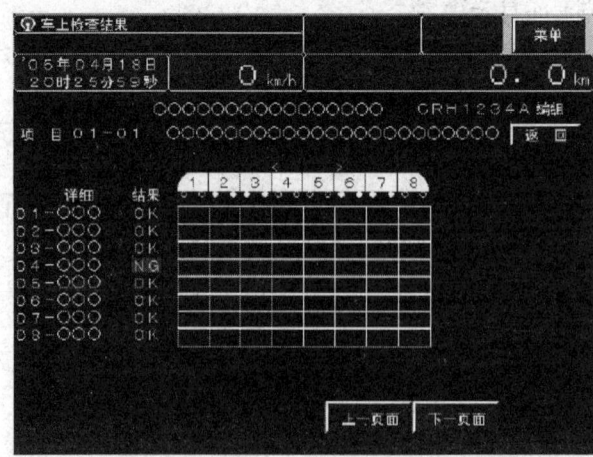

图 8-3-37　车上检查结果菜单页面（对应项目）

（3）关于各车辆的检查结果，在与被检查车辆相对应的车厢编号下方显示如下内容：

检查结果	结果显示	显示色
正常	OK	
异常	NG	
不明	-	白色

（4）关于各详细的检查结果，在各细节名称的右方显示如下内容。

检查结果为正常，则显示"OK"；异常，则显示"NG"。

（5）通过触按上一页面、下一页面键显示上一页面、后一页面的数据。

（6）显示中的检查项目为最终检查项目时，触按下一页面键后返回最初检查项目。

（7）显示中的检查项目为最初检查项目时，触按上一页面键后显示最终检查项目。

（8）触按返回键，切换至车上检查结果菜单主页面。

3）主故障记录菜单页面

（1）"主故障记录菜单"页面切换。

① 在主故障记录车厢选择页面中触摸"○车厢+设定"键后，转至对应车厢的主故障记录菜单页面，如图8-3-38所示。

② 在对应车厢的主故障记录菜单页面中触摸返回键后，将返回主故障记录车厢选择页面。

（2）对于在主故障记录车厢选择页面中选择的车厢，其在车辆信息控制装置内记录的主故障记录菜单一览将分车厢显示。

（3）通过触按主故障No.键，转移至记录有相对应的被选择主故障信息的信息记录页面。如图8-3-39所示。

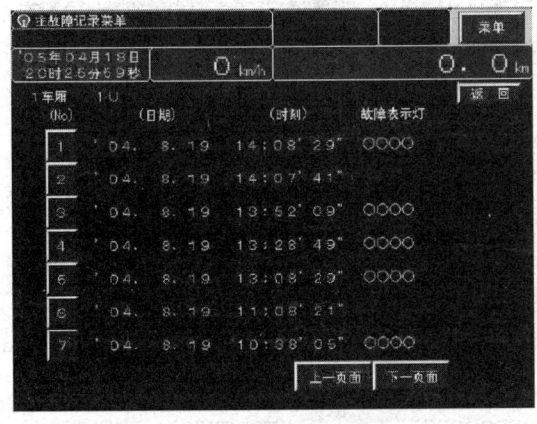

图8-3-38 对应车厢的主故障记录菜单页面

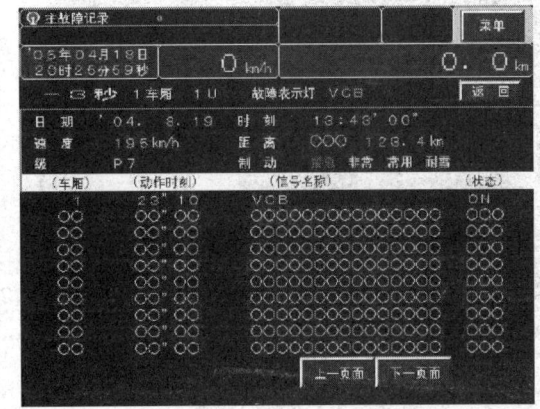

图8-3-39 对应车厢的主故障记录菜单页面（对应项目）

4）下一页面，上一页面

主故障记录达到8件以上时，通过触按"上一页面、下一页面"键循环显示最初、最终页面。

（5）显示在主故障记录菜单页面中选择的单元故障的车辆主故障记录一览表。

（6）一览表中显示：单元故障发生时的速度、距离、ATC 信号、挡位、制动，以及故障发生前 3 s 至发生后 2 s 间发生变化的 D1 信息（变化指示等输入信号一览）。

（7）下一页面、上一页面：故障发生前 3 s 至发生后 2 s 间的变化数据达到 10 点以上时，由下一页面、上一页面进行循环显示。

鉴于篇幅限制，"检修模式"下的其他页面请参考相关资料，在此不再赘述。

任务四　CRH2 安全监控与维修信息的传输

一、安全监控系统

运行性能安全监控系统对动车组和各重要部件的性能进行实时监控和报警，确保动车组运行安全。监控内容一般包括轴温、制动系统的工作状态、制动动作情况、防滑器的工作情况、车上用电系统的状态（如断路、短路、绝缘性、三相不平衡度等）、车门状态等。通过系统监控及时显示故障，及时报告，以便及时进行维修。

CRH2 动车组的安全监控系统由 ATP 系统及 LKJ2000 型监控系统组成。两者与 CRH2 列车信息控制系统通过通信接口连接，接口模式为 20 mA 电流环，通信速率为 9 600 bps。

列车安全监控系统的 ATP 车载设备能够比较当前运行速度和基准速度，并通过计算机进行控制。此监控系统为双重系统，采用双 CPU。在双 CPU 不一致的情况下，系统输出制动。采用冗余结构，当单独系统出现故障时，整个系统仍可正常动作。

在司机室列车信息显示器上，可设定监控日期、时刻、编组号码、车轮径信息。其显示界面如图 8-4-1、8-4-2 所示。

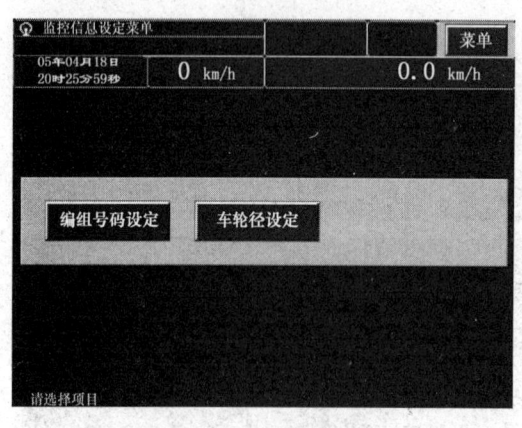

图 8-4-1　监控设定 1

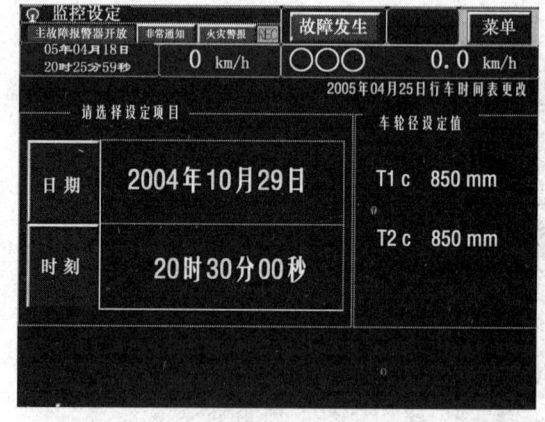

图 8-4-2　监控设定 2

1. 故障报警

本系统在突发事故时，提供预防预警信息，并通过综合调度中心下达行车救援、维修管理等命令。

在发生火灾时，各车厢内有紧急联络用开关，可以通知司机紧急事故，动车组立即停车，疏散旅客。如果火灾发生时，动车组可以停车，也可以驶离不宜停车的区段。蜂鸣器发声、指示灯点亮条件如表 8-4-1 所示。

表 8-4-1　蜂鸣器发声、指示灯点亮条件

No	输入项目	缩写	输入逻辑	线编号	用途													
					配电盘指示灯									单元指示灯	故障指示灯						EBZRR
					主故障	紧急制动器	制动不足	制动器不缓解	轴温1	轴温2	黏着1	黏着2	EGS		准备未完	紧急制动器	电气设备	转向架	VCB	机器断开	
1	紧急蜂鸣器	EBZR	a：蜂鸣器发声时短路	M105	○									○							○
2	火灾蜂鸣器	FrBzR	a：蜂鸣器发声时短路	M106										○							
3	轴温1	TThRR1	b：轴温上升时短路	M154	○				●					○				○			○
4	轴温2	TThRR2	b：轴温上升时短路	M155						●				○				○			

注　●：当符合断开条件时，指示灯点亮；
　　○：内为 T2 车的线编号。

2．轴温监控

CRH2 动车组转向架上的安全检测装置主要有轴箱温度传感器，在每一个轴箱的外侧，安装了温度传感器。温度传感器为了检测轴承的异常，内置报警温度根据新干线转向架的经验设定为 155～165 ℃。

除轴箱温度传感器外，动力转向架的每个齿轮箱上也安装了齿轮箱轴承温度传感器，检测温度有无异常。

在司机室列车信息显示器上显示画面如图 8-4-3、8-4-4 所示。

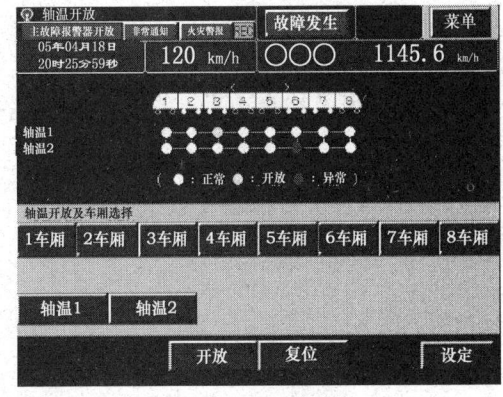

图 8-4-3　轴温开放 1

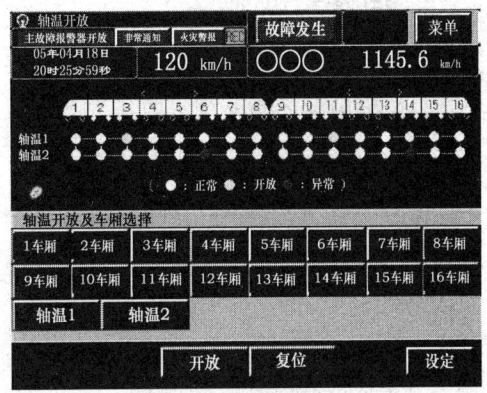

图 8-4-4　轴温开放 2

3. 运行状态监视

CRH2 动车组转向架的速度传感器安装在每辆拖车的二位侧（A 侧）轴端。为了在既有线上获得速度信号，在头尾车的一位侧（B 侧）安装了 LKJ2000 型速度传感器。其作用主要是在既有线路上为列车自动控制系统（ATC）提供速度信号，对动车组施行自动防护。

LKJ2000 的监控功能主要有：

（1）防止列车越过关闭的地面信号机。

（2）防止列车超过线路（或道岔）允许速度及机车、车辆允许的构造速度。

（3）防止机车以高于规定的限制速度进行调车作业。

（4）在列车停车情况下，防止列车溜逸。

（5）可按列车运行揭示要求控制列车不超过临时限速。

LKJ2000 列车运行监控记录装置对机车控制手段主要分 5 个等级。

（1）报警：当列车运行速度超过报警速度时，显示器发出语音报警（由监控装置完成）。

（2）卸载：当列车运行速度超过允许值时，装置切除机车牵引电流（即将牵引力减为零，但电制动工况时不切除）。

（3）常用制动：当卸载不能使列车减速，此时由监控装置发出指令使列车实施常用制动，迫使列车减速。常用制动后，当列车速度低于规定的安全速度时，允许司机缓解。

（4）紧急制动：在使用常用制动时不能使列车减速到允许的限速值时，监控装置将发出指令实行紧急制动，迫使列车立即停车。紧急制动不允许司机缓解，当列车速度为 0 时，自动缓解。

（5）系统故障：当系统中 A、B 机同时故障时，显示器发出故障报警。要求司机在 3 min 内关断主机电源，否则实施紧急制动。

其中卸载、常用制动、紧急制动是由监控装置发出指令，机车控制装置予以实施。

动车组运行速度除牵引控制外，在很多情况下是在司机操作或 ATP 指令下靠制动来控制的。ATP 指令的制动控制是通过比较允许列车速度和实际运行速度来控制的。当列车实际运行速度超过允许速度时，速度控制（此时即制动控制）指令持续起作用，直到列车速度降低到最高允许速度以下才解除。此时的实际列车运行速度是根据头车的两个 ATC 轴（一号车的 2、3 轴）的转速脉冲信号计算出的。

二、维修诊断软件

CRH2 的列车信息控制系统对列车上设置的设备进行自动检查。检查时设备一端具有判断功能，列车信息控制系统只收集对各个设备发出的检查指令及检查结果。

1. 系统的主要诊断项目

系统的主要诊断项目、诊断方式以及针对诊断结果的处理方法的概要如图 8-4-5、8-4-6 所示。

（1）牵引变流器。

（2）辅助电源装置。

（3）制动控制装置。

（4）安全设施。

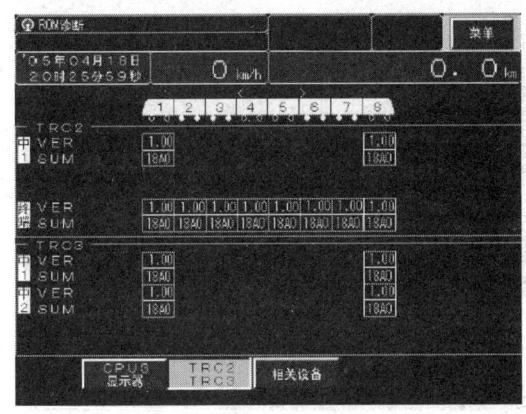

图 8-4-5　ROM 诊断画面

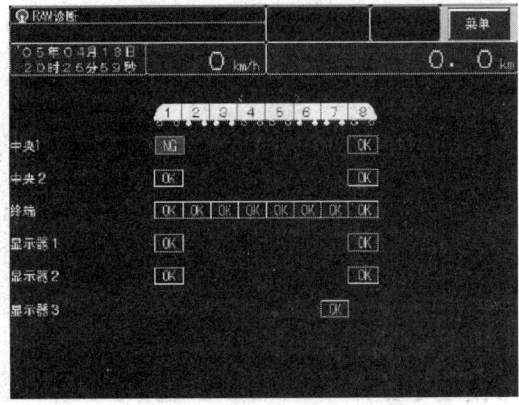

图 8-4-6　RAM 诊断画面

（5）车门开关时间测定。

（6）车辆信息控制装置自我诊断。

其中，制动装置和车门的检测结果由检查员判定其好坏。

列车信息控制装置的自我诊断功能：ROM 诊断；RAM 诊断；数字输入输出诊断；模拟输入诊断。

2．诊断系统的主要任务

由于部件故障导致检查结果出现问题的时候，将数据结果通知检查员。针对问题所采取的对策由检查员根据数据结果的内容判断是否进行更换、修理等。

对于部件的偶发性故障的识别，由检查员依据自动检查结果进行判断。

3．诊断方式

列车自我诊断系统主要进行列车运行中各部件状态的监控及处理。它还具有在车辆基地检修中自动检查的功能。

自动检查的结果可以写入 IC 内存卡中，并且可以通过地面系统将检查结果打印输出。对于故障的分析由检查员进行。

列车在运用维修基地的检测通过另行设置的各设备的试验装置来进行。

4．诊断结果处理

行车中的设备状态的监视结果在进入列车基地后，可以通过 IC 内存卡进行写入、读出。并且，行车中的各个设备的状态数据可以即时地写入 IC 内存卡中。但是这些信息只是信息的记录，与列车的控制无关。

行车中或者维修时，诊断结果将输送到列车状态数据存储装置或者其他数据库，为维修提供状态依据等的主要信息显示在司机台上的显示屏上。

5．显　示

诊断的主要信息表示在司机台的显示器上，如图 8-4-7 ~ 8-4-10 所示。各个主要控制设备中也设置有故障读出端口，以便读取故障信息。

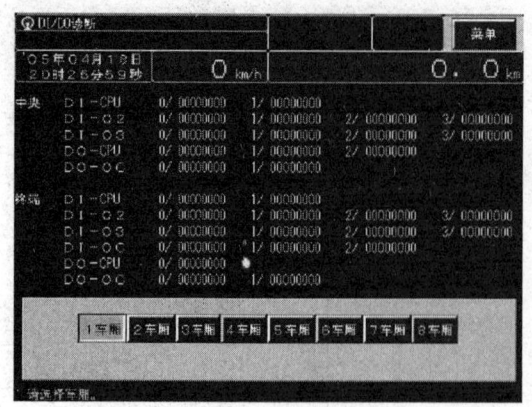

图 8-4-7　DI/DO 诊断画面

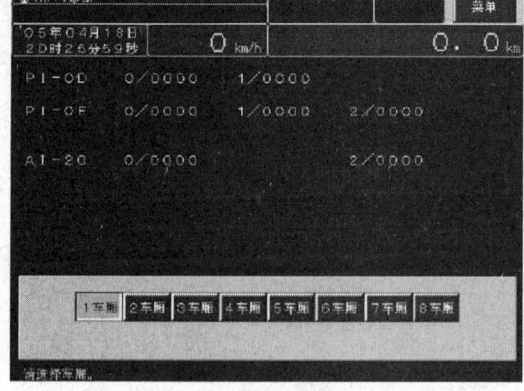

图 8-4-8　AI/PI 诊断画面

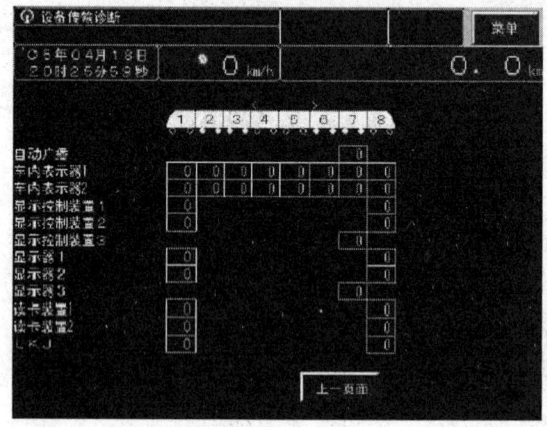

图 8-4-9　设备传输诊断画面

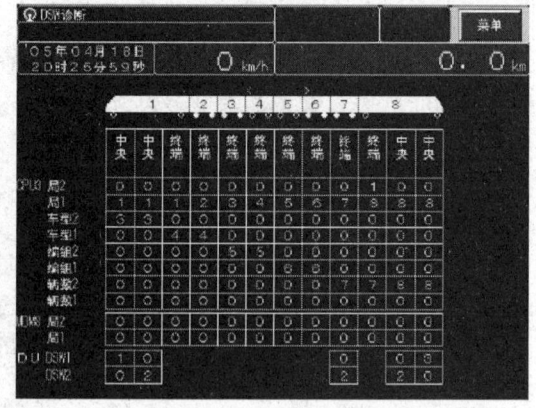

图 8-4-10　DSW 诊断画面

三、信息的传输装置

1．用 IC 存储卡传输信息

IC 卡控制装置（型名：MS-A944），非接触式 IC 存储卡：RTL-512KB/AVS（记忆容量 512 KB）。

报文可以通过由电脑构成的数据管理装置进行输入。在数据管理装置上输入的报文经由 IC 存储卡记忆在车辆信息控制装置的非易失性存储器里。

CRH2 的车辆信息控制装置的信息均能通过 IC 卡对数据管理装置进行输入和输出。

在数据编辑用电脑上编写停车图形信息和报文并写入 IC 卡。从车辆信息控制装置的 IC 卡座上读入写入信息的 IC 卡，并将其存储在非易失性存储器中。

车上的系统与地面系统之间信息的媒体采用 IC 卡。硬件为一体化装置，自成网络。读取 IC 卡：从 IC 卡上读取 PR 文、停靠站、千米里程的信息。写入 IC 卡：将车辆信息控制装置上记录的各种信息及牵引变流器上记录的故障数据写入 IC 卡中。

需要 IC 卡存储的数据有：

（1）故障发生年月日、车厢及故障名称。记录信息通过 IC 卡输出到地上的机器上。

（2）为了较容易地掌握机器的故障情况，收集并记录发生故障前后的动作波形的跟踪数据。记录信息通过 IC 卡输出到地上的机器上。

（3）车内旅客信息显示器所显示的内容（停车站点向导、新闻、宣传等）在地面基地进行编辑后，存储到 IC 卡中，通过附属于司机台信息显示器的 IC 卡读出器，输入到列车信息控制装置中。

（4）列车月检时，对各机组设定试验条件，收集试验数据，经由 IC 卡地面系统打印出试验报告。

（5）累计每单元的牵引、再生电力值及消耗电力量，并记录开始时间及行驶距离。此信息经（IC）存储卡在地面设备上输出。

（6）发生主故障时，收集并记录司机台信息（发生日期、时分秒、速度、千米数、ATC 信号、挡位）及同一单元内的各车的设备状态（各车配电盘指示灯亮灯原因）。此信息经（IC）存储卡在地面设备上输出。

（7）记录空调运转率信息 [空调运行模式（状态），负荷减半（状态）、空调运转率、空调控制温度（状态）、室内温度、外部温度、AS 电压、记录时间]。此信息经（IC）存储卡在地面设备上输出。

2．车上与地上间信息的传输

事件：当从车上往地上或从地上往车上有需要传送的信息时进行传送。

实时：按一定周期从车上往地上或从地上往车上进行传送。

表 8-4-2 所示为车上与地上间传送信息的种类。

表 8-4-2　车上与地上间传送信息的种类

No	系统名	概 要	信息的传送频率	
			事件	实时
1	运行指令系统	将经 D-LCX 列车无线传送到车上的运行指令显示到司机台监视器上，同时，从车上将接收确认结果传送到指令上	○	
2	车辆机器的状态传送系统	根据地上系统的要求，将车辆信息控制装置上的各机器的故障数据经由 D-LCX 列车无线传送到地上	○	
		根据地上系统的要求将驾驶室监视器上显示的信息实时地传送到指令室		○（约每 1 s）
3	旅客信息提供系统	经 D-LCX 列车无线将告示文传送到车上，在车内设置的 LED 形式的车内指南显示器上显示	○	
4	车内信息	经 D-LCX 列车无线将新闻传送到车上，在车内设置的 LED 形式的车内指南显示器上显示	○	

1）系统构成概要

（1）系统框图如图 8-4-11 所示。

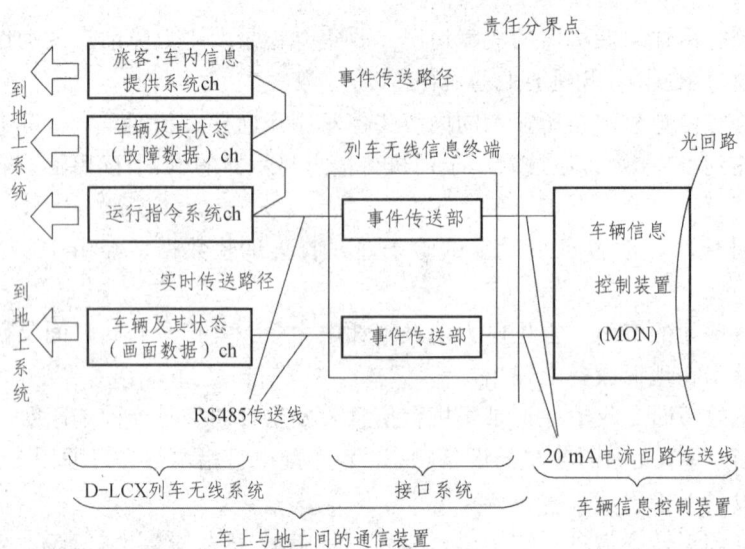

图 8-4-11 系统框图

（2）实时传送路径。

在列车无线侧的"车辆机器状态（画面数据）用"上有专用的通道，通过 RS485 传送线与列车无线信息终端连接。

列车无线信息终端与 MON 之间通过 20 mA 的电流回路传送线相连接。

从 MON 按周期传送的司机台监视器上显示的画面信息经由列车无线传送到地上。

（3）事件传送路径。

列车无线侧有"旅客车内信息提供系统""车辆机器状态（故障数据）"用的"运行指令系统"独立通道，通过多站结合的 RS485 传送线与列车无线信息终端连接。

列车无线信息终端与 MON 之间通过 20 mA 的电流回路传送线连接。

2）车辆信息控制装置的责任分界点

如图 8-4-12 所示，车辆信息控制装置与车上地上间的通信装置的责任分界点在车辆信息控制装置的"20 mA 电流回路传送线"上。即，车辆信息控制装置与进行车上地上间通信的外部设施系统的接口只有"20 mA 电流回路传送线"。

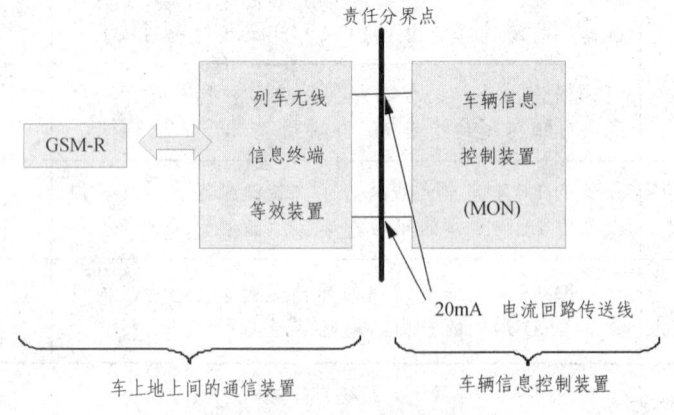

图 8-4-12 责任分界点

在 200 km/h EMU（Electric Multiple Unit 电气动车组单元）上运用 GSM-R（铁路数字移动通信系统 GSM – Railway）等通信手段时，如系统框图 8-4-11 所示，制动列车无线信息终端的等效装置，必须安装能够实现车上地上间通信的接口与程序。

3．列车无线通信装置

机车综合无线通信设备（CIR）由主机、操作显示终端（以下简称"MMI"）、打印终端、扬声器、送受话器、连接电缆、天馈线等构成，如图 8-4-13 所示。

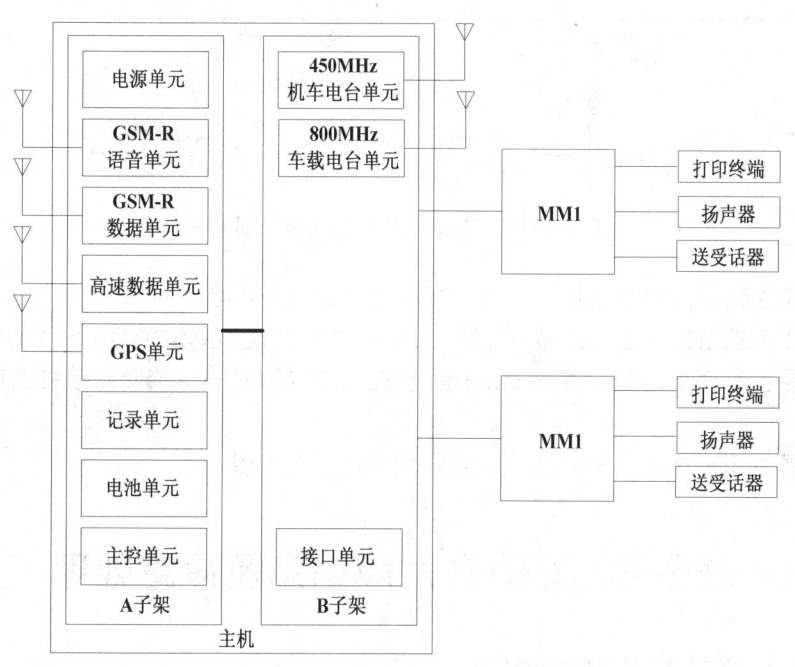

图 8-4-13 CIR 设备构成

（1）主机由 A、B 两个子架组成。

A 子架包括主控单元、电源单元、GSM-R 话音单元、GSM-R 数据单元、高速数据单元、GPS 单元、记录单元、电池单元等。

B 子架包括接口单元、450 MHz 机车电台单元、800 MHz 列尾和列车安全预警车载电台（以下简称"800 MHz 车载电台"）单元等。

（2）各功能单元采用模块化设计，可根据用户的需求进行模块配置。

① 主控单元完成对各功能模块单元的控制，实现设备的各项功能。
② 电源单元为设备提供供电电源。
③ GSM-R 话音单元在主控单元的控制下实现 GSM-R 调度通信功能。
④ GSM-R 数据单元在主控单元的控制下实现 GSM-R 通用数据传输功能。
⑤ 高速数据单元可支持 IEEE 802.11b 标准中规定的通用数据传输功能。
⑥ GPS 单元输出运行线路、工作模式等公用位置信息，并可输出 GPS 原始信息。
⑦ 记录单元对设备话音通信和数据通信的内容和过程进行记录和回放。
⑧ 电池单元在外部供电切断的情况下给设备供电，完成设备的关机功能。

⑨ 接口单元为数据、话音应用业务提供输入、输出接口。

⑩ 450 MHz 机车电台单元在主控单元的控制下完成 450 MHz 调度通信系统中机车电台功能。

⑪ 800 MHz 车载电台单元支持车载电台功能。

旅客车厢无线通信系统的设备构成如图 8-4-14 所示。

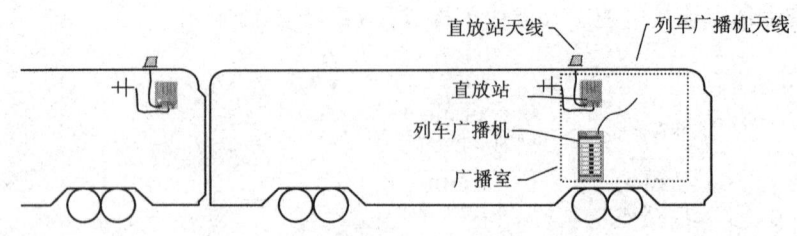

图 8-4-14　旅客车厢无线通信设备构成

旅客车厢无线通信设备包括：车载射频直放站、列车广播机。

车载射频直放站接收沿线基站（包括 GSM-R 网和公众 GSM/CDMA 网）的信号，放大后通过天线辐射，为列车乘务人员的 GSM-R 手机、旅客的 GSM/CDMA 手机提供良好的车厢内场强覆盖。

列车广播机用于接收广播信号，为旅客列车提供资讯服务。

任务五　CRH2 故障信息及应急处理

一、CRH2 动车组故障信息

1. 故障记录的目的

车载检测功能是 CRH2 动车组列车信息网络系统的重要功能之一，该项功能能够实现列车检测自动化，实时地检测和记录列车设备状态，并且通过 CRH2 动车组所配置的彩色液晶触摸显示装置可以方便地显示和操作。故障记录的目的主要体现在两个方面：

（1）引导动车组司机和随车机械师进行列车操纵、应急故障处理。

列车正常运行当中，列车信息显示在司机台的显示器上，使司机和随车机械师了解列车运行状态，为操纵列车提供有效的辅助作用。列车设备出现故障时，通过故障报警，提醒司机和随车机械师调阅故障一览，从而掌握列车设备的实时故障状态。根据列车信息显示器提供的故障处置方案，引导司机和随车机械师及时采取措施，避免故障扩大，从而保障列车的正常运行和安全。

（2）故障记录是地面检修的维修依据。

为了较容易地掌握车载设备的故障情况，便于车辆的维修，列车信息网络系统具有收集并记录故障的功能，对于部分故障发生前后的波形及参数具备跟踪记录数据之功能。记录信息通过 IC 卡输出到地面计算机进行分析。因此可以减少维护保养工作量。

2．故障记录的功能

（1）故障记录。

显示各车辆上记录的已发生的故障记录（发生的年月日、车厢、故障名称等）。

（2）主故障记录。

当车辆信息控制装置检测到车辆的主要设备发生故障时，在故障车的配电柜内以设备为单位的配电柜的显示灯会点亮，同时主故障显示灯也会点亮。发生主故障时，会收集并记录司机台的信息（发生的年月日、时分秒、速度、里程等）及同一单元内各车厢的设备状态（各车配电柜显示灯亮的主要原因）、显示事故显示灯灯亮主要原因、记录故障发生前 3 s 至后 2 s 的设备参数。

（3）牵引变流器的故障监视记录。

当检测出牵引变流器故障时，会记录故障前后的牵引变流器的状态参数。有 3 种记录功能。

① 履历记录：只记录触发时 1 点。

② 标准记录：记录 4 线、5 线等各线的加压状态，保护动作及网压等的状态。

③ 高速记录：记录牵引变流器的变频器、变流器的状态数据。

（4）辅助电源装置的故障监视记录。

当检测出辅助电源装置发生故障时，会记录故障前后的辅助电源装置的状态数据。

① 采样周期：0.416 ms。

② 记录长度 300 ms（触发前 200.016 ms、触发后 99.591 ms）。

3．故障记录的调阅

（1）关于故障记录。

① 在检修菜单画面上点故障记录信息键。

② 在故障记录信息车厢选择画面上，操作"车厢+设定键"后，会显示被选择的车厢上检测到的故障记录一览。

（2）关于主故障记录。

① 在检修菜单画面上点主故障记录键。

② 在主故障记录车厢选择画面上，操作"车厢+设定"键后，会按车厢显示在车辆信息控制装置内记录的关于被选择车厢的主故障记录菜单的一览。

③ 通过选择主故障编号键，会转到被选择的主故障记录的记录信息画面。

二、CRH2 动车组故障应急处理

1．应急处理故障项目

CRH2 动车组信息系统能记录并显示数百条故障信息，分为一般故障与主故障，分别可从故障记录信息画面及主故障记录信息画面查看，其中 80 项故障给出了应急处理措施，表 8-5-1 列出了可应急处理的故障。

表 8-5-1　应急处理故障一览表

序号	故障名称	故障代码	保护装置
1	牵引变流器传输不良	002	
2	牵引变流器故障	004	
3	牵引变流器故障 2	005	
4	制动控制装置传输不良	052	
5	制动控制装置故障	059	BCUF
6	制动控制装置速度发电机断线 1	060	TG1
7	制动控制装置速度发电机断线 2	061	TG2
8	制动控制装置速度发电机断线 3	062	TG3
9	制动控制装置速度发电机断线 4	063	TG4
10	辅助电源装置通风机停止	143	APUBMN
11	辅助电源装置故障	135	APUFAU
12	辅助电源装置 ACVN1 跳闸	146	ACVN1
13	车门关闭故障（第 1 位）	108	DIRR1
14	车门关闭故障（第 2 位）	109	DIRR2
15	车门关闭故障（第 3 位）	110	DIRR3
16	车门关闭故障（第 4 位）	111	DIRR4
17	制动不足	123	UBTR
18	牵引变流器通风机停止	134	CIBMN
19	牵引电机通风机 1 停止	137	MMBMN1
20	牵引电机通风机 2 停止	138	MMBMN2
21	牵引变流器微机故障	139	WDTR
22	牵引变流器故障	141	CIFR2
23	主电路接地	142	GRR2
24	辅助电源装置 ATN 跳闸	148	ATN
25	抱死 1	151	FxR1
26	抱死 2	152	FxR2
27	制动不缓解	153	OBTR
28	轴温 1	154	TThRR1
29	轴温 2	155	TThRR2
30	主变压器一次侧过电流	162	ACOCR2
31	主变压器三次侧过电流	163	AOCN
32	主变压器三次侧接地	164	GRR3
33	主变压器油泵停止	165	MTOPMN
34	辅助电源装置传输不良	204	
35	辅助电源装置 ARfN2 跳闸	144	ARfN2

续表

序号	故障名称	故障代码	保护装置
36	空调装置传输不良	302	
37	空调装置1逆变器传输不良	308	
38	空调装置2逆变器传输不良	309	
39	辅助电源装置VDTN跳闸	166	
40	乘客信息显示器1传输不良	611	
41	乘客信息显示器1故障	617	
42	乘客信息显示器2传输不良	619	
43	乘客信息显示器2故障	625	
44	目的地显示器1故障	631	
45	目的地显示器2故障	632	
46	自动广播装置传输不良	641	
47	自动广播装置故障	646	
48	距离传感器2传输不良	657	
49	距离传感器1传输不良	661	
50	距离传感器1异常	665	
51	距离传感器2异常	666	
52	车上检查开关"开"	695、696	
53	编组间传输不良	826	
54	监控器传输不良中央1	830,832,850,852	
55	监控器传输不良中央2	831,833,851,853	
56	监控器传输不良终端	834~841,854~861	
57	辅助电源装置ACVN2跳闸	147	ACVN2
58	空调装置1通风机异常	114	
59	空调装置2通风机异常	115	
60	空调装置1压缩机异常	116	
61	空调装置2压缩机异常	117	
62	空调装置1高压开关动作	118	
63	空调装置2高压开关动作	119	
64	空调装置1加热器异常	120	
65	空调装置2加热器异常	121	
66	空调装置1斩波器异常	122	
67	空调装置2斩波器异常	124	
68	空调装置1VVVF异常	125	
69	空调装置2VVVF异常	126	
70	空调装置1CVCF异常	127	

续表

序号	故障名称	故障代码	保护装置
71	空调装置 2CVCF 异常	128	
72	空调装置 1 排水泵异常	362	
73	空调装置 2 排水泵异常	363	
74	辅助电源装置 ARFK 跳闸	145	
75	ACK1 接通不良	170	
76	受电弓上升位置异常	194	
77	污物槽 100%	196	
78	污物槽 80%	197	
79	分相区信号处理装置重故障	682	
80	LKJ 装置传输不良	911	

2．应急处理故障处置

列车出现故障时，列车信息显示器可以提供一个故障应急处理页面，该页面包括故障内容、涉及的保护装置、处理措施及注意事项。为了快速处理故障，保障行车安全，要求司机和随车机械师熟悉各车厢配电盘接线原理及设备布置位置。在应急故障处理的过程中，司机和随车机械师要严密配合，严格按有关安全规定、规章执行，保障动车组的行车安全以及动车组设备的安全。各故障的处理措施会在列车信息触摸屏上显示，详细说明记录在随车故障处理手册中。

任务六　CRH380AL 网络硬件的检修与保养

动车组网络硬件的检修与保养有很多通用的原则，但也因不同的网络结构和硬件构成而有所不同，本任务以 CRH380AL 为例介绍了网络硬件的检修与保养的方法。

一、检修与保养的安全规则

1．安全措施

（1）确认受电弓下降、从接触网上脱离。
（2）确认没有外部电源供电。
（3）确认从所有的 DC 电源脱离。

2．使用方法

（1）使用时的环境：请选择在尘埃少、不被日光直射、湿气少、不受热等良好的环境下使用。
（2）使用时的服装：使用印刷卡时，可能会因为衣服的静电而造成零部件的损坏，所以请穿着静电发生少的棉质衣服。

（3）印刷卡的拿法：请带上干净的棉质手套后使用（防止静电）。尽可能地用手拿卡的周边部分，不要拿安装零部件部分或接口部分。

（4）对印刷卡的接触：印刷卡反面的零部件导线的截断边是尖的，为安全起见不要用手直接接触。在接触印刷卡时，为了人体接地，必须在手腕上戴上接地带，并戴好干净的棉质手套后使用。（尼龙等合成纤维类的手套和绢质手套因为容易产生静电，所以必须使用棉质的。）

除了蓄电池更换等必要的时候以外，不要去接触印刷卡。印刷卡上安装的零件有可能因静电而产生破损，所以在接触印刷卡前，采用人体接地，或暂且接触地线电位等方法，进行人体静电排放处理。另外，必须使电气设备、工作台及操作者为同电位（即接地电位）。操作台上要把铝板或导电橡胶铺在设备上，并使其接地。特别是有「MOS 使用注意」标志的印刷卡要确实地实施。

MOS－IC 卡是 Metal Oxide Semiconductor（金属氧化物半导体）IC 卡的简称，其内部构造和其他的 IC 卡有所不同，在硅质电路板上有非常薄的金属氧化膜，所以在因静电或漏电而引起 IC 卡门极（gate）之间产生电位差时，容易引起绝缘破坏，有必要注意。

3．搬 运

（1）零部件安装完成后的印刷卡，不要重叠起来搬运。这样有可能损伤导线、零部件或结构。

（2）不要用不吸收振动的装有金属车轮的推车等来搬运，以免造成过度冲击。

（3）在不会和合成树脂等易产生静电的物品发生摩擦的情况下进行搬运。

（4）在大量印刷卡同时搬运时，使用印刷卡存储箱或模拟的印刷卡架来进行。

（5）不要把印刷卡直接放在金属制的搬运台上，因为印刷卡内的电容器的放电会导致印刷卡内的半导体破损，要引起注意。如图 8-6-1 所示。

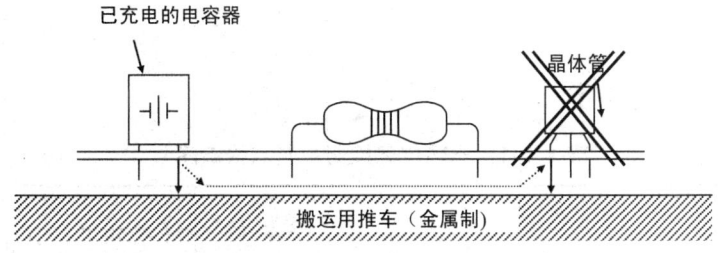

图 8-6-1　印刷卡的错误搬运

4．外力和冲击

（1）避免跌落损伤，严禁粗暴使用，严禁对其施加外力和冲击。

（2）不要用螺丝刀等对安装的零部件施加外力。

5．向卡插座的插拔

（1）把印刷卡从存储箱插拔时，必须在确认电源切断后再进行。

（2）插入时，确认接口部没有污垢以及插入位置和方向，轻轻地重复插拔 2 次后，第 3 次确实地插入。

6．通 电

（1）初次通电时，必须在确认没有电源短路、极性相反、卡插座的误插入后，再通电。

（2）必须确认是否有和印刷卡名称一致的插入位置。误插入时会烧损印刷卡。

（3）确认和卡插座的结合完好后，再通电。通电中绝对不要进行插拔。

7．保管和其环境

（1）放在保管用的密封型架子，或导电性聚乙烯袋中储存保管是最为理想的。

（2）不要重叠堆放，也不要直接放在容易沾上异物的工作台上。

（3）请保管在没有灰尘、日光直射不到、湿气少、不受热的地方。（0～40 ℃，湿度40%以下最为理想。）

8．清 扫

（1）清扫时原则上请使用除电刷进行，不要直接使其接触带静电的东西，如吸尘器的喷嘴等。

（2）连接器式接口的情况下，如接口内附有异物要清扫。

（3）IC卡等的多端子零部件的端子间，如有异物要清扫。

（4）卡边缘（card edge）式接口的情况下，接口部即使目视是干净的，也有可能附着油脂等，所以只要怀疑有污损，就用清洁的布料（棉质）沾着洗洁剂，擦拭清扫。

9．其他注意事项

（1）在印刷卡的表面（除了接口部），为了防止湿气、氧化、灰尘等而有清漆或涂层，所以请不要故意地去剥掉或破坏卡表面。

（2）通电中，请不要插拔。插拔时，请务必在电源切断后进行。

（3）车内电装耐压试验时，要卸下输入输出连接器。

二、保养工序

车辆信息控制装置的保养工序如表8-6-1所示。

表8-6-1　车辆信息控制装置点检工序表

区 分	内 容	检查方法	定检周期		
			月检	转向架检查	大修
中央装置、终端装置、显示控制装置	检查机座的状态	视觉		○	○
	检查各零部件的状态	视觉、触觉		○	○
	检查电线的损伤、老化、紧缚状态及附属品的损伤、变形、腐蚀、安装状态	视觉、触觉		○	○
	检查连接器的插头和插座之间的接触状态，绝缘物的损伤、劣化、污损	视觉、触觉	○	○	○
	检查连接电缆接头的安装状态、压接状态、有无断线、被覆的损伤以及是否有因振动而引起的接触、短路、是否接地	视觉、触觉	○	○	○

续表

区 分	内 容	检查方法	定检周期		
			月检	转向架检查	大修
显示器	检查框架的状态	视觉		○	○
	检查连接电缆接头的安装状态、压接状态、有无断线、外皮的损伤以及是否有因振动引起的接触、短路、是否接地	视觉、触觉	○	○	○
	检查显示性能	视觉、触觉		○	○
	检查各零部件的状态	视觉、触觉		○	○
IC卡读写装置	检查框架的状态	视觉		○	○
	检查连接电缆接头的安装状态、压接状态、有无断线、外皮的损伤以及是否有因振动引起的接触、短路、接地	视觉、触觉	○	○	○
	检查各零部件的状态	视觉、触觉		○	○
系统动作	确认出区信息	操作、视觉	○	○	○
	确认内置时钟、日历的当前值	操作、视觉	○	○	○
	确认是否有传输错误	操作、视觉	○	○	○

三、检查内容

保养工序中列出的各项检查的检查内容。

1．月检内容

（1）连接器的点检（检查方法：视觉、触觉）。确认连接器插头（车内电装侧）和插座（装置侧）间的接触状态良好，以及这些绝缘物无损伤劣化和污损，情况良好。

（2）连接电缆的点检（检查方法：视觉、触觉）。确认没有连接电缆的损伤、安装不紧、压接不紧、断线、外皮的损伤，以及没有因振动而引起上述情况的可能。

（3）出区信息画面（检查方法：视觉、操作）。从显示器选择「出区信息画面」，确认没有异常信息的显示。

（4）时钟、日历（检查方法：视觉、操作）。选择显示器的监控设定画面，确认「日期」、「时间」的现在值，有修正必要时，在「日期设定画面」、「时间设定画面」进行修正。

（5）传输状态（检查方法：视觉、操作）。从显示器选择「光传输诊断画面」、「设备传输诊断画面」，确认传输错误没有被统计。

2．中修检查内容

（1）框架状态（检查方法：视觉）。确认框架没有损伤、变形、污损，情况良好。

（2）各零部件状态（检查方法：视觉、触觉）。确认没有电路板的损伤、变形、变色、污损和安装不紧。

（3）电线及附属品状态（检查方法：视觉、触觉）。确认电线没有损伤、劣化，紧缚状态的附属品情况良好，以及未有因振动而引起上述损伤的可能。

（4）连接器的点检（检查方法：视觉、触觉）。确认连接器插头（电装侧）和插座（装置侧）的接触状态良好，以及这些绝缘物未有损伤劣化、污损而情况良好。

（5）连接电缆的点检（检查方法：视觉、触觉）。确认没有连接电缆的损伤、安装不紧、压接不紧、断线、被覆的损伤，以及未有因振动而引起上述现象的可能。

（6）确认显示性能（检查方法：视觉、操作）。从显示器选择「LCD诊断画面」，确认画面亮度、显示色良好、触摸传感器正常动作、没有扭曲和欠缺网点。

（7）出区信息画面（检查方法：视觉、操作）。从显示器选择出区信息画面，确认没有异常信息的显示。

（8）时钟、日历（检查方法：视觉、操作）。选择显示器的监控设定画面，确认「日期」、「时间」的当前值。有修正必要时，在「日期设定画面」、「时间设定画面」进行修正。

（9）传输状态（检查方法：视觉、操作）。从显示器选择「光传输诊断画面」、「设备传输诊断画面」，确认传输错误没有被统计。

3．大修内容

（1）框架状态（检查方法：视觉）。确认框架没有损伤、变形、污损，情况良好。

（2）各零部件状态（检查方法：视觉）。确认没有电路板等的损伤、变形、变色、污损和安装不紧。

（3）电线及附属品的状态（检查方法：视觉、触觉）。确认电线没有损伤、劣化，紧缚状态附属品良好，以及未有因振动引起损伤的可能。

（4）连接器的点检（检查方法：视觉、触觉）。确认连接器插头（电装侧）和插座（装置侧）之间的接触状态良好，以及这些绝缘物没有损伤劣化、污损，情况良好。

（5）连接电缆的点检（检查方法：视觉、触觉）。确认没有连接电缆的损伤、安装不紧、压接不紧、断线、被覆的损伤，以及未有因振动而引起上述现象的可能。

（5）显示性能确认（检查方法：视觉、操作）。从显示器选择「LCD诊断画面」，确认画面亮度、显示色良好、触摸传感器正常动作、没有扭曲和网点欠缺。

（7）出区信息画面（检查方法：视觉、操作）。从显示器选择出区信息画面，确认没有异常信息的显示。

（8）时钟、日历（检查方法：视觉、操作）。选择显示器的监控设定画面，确认「日期」、「时间」的现在值，有修正必要时，在「日期设定画面」、「时间设定画面」进行修正。

（9）传输状态（检查方法：视觉、操作）。从显示器选择「光传输诊断画面」、「设备传输诊断画面」，确认没有统计到传输错误。

四、分解要领

介绍了关于零部件更换周期、电路板更换顺序和蓄电池更换的内容。零部件更换周期和更换顺序等须按要求进行，否则会造成装置或电路板损伤或不能动作。

1．零部件的更换周期

零部件的更换周期根据使用环境（温度、气氛、振动）而变化。为了防止性能降低及故障发生，要进行定期更换。零部件的更换周期如表8-6-2所示。

表 8-6-2　零部件更换周期一览

装置名	内藏设备名	更换零部件	更换周期（年）			
			1	4	8	12
车辆信息控制装置	中央装置 终端装置 显示控制装置	电源（PSA/PSB电路板）			◎	
		内存备份用蓄电池		◎		
		印刷电路板			△	更新
		后插件板（back board）			△	更新
	显示器	显示器			更新	
		背景灯				
	IC卡	IC读卡器			◎	
		IC卡（电池更换型）TL-512KB型		◎		
		IC卡（电池更换型）用内存备份电池	◎			

表中的记号说明　◎：更换；△：清扫、点检、补修。
关于背景灯，必要时更换。

2．电路板（电路板）的更换顺序

1）电路板的拆卸

（1）把装置的控制电源关闭。

（2）在接触电路板前，采用人体接地，或暂且接触地线电位等方法，对人体静电做释放处理，处理时请戴好木棉手套。

（3）拧松电路板前面板的上下固定螺丝，如图 8-6-2 所示。

（4）压住电路板前面板的上下手柄，把电路板一部分取出。

（5）使用前面板的上下手柄，从中央装置取出印刷电路板。

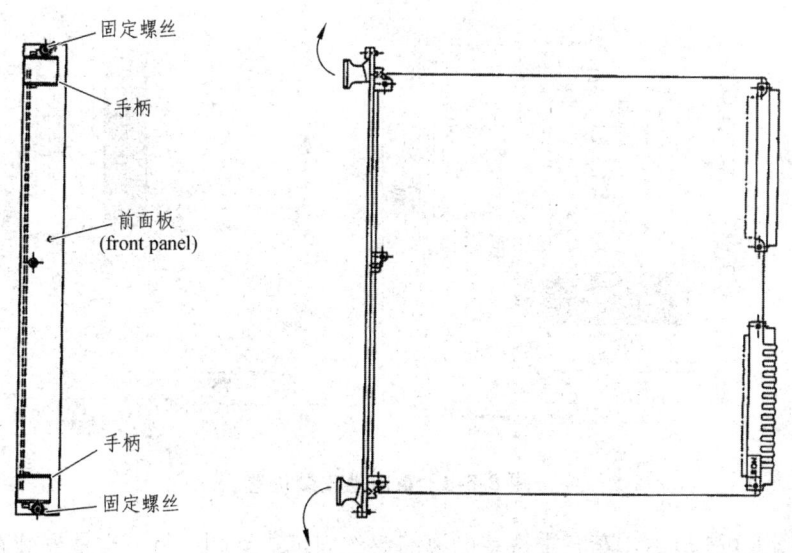

图 8-6-2　电路板外观

2)电路板的安装

(1)关闭装置的控制电源。

(2)在接触电路板前,或采用人体接地,或采用暂且接触接地电位等方法,对人体进行带电静电的放出处理,处理时请戴好木棉手套。

(3)确认装置上贴有的名称和插入电路板名称一致。

(4)插入时,确认插入部没有污垢,确认插入位置(放在轨道上)和方向,轻轻地反复插拔2次后,第3次确实地插入。

(5)拧紧电路板的前面板的上下固定螺丝。

3. CPU电路板备份蓄电池更换

中央装置、终端装置、显示控制装置的CPU3/6电路板,除了有时钟、日历功能,为了各数据的记录保持,还搭载有存储备份用蓄电池。这个蓄电池采用的是充电式镍镉电池。当车辆信息控制装置的电源接通时蓄电池就开始充电,每天大约需要2h的通电。也可以每周1次、可以从早到晚终日(约12h)通电。为了安全充电,需要充电2个昼夜,这种情况下可保存1个月的数据。

1)更换零部件

蓄电池型名:Ni-Cd BATTERY 3HB210 – FB2。

2)蓄电池更换要领

(1)把电路板从装置上取出,放在绝缘体上。(不要把电路板放在传导性橡胶或金属板上)

(2)CPU3电路板的蓄电池(BAT1)从零部件安装面来看安装于电路板的中央下方(见图8-6-3)。

(3)CPU6电路板的蓄电池(BAT1)从零部件安装面来看安装于电路板的中央上方(见图8-6-3)。

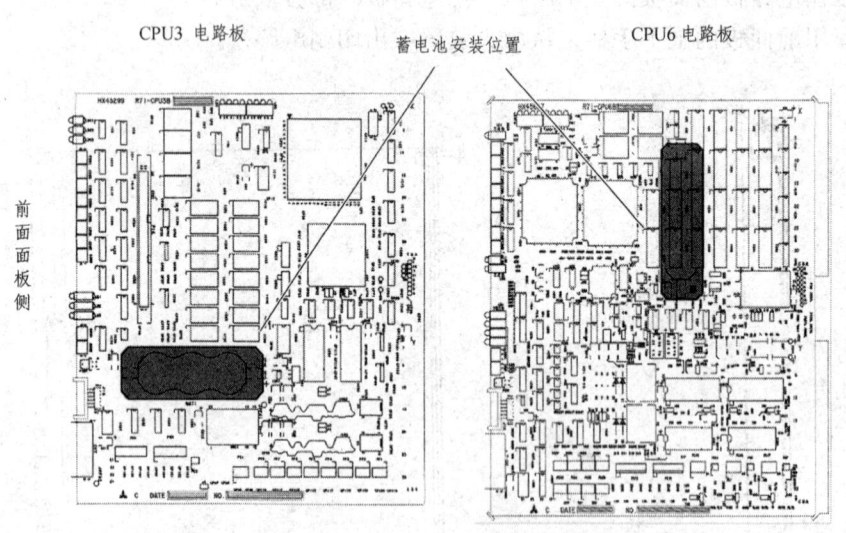

图8-6-3 蓄电池安装位置

(4)如图8-6-4所示,左右手持蓄电池的螺丝固定式支脚,将蓄电池安装在压板上。

(5)蓄电池的更换:拆除安装螺丝后,卸下固定有蓄电池的压板。

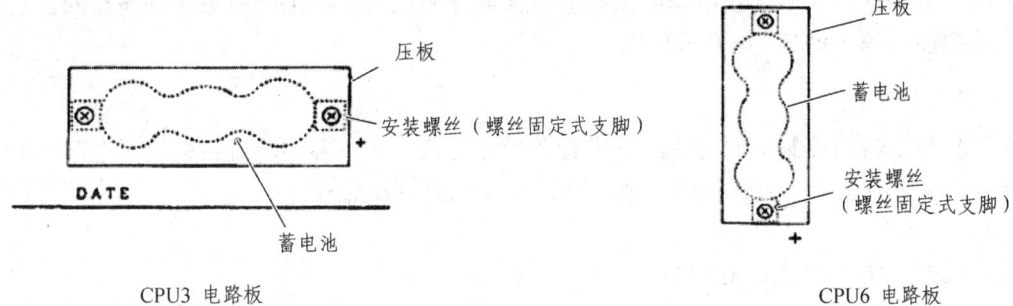

图 8-6-4　蓄电池安装方向

3）蓄电池使用上的一般注意事项

不要使电池的"＋"、"－"短路（注意不要把装好的印刷电路板放在导电橡胶或金属板上），不要将其分解、加热、放入火中。

4．IC 卡蓄电池更换

IC 卡是闪存（flash memory），当内置的电池没电时写入 IC 卡的数据就会被消除，所以电池更换要定期进行。

1）更换零部件

在确认更换电池的同时，要确认以下的部件是否备齐。

（1）电池 1 个，锂电池：BT2025。

（2）螺丝 2 个。

（3）电极罩 2 个。

（4）表面密封（seal）1 张。

（5）螺丝固定剂（保存时要冷藏）。

2）更换顺序

（1）剥除表面密封。

（2）卸去电极罩。

（3）用精密螺丝刀（2.0 mm 一字螺丝刀）除去螺丝、拆除电池。

（4）交换电池。这时要注意电池的方向。

（5）把固定剂均匀搅拌后涂在锁紧螺丝的涂抹部分，用精密螺丝刀（2.0 mm 一字螺丝刀）装上新螺丝以固定电池。这时注意不要弄碎螺丝。

（6）套上新电极罩。

（7）贴上新表面密封。

5．单元电源更新

因为中央装置、终端装置、显示控制装置的电源电路板是对各电路板进行电源供应的，当电源电路板不能使用时，装置就无法动作，所以要定期更换。

（1）电源电路板。

- PSA（R71-PSA-01-001）
- PSB（R71-PSB-01-001）

(2) 电源电路板更换顺序。电源电路板的更换顺序和上文中的电路板更换顺序相同。

(3) 请把旧电源（PSB）电路板销毁。

6．背景灯的更换

请在切断显示器的控制电源的状态下进行背景灯更换。在电源切断后不久，因电路板和底座（chassis）仍有余热，有烫伤的可能，所以要在充分冷却后进行。

1）更换零部件

背景灯型号：GP577RT-BL00-MS，2个。

2）更换方法

(1) 卸去在本体背面的3个I/F罩［见图8-6-5（a）］然后用螺丝刀松开固定外罩的螺丝（7处）。

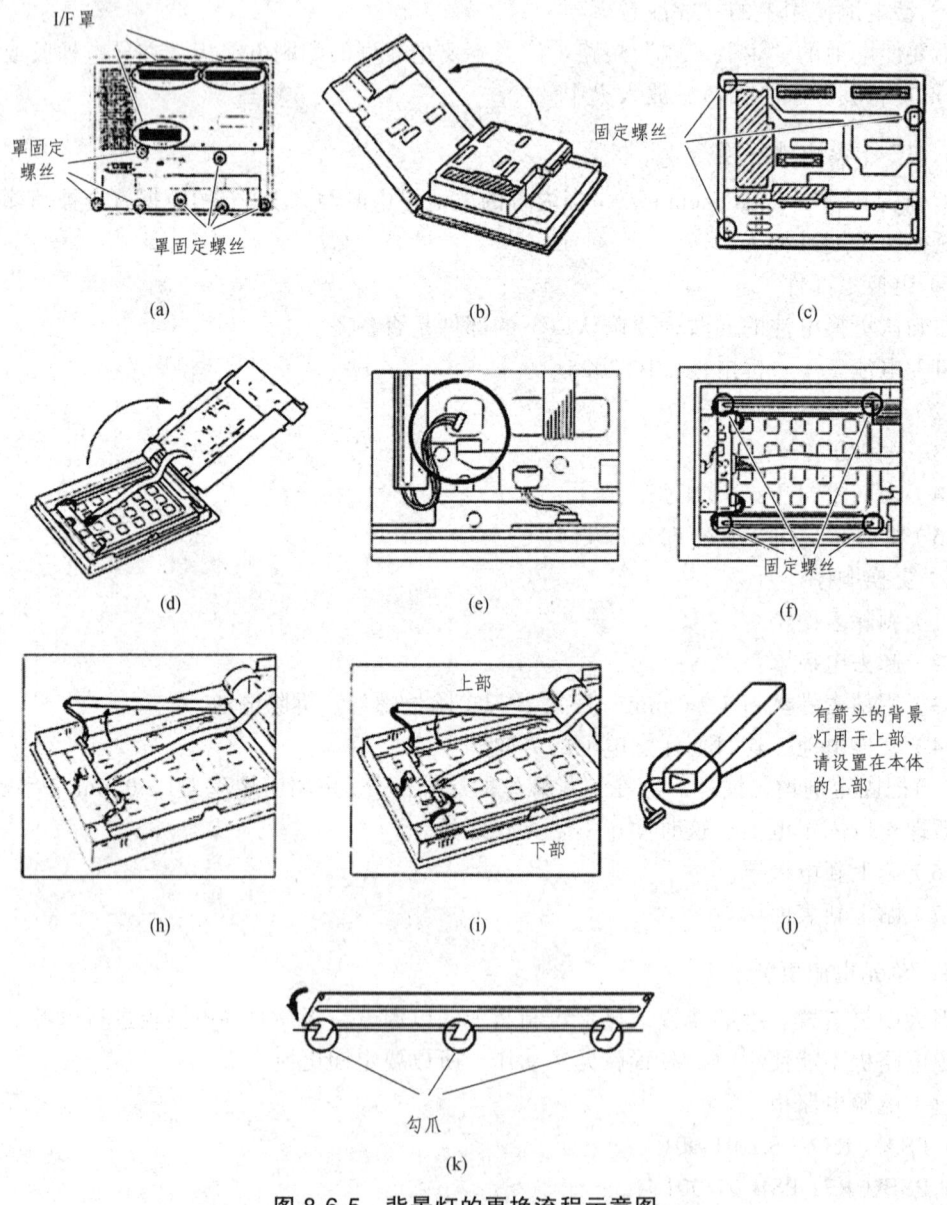

图 8-6-5　背景灯的更换流程示意图

（2）慢慢地把背面罩的下部分向上方打开后卸下［见图 8-6-5（b）］。背面罩上部有 4 个勾爪，要注意，弄错开关方向会引起破损。

（3）松开电路板底座（chassis）的固定螺丝（3 处）［见图 8-6-5（c）］。

（4）把电路板底座（chassis）从左向右打开［见图 8-6-5（d）］。电路板底座（chassis）仍有余热时，会引起烫伤，所以应等本体充分冷却后或戴好手套进行。

（5）拆下从本体的逆变器到背景灯的连接器［见图 8-6-5（e）］。

（6）拆下背景灯罩的固定螺丝（各 2 处）后，卸去罩子［见图 8-6-5（f）］。螺丝很小，千万注意不要使其落下后混入本体内部或丢失。

（7）拆除背景灯单元［见图 8-6-5（h）］。确认背景灯的上下［见图 8-6-5（i）］。

（8）安装新背景灯单元［见图 8-6-5（j）］。

（9）在背景灯罩的 3 处勾爪都能勾住的情况下罩上去，把固定螺丝按原样拧紧［见图 8-6-6（k）］。

（10）把连接器按原样插入。

（11）按电路板底座（chassis）和背面罩拆卸时相反的要领，按原样合上。确认不要让配线夹在罩子中间。螺丝丢失时，确认不要让其混入本体内。在混入本体内的情况下投入电源会引起故障。

7. 数字开关的设定

车辆信息控制装置是由传输线连接的信号发送接收设备构成，所以为了使其能识别自身的号码，有必要设定各装置的数字开关。因此，在更换电路板和装置时必须进行设定。这些开关的设定错误时车辆信息控制装置将无法正确动作。

数字开关的设定是通过各中央装置（控制送信部 1 系、2 系，监控部 1 系、2 系，光节点 1 系、2 系）及终端装置（控制收信部、监控部、光节点）、显示控制装置（监控部）内装有印刷卡的数字开关（SN/CT/TN/TL）进行设定。

各开关的设定操作所必要的印刷卡名称如表 8-6-3 所示。各印刷卡上的开关配置参考图 8-2-2 和图 8-2-4 所示。另外，设定内容如表 8-6-4～表 8-6-8 所示。

表 8-6-3 设定操作所必要的印刷卡名称一览

设定部位		卡片名称	SN	CT	TN	TL
中央装置	控制送信部 1 系	TXCB-01-001	○			
	控制送信部 2 系	TXCB-01-001	○			
	监控器部 1 系	CPU3A-05-001	○	○	○	○
	监控器部 2 系	CPU3A-06-001	○	○	○	○
	光传输 1 系	MDM8-01-001	○			
	光传输 2 系	MDM8-01-001	○			
终端装置	控制收信部	RXCB-01-001	○			
	监控器部	CPU3A-06-001	○	○	○	○
	光传输	MDM8-02-002	○			
显示控制装置	监控器部	CPU6B-02-004	○	○	○	○

注：只进行○印的设定操作，除此以外不进行设定操作。

表 8-6-4 CPU 卡的开关设定

			T1	M1	M2	M3	M4	M5	M6	M7	M8	M9	M10	M11	M12	M13	M14	T2	
车种																			
号车			1	2	3	4	5	6	7	8	9	10	11	12	13	14	15	16	
装置			中央1系	中央2系	终端	终端	终端	终端	终端	终端	终端	终端	终端	终端	终端	终端	终端	中央1系	中央2系
CPU 3卡设定开关	SN（局编号）	2(10位)	0	0	0	0	0	0	1	1	1	1	1	1	1	1	2	0	0
		1(1位)	1	2	5	6	7	8	9	0	1	2	3	4	5	6	7	8	9	0	3	4
	CT（车种）	2(10位)	0	0	0	0	0	1	1	0	0	0	0	0	1	1	0	0	0
		1(1位)	2	2	2	8	4	2	1	6	8	9	8	4	2	1	8	6	3	3
	TN（编组）	2(10位)	BIDS装载编组：2、BIDS非装载编组：0	（未使用）														BIDS装载编组：2、BIDS非装载编组：0
		1(1位)	0	（未使用）														0
	TL（辆数）	2(10位)	1																
		1(1位)	6																

注：① 中央1系：中央装置1系（单元左侧）；② 中央2系：中央装置2系（单元右侧）。

表 8-6-5 MDM8 电路板开关设定表（中央装置/终端装置）

车型	T1	M1	M2	M3	M4	M5	M6	M7	M8
车厢	1	2	3	4	5	6	7	8	9
装置	中央1	中央2	终端	终端	终端	终端	终端	终端	终端	终端
局 No.2	0	0	0	0	0	0	0	1	1	1	1
局 No.1	1	2	5	6	7	8	9	0	1	2	3

车型	M9	M10	M11	M12	M13	M14	T2	
车厢	10	11	12	13	14	15	16	
装置	终端	终端	终端	终端	终端	终端	中央1	中央2
局 No.2	1	1	1	1	1	2	0	0
局 No.1	4	5	6	7	8	9	0	3	4

表 8-6-6 TXC 电路板开关设定表（中央装置）

车型	T1		T2	
车厢	1		16	
装置	中央1	中央2	中央1	中央2
局 No.2	0	0	0	0
局 No.1	1	2	3	4

表 8-6-7　RXC 电路板开关设定表（终端装置）

车型	T1	M1	M2	M3	M4	M5	M6	M7	M8	M9	M10	M11	M12	M13	M14	T2
车厢	1	2	3	4	5	6	7	8	9	10	11	12	13	14	15	16
装置	终端	终端	终端	终端	终端	终端	终端	终端	终端	终端	终端	终端	终端	终端	终端	终端
局 No.2	0	0	0	0	1	1	1	1	1	1	1	1	1	1	1	2
局 No.1	5	6	7	8	9	0	1	2	3	4	5	6	7	8	9	0

表 8-6-8　CPU6 电路板前面开关设定表（显示控制装置）

车种		T1		M8		T2	
号车		1		9		16	
装置		显示控制 1	显示控制 2	显示控制	显示控制 1	显示控制 2
SN（局编号）	2（10 位）	0	0	0	0	0
	1（1 位）	0	0	0	0	0
CT（车种）	2（10 位）	0	0	0	0	0
	1（1 位）	0	0	0	0	0
TN（编组）	2（10 位）	（未使用）				
	1（1 位）	（未使用）				
TL（辆数）	2（10 位）	0				
	1（1 位）	0				

注：DSW1、DSW2 是厂家调整用的，不进行操作。

【项目自检】

1. CRH2 动车组信息网络系统由哪几部分组成？
2. 简述 CRH2 动车组信息网络系统的四大功能。
3. 简述 CRH2 动车组信息网络系统的功能。
4. 简述 CRH2 动车组信息网络系统的列车总线和车辆总线的适用规格。
5. 列车信息中央装置和终端装置由哪些电路板组成？
6. 诊断信息的传输功能包括哪几个方面？
7. 列车信息显示器有哪几种显示模式？
8. 正常情况下，中央 1 到终端 6 之间的信息是如何传输的？故障情况有哪几种？如何实现故障情况下的信息传送？
9. 简述动车组网络信息显示系统用的主要模式和作用。
10. 动车组安全监控的内容及作用是什么？
11. 动车组中需要 IC 卡存储的数据有哪些？
12. 动车组进行故障记录的目的是什么？
13. 检修与保养的主要安全措施有哪些？

参考文献

[1] 武奇生. 计算机网络与通信[M]. 北京：清华大学出版社，2009.

[2] 倪文波，王雪梅. 高速列车网络与控制技术[M]. 成都：西南交通大学出版社，2008.

[3] 何成才，黄秀川. 动车组网络技术[M]. 成都：西南交通大学出版社，2009.

[4] 史红梅. 动车组控制与管理系统[M]. 北京：北京交通大学出版社，2012.

[5] 刘志明，史红梅. 动车组装备[M]. 北京：中国铁道出版社，2007.

[6] 刘志明. 动车组设备[M]. 北京：中国铁道出版社，2010.

[7] 刘四清，田力. 计算机网络实用教程[M]. 北京：清华大学出版社，2007.

[8] 钱立新. 世界高速铁路技术[M]. 北京：中国铁道出版社，2003.

[9] 张曙光. CRH1动车组[M]. 北京：中国铁道出版社，2008.

[10] 张曙光. CRH2动车组[M]. 北京：中国铁道出版社，2008.

[11] 张曙光. CRH5动车组[M]. 北京：中国铁道出版社，2008.

[12] 邵如峰，蒋笑冰. 铁路移动通信系统[M]. 北京：中国铁道出版社，2011.

[13] 铁道部运输局. CRH2型动车组司机手册[M]. 北京：中国铁道出版社，2006.

[14] 铁道科学研究院高速铁路技术总体组. CRH2型动车组司机手册[M]. 北京：中国铁道出版社，2005.

[15] 雷霖. 现场总线网络控制技术[M]. 北京：电子工业出版社，2004.

[16] 李正军. 现场总线及其应用技术[M]. 北京：机械工业出版社，2005.

[17] 阳宪惠. 现场总线技术及应用[M]. 北京：清华大学出版社，2001.

[18] 阳宪惠. 工业数据通信与控制网络[M]. 北京：清华大学出版社，2003.

[19] 郭俊强，李成. 移动通信[M]. 北京：北京大学出版社，2008.

[20] 王树斌. 动车组网络控制系统研究[D]. 北京：北京交通大学，2008.

[21] 孙帮成. CRH380BL型动车组[M]. 北京：中国铁道出版社，2014.

[22] 《CRH380AL型动车组编委会》. CRH380AL型动车组[M]. 北京：中国铁道出版社，2014.

[23] 张元林. 列车控制网络技术的现状与发展趋势[J]. 电力机车与城轨车辆，2006（4）.

[24] 常振臣，牛得田，王立德，田永洙. 列车通信网络研究现状及展望[J]. 电力机车与城轨车辆，2006（3）.

[25] 中国铁路总公司劳动和卫生部，中国铁路总公司运输局. CRH380A(L)型动车组司机[M]. 北京：中国铁道出版社，2016.

[26] 中国铁路总公司劳动和卫生部，中国铁路总公司运输局. CRH380B(L)型动车组司机[M]. 北京：中国铁道出版社，2016.

[27] 中国铁路总公司劳动和卫生部,中国铁路总公司运输局. CRH380CL 动车组司机[M]. 北京：中国铁道出版社，2016.

[28] 王景波，王吉松，张鹏. 350 km/h 中国标准动车组网络控制系统[J]. 机车电传动，2018（2）.

[29] 中国铁路总公司劳动和卫生部，中国铁路总公司运输局. CRH3C 型动车组司机[M]. 北京：中国铁道出版社，2016.